V&R

Matthias Luserke / Reiner Marx /
Reiner Wild (Hg.)

Literatur und Kultur des Rokoko

Mit 5 Abbildungen

Vandenhoeck & Ruprecht

Textredaktion: Kai Berkes

Die Deutsche Bibliothek – CIP-Einheitsaufnahme

Lieratur und Kultur des Rokoko :
Matthias Luserke . . . (Hg.). –
Göttingen : Vandenhoeck und Ruprecht, 2001
ISBN 3-525-20700-X

Gesamtherstellung: Hubert & Co., Göttingen
Umschlagkonzeption: Markus Eidt, Göttingen

Gedruckt auf alterungsbeständigem Papier

Inhalt

Vorwort

Literatur und Kultur des Rokoko bilden derzeit keinen besonders hervorgehobenen Gegenstand literatur- und kulturwissenschaftlicher Forschung. Auch innerhalb der immens angestiegenen Aufklärungsforschung der letzten Jahrzehnte hat dieser Bereich nur geringe Aufmerksamkeit gefunden. Dies ist umso erstaunlicher, als das Rokoko nicht allein einen beachtlichen Teil der Kultur des 18. Jahrhunderts ausmacht, vielmehr zudem (wie der vorliegende Band ausweist) sowohl in weiter zurückreichenden Traditionszusammenhängen steht als auch Wirkungen entfaltet hat, die bis an die Gegenwart reichen.

Der vorliegende Band geht auf das Kolloquium *Literatur und Kultur des Rokoko* zurück, das vom 28. bis 30. Oktober 1998 an der Universität des Saarlandes in Saarbrücken stattfand. Sein Anlass war der 60. Geburtstag von Gerhard Sauder; ihm ist dieser Band gewidmet.

Die Vorträge des Kolloquiums werden durch eine Reihe weiterer Beiträge ergänzt; die Studien gelten der Rokokokultur des 18. Jahrhunderts und deren Bedeutung für die Literatur der Zeit, sie befassen sich mit der Ausbildung dieser kulturellen Tendenz und ebenso mit deren Wirkung und Rezeption bis zur Moderne. So dokumentiert der Band in seiner thematischen Breite die historische Bedeutung des Rokoko als eines Teils der umfassenden europäischen Kultur der Aufklärung und rückt damit ein vernachlässigtes Feld erneut in das Blickfeld literatur- und kulturhistorischer Forschung.

Matthias Luserke   Reiner Marx   Reiner Wild

Matthias Luserke

O vis superba formae!

Über die *Basia*-Gedichte des Johannes Secundus (1511-1536) und ihr Nachspiel bei Goethe

Seyn Sie also auf Ihrer Hut,
und gewöhnen Sie sich nur,
immer selbst zu denken
und selbst zu untersuchen.[1]

In den letzten 25 Jahren ist zur Rokoko-Literatur nicht viel geforscht worden. Immer noch dominieren die in den frühen 70er Jahren positionierten Forschungsergebnisse, aber auch Leitthesen, die Diskussion, die nicht stattfindet, verknüpft mit den Namen Anger, Schlaffer, Zeman, Verweyen, Bohnen. Einzig Mauser ist in den 80er Jahren zu nennen. In den 90er Jahren herrscht tabula rasa. Also ein vernachlässigtes Thema oder ist vielleicht doch schon alles gesagt? In der Forschung ist es nach wie vor höchst umstritten, wie sich Rokoko (als einer historiographischen Kategorie) und Anakreontik (als einem kontemporären Begriff) in der deutschen Literatur sinnvoll differenzieren lassen; schon 1780 muss der Titel »anakreontischer Mischmasch«[2] für ein nicht ganz ernst gemeintes Gedicht herhalten. Die Tauglichkeit des jüngeren Rokoko-Begriffs als Epochensignatur hat sich bisher nicht bewährt. Halten wir es behelfsmäßig mit Alfred Anger, er definiert die Anakreontik des 18. Jahrhunderts als »Herzstück«[3] des Rokoko. Im Mittelpunkt stünde bei dieser Anakreontik die »Pflege einer bestimmten poetischen Gattung (der anakreontischen Ode)«, während Rokoko eine »Stilform« bezeichne, »die durchaus nicht an eine einzelne Gattung gebunden«[4] sei. Ich werde der Frage nachgehen, welche kulturelle Einschreibung der Rekurs (nämlich Goethe) auf einen Leitnamen der Anakreontik, nämlich Johannes Secundus, enthalten und was dies für eine zukünftige Rokoko-Forschung bedeuten könnte.[5] Als Grundlage dienen mir 1.) ausgewählte Gedichte aus dem *Basia-(Kuss-)*Zyklus des Secundus, 2.) zwei Tagebucheintragungen Goethes, und 3.) zwei sich auf Secundus beziehende Gedichte Goethes: *An die Manen des Johannes Sekundus* und *Liebebedürfnis.*[6]

»Johannes Sekundus konnte sich gar nicht trösten lassen«,[7] heißt es in der Erzählung *Der Landprediger* (1777) von Jakob Michael Reinhold Lenz. Die Eltern des jungen Pfarrers waren soeben gestorben. Sekundus bezeichnet die genealogische Reihenfolge, auch der Vater hieß Johannes. Zugleich enthält diese

Textstelle auch eine äußerst subtile Anspielung, denn der historische Johannes
Secundus ließ sich von seiner verführerischen Freundin trösten. Diese fehlt dem
Lenzschen Landprediger. Mit bürgerlichem Namen heißt er Johannes Mannheim, und noch zweimal wird er als Johannes Sekundus von Lenz benannt. Bei
der Beschreibung einer Art empfindsam-anakreontischen Mysterienkults, von
Johannes als säkularisierte Wallfahrt zu Ehren der verstorbenen Eltern organisiert, hebt der Autor hervor, dass »der schmelzende Anblick kindlicher Zärtlichkeit«,[8] den Johannes den Zuschauern bietet und die allgemeine Rührung
durch Musik, Pose, Schauspiel und Worte zu einem kollektiven Heulen führen.
Die Neuzeit böte hierfür den Begriff der Massenhysterie, wenn es nicht wesentlich subtiler sich ereignet hätte, zumindest in der Lenzschen Fiktion. Schwarze
Kleider, Myrtenzweige, Erfrischungen, Fackeln, Trauermusik umrahmen die
mitternächtliche Prozession. Am nächsten Tag vollzieht sich ein verordneter,
wiederum kollektiver Stimmungsumschwung, eine fürstliche Bewirtung wird
erwähnt; am achten Tag reisen alle ab und es beginnt eine »Mädchenfeier«; Johannes Sekundus

hatte nämlich ein Vierteljahr vorher die schönsten Mädchen, die ihm vornehmen und geringen
Standes bekannt waren, mit ihren Müttern eingeladen; diese wurden auf dieselbe Art bewirtet,
nur mit dem Unterschiede, daß sie bei der Prozession alle weiß gekleidet sein und jede einen
Blumenkranz in Händen haben mußte. Die Feierlichkeit war dieselbe; nur geschahe sie nicht in
der Nacht, sondern bei Sonnenuntergange. [...] die Musik war fröhlicher und es ward eine Schä-
ferkantate abgesungen. [...] Dieser Anblick war so reizend, daß er Zuschauer aus den entfernte-
sten Ländern herbeizog, die sich lange vorher auf das *Johannisfest zu Adlersburg*, so hieß diese
Leichenbegängnis, zu freuen pflegten. Die Mütter schlossen einen großen Kreis um sie herum.
Es war ein besonderes Gerüst für die Zuschauer erbaut. Nach Endigung dieses Tanzes, wobei
jede Schöne, wie natürlich, ihre zaubervollsten Stellungen sehen ließ, hielt Johannes Sekundus
ihnen eine Rede, wobei er dankte, daß sie Balsam in seine Wunde gegossen.[9]

Eine Wache mit scharf geladenem Gewehr und Feuerbefehl achtet darauf, dass
kein Mann sich außerhalb des Zuschauerterritoriums den Frauen nähert. Der
Autor Lenz kommentiert dieses Arrangement mit den Worten:

Man kann sich leicht vorstellen, daß die reizendsten Schönheiten des Landes hier ihre Zauberei-
en spielen ließen und sich oft lange vorher zu diesem Tage zuschickten. Weil sie alle als Schäfe-
rinnen gekleidet und angesehen waren, so fielen hier, während daß die Feierlichkeiten dauerten,
alle Erinnerungen des Standes weg, und ward bloß auf die Reize der Person gesehen, wo jede
sich bemühte, es der andern zuvor zu tun. Johannes Sekundus tat mehrenteils einige Monate
vorher Reisen ins Land und in die Städte umher, um Priesterinnen zu dieser Feierlichkeit anzuwerben, welches diese sich für eine große Ehre schätzten, weil dadurch der Ruf ihrer Schönheit einen merkwürdigen Zuwachs erhielt.[10]

Lenz nutzt also die schäferliche Draperie als Medium, um die gesellschaftlichen
Unterschiede aufzuheben. Karnevaleskes verknüpft sich mit einem utopischen

Denken. Die politischen Einschreibungen in die Erzählung werden mit einem erotischen Diskurs unterminiert. Eine Leitvorstellung pornographischen Schreibens taucht hier am Horizont auf: in der erotischen Republik sind alle Leiber gleich.[11]

Lenz arbeitete am *Landprediger* unmittelbar nach seiner Ausweisung aus Weimar. Frühere Pläne und Ausführungen sind zwar nicht bekannt, allerdings auch nicht ausgeschlossen. Ein neues Gesicht bekommt diese Überlegung, wenn man die Tagebucheintragung Goethes vom 1. November 1776 betrachtet. In der Nacht vom 31. Oktober auf den 1. November trifft Goethe Lenz noch morgens früh um drei Uhr auf einer Tanzveranstaltung, am 1. Dezember muss Lenz Weimar wegen der bekannten unbekannten »Eseley« verlassen. Vier Wochen zuvor liest man also bei Goethe: »Lenz gegen Abend fort. Mit Lenz Mittags im Garten gessen. Herz.[og] mit. Abends zu Gevatter gebeten von Koppenfels. Dann nach Tiefurt. Johannes Sekundus«.[12] Und einen Tag später, am 2. November 1776, notiert Goethe: »Herz[og] auf die Jagd, ich in Garten. Ad Manes J.S.«.[13] Dieser verschlüsselte Eintrag »Ad Manes J.S.« wird in der Goethe-Forschung mit dem Hinweis auf den humanistischen Dichter Johannes Secundus aufgelöst. »Ad Manes J.S.« wird somit übersetzt mit »An die Manen des Johannes Secundus« – philologisch korrekt, doch mit welcher Begründung werden die Initialen J.S. als Johannes Secundus und nicht als Johannes Sekundus aufgelöst, womit diese Referenz möglicherweise auch auf die Lenzsche Figur des Johannes Sekundus verwiese? Die Forschung führt als Beleg für die richtige Auflösung der Schreibweise den Hinweis auf die Tagebucheintragung vom 1. November sowie auf Goethes gleichlautendes Gedicht *An den Geist des Johannes Sekundus* an, das nach der Datierung auf der Handschrift am 2. November 1776 entstanden ist und erstmals in erheblich veränderter Form und unter dem veränderten Titel *Liebebedürfniß* 1789 in den *Schriften* veröffentlicht wurde. Nun ist zweierlei denkbar, entweder hatte Lenz bereits zu diesem Zeitpunkt die entsprechenden Passagen seiner Erzählung *Der Landprediger* konzipiert oder geschrieben gehabt und Goethe waren diese bekannt; somit wäre ihm der Name Johannes Sekundus in dieser Schreibweise geläufig gewesen. Oder aber Lenz wurde nach dem 2. November 1776 das Gedicht Goethes *An die Manen des Johannes Sekundus* bekannt und *er* ließ sich davon zur Namensgebung seiner Erzählfigur anregen. Daran könnte man eine weitere Überlegung anknüpfen, wonach »Lenzens Eseley«[14] mit diesem Gedicht in Zusammenhang stünde. Das würde die Vermutung nähren, dass sich diese »Eseley« in erster Linie aus Goethes Eifersucht auf Lenz und dessen Nähe zu Charlotte von Stein, mit der Lenz zuvor als Englischlehrer sechs Wochen in Kochberg verbracht hatte, herleiten lässt. Doch ist hier nicht der Ort, über diesen sich jenseits historischer Fakten befindlichen Sachverhalt Mutmaßungen anzustellen. Vielmehr sollen ausgewählte *Basia*-Gedichte des Johannes Secundus vor dem Hintergrund von Goethes Tagebucheintrag sowie seiner beiden sich auf Secundus beziehenden Gedichte *An die Manen des Johannes Sekundus* und *Liebebedürfniß* gelesen und im Hinblick auf die Frage nach der Epochenspezifik des Rokoko diskutiert werden.[15] Goethes *Sekundus*-Gedicht ist sicherlich nicht das größte Denkmal, das dem Humanisten Johannes Secundus gesetzt wurde, wie noch Pyritz unter der Vorherrschaft des auf die Weimarer Klassik zentrierten literaturhistorischen Blicks meinte.[16] In diesem Sinne die Zeilen Goethes als eine Art ausschließlich intertextuelle Referenz auf Johannes Secundus zu begreifen, hieße, den Anlass des Gedichts und die Adressatin Frau von Stein völlig zu ignorieren.

Goethes *Sekundus*-Gedicht gleicht einem verzweifelten Ruf nach sexueller Erfüllung in der Liebe zu Charlotte von Stein. Sein historischer Referenztext sind die *Basia*-Gedichte des Johannes Secundus. Darin schildert der neulateinisch schreibende Dichter die Wonnen sexuellen Glücks mit der Spanierin Neaera. Johannes Secundus wurde als Jan Nikolai Everaerts (oder Everard) 1511 in Den Haag geboren, studierte Jura und starb mit vierundzwanzig Jahren 1536. Die *Basia*- oder *Kuss*-Gedichte des Johannes Secundus sind nach Ellinger in der Zeit zwischen Sommer 1534 und Herbst 1536 entstanden und wurden 1539 gedruckt.[17] Sie stellen einen Zyklus von insgesamt neunzehn Gedichten dar, in denen es um die metonymische, metaphorische, aber durchaus auch buchstäbliche Bedeutung und Funktion des Küssens geht. Ellinger spricht von »völliger Neuschöpfung«,[18] Secundus sammle das Vorhandene aus Altertum und Renaissance und führe es erstmals zu einem Zyklus zusammen. Die *Basia*-Gedichte sind neulateinisch verfasste erotische Gedichte, die den historischen Brückenschlag zwischen der antiken erotischen Dichtung und deren neuzeitlicher Anverwandlung und späteren Weiterentwicklung in der Anakreontik dokumentieren. In der neuplatonischen Kussdichtung galt der Kuss nicht als Teil des erotischen Vorspiels, wie Thomas Borgstedt ausführt, »sondern Küsse sind Maßnahmen der Vermeidung, der Linderung und des Ersatzes«[19] des sexuellen Akts. Der Kuss wurde als eine Art ›neuplatonisches Sakrament‹[20] bewertet. Inwieweit nun Johannes Secundus dieser Tradition verpflichtet ist und inwiefern und in welchem Maße er sie in seinen *Basia*-Gedichten berücksichtigt, scheint mir keineswegs so eindeutig zu sein, wie Borgstedt annimmt, auch wenn in der Forschung geltend gemacht wurde, Secundus habe in *Basia 8* mit seinen reimlosen Kurzversen, der strophenlosen Odenform, den Diminutivformen, der anaphorischen Reihenbildung, den Tautologien und der Durchbrechung des mittleren Stils »ein echtes anakreontisches Gedicht«[21] geschaffen. Borgstedt sieht die »strenge Begrenzung der erotischen Thematik auf das Kußmotiv und dessen Substitutionscharakter«[22] als den entscheidenden Kunstgriff des Secundus an. Ich denke, dass Secundus gerade diese Tradition wesentlich überschreitet und mit dem beständigen Wechsel zwischen der metaphorischen Ebene und ihren symbolischen Einschreibungen und der buchstäblichen Ordnung erotischen Sprechens spielt. Goethe bezieht sich jedenfalls mit seinem *Sekundus*-Gedicht unzweifelhaft auf *Basia 8* des Johannes Secundus, das folgenden Wortlaut hat:

Quis te furor, Neaera
inepta, quis iubebat
sic involare nostram,
sic vellicare linguam
ferociente morsu?
an, quas tot unus abs te
pectus per omne gesto
penetrabiles sagittas,
parum videntur, istis
ni dentibus protervis
exerceas nefandum
membrum nefas in illud,
quo saepe sole primo,
quo saepe sole sero,
quo per diesque longas
noctesque amarulentas
laudes tuas canebam?
haec est, iniqua, (nescis?),
haec illa lingua nostra est,
quae tortiles capillos,
quae paetulos ocellos,
quae lacteas papillas,
quae colla mollicella
venustulae Neaerae
molli per astra versu
ultra Iovis calores
caelo invidente vexit,
quae te, meam salutem,
quae te, meamque vitam
animae meaeque florem,
et te, meos amores,
et te, meos lepores,
et te, meam Dionen,
et te, meam columbam
albamque turturillam
Venere invidente dixit.
an vero, an est id ipsum,
quod te iuvat, superba,
inferre vulnus illi,
quam laesione nulla,
formosa, posse nosti

Welch Rasen hat, Neaera,
du Törin, dir geboten,
so anzufallen, so zu
verletzen meine Zunge
mit grausam-wildem Bisse?
Genügt's nicht, daß im Herzen
so viele deiner Pfeile,
die es durchbohrten, ich nun
allein muß tragen? Mußt du,
mit dreisten Zähnen frevelnd,
vergehn dich an *dem* Gliede,
womit ich oft frühmorgens,
womit ich oft spätabends,
womit ich lang am Tage,
in bittersüßen Nächten,
dein Lob zu singen pflegte?
Dies ist (weißt du's nicht?), Böse,
dies ist dieselbe Zunge,
die deine Ringellocken,
die dein verschwimmend Auge,
die deine weißen Brüste,
die auch den zarten Nacken
der reizenden Neaera
in weichem Vers erhoben
zu Sternen, höher noch als
zum sonnenwarmen Himmel,
der diesen Ruhm dir neidet;
die dich, mein Heil und Leben,
die dich, mein ganzes Dasein,
du Blume meiner Seele,
und dich, du meine Liebe,
und dich, du mein Entzücken,
und dich, du meine Venus,
und dich, du meine Taube,
mein weißes Turteltäubchen,
zu Venus' Neid besungen.
Vielleicht ist's grade dieses,
was, Stolze, dich erfreuet:
die Zunge zu verwunden,
die (wie du weißt, du Schöne)
du nie so kränken konntest

What frenzy was it, void of skill,
Bade you, Neaera, work your will
Of mischief on my hapless tongue
And do to it this grievous wrong?
You knew that you had pierced my
        heart
With shafts of love in every part:
And were you still unsatisfied
Until you had your sharp teeth tried
Upon that other member too
Who only lives to sing of you?
From early morn to eve's decline,
Through nights of grief and day's
        sunshine,
This faithful tongue, you know it
        well,
Has only but one tale to tell.
'Behold Neaera's sparkling eyes,
Behold her braided locks,' it cries;
'Behold her bosom white as milk,
Behold her neck more soft than silk.'
Neaera's charms in wanton verses
Among the stars it still rehearses
Beyond Jove's flame, and is so zealous
It makes the very heavens jealous.
'Flower of my soul' - they hear it call –
'My dearest life, my all in all,
My sweetest sweetling, in whose arms
I find escape from all alarms,
My milk-white pigeon, queen of love' –
See Venus frown – 'My turtle-dove.'
How was it then you had the whim,
Proud beauty, thus to injure him
Who dares to exalt above the skies
The beauty of your lips and eyes?
It was, forsooth, because you know
I never should so angry grow
As not to make that tongue proclaim,
Albeit in broken words, your fame,
And of your teeth the praises sound
Which dealt it this so cruel wound

ira tumere tanta,	noch so in Zorn versetzen,	And bleeding still your charm
quin semper hos ocellos,	daß nicht sie diese Äuglein,	confess.
quin semper haec labella	daß nicht sie diese Lippen	O tyranny of loveliness![25]
et qui sibi salaces	und selbst die geilen Zähne,	
malum dedere dentes	die ihr Böses taten,	
inter suos cruores	in eignem Blut gebadet	
balbutiens recantet?	selbst stammelnd noch besänge?	
o vis superba formae![23]	O stolze Macht der Schönheit![24]	

Die lateinische Schlusszeile »O vis superba formae!« gibt in den differenten Übersetzungsmöglichkeiten die mentalitätsgeschichtlichen Verschiebungen preis. Denn zwischen dem lateinischen Wort *forma*, dem deutschen *Schönheit* und dem englischen *loveliness* liegen erhebliche Bedeutungsverschiebungen.[26] Das deutsche *Schönheit* wird der *forma* des lateinischen Textes nicht gerecht, es sublimiert in die Terminologie ästhetischer Erfahrung, was der Text Zeile um Zeile wiederholt beschwört, die Körperlichkeit der Leidenschaft. Insofern bedeutet das lateinische *forma* eben die körperliche Form, die Gestalt oder die Figur der Geliebten. *Loveliness* ist so harmlos übersetzt, dass es lediglich das zivilisatorisch in begrifflicher Prüderie anverwandelt, was zuvor historisch im Vokabular der Anakreontik entschärft worden war. Der Stachel des Körpers im schwärenden Fleisch des Geistes war gezogen, *loveliness* wird der Astralleib des Körpers der Geliebten. Unter dieser Perspektive gewinnt auch das ursprüngliche *Sekundus*-Gedicht von Goethe neue Gestalt. Goethe beschwört im Rückgriff auf ein voranakreontisches Gedicht eben diesen begehrten Körper der Geliebten, er sucht die Erfüllung dort, wo er sie unwidersprochen bekommen kann und ihr Körper verfügbar geworden ist, in der Literatur. Schon Adalbert Schroeter hat in seiner Monografie zur neulateinischen Dichtung einer ausschließlich philologischen Deutung des Verses »O vis superba formae!« widersprochen. Nach Schroeter wurde Secundus beauftragt, von einer Frau namens Julia, die er in dem Gedichtband *Julia monobiblos* besungen hatte, eine Büste anzufertigen, deren Bild in den Ausgaben der *Julia*-Gedichte wiedergegeben ist. In bestem Philologenkitsch kommentiert Schroeter, das Bild zeige

die freundlichen Züge einer jener in üppiger Jugendkraft schwellenden, mehr frauen- als mädchenhaften Schönen, deren vollendete Typen die Rubens'sche Kunst unerschöpflich und immer stolzer darstellt; und mancher mag vor diesen der berühmten Worte des Johannes Secundus gedenken: ›O vis superba formae!‹[27]

Forma bezeichnet Schroeter als »Kultus der weiblichen Schönheit«.[28] Er weist darauf hin, dass *forma* und *formosus* zu den bevorzugten Wörtern des Secundus gehören und gibt nebenbei für *forma* die Übersetzung »äußere Wohlgestalt«.[29]

Wenn es wirklich so wäre, wie Eissler in seiner Goethe-Monografie vermutet, dass der Dichter an psychosexueller Impotenz litt und durch einen überstarken Kussreiz zu vorzeitiger Ejakulation neigte, dann gewinnt der Text des *Sekundus*-Gedichts eine zusätzliche symbolische Deutung.[30] Eissler behauptet eine Evidenzapriorität, die keineswegs erwiesen ist, wenn er ausführt, die Bildlichkeit von Küssen und Lippe erkläre sich selbst. Er schreibt dem Gedicht Goethes insgesamt eine konsolatorische Funktion zu, der Text als unmittelbarer Trost behaupte, »die Geliebte wolle küssen und küssen, aber ein physisches Leiden hindert ihn daran, sich dem Genuss hinzugeben, den beide sich dringend wünschen«.[31] Eissler verwechselt hier die Ebene der beschworenen literarischen Figur des Secundus, Neaera, und der realen Figur Charlotte als phantasierter Geliebten. Goethes Gedicht vollzieht den sexuellen Akt mit Charlotte von Stein, der in der Lebenswirklichkeit des Dichters gewünscht, aber verweigert wird; das Küssen gewinnt die Form des phantasierten Vollzugs. Das Begehren nach dem Kuss gilt dem Begehren nach dem Körper der Frau und durch den Rückgriff auf Secundus, durch die Lektüre von dessen *Basia*-Gedichten vollstreckt Goethe sein Begehren. Das Gedicht aus seiner Feder vom 2. November 1776 ist die Reaktion auf die Einsicht, dass zwischen Wunsch und Wunscherfüllung zu diesem Zeitpunkt seines Lebens nicht zu vermitteln ist. Und schließlich gewinnt die Tatsache, dass er das Gedicht unmittelbar nach der Niederschrift an Frau von Stein schickt, an Bedeutung, sie allein kann, sie allein soll diese Doppelcodierung von Begehren und Enttäuschung enträtseln und die Erfüllung gewähren.

Noch eine weitere Doppeldeutigkeit sei erwähnt. Goethe notiert im Tagebuch »Ad Manes J.S.«. Wörtlich übersetzt heißt dies »An die Seelen des J.S.«. Mit Manes sind in der lateinischen Antike die Seelen der Verstorbenen gemeint. Damit bleibt es offen, ob die Seele des humanistischen Dichters oder die Seelen des Dichters und seiner Geliebten oder im übertragenen Sinn die insgesamt neunzehn Gedichte des *Basia*-Zyklus intendiert sind. Nach alter Vorstellung, die ein Topos erotischer Dichtung ist, vereinen sich im Kuss die Seelen der beiden Küssenden.[32] »Dum nostros animos per ora mixtos«[33] hatte es bei Conrad Celtis (1459-1508) geheißen und bei Secundus liest man:

et miscere duas iuncta per ora animas inque peregrinum diffundere corpus utramque, languet in extremo cum moribundus amor.[34]	Mund an Mund werden zwei Seelen zu einer vereint. So ergießen wir beide uns in des anderen Körper, wenn die Liebe, dem Tod nahe, in Wollust erstirbt.[35]	To leave the imprint of you kisses plain: Or else with pleading lips her tongue to pluck To your own mouth and there is sweetness suck[36]

Der *andere Körper* – peregrinum corpus – ist wörtlich genommen der *fremde Körper*, der erst in der symbolischen Vereinigung des Küssens als dem antizipierten sexuellen Akt zum anderen und schließlich zum gemeinsamen eigenen wird. Auch Goethe bedient sich dieses Topos, wenn er einen Brief an Charlotte von Stein mit den Worten beendet, und dies kann durchaus als Erfüllung seiner Liebessehnsucht verstanden werden, »meine Seele ist auf deinen Lippen« (23. April 1781).[37]

Nichts deutet in Goethes Tagebucheintrag darauf hin, dass er die Gedichte des Secundus gelesen hat, auch wenn dies naheliegen mag. Die bloße Namensnennung kann auch als Chiffre für sein Begehren gelesen werden, Goethe wünschte sich demnach eine Situation leidenschaftlicher Liebeserfüllung, wie sie Johannes Secundus eben in seinen *Basia*-Gedichten breit beschreibt. Die Überschrift von Goethes Gedicht lautet nun aber »An den Geist des Johannes Sekundus«, beinhaltet also eine eindeutige Reduzierung auf den neulateinischen Schriftstellerkollegen und beklagt eben den erzwungenen Verzicht auf die Wunscherfüllung. Der vollständige Tagebucheintrag hat folgenden Wortlaut: »Herz auf die Jagd, ich in Garten. Ad Manes J.S. Dann zu Herdern dann zur H. M. wo Punsch getruncken gelesen und gesungen wurde. Nachts gebadet.«[38] Der Kommentar zu dieser Tagebucheintragung bemerkt dazu: »Wohl Lektüre oder Vorlesung des Gedicht-Zyklus *Basia* (*Küsse*) von Johannes Secundus. Die bei Ruppert, Nr1479, verzeichnete Ausgabe: Joannis Secundi Opera, Paris 1748, ist im *Ältesten Verzeichnis von Goethes Bibliothek* von 1788 (Ruppert 1962) nicht nachgewiesen«.[39] Aufschlussreich ist in diesem Zusammenhang eine Briefnotiz Goethes, der einen Tag später, am Sonntag, dem 3. November 1776 Charlotte von Stein über den vorangegangenen Tag berichtet:

Ich bitte Sie um das Mittel gegen die Wunde Lippe, nur etwa dass ich's finde heut Abend wenn ich zurückkomme. Muss ich Sie schon wieder um etwas bitten um etwas heilendes. Gestern Nacht haben mich Stadt und Gegend und alles so wunderlich angesehen. Es war mir als wenn ich nicht bleiben sollte. Da bin ich noch in's Wasser gestiegen und habe den Alten Adam der Phantaseyen ersäuft. Adieu beste Frau.[40]

Wovon hat Goethe phantasiert, dass er Weimar verlassen werde oder dass er ein Liebesverhältnis mit Charlotte von Stein beginnen könne? Die Verknüpfung von verworfener Phantasie und religiös konnotierter Sprachwendung macht den Zusammenhang zwischen Sündenbewusstsein und strategischem Denken zu dessen Überwindung deutlich. So ambivalent das »Adieu« ist, da es gleichermaßen eine Abkehr vom Ort wie eine später vollzogene Abkehr von der Geliebten meinen kann, so eindeutig dokumentiert es das Ende dieser Liebe, das deren Anfang schon eingeschrieben war. »Brennend vor Lust«[41] (»fervidus«) beschreibt sich Secundus in *Basia 9* und zelebriert sprachlich die Liebeserfüllung. Goethes gespaltene Lippe ersetzt die gespaltene Zunge, die Wahrheit über das Begehren vertritt die Lüge über es. Das heiße Verlangen taut nicht den Frost auf den Lippen, die Begehrte, Frau von Stein, ist, was ihr Name sagt. Bei Johannes Secundus findet Goethe Trost. Was den Interpreten des Goetheschen *Sekundus*-Gedichts aber bislang entgangen ist, betrifft eine kleine anatomische Veränderung, nämlich die Umwandlung von der Zunge bei Secundus, die durch einen leidenschaftlichen Biss der Geliebten verletzt wird, zur verletzen Lippe bei Goethe. Bei Secundus geht es im buchstäblichen Sinn um die Zunge als Organ des Sprechens, im symbolischen Sinn freilich handelt das Gedicht *Basia 8* eben von jenem Sprechen über die Geliebte, von der preisenden Rede ihrer Schönheit, ihres Körpers und der Liebe zu ihr. Die Zunge ist insofern Metonymie des Worts wie des Körpers. Wenn Goethe nun von der verletzten Lippe spricht, dann drückt sich darin mehr als nur eine geringfügige Bedeutungsverschiebung aus.

In *Basia 9* appelliert Secundus an die künstliche Verknappung der Liebeserfüllung als weitere Variante im Liebesspiel. Neaera solle ihn nicht ständig küssen, solle nicht jedem sexuellen Impuls nachgeben, solle sich dem Mann siebenmal verweigern, wenn er sie neunmal verlange. Diese gespielte Verweigerung dient letztlich der Luststeigerung, so Johannes Secundus. Wenn Goethe Charlotte von Stein eine *Basia*-Adaption schickt, so ist damit – vorausgesetzt sie konnte diesen literaturgeschichtlichen Querverweis decodieren – der Hinweis auf den Autor Johannes Secundus geliefert. Damit hätte Goethe wiederum berechtigt hoffen können, dass auch sie das *Basia 9*-Gedicht kennt, für ihn gleichsam buchstäblich die letzte Hoffnung, ihre Zurückhaltung und Verweigerung als gewolltes Spiel, als inszenierte, weil künstlich verknappte Leidenschaft deuten zu können. Denn im Originaltext des Secundus findet sich der unzweideutige sexualmetaphorische Hinweis:

et te remotis in penetralibus	Verstecke dann im fernsten Gemache dich,	Then quick be off and leave my side,
et te latebris abdito in intimis!	verbirg dich dann im innersten Winkel. Ich	While I pursue your flying feet
sequar latebras usque in imas,	werd tief in dein Versteck dir folgen,	And seek the corner where you hide,
in penetrale sequar repostum.[42]	ja, ins geheimste Gemach werd ich dringen.[43]	Concealed in safe retreat[44]

Ein Gedicht mit dem Titel *An den Geist des Johannes Sekundus* an Charlotte von Stein zu schicken, bedeutet für den Autor, imperativisch die geliebte Frau aufzufordern, die *Basia*-Gedichte des Secundus zu lesen. Das literarische Rollenspiel dient somit auch der Offenbarung des eigenen Verlangens. Dies wird besonders am Beispiel von *Basia 14* deutlich:

Quid profers mihi flammeum labellum?	Warum reichst du mir flammend-rote Lippen?	Why put your lips to mine And yet more hard than stone remain?
non te, non volo basiare, dura,	Nicht will dich ich, du Harte, nicht dich küssen,	Why, cruel, let me pine
duro marmore durior, Neaera!	dich, Neaera, die härter als harter Marmor.	And all my vigour from me drain,
tanti istas ego ut osculationes imbelles faciam, superba, vestras,	So hoch soll ich, du Spröde, deine Küsse	Until my very clothes confess The passion that I must
ut nervo totiens rigens supino		

17

pertundam tunicas meas tuas-
que
et desiderio furens inani
tabescam miser aestuante vena?
quo fugis? remane nec hos
ocellos,
nec nega mihi flammeum
labellum!
te iam, te volo basiare mollis,
molli mollior anseris medul-
la![45]

achten – und es dabei bewenden
lassen –,
daß ich rücklings lieg mit gestrafftem
Muskel
und mein Hemd und das deine
schon durchstoße,
und, von ungestillter Begierde toll,
ich
soll vergehn, ich Armer, in
brünst'gem Rasen? –
Wohin willst du? Bleib hier! Versag
die Augen
nicht mir und nicht die feuerroten
Lippen.
Schon erweicht, will ich nichts als
nur
dich küssen:
weicher bin ich ja schon als
Daunenfedern.[46]

repress?
Is it worth the price I pay,
Consumed and faint with spent
desire?
Yes, yes! Neæra, stay
And let me feel again that fire.
I still have strength for kisses,
though
I am more soft than down
below.[47]

Goethe konnte sich – vorausgesetzt die Decodierung durch Frau von Stein verlief für ihn glücklich – auch auf das Secundus-Gedicht *Basia 12* beziehen, dessen
appellative, fast schon imperativisch zu nennenden Schlusszeilen an Deutlich-
keit nichts zu wünschen übrig lassen:

inermes cano basiationes,
castus Aonii chori sacerdos.
[...]
quae certe sine mentula
libellum
mavult quam sine mentula
poetam![48]

Ich sing nur von Küssen (nicht was
danach kommt),
[...]
denn so keusch ist meine Neaera,
daß sie
gliedlos lieber ein Buch mag als den
Dichter.[49]

My theme is harmless kissing:
there is nothing that a master
[...]
My chaste Neaera much prefers,
as they will soon discover,
The sexless type of poem to the
sexless type of lover.[50]

Was in der deutschen Übersetzung mit »gliedlos« verschämt, zumindest dop-
peldeutig wiedergegeben und in der englischen Übersetzung mit »sexless« treffender erfasst wird, vermag im Lateinischen an sprachlicher Klarheit und Eindeutigkeit nicht übertroffen zu werden. *Mentula* heißt der Penis und so ist es
folgerichtig, wenn Thomas Borgstedt in seiner Teilübersetzung diesen Vers mit
den Worten wiedergibt: »denn so keusch ist meine Neaera, daß sie ein schwanz-
loses Buch einem schwanzlosen Dichter vorzieht«.[51] Dass es Goethe bei dem
Rückgriff auf die Gedichte des Johannes Secundus um die Artikulation seines
eigenen Begehrens ging, wird auch durch den Hinweis auf die bedeutungsvolle
Neuformulierung des Titels plausibel. Aus *An den Geist des Johannes Sekundus*
wird *Liebebedürfniß* – deutlicher ist die Intention des Gedichts kaum zu expo-

nieren, das drängende Begehren des Textes, das der anakreontischen Angleichung weichen muss, zieht sich in die Einsilbigkeit des Titels zurück. Und schließlich kann die Anrufung des historischen Vorbilds Johannes Secundus auch einen Akt der Identifikation darstellen. Johann Goethe nimmt im literarischen Rollenspiel als zweiter (secundus) Johannes die Stelle des Vorbilds ein und erfüllt sich somit literarisch, was ihm als Literatur Liebeserfüllung verheißt. Secundus und Neaera vollziehen die Vereinigung im ewigen Kuss (»iungens perenne basium!«),[52] wovon *Basia 2* spricht, mehr als Küsse gebe Neaera, Nektar und Tau aus ihrer Seele heißt es in *Basia 4*, wo auch Rosengärten und Bienen zitiert werden, welche den Honig Neaeras aufbewahren. Goethes Honig, der »Saft der Bienen«,[53] dient lediglich der Schmerzlinderung der wunden Lippe. Dies bezeichnet den Wandel des schon in der Antike bewährten Bienen- und Honig-Motivs als Sexualitätsmetapher zum Homöopathikum. Bei Secundus wird die Geliebte als Göttin bezeichnet, bei Goethe erst gar nicht erwähnt, sie dient als verdeckte Adressatin im Hintergrund, vordergründig ist das Gedicht an Johannes Secundus gerichtet. Nur in ihrer Abwesenheit ist sie gegenwärtig. Während die Geliebte des Secundus in sinnlicher Unmittelbarkeit gleichsam im Text körperlich vorhanden ist, verbleibt Goethes Geliebte im Modus des Phantasmas.

Harry C. Schnur teilt in seiner Textsammlung neulateinischer Dichtung auszugsweise ein parodistisches Epithalamium von Friedrich Taubmann (1565-1613) mit, das unmittelbar auf *Basia 8* verweist und das verdeutlicht, wie vertraut bereits den Zeitgenossen von Johannes Secundus die Decodierung erotischer Motivik und sexueller Allusionen war:

Nexu tenaciori,	Mit festerem Umfangen
gestu procaciori,	mit lüsternem Verlangen
lusu tenelliori,	mit zärtlichem Getändel
festiviore ritu.	mit lustigem Gebändel
iucundiore risu,	mit Lachen, Scherz und Freude
fecundiore nisu,	sollt aneinander beide
haerescat, insolescat,	ihr eng gepreßt erglühen
vegescat et vigescat	in Liebe euch versprühen
corpusque mensque vestra.	an Leib und Seel erblühen.
dic, Chrysalisce, dic dum:	Sag du dann, Crysaliscus:
mea compta Pasicompsa,	meine schmucke Pasicompse
ocelle blandicelle,	mein Äugelchen du feines
puella virginella,	mein Jüngferchen du reines
venerilla pumililla,	mein Venuslein du kleines
da te mihi tuumque	gib dich mir hin und gib mir
pectusculum venustum,	dein Brüstchen her, mein Kleinchen
femurculum tenellum	und deine zarten Beinchen

labellulumque bellum,	und deine hübschen Lippen
eburneum labellum,	die elfenbeinern Lippen
argenteum labellum,	die silberblanken Lippen
corallinum labellum ...[54]	korallenroten Lippen
	usw.[55]

Die *Basia*-Gedichte des Johannes Secundus zeigen, dass die inhaltlich freizügigs-te Thematik ein höchstes Maß an Selbstbändigung erfordert. Das Thema der Liebe und Leidenschaft findet seine adäquate formale Entsprechung in der rest-losen Beherrschung der zeitgenössisch zur Verfügung stehenden formalen sprachlichen, stilistischen, motivlichen und metrischen Mittel.[56] Die *Basia*-Gedichte vergleicht Hans Pyritz mit einem

hohen Liede feurigster, hingegebenster Liebesglut. [...] Das ist schon große Kunst, ins Normati-ve gesteigerte Liebeserregung, auch formal bis an die Grenzen getrieben, an denen die Gefahr der Zersetzung droht, vorher aber die innere Spannung bis zum letzten ausschwingt.[57]

Auch wenn dies etwas blumig und geschmäcklerisch geurteilt ist, Pyritz er-kennt doch die eigentliche Spannung dieser Gedichte, jene Polarität zwischen Form und Inhalt, von der die *Basia*-Gedichte leben. Johannes Secundus erfüllt also das zivilisatorische Gebot, inhaltliche Freiheit und Freizügigkeit – in die-sem Fall das erotische Thema – nur in einem Akt der äußersten Selbstdiszipli-nierung medial zu präsentieren. Erst die ›späte Neuzeit‹, wenn man so die Postmoderne bezeichnen will, wird auf diesen Disziplinierungsdruck mit der restlosen Destruktion zivilisatorischer Gebote und kultureller Normen reagie-ren. Am Beispiel von Goethes Umarbeitung der Erstfassung des *Sekundus*-Gedichts lässt sich dieser zivilisatorische Wandel im Umgang mit der Ver-sprachlichung von Sexualität, Liebe und Leidenschaft veranschaulichen, dies in zweierlei Hinsicht. Zum einen zeigt das *Sekundus*-Gedicht Goethes den Wandel von den originalen *Basia*-Gedichten der Frühen Neuzeit zur Disziplinierungs-apparatur der Sprache, dem Sublimationsdruck bei Goethe in der Aufklärung. Und zum anderen dokumentiert es den erfolgreichen Abschluss dieses Prozes-ses, nämlich den Wandel von Goethes Erstfassung von 1776 hin zur Druckfas-sung von 1789 als dem Produkt selbstdisziplinarischer, eben erfolgreicher Um-wandlung von – um es in der Terminologie von Norbert Elias zu sagen – Fremdzwang in Selbstzwang.[58] Die (literarische) Formenstrenge kann somit als ein Produkt und damit auch als ein Dokument des Disziplinierungsdrucks ver-standen werden. So ließe sich als These formulieren: Die Umwandlung des Ge-dichts von der Handschriften- in die Druckfassung vollzieht auf der symboli-schen Ebene den Wandel von der buchstäblichen Ordnung literarischen Spre-chens der Frühen Neuzeit zum Sublimationsdiskurs des Rokoko. Das Rokoko ist eine große Sublimationsmaschine, einzig zu dem Zweck installiert, das Be-gehren sprechbar zu machen in der eigenen Sprache des Verstehens und nicht mehr in der Gelehrtensprache des Humanismus. Nun wird das Begehren nicht länger unter dem fremden Wort der anderen Sprache versteckt, sondern unter der Kostümierung des Anderen als Inszenierung des Eigenen ins Werk gesetzt. Der Schäfer und die Schäferin sind nicht der Personage literarischer Idyllik entnommen, vielmehr Produkt dieser Wunschapparatur, anderes zu sein als das eigene.

Goethe kannte die Rokokodichtung seiner Zeit.[59] Bei dieser Art der Literatur ist nicht entscheidend, ob das, was der Dichter vorträgt, auch tatsächlich von ihm so oder anders erlebt wurde, sondern entscheidend ist, ob der Dichter den streng definierten Katalog an Formeln und Motiven in einer überzeugenden Mischung ausschöpft. Das Vorbild dieser Dichtung findet sich in Christian Felix Weißes *Scherzhaften Liedern* (1758). Die hauptsächlichen Themen der Rokokolyrik sind bekanntermaßen Dichten und Dichtung, Geselligkeit und Freundschaft, Liebe, Natur und Wein. Schmetterlinge, Wasser und Bäche, Gartenlauben und Schlafzimmer, dämmriges Zwielicht und Frühlingsluft – der Katalog der notwendigen Beschreibungselemente ist wenig variantenreich. Kaum ein Rokokogedicht kommt ohne eine Kussbeschreibung aus. Amor, Zeus, Hymen und Venus, Morpheus, die Grazien, Musen und Nymphen sind die mythologischen Gestalten, die diese Welt bevölkern. In Deutschland ist die Rokokoliteratur mit den Namen Gleim, Geßner, Rost, Uz, von Hagedorn, Wieland, Weiße und anderen verbunden. Sie ist damit elementarer Bestandteil der aufgeklärten Literatur des 18. Jahrhunderts, ohne diese Literatur ausschließlich zu dominieren.[60] Mit den *Annette*-Liedern, die freilich erst im Rahmen der *Weimarer Ausgabe* 1896 gedruckt wurden, hatte Goethe schon eine kleine Gedichtsammlung mit neunzehn Einzeltexten im Rokokostil vorgelegt, wobei es Zufall sein mag, dass sich die Anzahl dieser Gedichte mit der Anzahl der *Basia*-Gedichte deckt.

Allein das Kussmotiv hat, wie das Beispiel des Johannes Secundus und seiner *Basia*-Gedichte zeigt, eine lange europäische, sich auf Catull gründende Tradition. In der neulateinischen Literatur ist vor allem Conrad Celtis zu nennen, der Folgendes in seinem Gedicht *De nocte et osculo Hasilinae, erotice*, also ein Liebesgedicht über die *Nacht und Hasilinas Kuss*, das deutsch etwas verschämt mit *Nacht und Hasilinas Kuss* wiedergegeben wird, wörtlich aber heißen könnte *Über eine Nacht und einen Kuss Hasilinas, einen erotischen*, schreibt:

Illa quam fueram beatus hora,	Wie war glücklich ich doch in jener Stunde,
inter basia et osculationes,	da wir Küsse und wieder Küsse tauschten,
contrectans teneras Hasae papillas,	da ich streichelte Hasas zarte Brüste,
et me nunc gremio inferens venusto,	mich versenkte in ihrem süßen Schoße,
nunc stringens teneris suum lacertis	ihren Busen mit sanftem Arm umfaßte
pectus, languidulo gemens amore.	und von Liebe erschöpft nur seufzen konnte!
quod me in reciproco fovebat aestu,	Wie in mir sie dann Glut durch Glut entfachte,
cogens deinde suos meare in artus,	die mich zwang, unsre Glieder zu verstricken!
dum nostros animos per ora mixtos	Durch die Münder vermischten sich die Seelen,

21

cum vinclis adamantinis ligavit	und es band uns mit Fesseln von Demantstein
Diva ex caeruleo creata ponto.	jene Göttin, der blauen See entstiegen.
o nox perpetuis decora stellis,	Nacht, erstrahlend von tausend ew'gen Sternen,
quae divum facies levas coruscas,	die du leuchtendes Götterantlitz hebst,
et fessis requiem refers salubrem.	die du heilsame Ruhe Müden spendest:
[...]	[...]
sic fervens satiabitur voluptas.[61]	so nur wird meine heiße Lust gesättigt.[62]

Von hier aus ist es bis zu Paul Flemings Gedicht *Wie Er wolle geküsset seyn* (1646), das petrarkistisch bändigt und anakreontisch in das Jahrhundert Goethes weitergibt, was als erotische Dichtung ein Jahrhundert zuvor sich sprachlichen Ausdruck verschaffte, ein weiter Schritt.[63] Alfred Anger sieht die deutsche Rokokodichtung sogar als *missing link* zwischen Renaissancedichtung und Goethezeit. Fleming nimmt in der letzten Strophe das sofort wieder ins Private zurück, was in den Zeilen zuvor als Bestandteil öffentlicher Regulative ausgewiesen worden war. Rät Fleming anfänglich über die Technik des Küssens »Nirgends hin / als auff den Mund«, »Nicht zu wenig nicht zu viel«, »Nicht zu nahe / nicht zu weit«, »Nicht zu harte / nicht zu weich«, »Halb gebissen / halb gehaucht«, so heißt es am Ende:

> Küsse nun ein Iedermann
> Wie er weiß / will / soll und kan.
> Ich nur / und die Liebste wissen /
> Wie wir uns recht sollen küssen.[64]

Eine ganz im frühaufgeklärten Duktus angelegte Systematik des Küssens legt der Band 25 von Zedlers *Universal-Lexikon* (1740) vor.[65] Das Lemma *osculum* umfasst hier immerhin 6 Spalten mit mehr als 45 verschiedenen oscula. Bemerkenswert ist die grundsätzliche Ansicht, dass durch einen Kuss »der weiblichen Zucht und Scham nicht wenig geschadet würde«, gilt doch dem frühaufgeklärten Lexikografen der Kuss »als das nächste Mittel zum Beyschlafe und Ehebruch« (Sp. 2091). Wie vielfältig Ausdrucks- und Funktionsformen des Küssens sind, macht auch der Blick ins *Grimmsche Wörterbuch* deutlich, das immerhin noch achtzehn Kussarten aufzählt.[66] Und jeder Teenager – da habe ich mich von meinen Töchtern belehren lassen – kennt noch mindestens ein halbes Dutzend weiterer, nicht unbedingt dudenfester Küsse. Lessing hingegen lässt in seinem Gedicht *Die Küsse* (1747) nur jene als echte Küsse gelten, die er von Doris erhalten hat – je nach Zusammenhang heißt die Dame dann auch schon einmal Phyllis oder Lesbia. Das Genre des Kussgedichts ist, wie Wilhelm Kühlmann treffend bemerkt, ein »vielbeackerte[s] literarische[s] Terrain«.[67] Wollte man diese und andere Überlieferungsformen einschließlich ihrer Derivate historisch weiterverfolgen, fände eine Lyrikgeschichte des Küssens vermutlich bis in unsere Tage reiches Material. Entscheidend ist, wie Kühlmann betont, »die erfundene Welt des Eros soll [...] durch keine Wirklichkeit einlösbar sein, erst recht nicht

Biographisches enthüllen«.[68] Das sei zentraler Bestandteil einer Apologetik der Liebesdichtung seit der Antike. Und genau mit diesem Tabu spielt nun Goethe, ja vielleicht bricht er es sogar, wenn man die Entwicklung von den beiden Tagebucheintragungen hin zur ersten Gedichtfassung betrachtet.

1749 erschien im 129. Stück der moralischen Wochenschrift *Der Gesellige* ein kleiner Text über das Küssen. Theodor Verweyen, der dies mitteilt, bezeichnet ihn als eine Zeichenlehre der Zärtlichkeit, die das benenne, was wenige Jahre zuvor Gleim in seinem *Versuch in Scherzhaften Liedern* vorgeführt habe:

> Von allen Dingen muß ich des Kusses Erwehnung thun. Ein brünstiger, feuriger und sanfter Kuß erweckt in dem ganzen Bezirke des Mundes eine Empfindung, die ungemein angenehm ist, und er ist daher der allergewöhnlichste und natürlichste Ausbruch der Zärtlichkeit. Dadurch beweisen verliebte Leute einander die Zärtlichkeit ihrer Liebe; und häufige *anacreontische* Küsse sind am mächtigsten, das Herz bis auf den Grund zu rühren. Selbst zärtliche Freunde können nicht unterlassen, einander häufig zu küssen; und wir setzen in unserer Gesellschaft einen großen Werth auf unsere freundschaftlichen Küsse.[69]

Und 1750 schreibt Klopstock an Gleim: »schicken sie mir [...] auch von den damen und demoisellen in Magdeburg einen gemeinschaftlichen anakreontischen kusz«.[70] Zwischen anakreontischem Kuss und empfindsamer Zärtlichkeit gibt es zahlreiche Filiationen.[71] Das Küssen hat unzweifelhaft im 18. Jahrhundert eine andere gesellschaftliche Inskriptur erhalten. Es wird Teil der kulturellen Selbstinszenierung des Bürgers, der Kuss wird seiner Privatheit und Intimität beraubt und zusätzlich zu einem öffentlichen Verhaltensstandard.

Vom anakreontischen Kuss bis zur empfindsamen Zärtlichkeit ist es demnach ein kurzer Weg.[72] Man muss diesen historischen Aspekt allerdings um einen weiteren ergänzen. Wolfram Mauser betrat wissenschaftliches Neuland, als er 1988 nach dem mentalitätsgeschichtlichen Ort der Rokokodichtung fragte, die nach seiner Einschätzung von der Empfindsamkeit ebenso weit entfernt sei wie von der Erlebnisdichtung.[73] Freude, Fröhlichkeit und Lust, eine naturgemäße Lebensordnung, wie es die Rokokoliteratur programmatisch fordere und vorführe, begründe nicht die fiktionale Literatur, sondern die medizinisch-diätetische der Zeit.[74] Die Ärzte wiederum beriefen sich in ihren Gesundheitslehren auf die Dichtung. Literatur bekam eine Geselligkeitsfunktion innerhalb eines diätetischen Koordinatensystems von Gesundheit, Wohlergehen und Moral.[75] Mauser ist sicherlich zuzustimmen, wenn er bilanziert:

> Die deutsche Rokokodichtung ist – vor allem in ihren besonders gelungenen Leistungen – nicht Nachahmung höfisch-spielerischer Formen und Gedanken im Kreis eines wohlhabend und gebildet gewordenen Bürgertums, sondern der Versuch, im Zusammenhang vielfältiger diätetischer Anstrengungen der Zeit, ›sinnliches Vergnügen‹ nicht nur zu fordern und theoretisch zu begründen, sondern in poetischen Inszenierungen auch vorzustellen.[76]

Und wie die *Süddeutsche Zeitung* meldet, dabei neueste amerikanische Forschungen zitierend, »Küssen heilt Krankheiten« (SZ v. 13./14.5.2000).

In der Literaturwissenschaft herrscht heute weitgehend Einigkeit darüber, dass unter dem Begriff ›Rokoko‹ dominante Stilmerkmale in der Literatur zwischen 1740 und 1780 begriffen werden können. Ich halte diese Lesart für revisionsbedürftig. Es wäre nämlich die These zu prüfen, ob die Kultur und Literatur des Rokoko sich nicht aus zwei Sublimationsschüben zusammensetzt: Die frühe erotische Rokoko-Dichtung, beginnend in der Lyrik der Frühen Neuzeit unter Rückgriff auf antike Muster, und die Anakreontik des 18. Jahrhunderts, sofern man unter Anakreontik einen bestimmten Gattungs-, Form- und Motivtypus der Literatur versteht und nicht jener ›anakreontischer Mischmasch‹ damit gemeint ist. Die petrarkistische Literatur wäre in diesem Zusammenhang eine eigene Untersuchung wert und von hier aus auch die Frage neu zu erörtern, »ob Secundus tatsächlich als wichtiger Vermittler des Petrarkismus gelten kann«.[77] Während Johannes Secundus auf den zeitgenössischen Formen- und Motivvorrat zurückgreift und ihn innovativ erweitert, bedient sich Goethe des stellvertretenden Sprechens, er setzt das Substituterleben der Literatur ins Werk, wonach sie erfüllt, was die Wirklichkeit verweigert. Unter der Leitthese einer Platonisierung des Begehrens erschiene die petrarkistische Literatur als eine Form der Anakreontik. Rokoko würde demnach bedeuten, das Begehren so zu besprechen – im doppelten Wortsinn –, dass es gesellschaftlich legitimiert wird in Gestalt höchster Kunstfertigkeit oder spielerischer Leichtigkeit.[78] Rokoko wäre somit ein kulturelles Beschreibungssystem des uneigentlichen erotischen Sprechens, dessen sich das Begehren bedient, wie das Beispiel der *Kuss*-Gedichte zeigt. Rokoko*literatur* wäre somit ein moderner Versuch, Kultur als Text zu inszenieren. Sie schüfe ein Substituterleben, dessen Wirklichkeit in der Fiktionalität gründet, dessen Fiktion aber auch die Wirklichkeit des Schreibenden darzustellen vermag, es eröffnet somit eine doppelte Codierung. An der Leitvorstellung ›Rokoko‹ lässt sich zeigen: Die Entdeckung des Körpers in der Aufklärung geht mit seinem Verschwinden einher. Was bleibt, ist das Sprechen resp. Schreiben über ihn, Literatur bekommt die Funktion des *anthropologischen Reisens*,[79] die Rokoko-Literatur eröffnet diesen inneren Kontinent. Rokokoliteratur würde damit einen wichtigen Quellenwert bei der Untersuchung der Entdeckung des Körpers des Bürgers bekommen. Literatur und Literaturgeschichte könnten hier ihre enorme analytische Qualität im Gesamt anthropologischer Diskurse unter Beweis stellen. Literatur ist das Medium der anthropologischen Selbstvergewisserung: das Wissen, dass der Mensch Mensch ist, erfährt er erst aus der Literatur. Man muss wohl Michel Foucault Recht geben, der in einem Gespräch mit Gilles Deleuze 1972 gesagt hat, »das Begehren wird noch lange ein Problem sein«.[80]

Anhang

Auf den
Zwey und zwanzigsten des Maymonates.
Anakreontischer Mischmasch.
(Ich bitte, so vorlieb zu nehmen.)

Ermüdete Laune!
Du willst mich verlassen?
Wer hat Dich erzürnet? –
Die lästernde Narren?
Wie kannst Du Dich ärgern,
Wenn Narren Dich höhnen?
O, laß′ sie doch lästern,
Und pöbelhaft schimpfen! –
Es sind ja nur Narren.
Und weiß′st Du, warum sie
Dich lästernd verfolgen? –
Du hast sie zuweilen
Satyrisch verlachet.
Dein Lachen verdrießt sie;
Und – ihnen zum Possen –
Ermuntre Dich wieder.
Ergreife von neuem
Die schärfeste Geisel
Der dreisten Satyre.
Versetze dem Rücken
Der höhnenden Narren
Empfindliche Streiche.
Sie mögen Dich schimpfen, -
Im lautesten Tone
Des niedrigen Pöbels,
Erbittert Dich schimpfen!
Das muß dich nicht rühren.
Was kann denn das Schimpfen
Der Narren Dir schaden?
Du bleibest doch Laune;
Und kannst Dich ja rächen. –
Auf! – Reibe den Schlummer
Aus schläf′rigen Augen!

Aus keuscher Empfindung,
Und schaamhaft uns küßen.
Noch hat uns kein Winter
Der Jahre (Du weiß′st es)
Im glühenden Busen
Das Feuer verlöschet.
Noch steiget zuweilen
Ein munt′rer Gedanke
Im fröhlichen Geist′ auf.
Bleib′ immer noch länger
Des scherzenden Küsters
Vertraute Gefährtin,
Zwar kann ich, als Küster,
Nicht vornehm Dich mästen,
Nicht rauschende Freuden
Dir teuer erkaufen;
Doch sollst Du nicht hungern.
Es soll auch nicht Schwermuth
Dich von mir verscheuchen.
Hier, wo nicht das Tändeln
Unwitziger Gecke,
Nicht mod′sche Besuche
Verstelleter Freunde
Die Zeit uns verderben, –
Hier, (wo wir, zufrieden
Bey frohem Bewußtseyn,
Die Tage verleben,)
In niedriger Hütte –
Hier wollen wir denken,
Und schreiben, und lesen;
Den Weisen verehren;
Sein rühmliches Leben
Zum Muster uns nehmen;

Noch scheuchet kein Phlegma,
Kein frostiges Alter,
Kein Unglück – Dich von mir.
Noch sitzen wir beide,
In ruhiger Stille,
Entfernet von finstern,
Von plagenden Grillen, –
Vom marternden Geize,
Vom neidischen Stolze,
Von tückischer Mißgunst
Befreyet, am Schreib´tisch´.
Und fühlen uns glücklich! –
Noch schmecket das Pfeifchen
Beym häuslichen Tranke.
Noch schmecken uns Küße,
Von holden Freundinnen,
Die tugendhaft zärtlich,

Die Thoren verlachen;
Mit beißendem Spotte
Sie muthig verfolgen.
Hier soll einst der Tod nur –
Sonst Niemand – uns trennen.
So lange, bis dieser,
Als lächelnder Freund, mir
Entseelend die Hand reicht, –
Gewährst Du, o Laune!
Mir Deine Gesellschaft.
Dann greif' ich, von neuem,
Ganz heiter, zur Feder.
Dann schreib' ich noch länger,
Den Narren zum Trotze;
Und fürchte den Eifer
Der schmählenden Milzsucht, –
Das grimmige Drohen
Der scheelen Kritik nicht.[81]

Anmerkungen

1 Gräter, Friedrich David: Zwey Anakreontische Lieder zergliedert und beurtheilt. Eine Vorlesung, Leipzig, 1790, S. 41. Gräter beklagt eingangs seiner Vorlesung das Dilemma zwischen einer »statarischen Interpretation« und einer »cursorischen Lectüre« (ebd., S. 6). Er beschreibt damit zugleich ein grundsätzliches Dilemma des Philologen, das auch dieser Beitrag nicht zu beheben vermag. Gleichwohl erkenne ich in Gräters Worten jene Haltung unseres Lehrers Gerhard Sauder wieder, die mein Verständnis von Philologie und den Umgang mit dem Wort zutiefst geprägt hat.

2 Raritäten. Ein hinterlassenes Werk des Küsters von Rummelsburg. Sechster Theil. Nebst einer Vorrede über die Unentbehrlichkeit des schönen Geschlechtes, und mit vielen, blos zur Ausfüllung des Raumes dienenden Anmerkungen herausgegeben von Baldrian Schwarzpuckel, o.O., 1780, S. 193-196, hier S. 193. Das Gedicht ist aus Umfangsgründen im Anhang vollständig wiedergegeben.

3 Anger, Alfred: Rokokodichtung und Anakreontik, in: Europäische Aufklärung (I. Teil), hg. v. Walter Hinck. Neues Handbuch der Literaturwissenschaft Bd. 11, Frankfurt/Main, 1974, S. 91-118, hier: S. 98. Zum Versuch Rokoko als gesamteuropäisches Phänomen zu begreifen, vgl.: Hatzfeld, Helmut: The Rococo. Eroticism, Wit, and Elegance in European Literature, New York, 1972 (zu Deutschland bes. S. 169-197).

4 Dichtung des Rokoko nach Motiven geordnet, hg. v. Alfred Anger, Tübingen, 1958, S. V.

5 Damit könnte sich auch ein forschungsstimulierender Fragehorizont eröffnen, z.B.: Lässt

sich ein Funktionswandel der Literatur am Leitbegriff der Anakreontik beschreiben? Wie ist der zivilisatorische Prozess der Intimisierung zu verstehen (Stichwort: Verlust des ganzen Hauses), wenn zugleich dieser Prozess durch die Literatur öffentlich gemacht wird, im Medium der Fiktionalität?

6 Insofern bleibt auch die Frage unberührt, inwiefern sich ein Einfluss des Secundus auf Goethes *Römische Elegien* nachweisen lässt, vgl. dazu: Ellinger, Georg: Goethe und Johannes Secundus, in: Goethe-Jahrbuch 13 (1892), S. 199-210, und Adalbert Schroeter, der Ellinger widerspricht und sehr pragmatisch argumentiert; der Einfluss lasse sich nicht nachweisen, da Goethe bei dem Thema seiner Elegien zwangsläufig in Liebessituationen geraten sei, die sich »irgend einmal ergeben mit oder ohne Secundus« (Schroeter, Adalbert: Beiträge zur Geschichte der neulateinischen Poesie Deutschlands und Hollands, Berlin, 1909, S. 217 (im Folgenden: Schroeter: Beiträge zur Geschichte der neulateinischen Poesie, Seitenzahl).

7 Lenz, Jakob Michael Reinhold: Werke und Briefe in drei Bänden, hg. v. Sigrid Damm, München, 1987 (im Folgenden: Lenz: Werke und Briefe, Seitenzahl), hier: Bd. 2, S. 453.

8 Lenz: Werke und Briefe, S. 454.

9 Lenz: Werke und Briefe, S. 455.

10 Lenz: Werke und Briefe, S. 456.

11 Vgl. zu diesem Topos pornografischer – im Unterschied zu erotischer – Literatur u.a. das Nachwort in: [Anon.:] Linas aufrichtige Bekenntnisse. Mit einem Nachwort hg. v. Matthias Luserke und Reiner Marx, Frankfurt/Main, 1995, sowie Jean-Pierre Dubost: Eros und Vernunft. Literatur und Libertinage, Frankfurt/Main, 1988. Vgl. dazu auch das Nachwort der erstmals um 1525 gedruckten *pornographischen* Sonette von Pietro Aretino: I Modi. Stellungen. Die Sonette des göttlichen Pietro Aretino zu den Kupfern Marcantonio Raimondis. Nachgedichtet und mit einem Essay versehen von Thomas Hettche, Frankfurt/Main, 1997, bes. S. 59.

12 Goethe, Johann Wolfgang: Tagebücher. Historisch-kritische Ausgabe. Bd. I,1, hg. v. Wolfgang Albrecht und Andreas Döhler, Stuttgart, 1998, S. 28.

13 Goethe: Tagebücher, ebd.

14 Goethe: Tagebücher, S. 30.

15 Siehe Anmerkung 6. Goethe hat sich später nochmals über Secundus geäußert. Im dritten Heft von Über Kunst und Altertum (1817) spricht er über die lohnende Aufgabe, die neulateinische Literatur der zurückliegenden drei Jahrhunderte zu erforschen und nennt dabei namentlich Johannes Secundus und Jacob Balde (vgl. WA I/41.1, S. 113).

16 Vgl. Pyritz, Hans: Paul Flemings Liebeslyrik. Zur Geschichte des Petrarkismus. Göttingen, 1963 [¹1932], S. 32 (im Folgenden: Pyritz: Paul Flemings Liebeslyrik, Seitenzahl).

17 Secundus, Ioannes Nicolai: Basia. Mit einer Auswahl aus den Vorbildern und Nachahmern hg. von Georg Ellinger, Berlin, 1899, S. IXf. (= Lateinische Litteraturdenkmäler des XV. und XVI. Jahrhunderts Bd. 14). – Über Johannes Secundus informieren u.a.: Crane, Dougall: Johannes Secundus. His life, work, and influence on english literature, Leipzig, 1931; Ellinger, Georg: Geschichte der neulateinischen Literatur Deutschlands im sechzehnten Jahrhundert, Band III, Erste Abteilung, Berlin, 1933, bes. S. 28-78, zu den Basia S. 50-55 (Im Folgenden: Ellinger: Geschichte, Seitenzahl); Schoolfield, George: Janus Secundus, Boston, 1980, (zu den

Basia-Gedichten bes. S. 101ff.); Dekker, Alfred Martinus Maria: Janus Secundus (1511 – 1536). De tekstoverlevering van het tijdens zijn leven gepubliceerde werk, Nieuwkoop, 1986; Godman, Peter: Johannes Secundus and Renaissance Latin Poetry, in: The review of English studies 39 (1988), S. 258-272. Die Abbildung eines Bildnisses von Johannes Secundes findet sich in: Dekker, Alfred: Secundiana, in: Hermeneus, maanblad voor de antieke cultuur 42/6 (1970), S. 342-354, hier: S. 344[b]. Weitere Literatur: Frings, Udo: Zwei neulateinische Textbeispiele, in: Der altsprachliche Unterricht 27/6 (1984), S. 14-22, bes. S. 19ff.

18 Ellinger: Geschichte, S. 50.

19 Borgstedt, Thomas: Kuß, Schoß und Altar. Zur Dialogizität und Geschichtlichkeit erotischer Dichtung (Giovanni Pontano, Johannes Secundus, Giambattista Marino und Christian Hoffmann von Hoffmannswaldau), in: GRM 44/3 (1994), S. 288-323 (im Folgenden: Borgstedt: Kuß, Schoß und Altar, Seitenzahl), hier: S. 298.

20 Borgstedt: Kuß, Schoß und Altar, S. 299.

21 Zeman, Herbert: Die deutsche anakreontische Dichtung. Ein Versuch ihrer ästhetischen und literarhistorischen Erscheinungsformen im 18. Jahrhundert, Stuttgart, 1972 (im Folgenden: Zeman: Die deutsche anakreontische Dichtung, Seitenzahl), S. 19. An anderer Stelle führt Zeman aus, mit Johannes Secundus beginne die »Nachahmung der originalen anakreontischen Odenform« (ebd., S. 67). Zeman argumentiert allerdings ausschließlich formästhetisch und gattungstypologisch.

22 Borgstedt: Kuß, Schoß und Altar, S. 301.

23 Ich zitiere die Gedichte des Joannes Secundus nach folgender Ausgabe: Lateinische Gedichte deutscher Humanisten. Lateinisch und Deutsch. Ausgewählt, übersetzt und erläutert von Harry C. Schnur, Stuttgart, ²1987, S. 378-393, hier: S. 380, 382 u. 384 (im Folgenden: Lateinische Gedichte deutscher Humanisten, Seitenzahl). – Vgl. auch Secundus, Joannes: Opera. Nunc primum in lucem edita. Facsimile of the edition Utrecht 1541, Nieuwkoop, 1969. – Küsse. Aus dem Lateinischen des Iohannes Secundus übersetzt von Franz Passow, Leipzig, 1807, und Secundus, Johannes: Die Küsse. In der Übertragung von Franz Blei, Berlin, 1987. – Einen vorzüglichen Überblick über die humanistische Lyrik bietet der Band: Humanistische Lyrik des 16. Jahrhunderts. Lateinisch und deutsch, hg. v. Wilhelm Kühlmann, Robert Seidel u. Hermann Wiegand, Frankfurt/Main, 1997 (= Bibliothek der Frühen Neuzeit Bd. 5).

24 Lateinische Gedichte deutscher Humanisten, S. 381, 383 u. 385. – Die Übersetzung von Passow von 1807 (s. Anm. 23) lautet: »Neära, welcher Wahnsinn / Verführte dich, du Lose, / Mit wildentbranntem Bisse / So anzufallen, so zu / Verletzen meine Zunge? / Und achtest du die Pfeile, / Die ich überall im Herzen / Von dir empfangen trage, / Denn für so gar nichts, daß du / Mir noch mit kecken Zähnen / An meiner armen Zunge / Den Frevel ausgeübt hast, / Die oft bey Föbus Kommen, / Die oft bey Föbus Scheiden, / Die während langer Tage / Und heißverweinter Nächte / Zu deinem Preis gesungen? / Es ist – du weißt es, Böse – / Es ist ja diese Zunge / Die deine Ringellocken, / Die deine feuchten Aeuglein, / Die deinen Lilienbusen, / Die deinen weichen Nacken, / Liebreizende Neära, / Im süßen Lied zum Himmel, / Hoch über Jovis Blitze, / Trotz seinem Groll, erhoben; / Die dich mein süßes Leben, / Und die dich meine Wonne, / Mein Herz und meine Blume, / Und meine süße Liebe, / Und meine liebe

Süße, / Und meine Dionea, / Und dich mein zartes Täubchen, / Mein weißes Turtelweibchen, / Trotz Venus Groll, genannt hat. / Und wäre das es grade, / Was dich erfreuet, Stolze, / Dem bittern Schmerz zu bringen, / Den dennoch keine Wunde – / Du weißt es wohl, du Schöne! – / So zürnen machen könnte, / Daß er nicht diese Aeuglein, / Daß er nicht diese Lippen, / und, seiner Leiden Schöpfer, / Die ausgelaßnen Zähne, / In mitten seiner Schmerzen / Doch immer neu besänge. – / O stolze Macht der Schönheit! –« (ebd., S. 29-33). Franz Blei (s. Anm. 23) übersetzt: »Sag, / Was hat dich Tolle getrieben, / So mir die Zunge zu beißen? / Ist's nicht genug, / Daß du das Herz mir / So schon verwundet mit tausend Dolchen? / Müssen auch noch deine Zähne die Zunge zerbeißen, / Die, ach, so oft dein Lob sang / In Morgenerwachen und Abenddämmern, / Bangen Tagen und bitteren Nächten? / Sie hat dich doch mein Glück genannt, / Mein Leben und meine Süßigkeit, / Meine Taube, meine weiße Turteltaube – / Solltest du sie nicht eher beloben dafür, / Die, was du auch Böses mir tust, / Nur immer dich singt? / Blutend dich singt, deine Augen, / Die Lippen und diese lüsternen Zähne? / O hohe Macht der Schönheit!« (ebd., unpaginiert).

25 The Love Poems of Joannes Secundus. A Revised Latin Text and an English Verse Translation, together with an Introductory Essay on the Latin Poetry of the Renaissance. Ed. by F. A. Wright, London, 1930, S. 61, 63 u. 65 (im Folgenden: The Love Poems, Seitenzahl). Allerdings sind die englischen Übertragungen dadurch beeinträchtigt, dass sie ein Reimschema verwenden, das den Originalen nicht eignet.

26 Nebenbei sei darauf hingewiesen, dass die Münchner Ausgabe Goethes Sentenz in den Maximen und Reflexionen, die das wörtliche Zitat der Schlusszeile aus Basia 8 »O vis superba formae!« darstellt, folgendermaßen übersetzt: »Die stolze Kraft der Form« (MA Bd. 17, S. 1275; die Sigle MA bezieht sich auf die *Münchner Ausgabe* von Goethes Werken).

27 Schroeter: Beiträge zur Geschichte der neulateinischen Poesie, bes. Kapitel IV, S. 165-222, hier: S. 185.

28 Vgl. Schroeter: Beiträge zur Geschichte der neulateinischen Poesie, S. 186.

29 Schroeter: Beiträge zur Geschichte der neulateinischen Poesie, S. 187.

30 Vgl. Eissler, K. R.: Goethe. Eine psychoanalytische Studie 1775-1786. 2 Bde., München, 1987, Bd. 2 (im Folgenden: Eissler: Goethe, Seitenzahl), hier: S. 1400.

31 Eissler: Goethe, S. 1401.

32 Vgl. Pyritz: Paul Flemings Liebeslyrik, S. 53. Pyritz gibt einige Beispiele für das Motiv des Seelenraubs bzw. Seelentausches beim Küssen, das sich bis Paul Fleming verfolgen lässt.

33 Lateinische Gedichte deutscher Humanisten, S. 40. Deutsche Übersetzung ebd., S. 41: »Durch die Münder vermischten sich die Seelen«.

34 Lateinische Gedichte deutscher Humanisten, S. 388.

35 Lateinische Gedichte deutscher Humanisten, S. 389.

36 The Love Poems, S. 73.

37 Vgl. WA IV/5, S. 116. Die Sigle WA bezieht sich auf die *Weimarer Ausgabe* mit Angabe der Abteilung und des Bandes.

38 Goethe: Tagebücher, Bd. I.1, S. 28.

39 Goethe: Tagebücher, Bd. I.2, S. 409. Die Hinweise des Kommentars beziehen sich auf folgende Werke: Goethes Bibliothek. Katalog, Weimar, 1958; Ruppert, Hans: Das älteste Verzeichnis von Goethes Bibliothek, in: Goethe-Jahrbuch 79 (1962), S. 253-287.

40 WA IV/3, S. 117.

41 Lateinische Gedichte deutscher Humanisten, S. 385.

42 Lateinische Gedichte deutscher Humanisten, S. 384.

43 Lateinische Gedichte deutscher Humanisten, S. 385.

44 The Love Poems, S. 69.

45 Lateinische Gedichte deutscher Humanisten, S. 392.

46 Lateinische Gedichte deutscher Humanisten, S. 393.

47 The Love Poems, S. 87.

48 Lateinische Gedichte deutscher Humanisten, S. 390.

49 Lateinische Gedichte deutscher Humanisten, S. 391.

50 The Love Poems, S. 79/81.

51 Borgstedt: Kuß, Schoß und Altar, S. 301.

52 Lateinische Gedichte deutscher Humanisten, S. 379.

53 MA Bd. 2.1, S. 30.

54 Lateinische Gedichte deutscher Humanisten, S. 474f.

55 Lateinische Gedichte deutscher Humanisten, S. 475.

56 Zu den Metren der einzelnen Gedichte vgl. Schroeter: Beiträge zur Geschichte der neulateinischen Poesie, S. 200. *Basia 8* ist im Metrum der Pseudo-Anakreonteen geschrieben (meist eine dimetrische Variation).

57 Pyritz: Paul Flemings Liebeslyrik, S. 33.

58 Vgl. zu diesem Aspekt grundsätzlich Sauder, Gerhard: Empfindsamkeit – sublimierte Sexualität, in: Empfindsamkeiten, hg. v. Klaus P. Hansen, Passau, 1990, S. 167-177; Andreae, Stefan: Zum Begriff der Sublimierung bei Sigmund Freud, Göttingen, 1975.

59 Im Rahmen dieses Beitrags soll nicht über die Rokokolyrik des Leipziger Goethe und seine Schäferdichtungen gesprochen werden.Vgl. dazu ausführlicher Luserke, Matthias: Der junge Goethe. Ich weis nicht warum ich Narr soviel schreibe, Göttingen, 1999, S. 25-49, sowie Zeman: Die deutsche anakreontische Dichtung, S. 266-314. – Zum literaturhistorischen Kontext vgl. die neue Gedichtsammlung: Erotische Lyrik der galanten Zeit. Ausgewählt und mit einem Nachwort versehen von Hansjürgen Blinn, Frankfurt/Main, 1999; Lauter Lust, wohin das Auge gafft. Deutsche Poeten in der Manier Anakreons, hg. v. Bernd Jentzsch, Leipzig, ³1991, sowie Dichtung des Rokoko nach Motiven geordnet, hg. v. Alfred Anger, Tübingen, 1958.

60 Vgl. dazu nach wie vor gültig Anger, Alfred: Literarisches Rokoko, Stuttgart, ²1968 und Perels, Christoph: Studien zur Aufnahme und Kritik der Rokokolyrik zwischen 1740 und 1760, Göttingen, 1974. Zur Kritik an Anger vgl. Schlaffer, Heinz: Musa iocosa. Gattungspoetik und Gattungsgeschichte der erotischen Dichtung in Deutschland, Stuttgart, 1971, S. 3.

61 Lateinische Gedichte deutscher Humanisten, S. 40.

62 Lateinische Gedichte deutscher Humanisten, S. 41.

63 Vgl. dazu die ausgesprochen instruktive Interpretation von Kühlmann, Wilhelm: Ausgeklammerte Askese. Zur Tradition heiterer erotischer Dichtung in Paul Flemings Kussgedicht, in: Gedichte und Interpretationen. Bd. 1: Renaissance und Barock., hg. v. Volker Meid, Stuttgart, 1988 (im Folgenden: Kühlmann: Ausgeklammerte Askese, Seitenzahl), S. 176-186 (mit Textabdruck). Vgl. ferner das anonyme Kussgedicht aus dem *Almanach der Grazien 1776*, in: Dichtung des Rokoko nach Motiven geordnet, S. 99f., mit weiteren Belegen zahlreicher motivlicher Parallelstellen bei anderen Autoren ebd., S. 154.

64 Zitiert nach: Kühlmann: Ausgeklammerte Askese, S. 176.

65 Hekelius, Jo.[hann] Frid.[rich]: Historisch-Philologische Untersuchung Von den mancherley Arten und Absichten der Küsse, Vormahls in Lateinischer Sprache beschrieben von dem gelehrten Polyhistore, Herrn Jo. Frid. Hekelio, anietzo aber wegen der Curiosité ins Teutsche übersetzt und hin und wieder vermehret durch Gotthilff Wernern. Chemnitz 1727. Neudruck Grimma 1872. (Leider waren mir weder das lateinische Original: De osculis discursus philologici. Editio nova. Leipzig 1689 noch der Erstdruck der ersten deutschen Übersetzung von 1727 zugänglich. Bei dem Neudruck handelt es sich um eine gekürzte Fassung, vgl. ebd., S. VI).

66 Vgl. Bd. 5, Sp. 2868: Ehrenkuss, Liebeskuss, Brautkuss, Morgenkuss, Mädchenkuss, Weiberkuss, Gegenkuss, Flammenkuss, Freundeskuss, Freundschaftskuss, Judaskuss, Herzenskuss, Hurenkuss, Vaterkuss, Mutterkuss, Lehenskuss, Handkuss und Fußkuss.

67 Kühlmann: Ausgeklammerte Askese, S. 180.

68 Kühlmann: Ausgeklammerte Askese, S. 182.

69 Zitiert nach: Verweyen, Theodor: Emanzipation der Sinnlichkeit im Rokoko? Zur ästhetik-theoretischen Grundlegung und funktionsgeschichtlichen Rechtfertigung der deutschen Anakreontik, in: GRM 25/3 (1975), S. 278-306, hier S. 302.

70 Zitiert nach: Grimmsches Wörterbuch Bd. 5, Sp. 2866.

71 Ob diese bekannte historische Beobachtung allerdings zu einer tauglichen binnenliterarischen Differenzierung zwischen galanter Dichtung, anakreontischem Petrarkismus, empfindsamer Literatur und der Lyrik des Sturm und Drang beiträgt, wie sie Hoffmeister nahe legt, scheint mir problematisch (vgl. Hoffmeister, Gerhart: Petrarkistische Lyrik, Stuttgart, 1973, S. 82ff.). Vgl. dazu grundsätzlich Sauder, Gerhard: Empfindsamkeit. Bd. I: Voraussetzungen und Elemente, Stuttgart, 1974, sowie die Quellenedition: Ders.: Empfindsamkeit. Bd. III: Quellen und Dokumente, Stuttgart, 1980.

72 Vgl. Mauser, Wolfram: Anakreon als Therapie? Zur medizinisch-diätetischen Begründung der Rokokodichtung, in: Lessing Yearbook 20 (1988), S. 87-120, hier S. 88 (im Folgenden: Mauser: Anakreon als Therapie, Seitenzahl). Vgl. auch ders.: Die »Balsam=Kraft« von innen. Dichtung und Diätetik am Beispiel des B.H. Brockes, in: Heilkunde und Krankheitserfahrung in der frühen Neuzeit. Studien am Grenzrain von Literaturgeschichte und Medizingeschichte, hg. v. Udo Benzenhöfer u. Wilhelm Kühlmann, Tübingen, 1992, S. 299-329.

73 Mauser: Anakreon als Therapie, S. 89.

74 Mauser: Anakreon als Therapie, S. 101.

75 Mauser: Anakreon als Therapie, S. 101. Vgl. zum Aspekt der Geselligkeit und des antihöfischen Potenzials der Rokoko-Dichtung: Richter, Karl: Geselligkeit und Gesellschaft in Gedichten des Rokoko, in: Jahrbuch der deutschen Schillergesellschaft 18 (1974), S. 245-267.

76 Mauser: Anakreon als Therapie, S. 111. Zur Dissoziierung von medizinischem und literarischem Diskurs im letzten Drittel des 18. Jahrhunderts vgl. auch: Luserke, Matthias: Die Bändigung der wilden Seele. Literatur und Leidenschaft in der Aufklärung (= Germanistische Abhandlungen 77), Stuttgart, 1995, bes. S. 319ff.

77 Hoffmeister: Petrarkistische Lyrik, S. 53.

78 An dieser Stelle müsste man sich kritisch mit Foucaults Repressionshypothese auseinandersetzen, vgl. dazu und zu weiterführenden Überlegungen neuerdings: Eder, Franz X.: ›Sexualunterdrückung‹ oder ›Sexualisierung‹? Zu den theoretischen Ansätzen der ›Sexualgeschichte‹, in: Erlach, Daniela /Reisenleitner, Markus/Vocelka, Karl (Hg.): Privatisierung der Triebe? Sexualität in der Frühen Neuzeit, Frankfurt/Main, 1994, S. 7-29.

79 Siehe Anmerkung 2.

80 So der Titel eines Buches von Heinrich Nudow von 1793.

81 Foucault, Michel: Von der Subversion des Wissens, hg. u. aus dem Französischen und Italienischen übertragen v. Walter Seitter. Mit einer Bibliografie der Schriften Foucaults. Frankfurt/Main, 1987, S. 114.

Manfred Beetz

Von der galanten Poesie zur Rokokolyrik

Zur Umorientierung erotischer und anthropologischer Konzepte in der ersten Hälfte des 18. Jahrhunderts

Die galante Poesie verbindet mit der des Rokoko ein eher undeutsches Literaturprogramm. Nicht mit tiefsinnigen Erkenntnissen einsam Suchender sieht sich der Leser konfrontiert, sondern zur Unterhaltung und Geselligkeit eingeladen. Das Amüsante, Spielerische und Leichte, die routiniert inszenierte Rollenlyrik, die Propagierung des Augenblicksgenusses oder erotischer Tändeleien wurden vielfach für zu leicht befunden, um wissenschaftliches Interesse zu verdienen. Frivolität und Oberflächlichkeit widersprachen deutschem Arbeitsethos und ließen jedweden sittlichen Ernst vermissen. Kein Wunder, dass die germanistische Literaturwissenschaft – von beachtenswerten Ausnahmen abgesehen – beide Epochen weniger ernst als andere nahm.[1] Bedenkenswert bleibt, dass während der Zeit des Dritten Reiches keine nennenswerte Studie über die Rokokoliteratur erschien; ja, dass auch die DDR-Germanistik den Rokokobegriff verpönte, obwohl sich bekanntlich nicht nur *poetae minores* mit den ihnen adäquaten »Kleinigkeiten« abgaben, sondern die führenden Autoren des literarischen Erbes im 18. Jahrhundert.

Umso verdienstvoller erscheinen Marksteine auf dem Weg zu einer unbefangeneren Forschungsgeschichte. Zu ihnen zählen – neben manchen literaturgeschichtlichen Abrissen – sicherlich die Arbeiten von Max von Waldberg, Singer, Anger, Schlaffer, Rotermund, Zeman, Perels, Verweyen, Mauser und Schüsseler.[2]

Zu den Traditionen, in die sich die Rokokolyrik stellt, gehört neben den in der Antike geprägten Gattungen der Bukolik und erotischen Poesie auch die galante Lyrik als zeitnaher Vorläufer. Angesichts konkurrierender Strömungen im ersten Drittel des 18. Jahrhunderts wie dem Frühklassizismus und der Aufklärungsliteratur können wir allerdings nicht von einem bruchlosen Anschluss der Rokokolyrik an die galante Dichtung ausgehen. Dass diese – wie Anger will – um 1720 ausstarb und in den nächsten zwei Jahrhunderten vom Aufklärungsklassizismus verdrängt wurde, entspricht freilich nur bedingt dem historischen Quellenmaterial.[3] Als Wegbereiterin der Rokokolyrik ist die galante Dichtung bis heute wenig in der Forschung beachtet. Unter den Aspekten der Legitimierung der Erotik im Gedicht und anthropologischer Umorientierungen soll

Verbindendes und Trennendes zwischen den schwesterlichen Epochen beleuchtet werden, deren Blütezeiten einmal zwischen 1695 und 1710 und das andere Mal zwischen 1740 und 1770 lagen.

I

Sowohl galante Poeten wie Anakreontiker des 18. Jahrhunderts konnten sicher sein, dass sich die spielerische Propagierung der Sinnlichkeit und freien Liebe in einer von kirchlicher und staatlicher Zensur beaufsichtigten Öffentlichkeit der Kritik von Tugendwächtern aussetzte. Ihre Brüskierung war nicht ungefährlich. Hofmannswaldau schätzte die Brisanz seiner Gedichte, in denen er als Anwalt einer Emanzipation der Sinnlichkeit auftritt, richtig ein, wenn er zeitlebens auf ihre Publikation verzichtete. Der Provokation der lutherischen Lehre von der »depravatio naturae hominis« und der theologischen Konzeption eines geschlechtlichen Sündenfalls waren sich die Galanten bewusst.[4] Wenn Hofmannswaldau in Versen die unerhörte These verficht »Die Lust/ als Lust/ wird niemahls Sünde heissen« und die christliche Morallehre als eigentliche Sünde gegenüber der gottgeschaffenen Natur hinstellt, deutet er nahezu rousseauistisch den Abfall von der Natur in der Soziabilität konsequent innerweltlich.[5] Moralische und theologische Repliken ließen nicht lange auf sich warten. Schon 1690 wendet sich Heinrich Anselm von Zigler und Kliphausen gegen den Missbrauch des Wortes »Galanterie«, unter dessen Deckmantel »Hurerey und Ehebruch [...], die abscheulichsten Sünden begangen« werden.[6] Die gewagten postum in der neukirchschen Sammlung veröffentlichten Texte Hofmannswaldaus provozierten postwendend die erwartet scharfen Beanstandungen, sodass schon der Nachdruck der ersten Auflage eine purgierte Sammlung herausbrachte und Neukirch sein Editorengeschäft 1697 verleugnete. Ein offizielles Verbot verzögerte das Erscheinen des dritten Bandes der Anthologie um sechs Jahre.[7] Für Anthologien wie Wolterecks *Holsteinische Musen* (1712), die sich als alternative Projekte definieren, indem sie »wieder [!] die Laster der heutigen Tages so genannten galanten Welt einen gerechten Haß zu erwecken« bestrebt sind, hat lediglich ein »keusch-geziemender Scherz« ein poetisches Daseinsrecht.[8] Besonderer Stein des Anstoßes an der neukirchschen Sammlung und den Gedichtausgaben von Celander, Corvinus oder Menantes waren trivialisierte Eschatologien auf dem Sektor der Erotik. Erdmann Neumeister hatte bereits 1695 die Vermutung geäußert, dass es in den erotischen Oden Hofmannswaldaus insbesondere die biblischen Anspielungen waren, die den Autor vor einer Publikation zurückschrecken ließen.[9] Die Breslauer *Anleitung* zollt in ihrem Resümee vom »Zustande der Poesie in Teutschland« der lieblichen Diktion Hofmannswaldaus hohes Lob, nicht ohne zu bedauern, dass er in seinen Liedern so oft die Heilige

Schrift missbraucht habe.[10] Öffentliche Buße wegen vergleichbarer Sünden leistete der geläuterte Hunold, der in der Tat allen Grund hatte, sich zerknirscht zu zeigen. Der vorübergehend in eine Schwägerin Neumeisters verliebte Autor hatte Hamburg 1706 nach dem Skandal seines »Satyrischen« Schlüsselromans verlassen müssen und war noch im nämlichen Jahr erstmalig in sich gegangen.[11] In den Vorreden seiner *Theatralischen, galanten und geistlichen Gedichte* und der *Galanten, verliebten und satyrischen Gedichte* bedauert er manche freie Redensarten und Zweideutigkeiten und lässt moralische Besserung durch Textkorrekturen und entschlossene Selbstzensur erkennen.[12] Im Zuge seiner pietistischen Erweckung in Halle verdammt er laut seine beachtlichen Jugendsünden: »ich wünschte/ daß viele meiner Schrifften in ihrer ersten Gebuhrt erstickt wären«.[13] In der nämlichen Vorrede zu den *Academischen Neben-Stunden* spürt er blasphemische Parallelen zwischen petrarkistischem Masochismus und christlicher Leidensverehrung auf. Die in galanten Texten vom männlichen Rollensprecher ausgedrückte Sehnsucht, von der Hand der Geliebten Martern zu erdulden und zu sterben, äffe »auf eine greuliche Weise der Vollkommenheit des Christenthums nach / welches Gott im Creutze liebet / und mitten im Elend nicht ohne Zufriedenheit ist«.[14] Der bekehrte Autor hatte selbst in der »Cantata Eines verzweiffelten Liebhabers« »Himmell, Erde, Tod und Hölle« in Bewegung gesetzt und die *piccola morte* durch seine Domina ersehnt: »ich bin dir noch verbunden / Wenn ich durch diese Wunden / Nur darff zum Sterben gehen«.[15]

Die Brisanz der Texte wird bei Kritikern nicht nur im Verletzen sexueller Normen und Tabus gesehen, sondern in einem sich dokumentierenden Verweltlichungsprozess, der die Substanz der Religion ironisch aushöhlt. In auf den ersten Blick harmlosen Epigrammen zeichnet er sich deutlich genug ab:

> *Er siehet Livien auf der Leiter stehen und Eyer abnehmen.*
> WAs Jacob dort nur darff im Schlaf und Traum erblicken /
> Das muß mir wachend hier / mein Engelskind /gelücken.[16]

Das galante Epigramm nutzt die biblische Anspielung auf die Jakobsleiter in 1 Mos. 28, 10-19 zu einem kühnen Kompliment für die engelgleiche Geliebte. Im Kontext des Alten Testaments geht es bezeichnenderweise um die Fruchtbarkeit des Stammvaters der zwölf Stämme Israels, der auf Geheiß Isaaks auf Brautschau geht. Im Traumbild der Himmelsleiter, an der Engel auf- und niedersteigen, verkündet ihm der Herr an deren oberem Ende: »Durch dich und deinen Samen sollen alle Geschlechter auff Erden gesegnet werden«. Der vom Traum Erwachte nennt die Stätte »BethEl«: »hie ist die Pforte des Himmels«.[17] In der Voyeursituation des Epigramms ist im Blick nach oben jede transzendente Sicht parodiert. Den Reiz des Ungesagten erschließt der zeitgenössische Leser mit seinem kulturellen Wissen, zu dem gehört, dass Frauen bis ins 18. Jahrhundert keine Unterhosen trugen. Auf das biblische Fruchtbarkeitsmotiv spielt das

Fruchtbarkeitssymbol der Eier an. Unübersehbar triumphiert im Epigramm das Arrangement einer (Hühner-)Leiter über die in der bildenden Kunst des Abendlandes oft dargestellte Himmelsleiter. Ihre Trivialisierung wird in der Antithese des Reimpaars gerechtfertigt: In ihm wird die sichtbare Realität eines »hier« auf Erden präsenten Lustortes dem nur als Traumbild erscheinenden Himmel »dort« vorgezogen. Dem glücklichen Epigrammsprecher ist mehr als Jakob vergönnt.

Am ausführlichsten eifert der Theologe Gottfried Ephraim Scheibel gegen *Unerkannte Sünden der Poeten*: »unsere Welt=Poeten aber stellen sich bey ihren unzüchtigen Umarmungen ein andres Paradieß vor, und gedencken desselben mit dem grösten Entzücken.«[18] Dem Strafprediger gilt es als teuflisches Sakrileg, wenn poetische Verführer ihre Lizenzen, die sie sich bei der Geliebten herausnehmen, mit blasphemischen Argumenten legitimieren:

daß sie sich nichts daraus mache, wenn sie gleich ein wenig zu weit greiffen, sie wär ein Gelobtes=Land, dessen herrliche Früchte sie wünschten zu geniessen, es wär alles menschlich, worzu wär alles an ihr erschaffen als zum Gebrauche. (161)

Der evangelische Pastor verurteilt in Anlehnung an Paulus (Eph. 5, 4-6) Zoten als »eine von den abscheulichsten Sünden«, lässt sich doch gegen das Sechste Gebot anthropologisch vielfältig in einer Palette von »Gedancken, Worten, Geberden und Wercken« sündigen (142), sodass abschreckende Maßnahmen gegen die Verbreitung unzüchtiger Druckwerke geboten sind: Der Gottesmann will die Schandprodukte, in denen Poeten »bey ihrem Engel sich wie im Paradiese vergnügen« und »ein teuffelisches Verlangen haben [...] ihre Geliebte nakkend zu sehen« (161), »öffentlich durch den Hencker verbrennen lassen« (164).

Nicht Scheibels Zelotentum oder die Wahrnehmung seiner im Literatursystem etablierten Zensuraufsicht über »Verleger und Censores in Städten, wo Druckereyen sind« (163), wecken hier unser Interesse, sondern seine durchaus hellsichtigen Erkenntnisse, mit denen er latente Tendenzen eines epochalen Säkularisierungsprozesses registriert. Die vom Geistlichen apostrophierten »Welt=Poeten« tränken christliche Jenseitsvorstellungen mit sehr diesseitig-libidinösen Tagträumen. Umgekehrt heben sie irdische Lust durch sakrale Vergleiche in den Himmel. Die Forschung hat bei Hofmannswaldau und der neukirchschen Sammlung auf das Motiv des erotischen Paradieses auf Erden in zahlreichen Belegen hingewiesen, die sich beliebig vermehren ließen.[19] Johann Georg Gressel, der Leibarzt Augusts des Starken, kann nicht oft genug den weiblichen Schoß mit dem gelobten Land Kanaan, mit dem Garten Eden und seiner »Zuckerlust« vergleichen.[20] Allein die Ode »Als er ihre Brüste küßte« (28) enthält Anspielungen auf Christi Kreuzestod und die ihm gereichte Galle, auf die Verwandlung von Wasser in Wein bei der Hochzeit zu Kana, auf das alttestamentarische Manna und kulminiert im Begriff der »Himmels-Lüste«. In provozierender Schamlosigkeit stattet Hunold eine Voyeurszene für den Betrachter mit einer eschatologischen Perspektive aus:

> *Als er Amalia im Bade sahe*
> Hilff Himmel! Welchen Schmuck der Perlen weissen Glieder
> Ließ mir der zarte Leib an seiner Blösse sehn!
> Die Brüste lagen hier gantz ungewöhnlich schön.
> Die Hände spritzten sie an Bauche hin und wieder,
> Sie hub das eine Bein zu waschen auff und nieder,
> Daß mir das Paradieß recht offen konnte stehn.[21]

Galante Poeten wie der Christian-Weise-Schüler Erdmann Neumeister trieben ihre Frivolität so weit, selbst in den Predigertalar zu schlüpfen und den Leser vor der Sünde zu warnen. Die Warnung formulieren sie so, dass erst durch das Monitum im Leser sündige Gedanken aufsteigen. Im Gedicht *Von weibern* des zweiten Bandes der neukirchschen Sammlung wendet sich der argute Sprecher gegen den abgegriffenen Vergleich der schönen Frau mit dem »himmelreich« und vertritt die misogyne Gegenthese:

> Ein Weib ist eine grufft und selbst der höllen gleich.
> Drum muß die seele sich vor dieser grufft bewahren /
> Wer wolte thöricht seyn und in die hölle fahren?[22]

Die scheinheilige rhetorische Frage bedient sich über den handgreiflichen Vergleich einer ironischen Double-bind-Strategie, in der die Ambivalenz der Sexualität von angstbesetzter Anziehungskraft und einschreitender Selbstzensur sich spiegelt. Durch den vordergründigen Strafernst sichert sich der spätere Oberhofprediger und Hauptpastor gleichzeitig gegenüber erwartbaren Angriffen ab.

Ernster ist die argumentativ aufwändige Durchführung eines manieristischen Themas in einem Gedicht Johann von Bessers einzustufen, der sich gleichfalls biblischer Motive zur Legitimation der Erotik und Bejahung der körperlichen Natur bedient. Manieristen stellten in der galanten Literaturszene eine angesehene Gruppe dar. Schon im literaturgeschichtlichen Verständnis der Frühaufklärung trennten sich Weiseaner von den Anhängern Hofmannswaldaus oder Lohensteins.[23] Bei der Fraktion der Weiseaner ließen sich wiederum eine volkstümliche Stilrichtung mit Vertretern wie Leander, Woltereck, Hommer, J.G. Neukirch von einer anderen unterscheiden, der es auf Eleganz und geistreiches Brillieren ankam: Bohse, Benjamin Neukirch, Uhse, Stolle, Neumeister. Benjamin Neukirch nahm sich freilich auch Hofmannswaldau zum Vorbild, den u.a. Hunold, Celander, Corvinus, Beccau oder von Assig schätzten. Als Lohensteinianer bekannten sich Männling, Amthor und Schröter.

Unter stilistischen und poetologischen Vorzeichen verdient in der deutschsprachigen Literaturlandschaft noch die Gruppe der Klassizisten besondere Erwähnung: von Besser, Canitz, Mencke und später von König – unter dem Vorbehalt, dass eine trennscharfe Kategorisierung ohnehin schon auf Grund der individuellen literarischen Entwicklungen Einzelner undurchführbar bleibt. Benjamin Neukirch orientierte sich seit 1700 an den Franzosen, Schröter war gleichfalls Weiseanhänger, von Besser Manierist und Frühklassizist. Auch zeitlich überschneiden sich die Phasen: Von 1695 bis 1709 reicht der Einfluss der Zweiten Schlesischen Schule, der im zweiten Jahrzehnt des 18. Jahrhunderts schwindet. Von 1718 an gewinnen rationalistische Positionen an Boden.[24] Die regionalen Zentren der Galanten lagen im mittel- und ostdeutschen Raum – in Halle, Weißenfels, Leipzig, Jena, Erfurt, Dresden, Breslau – und in Hamburg.[25]

Markante Unterschiede zur späteren Rokokolyrik illustriert eine anonym erschienene Ode J. von Bessers:

1.

NIcht schäme dich / du saubere Melinde
Daß deine zarte reinligkeit
Der feuchte mond verweist in eine binden /
Und dir den bunten einfluß dräut.
Der grosse belt hegt ebb' und flut /
Was wunder / wenns der mensch der kleine thut.

2.

Die röthligkeit bey deinen bunten sachen
Hat niemahs (!) deinen schooß versehrt.
Wie muscheln sich durch purpur theuer machen /
So macht dein schnecken-blut dich werth.
Wer liebt ein dinten-meer wohl nicht /
Weil man daraus corallen-zincken bricht?

3.

Nur einmahl bringt das gantze jahr uns nelcken /
Dein blumen-busch bringts monatlich /
Dein rosen-strauch mag nicht verwelcken /
Sein dorn der hält bey dir nicht stich /
Denn was die sanfften blätter macht /
Das ist ein thau von der johannis-nacht.

4.

Kanst du gleich nicht die lenden hurtig rühren /
Lobt man dich doch im stille stehn /
Der augenblau wird leichtlich sich verlieren /
Denn wirst du seyn noch eins so schön.
Man sammlet / spricht die gantze welt /
Viel besser frucht / wenn starcke blüte fällt.

5.

Laß mich darum doch keine fasten halten /
Ein könig nimmt den schranck zwar ein /
Doch muß er fort / wann sich die wasser spalten /
Der geist muß ausgestossen seyn.
Man geht / wie iedermann bekandt /
Durchs rothe meer in das gelobte land.[26]

Mit der Epideixis auf die Reinheit der Menstruation erprobt der Sprecher seinen Scharfsinn an einem exorbitanten und diffizilen Thema. Das Gedicht auf die monatliche Regel der Frau besteht aus fünfmal sechs Versen und entspricht damit formal dem Thema der *Mensis*: Ein Monat hatte bei den Griechen dreißig Tage.[27] Jede Zeile vertritt im Gedicht also einen Tag, mit der letzten ist ein Monat durchlaufen. Der erste Vers bereits schlägt das zentrale Thema der unbegründeten, internalisierten Scham an und signalisiert mit rhetorischer Inversio und Imperativform die intendierte Umwertung beim Umgang mit regelmäßig wiederkehrenden Naturvorgängen, die immerhin die Hälfte der Menschheit betreffen und dennoch für die Lyrik ein exzeptionelles Sujet bedeuten. Die syntaktische Voranstellung des »Nicht« findet sich schon bei Hofmannswaldau und wird von Mencke in der *Unterredung von der deutschen Poesie* als Beleg gegen Christian Weise angeführt, dass Verstöße gegen die Prosakonstruktion im Gedicht sehr wohl durch den rhythmischen Gewinn aufgewogen werden können.[28] Amthor unterscheidet zwei Haupttypen des Pudor: erstens die vernünftige Scham wegen gegenwärtiger, vergangener oder künftiger Dinge, zweitens die unvernünftige Scham, die sich wiederum gabelt in grundlose Befangenheit und in die gottlose Besorgnis, wegen tugendhafter Handlungen der Bigotterie verdächtigt zu werden.[29] Der Appell zur Einstellungsänderung ist angebracht, weil von Beginn der Kulturgeschichte an »sauber« und »blutbefleckt« mit der ethischen Opposition von »rein« und »unrein« belastet wurden. Bei den Naturvölkern, im Alten Testament und im Islam machte die Regel die Frau unrein.[30] Augustinus hatte in *De civitate Dei*, Buch 14, den Blutfluss aller Evastöchter auf Evas Sünde zurückgeführt.[31] Hier sucht der Sprecher mit dem Kompliment der Sauberkeit in der Anrede Melindes Selbstbewusstsein zu stärken. Auf Grund der seinerzeit geringen Verbreitung von Monatsbinden zeichnet sich Melinde vor anderen Geschlechtsgenossinnen aus.[32] Der im Gedicht thematisierte Schambegriff enthält den gesellschaftlichen Bezug sowohl auf ein Normensystem, dessen Übertretung vor anderen demütigend ist, als auch auf eine kulturell vermittelte und internalisierte Haltung gegenüber dem eigenen Körper. Scham kann als habituelle Angst betrachtet werden, die sich von selbst einstellt, wenn sozial degradierende Ereignisse in Widerspruch zur Selbstzensur des Über-Ich geraten. Die Divergenz zwischen Normativität und Faktizität wird dem Einzelnen schmerzhaft bewusst. In jeder Strophe wendet sich nach dem Kreuzreim der ersten vier Verse der Paarreim der Schlussverse von der Ansprache an die individuelle Frau hin zur Bekräftigung eines allgemeinen Naturgesetzes. Die sentenzhafte Berufung auf Naturgesetze und generalisierte Erfahrungen dient der entmoralisierenden Einordnung natürlicher Zyklen.

Nicht erst in der biblischen Pointe der Schlussverse spielt der Paarreim auf sexuelle Aktivität an, die der männliche Sprecher auch während der Zeit der Monatsblutung nicht missen will, sondern – metaphorisch verschlüsselt – auch in den vorangehenden Strophen: in der Vor- und Zurückbewegung des Meeres (1), im »corallen-zincken« der Klitoris (2), im »thau von der johannisnacht« (3) und der »besser(en) frucht« (4). Der Honig, der im Gelobten Land Kanaan fließt, steckt auch im Namen der umworbenen »Mel-inde«; ähnlich versteckt der Autor den eigenen Vornamen im »thau von der johannis-nacht« (3) und den Nachnamen in der »besser frucht«. Der Zeremonienmeister Johann von Besser trieb es am Berliner Hof als Lebemann so weit, dass er vom preußischen König wegen seines Umgangs mit »liederlichen Weibsbildern« entlassen wurde.[33] Am toleranteren Hof Augusts des Starken hingegen konnte er noch als Witwer mehrere gleichzeitige Verhältnisse unterhalten.[34]

Seit Augustinus wird im Okzident der 24. Juni entsprechend Lk. 1, 36 als Geburtsfest Johannes des Täufers gefeiert, den die Renaissancekunst im Übrigen gern als Jüngling (Giovannino) darstellte. Dem Johannistau wurde an diesem Tag in Volksbräuchen eine segenskräftige Wirkung zugeschrieben. Im Alten Testament symbolisiert der Tau sogar den göttlichen Segen (vgl. 5 Mos. 33, 13 und 28; Richter 6, 37-40). In der ersten Strophe sind in einem Schluss a maiore ad minus Analogiebezüge der neuplatonischen Liebesphilosophie zwischen Mikro- und Makrokosmos geltend gemacht. Der Mond und das feuchte Element werden in der alchemistischen Tradition als Mutterleib aufgefasst, der den Samen der väterlichen Sonne und sein elementares Feuer aufnimmt.[35] Auch Zedler referiert naturphilosophische Auffassungen, wonach mit zunehmendem Mond die Feuchtigkeit auf der Erde steigt und so den (gefärbten) »einfluß« (V. 4) im konkreten Sinn der Flüssigkeit androht.[36] Die Mondgöttin Selene wird schon in der antiken Mythologie in Bezug zum weiblichen Sexualleben gebracht. Vergleiche und Metaphern verdeutlichen nicht, sondern verschlüsseln den Sinn des hoch artifiziellen Textes. Bildelemente erhalten ein Übergewicht, Metaphern werden mit Metaphern verglichen (V. 10f.), potenziert, um das ausgefallene Thema mit schonender Delicatesse durchzuführen und der Kunst neue Bereiche zu erschließen. Johann Ulrich von König lobt an der »Ruhestatt der Liebe« seines Vorgängers am Dresdner Hof gerade, dass Besser im Deutschen ein Beispiel gab, wie man in delikaten Liebessachen behutsam bleiben könne.[37] Hyperbeln und preziöse Vergleiche suchen in seinem Gedicht mit der Wortwahl die überhöhende Stilebene zu etablieren, die als Gegenbewegung zur christlich-jüdischen Tendenz motiviert ist, Natürliches zu desavouieren. Die in 2 apostrophierte Muschel war jedem gebildeten Leser als Wiege der Venus vertraut. Aus der Purpurschnecke gewann man den königlichen Farbstoff. Die aus dem Meer gebrochenen roten Korallenzweige galten als kostbarer Schmuck. Der Name »Koralle« aus griech. »koré halós« heißt »Puppe bzw. Mädchen der Salzflut«. Auch der »blumen-busch« ziert über das Wortspiel der »Monats-Blume«, d.h. der »Monats-Reinigung«, und mit einer allegorisch fortgeführten Metaphorik die Frau mit einem Bukett der makellosen Schönheit und Liebe.[38] Jablonsky erläutert unter dem Lemma »Menstruum« die »monat=rose« und kommt auf die »Rosa menstrua« zu sprechen, einen dornenreichen Strauch mit 60 Blütenblättern.[39] Die Rose ist als »Blumen Königin« sowohl der Venus heilig wie der Heiligen Jungfrau, der *Rose ohne Dornen*.[40] Der Tau als göttlich erquikkende Kraft (5 Mos. 33, 13 u. 28; Hos. 14, 6) wird unter zeitgenössischen Chemikern und Apothekern als ein Kosmetikum geschätzt, das Frauen zu einer reinen Haut verhilft und zugleich ein Ingredienz der »Corallen-Tinctur« abgibt.[41] Das hurtige Rühren der Lenden und das Stille-Halten in 4 enthält gleichfalls sowohl biblische wie erotische Konnotationen. Die empirische Beobachtung der leichten Eintrübung der Augenfarbe (V. 21) lässt sich möglicherweise durch die Tatsache erklären, dass während der Periode die Frau abgespannter und weniger erregt ist, sodass die Pupille sich weitet und die (blaue) Iris schmaler wird. Jedenfalls bestätigt der Mediziner Christian Loder, als Professor in Jena und Halle Freund der Weimarer Klassiker, ein Jahrhundert später die »dunkle Farbe um die Augen« der Frauen als menstruelles Symptom.[42] Am Ende, nach der *persuasio* der Adressatin und des Lesers von der Unschuld des Vitalen macht der Sprecher in der Schlussstrophe die im tradierten Sittenkodex amoralische *applicatio*: Er will keine »fasten« halten, wie es das mosaische Gesetz sieben Tage vorschreibt (3 Mos. 12, 12 und 15, 19). Der biblische »Geist« gerinnt zu den »Lebensgeistern«, die auch bei anderen Autoren medizinisch für Sperma stehen.[43] Sie richten sich auf Kanaan, das übersetzt *Land des Purpurs* bedeutet. Hier fließen – nach dem Durchschreiten des Roten Meeres (2 Mos. 14) – Melindes Säfte: Milch, Honig und Blut.

Der anspielungsreiche, esoterisch verrätselte Text rechnet eher mit einem schmalen gelehrten und höfischen Publikum, nicht wie spätere Rokokodichter, die einen schlichteren, verständlichen Ausdruck bevorzugen, mit breiten bürgerlichen Schichten.

II

Der wachsame Gottesgelehrte Scheibel nimmt auch an der parodistischen Verwendung geistlicher Lieder Anstoß. Nachdem er feststellen musste, dass selbst das Hohe Lied in schamloser Weise fleischlich interpretiert wurde, fährt er fort:

Hieher gehören auch geistlich und andächtige Lieder, die nach der Vorschrift des göttlichen Wortes von frommen Gottes=Männern verfertiget, die aber auff gleiche Weise schrecklich mißgebraucht werden, ja es haben sich Poeten gefunden, welche in ihren liederlichen Gesellschafften Parodien auff dieselbigen verfertiget, und so gar die Gesang=Weisen derselben behalten, damit ja das Sünden=Maaß recht voll werde.[44]

In Hochzeitscarmina hatten sich traditionell größere Lizenzen bei der Aufforderung zum Liebesvollzug eingebürgert und parodistische Grabschriften auf die Jungfernschaft stellten keine Seltenheit dar.[45] Kirchliche Übergangsriten und religiöse Vanitasvorstellungen persifliert Hommer ausführlich in

Sterbens= und Trost=Gedanken beym Grabe der Jungferschafft; als diese an der S.== u. G.== Verehligung in Leipz. Den 29. Nov. 1697. mit gewöhnl. Ceremonien zu ihrer Ruhestäte gebracht wurde / wollte man sein hierüber entstandenes Mitleiden bezeugen / und zugleich die hinterlassenen Glieder bestmögl. trösten.[46]

Trotz der Bedenken von theologischer Seite parodieren versteckt auch Rokokoautoren geistliche Lieder. Uz etwa in seinen *Morgenliedern*, von denen *Der Morgen* so beginnt:

> Auf! auf! weil schon Aurora lacht;
> Ihr Gatten junger Schönen!
> Ihr müßt nunmehr, nach fauler Nacht,
> Dem Gott der Ehe fröhnen.
> Erneuert den verliebten Zwist,
> Der süsser, als die Eintracht ist,
> Nach der sich Alte sehnen.[47]

Das Liebeskampf-Motiv ersetzt beim Rokokoautor den Kampf zwischen Christenmensch und Satan, den Angelus Silesius in seinem Kirchenlied *Auf Christenmensch, auf, auf zum Streit, auf, auf zum Überwinden* eindringlich macht. Diesen Christenmenschen zu »fällen« setzen »Teufel«, »Welt« und das »Fleisch mit Lust« bei Johannes Scheffler 1668 alles daran.[48] Insgesamt spielt das Erweckungsmotiv der Seele mit dem eindringlich wiederholten »Auf-auf-Ruf« eine zentrale Rolle in Kirchenlied und Predigt.[49] Auch das *Morgenlied der Schäfer* von Uz spielt auf geistliche Morgenlieder an, etwa auf Wolfgang Capitos *Die Nacht ist hin, der Tag bricht an.*[50] Dass es sich nicht um zufällige Anklänge handelt, belegt der Briefwechsel zwischen Gleim und Uz: Gleim hatte Uz im Frühjahr 1744 um »ein Duzend philosophischer Gebeten [!]« ersucht: »HErr von Kleist will gern ein philosophisches Gebetbuch drucken lassen und er betet selbst nicht fleissig«. Uz antwortet am 1. Juni 1744: »Ich habe Ihnen auch einen Morgensegen gemacht, weil sie Gebete von mir verlangen [...] Es ist nach den principiis der Schäfermoral [...] recht aus dem Hertzen der heutigen Schäfer gebetet.«[51] Als Gleim ein paar allzu genüssliche Voyeurstrophen und die Ironie auf das Flehen frommer Hirten moniert, tilgt Uz die anstößigen Passagen.

Seit Perels und Sauder hat die Forschung – insbesondere Theodor Verweyen und Wolfgang Martens – die scharfe Auseinandersetzung zwischen Pietisten und Rokokoautoren in der ersten Hälfte des 18. Jahrhunderts belegt und auf fundamentale Divergenzen zurückgeführt, wie sie Kontrastprogrammen eignen.[52] Die pietistische Ablehnung der so genannten *Adiaphora* als ethisch freigestellten Handlungen und die Beargwöhnung von Tanz, Spiel, geselligem Scherz, Müßiggang, Weingenuss oder Romanlektüre als latenten Versuchungen beantworten die Anakreontiker, indem sie eben dies und nichts anderes predigen. Sie schreckten in den Augen der Stillen nicht einmal davor zurück, sündhafte Phantasien, anzügliche Reden, schamlose Buhlersachen in Gedichten spielerisch zu simulieren und zu verherrlichen. Schon an den Galanten waren deren eitle Spitzfindigkeit, ihre Curiosität, ihr fleischliches Lachen und ihr Kult des Schönen, das zu einem »sonderbaren Gut / das ist / zu einem Neben = Gott« erhoben wird, unerträglich.[53] Mit der Expansion des Pietismus und seinem Rückhalt am preußischen Hof spitzen sich in den Jahren um den Amtsantritt Friedrichs II. die Konflikte zu. Hagedorn und Gleim attackieren insbesondere Zinzendorfs Herrnhuter Brüdergemeine scharf: Hagedorn in der Vorrede seines *Versuch[s] in poetischen Fabeln und Erzehlungen* sowie in der Fabel *Mops und Hector* und in der Verserzählung *Paulus Purganti und Agnese*.[54] In *Mops und Hector* wird die Scheinheiligkeit und die inhumane Züchtigungspraxis der Pietisten angeprangert. Die sadistische Bestrafung des galanten Hundes Hector dient nur zu seiner Besserung. Die Körperfeindlichkeit der moralischen Kontrollinstanz im Inneren setzt sich in der Repression anderer fort und zielt letztlich auf die Eliminierung der Physis.[55] Die unerfüllbare Ausrottung der Sinnlichkeit zwingt die »Stillen im Lande« zur Tarnung der Diskrepanz von Schein und Sein, die der Satiriker auch in *Paulus Purganti* an Agnese entlarvt. Das junge, sinnliche Weib des alten, impotenten Arztes verzichtet äußerlich auf jeden Adiaphora-Genuss. Für die Feindin der Oper und der Romane darf den Bücherschrank nur Erbauungsliteratur zieren. »Allein, sie war ganz heimlich von der Art, / Die keusche Reden gern mit Liebeswerken part« (186). Vorgeführt wird unter Anspielung auf die Onaniedebatte, dass sich die Natur auf Dauer schwerlich unterdrücken lässt. Ihr Mann verordnet ihr bei nächtlichen Regungen der Zärtlichkeit als Bettrezept: »Die Augen schliessen, sich nicht regen, / Und ja die Arme creuzweis' legen« (190). Damit karikiert der Erzähler die pietistische Übertragung libidinöser Bedürfnisse auf den gekreuzigten Jesus. Die der jungen Frau vom Alten empfohlene todesähnliche Haltung nimmt er gerechterweise bald selber ein, sodass für Agnese die unausgewogene Diskrepanz von Sittlichkeit und Sinnlichkeit das ersehnte Ende findet. Der Tod des Alten nach der *piccola morte*, der sie freudig entgegen sieht, weil eine Christin jederzeit für den Tod bereit sein muss, beendet ihre irdischen Frustrationen und wird am Schluss als Beispiel gedeutet, »wie bey höchster Noth der Himmel Trost ertheilt!« (192). Dass die kirchliche Oberaufsicht über Schulwesen und Bücherzensur bei solchen Texten auf den Plan trat, überrascht nicht. Hagedorn wurde von Hamburger und Frankfurter Geistlichen pastoral vermahnt.[56] Die antipietistische Stoßrichtung der Anakreontik bezeugen auch die fröhlichen Todeslieder von Lessing und Gleim, dem von der Geistlichkeit Deismus vorgeworfen wurde.[57] In Gleims zwölfzeiliger anakreontischer Ode *An Herrn **** werden im zweiten Teil die Gegner beim Namen genannt:

> Ich trink, ich lieb, ich lache,
> Indem sich Herrenhuter
> Zu Tode beten.
> Ich trink, ich lieb, ich lache,
> Ich singe frohe Lieder,
> Wann Priester schimpfen.[58]

Nach jeweils drei Versen wird die dreiteilige Losung »Ich trink, ich lieb, ich lache« erneut bekräftigt, die sich in jedem Programmpunkt – auch im Lachen – gegen den Pietismus wendet. Die Abwehrmechanismen gegen die eigene Sinnlichkeit beschwören in den Frommen Gewissensangst herauf. Ihr latentes Gefühl permanenten Sündigens wird von Scham und Melancholie begleitet. Gleim und auch Lessing stimmen hingegen selbst bei »Todesgedanken« »frohe Lieder« an, die zum *Carpe diem* aufrufen.[59] Lessings Trinklied *Der Tod* dreht das Jedermann-Motiv um: Statt der Nichtigkeit alles Irdischen wird dessen ewiger Genuss gefeiert. Im Dialog mit dem Tod verspricht der studentische Zecher Mediziner zu werden, worauf sich der Tod mit der Bedingung einlässt:

> Lebe, bis du satt geküßt,
> Und des Trinkens müde bist.
> *O! wie schön klingt dies den Ohren!*
> Tod, du hast mich neu geboren. [...]
> Ewig muß ich also leben,
> Ewig! Denn, beim Gott der Reben!
> Ewig soll mich Lieb' und Wein,
> Ewig Wein und Lieb' erfreun![60]

Anstelle einer Rechenschaft über das irdische Leben im Sinn des Jedermann-Stoffes wird die pietistische Wiedergeburt dem Spott preisgegeben. Das im Kreis von Studenten fiktiv vorgetragene Trinklied hält in den anaphorischen Wiederholungen des Wortes »ewig« und in der Kreisstruktur des Schluss-Chiasmus an der epikureischen Ewigkeit der Lust fest.

Gezielt zum Angriff gegen Separatisten geht Gleim im »Schreiben an das Pflanzstädtlein zu Herrnhuth, bey Uebersendung eines Mohren« (1744).[61] Die Verssatire auf die schwärmerische Brüdergemeine und ihren sozialen Grafen argumentiert von einem Aufklärungsstandpunkt aus, der sich am demonstrierten Vertrauen in die Vernunft und in einen gottgewollten Eudämonismus ausweist, aber auch in seiner Borniertheit gegenüber der herrnhutischen Sozialutopie zu erkennen gibt. Der Verfasser legt ein neologisches Glaubensbekenntnis ab und verwahrt sich so gegen den Deismusvorwurf:

> Ich spotte gern des Teufels und der Hölle,
> Bin ich deshalb Gott gram und ein Rebelle? (18)

Ein dankbarer Stoff für Kritik an der katholischen Kirche war seit der Reformation das Mönchstum. Der junge Lessing führt in seinem Epigramm *Auf einen Brand zu* ** eine Tradition weiter, die bis in die Renaissance zurückreicht.

> Ein Hurenhaus geriet um Mitternacht in Brand,
> Schnell sprang, zum Löschen oder Retten,
> Ein Dutzend Mönche von den Betten.
> Wo waren die? Sie waren – bei der Hand.
> Ein Hurenhaus geriet in Brand.[62]

Im sachlichen Berichtstil eines Wochenblättchens informiert der Erzähler sein Publikum über verschwiegene Vorgänge. Die Hauptsache wird als Präupposition unterstellt. Der Leser hat im Stillen zu ergänzen, dass Mönche nicht ihr Zölibat halten. Der nach dem Dispositionsschema von »Erwartung und Aufschluß« strukturierte Text thematisiert zwar Erwartungen (V. 4), verweigert aber nähere Aufschlüsse.[63] Die Antwort, die der Leser auf die seinen Lippen abgelesene Frage erhält, baut Spannung auf – und versagt vordergründig die Lösung: Dass die Mönche beim »Löschen oder Retten« eifrig bei der Hand waren, wissen wir bereits.

Die Interpunktion in Vers vier soll dem Leser offensichtlich zu denken geben. Wenn die mit einer diffamierenden Mengenangabe quantifizierten Geistlichen »bei der Hand« waren, waren sie nicht weit oder beschäftigten sich gerade mit der Hand. Offen gelassen ist, aus welchen Betten die Mönche sprangen, ob sie zum Löschen oder Retten kamen und wen sie retteten: sich oder die Huren? Der ironische Text arbeitet mit der Naturalisierung der Metapher: Die Hitze-Metaphorik steht traditionell für heiße Brunst. Die Sexualität erhitzte sich im Bordell zu ** offenbar so stark, dass Flammen aus ihm schlugen. Die Wiederholung der Anfangszeile am Schluss und die zwei Asterisken anstelle einer Ortsangabe erlauben eine vielfältige Lokalisierung des Hurenhauses, unter Umständen auch in Nonnenklöstern![64]

In der Tradition des galanten Epigramms finden sich aus der Feder protestantischer Autoren zahlreiche Variationen über dieses Thema: etwa Hofmannswaldaus Epigramm *Auff eine [geile] Nonne*, Christoph E. Burgharts Sonett *An eine Nonne* oder Erdmann Neumeisters Gedicht *An Lisetten*: Sie geht als »Schwester« ins Nonnenkloster, er wird als »Bruder« Mönch, sodass es zum frommen Inzest kommt:

So darf ein bruder wol zu einer schwester kommen.
Lisette laß mich nur in deine zelle nein /
Im beten solstu selbst mein paternoster seyn.[65]

III

Nivellierungstendenzen zwischen fundamental getrennten Seinsbereichen, den unvergänglichen Glaubenswahrheiten und der flüchtigen Weltsphäre, entdeckte Scheibel schon in Textkollektionen. Am meisten betrübe ihn,

daß solche Poeten sich nicht scheuen ihren Unflätereyen, bald forne bald am Ende allerhand geistliche Gedichte, ja wohl auch gar Buß = und Paßions = Andachten beyzufügen, [...] daß man glauben soll, sie könnten auch geistliche Gedichte so gut als Huren = Lieder verfertigen.[66]

Scheibels treffende Beobachtungen bestätigen die Lyriksammlungen des Freiherrn von Abschatz, Hunolds, von Königs, Menckes oder von Corvinus; letzterer flankiert seine gewagten galanten Texte mit den inkriminierten *Paßions= Gedancken*.[67] Hunold bedauert nach seiner religiösen Erweckung die eigene gotteslästerliche Kopulation himmlischer Anmutungen mit fleischlichen Hochzeitsversen.[68] Auch im Barock war die Kombination von erotischer Schäferlyrik und geistlicher Dichtung, deren Ungereimtheit Arno Holz lustvoll parodierte, keineswegs abwegig.[69] Lebensgenuss und Todesbetrachtung widersprachen sich nicht. Geistreich-argutes Sprechen war in der Mystik und bei religiösen Themen ebenso angemessen wie bei weltlichen. Ein sophistisch brillierender Rhetor wie Hofmannswaldau konnte widersprechende Thesen beweisen.[70] Die strenge Gattungsgebundenheit des rhetorischen Sprechens setzte Versatilität voraus – ein wandlungsfähiges Rollensprechen. Mit der geistlichen Textabteilung konnte notfalls ein wegen seiner Freizügigkeiten angegriffener Autor auf seine Moral verweisen und die galanten als harmlose poetische Scherze verkaufen oder sie partiell entschuldigen. Im anonym edierten zweiten Teil *Des Schlesischen Helicons* rechtfertigt Gottlieb Stolle, der mutmaßliche Herausgeber, die bunte Mischung erotischer und geistlicher Texte mit dem delektierenden Variatio-Prinzip. Nur die »Verliebten Gedichte« seien zum Überblättern separat gedruckt, weil nicht jeder Leser an ihnen Geschmack finde.[71]

Die entgegenkommende, freilich zweischneidige Maßnahme erleichtert auch dem lesenden Erotomanen die Suche. Die brisante *Ruhestatt der Liebe, oder die Schooß der Geliebten* aus der Feder Johann von Bessers wurde aus Zensurrücksichten den *Schrifften* als Anhang beigebunden.[72] Die Zusammenstellung weltlicher und geistlicher Lyrik kann auch auf rein verlegerische Initiativen zurückgehen – als Angebot für jeden Geschmack.[73]

Entscheidender sind epochale Verschiebungen vom Barock zum Rokoko, die sich sowohl in der Anordnung der Lyrikgenres wie in der philosophisch-anthropologischen Konzeption andeuten. In Aufklärung und Rokoko wird im Gefolge Shaftesburys die Tugend lebensfroh und schön.[74] Anakreon avanciert bei Hagedorn, Gleim, Uz und Götz zum Leitbild des Weisen, der Genuss und Tugendhaftigkeit verbindet, und wird so zur Projektionsfläche eigener Wünsche. Die scharfe Entgegensetzung von Moral und Schönheit, Tugend und Wollust aus der galanten Epoche tritt zurück. Sie verbinden sich – etwa bei Wieland – in Verserzählung (*Musarion*), Märchenepyllion (*Der neue Amadis*) oder Roman (*Agathon*) zu einer utopischen Synthese des Schönen und Guten.

Was die Gedichtgruppierungen betrifft, so rangieren im Barock bei Opitz, Fleming, Gryphius die geistlichen vor den weltlichen Gedichten; bei Hofmannswaldau umgekehrt letztere vor den ersteren. Im Zuge von Veränderungen des Leseverhaltens und der einsetzenden Schwerpunktverlagerung von theologischen auf philosophische und belletristische Sachgebiete verzichten Rokokoautoren in ihren Lyrikbänden vielfach ganz auf Abteilungen geistlicher Gedichte. – Ausnahmen bilden die religiösen Gedichte von Uz und die empfindsamen Verse und Todesbetrachtungen des Pfarrers Götz, der es im Alter bis zum Rang eines Superintendenten brachte.[75] Schon Christian Gryphius sieht 1698 Anlass, in der Vorrede seiner *Poetischen Wälder* seine geistlichen, nicht die weltlichen Carmina gegenüber dem Publikum zu rechtfertigen.[76] Scheibel registriert offenbar diesen Prozess, wenn er die übertriebene Wertschätzung der Poesie anprangert (S. 73-76, 186). Diese Wertschätzung der Poesie, mit der sich eine Akzentuierung der delectatio-Funktion der Kunst, der ästhetischen Rezeption und Freisetzung der Phantasie verband, gab im Rahmen eines ganzheitlichen Anthropologiemodells nicht unwesentliche Anstöße für das Autonomiekonzept der Weimarer Klassik und der Romantik. Der streitbare Theologe beobachtet auch zutreffend die gerade für galante Poesie charakteristische Trivialität der fiktiven Situationsrahmen und Handlungsmuster.

Der verliebte Narr untersuchet alle Handlungen seiner Geliebten, welche, wenn sie gantz was ausserordentliches und tugendhafftes an sich hätten, endlich ihr Lob verdienten. So aber sind es vielmahl Dinge, die nicht einmahl der Rede, ich geschweige der Poesie werth seyn. (S. 31)

Gerade an unauffälligen Alltagssituationen will der Poet seinen Scharfsinn unter Beweis stellen.[77] Schon in der italienischen Barocklyrik wählten Dichter als Sujets für Poeme das Rasieren oder das Salat-Anmachen.[78] Auch in der galanten Poesie soll der Leser durch die profane Titelformulierung auf eine scherzhafte, nicht-alltägliche Fortsetzung neugierig gemacht werden.

> *Sie fraget ihn: wie es stehet?*
> DU wilst mich / wie es steht? Mein liebes Mädgen / fragen;
> Die Antwort kann ich nicht aus Schaam und Zagheit sagen.[79]

Eine harmlose Floskel zur Eröffnung einer Alltagskommunikation wird zweideutig: Typisch für diesen Code ist die Erotisierung eines ursprünglich neutralen Vokabulars.[80] Das in der Überschrift fixierte unpersönliche Interaktionsritual wird schon durch die Du-Anrede aufgebrochen; Possessivpronomen und Adjektiv signalisieren eine intime, nahe Beziehung zwischen Rollen-Ich und Mädchen. Die Epigrammpointe arbeitet bereits in der galanten Epoche gekonnt mit der Figur der *praeteritio*: Indem der männliche Sprecher die Antwort verweigert, gibt er sie durch seine Entschuldigung gerade zu verstehen. Exakt durch sein Rollenspiel des verschämten Schweigens und seinen Verweis auf internalisierte Anstandsgebote wird er anzüglich. Scham und Schüchternheit fallen der Ironie zum Opfer.

Andeuten und verhüllendes Sprechen sind für die erotische, nicht pornografische Literatur konstitutiv.[81] Sie bleiben es in Diskursräumen, die von Tabus umstellt sind, auch für die Rokokoliteratur. Der schalkhafte Erzähler neckt sein Publikum durch vorenthaltene Aufklärung und schiebt dem Leser die zweideutige Interpretation zu.[82] Dass die Thematisierung von Sexualität in erster Linie eine Machtfrage darstellt, hat Foucault nachhaltig unterstrichen.[83] In der Gegenüberstellung der Epochen offenbaren die Strategien von Tabubrüchen jedoch Wandlungen, die insgesamt auf ein Vorrücken der Scham- und Peinlichkeitsschwelle im Sinne des Zivilisationsprozesses deuten.[84] Die provozierende, notdürftig kaschierte Thematisierung isolierter Sexualität in der galanten Epoche wird in der Rokokoliteratur in ein ganzheitliches Anthropologiemodell integriert, das mit der Erotik durchaus empfindsame Züge verbindet. Gerhard Sauder hat an die bedeutsame Verschiebung der literarhistorischen Wertbegriffe – »galant« zu »zärtlich« – erinnert sowie auf die Verbindung moralischer und emotionaler Elemente in der empfindsamen halleschen Anakreontik und bei Gellert hingewiesen.[85] Wielands Empörung über die Zueignung von Scheffners *Gedichten im Geschmack des Grécourt* (1771), seine Abwendung von Heinse und seine sorgfältige Beachtung von Formulierungstabus bezeugen hinreichend die Befürwortung einer literarischen Sexualmoral bürgerlich-aufgeklärter Provenienz.[86] Im Sturm und Drang hingegen artikuliert sich den anregenden Thesen von Luserke und Marx zufolge das Aufbegehren gegen die sexuelle Repression des Bürgertums in radikaleren Enttabuisierungen und Darstellungen scheiternder Sexualität.[87] In der Rokokodichtung bleibt es nicht bei der Erotisierung des Intellekts und der galanten Intellektualisierung des Eros. Ziel ist im empfindsamen Rokoko der Hallenser ein ausgewogenes, diätetisches Verhältnis zwischen Kopf und Herz.[88] Erotik stellt in der Anakreontik des 18. Jahrhunderts ein ganzheitliches psychophysisches Phänomen dar, das die halleschen Psychomediziner aus der Schule Stahls im engen »Commercium zwischen Seel und Leib« fundieren.[89] Ein Kuss »rührt das Herz bis auf den Grund«.[90] Die Okkasionalität der galanten Lyrik führen Rokokoautoren zwar weiter, sie schattieren die Feier des Augenblicks jedoch mit einem Anflug von Melancholie.[91] Neu sind die Psychologisierung und Gefühlszartheit der handelnden Figuren, etwa in Wielands *Diana und Endymion,* und die labile Entwicklungskurve erotischer Empfindungen im Stimmungswechsel von Anziehung, Versagung, gesteigerter Erregung. Der lebenserfahrene Erzähler lässt im verzeihenden Humor sein Wissen durchblicken, dass die erotischen Partner die nämlichen Schwächen wie Leser und Autor teilen, auf Grund ihrer kulturellen Sozialisation jedoch zu einer geschlechterspezifischen Balance von Anstandsgeboten und Neugier gehalten sind. In der Keuschheit wird nicht nur frivol die Attraktivität der Unschuld genossen, sondern die Angst vor Verführbarkeit aufgespürt.[92] Der galante Poet ist in seiner erzählerischen Doppelrolle als Akteur und Beobachter der Fiktion nach von einem unstillbaren erotischen Verlangen heimgesucht, während der Rokokoerzähler die gesunde Ausgeglichenheit kultiviert, das epikureische Gleichgewicht im Körper-Seele-Haushalt.[93] »Bewegung, die vergnügt, erhält uns auch gesund«, heißt es im Lehrgedicht von Uz.[94] Angesichts der Realisierbarkeit von Tugend und Glück in der sozialen Welt ist Zufriedenheit bei einer lebensbejahenden Moral erreichbar.

> Ein zärtliches Gefühl entehrt nicht unsre Brust;
> Der uns die Sinne giebt, verbeut nicht ihre Lust.
> Der Schöpfer heißet uns ein sinnliches Ergötzen
> Nicht über seinen Werth, nicht unterm Werthe schätzen.[95]

Der Schöpfer hat unsere Sensibilität mit dem Gefühl für Moralität ausgestattet. Die Aufwertung der Sinnlichkeit in der Ästhetik durch Baumgarten schlägt sich in einem neuen versinnlichenden Sprechen in der Lyrik nieder.[96] Das seit dem 17. Jahrhundert auch im deutschen Gesellschaftslied heimische Thema der Unbeständigkeit in der Liebe wird im Rokoko nicht nur unter dem Motivaspekt der Promiskuität scherzend variiert, sondern es wird auch formal übersetzt in die instabile Narrativität des unzuverlässigen Erzählers.[97] Auf Grund der intensiven Wechselwirkung zwischen Körper und Seele, wie sie von den philosophischen Ärzten in Halle empirisch beobachtet wird, zeigen Rokokoautoren psychische Abläufe durch minimale physiologische Veränderungen oder solche der Blickrichtung an. Gleichzeitig intensivieren sie die Kommunikation mit dem Leser. Mit ihm und der Leserin spricht Rost als Erzähler der *Brautnacht* wiederholt über deren Wünsche und das, was sagbar und unsagbar ist. Die Autothematisierung der poetischen Darstellung legt offen, dass der Erzähler nicht schnell zur Sache kommen will, sondern sich durch Verzögerungen dem geschilderten Liebesvorspiel anschmiegt:

> Was machte Katulin mit seiner Magdalis?
> Zum Weibe macht' er sie. Dies wißt ihr schon gewiß,
> Und wenn ich hier nichts mehr zu sagen hätte,
> So sagt' ich: er und sie, sie legten sich zu Bette.

> Allein, er hatte längst die Wollust ausstudiert,
> Aus geiler Zauderei, bei der man nichts verliert,
> Wollt' er nicht übereilt zur schönsten Handlung schreiten,
> Nein, erst durch ein verbuhltes Spiel [...].[98]

Die Phantasie des männlichen Lesers wird in ihrer Blickführung mit Widerständen konfrontiert, die zu überwinden ihn wie den Bräutigam reizen können. Die psychologische Steigerung der Leidenschaft wird durch Tempuswechsel ins Präsens und durch anaphorische temporale Deixis signalisiert:

> Jetzt küßt er sie und küßt sie länger
> Als kurz vorher. Ein sanfter Biß
> Macht im voraus der schönen Magdalis
> Schon alles, was sie wünscht, gewiß.
> Jetzt wird ihr um den Busen enger,
> Jetzt macht ihr selbst der Lüste Hoffnung bänger,
> Jetzt wehrt sie sich, jetzt stellt sie sich auf einmal strenger.
> Doch weil er ihr nicht Zeit zu denken lassen muß,
> So gibt er ihr entzündet Kuß auf Kuß.
> Und küssend fängt er an – dürft' ich die Hand ihm führen! –
> Den Leib, den schönsten Leib, begierig aufzuschnüren. (151)

Im atemberaubenden Reportagestil wird der dramatische Vorgang dem Leser in der Deckungsgleichheit von Erzählzeit und erzählter Zeit geschildert. Die raschen Wiederholungen der Zeitangabe »Jetzt« und die der Küsse verraten die Temposteigerung der hitzigeren Aktionen. Sie nehmen den Leser gefangen und füllen seine Gegenwart ganz aus. Weibliche Angst vor (erster) partnerschaftlicher Sexualität wird als Komponente des Rollenspiels der Geschlechter thematisiert. Auch das Element der Gewalt in der Sexualität klingt scherzhaft an:

> Nur noch ein Knoten hält den Lauf
> Verwegner Männerfinger auf.
> Ein Knoten, den vielleicht der Mutter List erdachte,
> Ein Knoten, den vielleicht der Mutter Neid belachte.
> Gewalt war hier der beste Rat,
> Drum riß auch Katulin, ein zweiter Alexander,
> – Ich selber täte, was er tat! –
> Den Senkel gleich entzwei, die Schnürbrust voneinander.

Die Verwegenheit des Bräutigams im Liebeskampf wird in alter Tradition erotischer Lyrik mit den Heldentaten großer Eroberer verglichen.[99] Der witzige Autor solidarisiert sich mit dem zweiten Alexander, obwohl den Knoten ja *des Autors List erdachte*. Der Erzähler stellt aus der Perspektive der Akteure Überlegungen an und zieht den gordischen Knoten als Frustrationsleistung der Mutter in Erwägung, die zu Beginn dem muntern Brautpaar »Durchs Schlüsselloch den letzten Segen gab«.

Anders als in der galanten Epoche werden altersspezifische Äußerungen der Erotik allen Lebensaltern von Jugend an zugestanden. Erotik und Sexualität gehören zum Menschsein. Bevor der gesellige Erzähler die Brautnacht anbrechen lässt, wendet er sich auch an die »alten Buhler«, deren nachlassende Potenz er durch sein »dichten [...] männlich aufzurichten« gedenkt. Er spricht jüngere und ältere Frauen an und schlüpft auch in die Rolle des Aufklärers, um jungen unerfahrenen Mädchen Sexualkunde über den Ursprung der Zeugung zu geben: »Wie jeder Mensch aus Lust zur Lust entsprießet.« (149)

Für die Barockzeit und die galante Epoche bewahrte das Altersdecorum normative Geltung: Der in der Jugend legitime Leichtsinn hatte bei vorgerückten Jahren einer gesitteteren und ernsteren Lebensweise zu weichen.[100] Entsprechend steht die Publikation erotischer Gedichte nach einhelliger Auffassung jungen Autoren, nicht aber reifen Männern an.[101] Auf diesen biologischen Grundlagen konnten Autoren ihre Jugend- und Altersgedichte auseinander dividieren: die galanten *Juvenilia* entweder als legitime Durchgangsphase rechtfertigen oder sich wie Stieler, von Birken, Weise, B. Neukirch, Hunold oder Weber von ihnen distanzieren.[102]

Um erotische Jugenddichtungen als Stolpersteine für eine klerikale Karriere aus dem Weg zu räumen, bietet Mencke in einem Kasualcarmen zur geistlichen Beförderung Neumeisters eine Phalanx von Vorbildern der Romania und von neulateinischen Autoren des 15. bis 17. Jahrhunderts auf, die in ihrer Biografie sehr wohl schlüpfrige Juvenilia mit geistlichen Würden oder Publikationen im reifen Alter vereinbaren konnten.[103] Zur Legitimation galanter Lyrik greift Philander unter anderem auf die seit der Antike geläufige Distinktion von *lasciva pagina* und *vita proba* zurück.[104] Die Entschuldigung der Schreibtischerotik durch die Trennung von Leben und Literatur blieb ein topisches Argument vom Barock bis zum Rokoko.[105] Auch wenn die Begriffe der galanten und der Rokoko-Dichtung sich jeweils nur aus einer Kunst- und Lebensform herleiten lassen, ist doch in beiden Epochen die Fiktionalität des ästhetischen Handelns allen Kommunikationsteilnehmern bewusst. Für französische Galanterielehrer erschöpft sich Galanterie diesbezüglich in einem Spiel mit der Liebe, »un commerce d'esprit, où le coeur et les sens ne doivent prendre aucune part«.[106] Die geäußerten Gefühle unterliegen rationaler Kontrolle, sie werden gesellschaftlich vom Mann in der heterosexuellen Interaktion erwartet. »Galante liebes-briefe sind schreiben, welche man mit frauenzimmer wechselt; und in welchen man entweder eine liebe simuliret; oder eine wahrhafftige so schertzhaft und galant fürbringet, daß sie die lesende person für eine verstellte halten muß.«[107] Noch um eine Stufe gesteigert ist das Bewusstsein der Fiktionalität naturgemäß in der Poesie. Darauf hebt Kästner in der *Nachricht für ein Frauenzimmer von einigen Arten von Gedichten* (1745) ab. Nachdem er wie in seiner Parodie anakreontischer Oden diese als gedankenarme »poetische Tändeleyen« qualifiziert hat, schließt der Mathematiker, dass es sich eigentlich um *Tändeleien hoch 2* handelt, denn

> Selbst das Ernsthafte in der Poesie ist allemal ein wenig getändelt. Dieses sage ich Ihnen deswegen zur Nachricht, daß Sie sich ja nicht zu viel darauf zu gute thun, wenn Ihnen Jemand eine Liebeserklärung in einer anakreontischen Ode brächte: Sie können sich darauf verlassen, daß es alsdann nicht sein Ernst ist.[108]

Gleichwohl kann der betonte Spiel- und Fiktionscharakter Darstellungs- und Handlungsmöglichkeiten eröffnen, die in Gesellschaften als risikoreich oder gar tabuisiert gelten. Galanterie im gesellschaftsethischen Verhalten erlaubt zum einen ein engagementfreies Gefallenwollen, zum andern aber auch die unverbindliche Werbung unter den Augen Dritter.[109] Benjamin Neukirch schließt bezeichnenderweise reale Effekte über fiktive galante Briefe keineswegs aus. Man erziele mit ihnen nicht unbedingt weniger Wirkung als mit dem Flehen und Bitten eines echten Liebesbriefes. Ein galanter Brief gewähre eine größere Freiheit im Schreiben, seine Hartnäckigkeit erscheine weniger aufdringlich und die eingeflochtenen geistreichen Einfälle schmeichelten dem Intellekt der Adressatin.[110]

Auch Scheibel traut der Schutzbehauptung einer Diskrepanz von Literatur und Leben für erotische Lizenzen nicht über den Weg. Seine seelsorgerische Menschenkenntnis erlaubt ihm Rückschlüsse aus dem Verhalten von Produzenten und Rezipienten: Die Quantität unkeuscher Gedichte allein bezeuge schon hinreichend die Gesinnung ihrer Verfasser, denen Frauen wegen ihrer schlüpfrigen Poesie oft im Privatleben nachstellten (S. 140, 143). Poeten gehen »mit Versen auff das Löffeln aus« und »manches Frauenzimmer läst sich durch ein verliebtes Gedichte so gut einnehmen, als durch ein Geschencke« (S. 144, 158).[111] Der Pastor beschreibt hier konkrete Wirkungen galanter Literatur, die erotische Poesie mehr oder weniger sublimiert mit pornografischer Literatur gemein hat. Letztere hat es eindeutig auf die körperliche Affizierbarkeit ihrer Leser abgesehen, die in der Ersatzbefriedigung Wirklichkeit mit Fiktion vertauschen.[112] Insofern erotische Literatur im Probehandeln der Fiktion die Befreiung der Phantasie von der moralischen Über-Ich-Zensur gestattet, liegt die ganzheitliche psychophysische Wirkung jederzeit im Bereich des Möglichen. Zeugnisse für die physiologische Wirkung erotischer Literatur finden sich im 18. Jahrhundert nicht nur bei Rousseau, sondern auch im deutschen Sprachraum bei offenherzigen Lesern.[113] Wielands *Comische Erzählungen* (1765) animierten seinen Freund Johann Georg Zimmermann so, dass der Verfasser einen Anlass zu einer Rüge sah: »Ich höre nicht gern, daß sie so gar einem vieljährigen Ehmann und einem – so *weisen* Mann [...] – Erectionen machen.«[114] Dennoch sind die Unterschiede zwischen den literarischen Gattungen der pornografischen und der erotischen Literatur unübersehbar – ungeachtet der

Tatsache, dass sich pornografische Romane in Frankreich teilweise »galanter« Titel bedienten, um Kenner anzuwerben. Intentionen, anthropologischer Gehalt, literarische Darstellungsmittel divergieren allzu offensichtlich. In der von uns behandelten Literatur befriedigt den Leser die geistreiche Lektüre, die ohne Umsetzung auskommt. Zwischen Autor, Text und Leser liegen Filterkonventionen der Scherzrede, Gattungsnormen artistischen Sprechens, die Realitätsbezüge höchst indirekt vermitteln. Der hedonistische Exzess hingegen sprengt in der pornografischen Literatur die kulturellen Masken und geht nicht auf des Lesers geistreiche Unterhaltung und Zufriedenheit aus. Träumt sich der Leser in erotische Rokokoszenen, wird er – wie bei Uz – aus ihnen vor dem Ende desillusionierend geweckt, sodass der Fiktionscharakter des poetischen Traums herausgestellt wird.[115] Der Traum als geschützte Zone für die Lockerung der Zensur und als Ventil für verdrängte Wünsche bleibt stets eine kurze, utopische Episode.[116]

Unser Gewährsmann Scheibel mag, in seiner Sorge um die Zukunft der Kirche und des Christentums alarmiert, zu weit gegangen sein, wenn er in der libertinen Kultur die Gefahr der Freigeisterei und des Atheismus witterte (34, 38, 115, 117). Trotzdem lag er mit seiner Diagnose nicht falsch, dass sich in der Frivolität der galanten Texte nicht nur männliches Wunschdenken niederschlug, sondern eine neue Epoche ankündigte, in der christliche Traditionswerte mehr und mehr in Frage gestellt und durch antike Leitbilder ersetzt wurden, um einen freieren Umgang mit sich und anderen zu propagieren.

Anmerkungen

1 Flemming mokiert sich über die »um 1700 herrschende galante Geschraubt- und Lüsternheit«. Flemming, Willi: Gesellschaftslied, in: Reallexikon Bd. 1, Berlin, ²1958, S. 569-573, hier: S. 572. Auch Wendland hegt Vorbehalte »gegen den nüchtern-rationalen, mechanisierten Sprachgeist« der Galanten, deren Diktion »alles Göttlich-Erhabenen bar, entzaubert, seelen- und geistlos« sei. Wendland, Ulrich: Die Theoretiker und Theorien der sogenannten galanten Stilepoche und die deutsche Sprache, Leipzig, 1930, S. 63. August Langen diagnostiziert nach dem Hochbarock (1640-1680) ein epigonales Absinken zum Spätbarock und zur galanten Dichtung, die in »entleerte gesellschaftlich-höfische Form ohne das früher dahinter stehende Ethos« und in »preziöse Verkünstelung« degeneriere. Langen, August: Deutsche Sprachgeschichte vom Barock bis zur Gegenwart, in: Stammler, Wolfgang (Hg.): Deutsche Philologie im Aufriß, Berlin, 1952, Bd. 1, Sp. 1077-1522, hier: Sp. 1110, 1125, 1149. Newald spricht für eine ganze Forschergeneration, wenn er zur galanten Lyrik anmerkt: »Die weite Entfernung zwischen Herz und Feder, welche nach Birken aller unterhaltenden Gesellschaftspoesie eigentümlich ist, erklärt, weshalb uns, die wir ein Erlebnis erwarten, diese Dichtung so fremd ist.« Newald, Richard: Die deutsche Literatur vom Späthumanismus zur Empfindsamkeit, München, 1965, S. 325. Auch Glaser sieht

einen Zusammenhang zwischen der Lebensferne und dem »Schwulst« der Zweiten Schlesischen Schule. Glaser, Horst Albert: Galante Poesie, in: Ders. (Hg.): Deutsche Literatur. Eine Sozialgeschichte. 10 Bde., Reinbek, 1980ff., Bd. 3, S. 394-407, hier: S. 395. Zur Bewertung des Rokoko vgl.: Anger, Alfred: Deutsche Rokoko-Dichtung, Stuttgart, 1963.

2 Cysarz, Herbert: Deutsche Barockdichtung. Renaissance, Barock, Rokoko, Leipzig, 1924. Schneider, Ferdinand Josef: Die deutsche Dichtung der Aufklärungszeit 1700-1775, Stuttgart, 1948. Von Waldberg, Max: Die galante Lyrik, Straßburg, 1885. Singer, Herbert: Der galante Roman, Stuttgart, 1961. Ders.: Der deutsche Roman zwischen Barock und Rokoko, Köln, 1963. Anger, Alfred: Literarisches Rokoko, Stuttgart, 1962. Ders.: Deutsche Rokoko-Dichtung. Ein Forschungsbericht, Stuttgart, 1962. Schlaffer, Heinz: Musa iocosa. Gattungspoetik und Gattungsgeschichte der erotischen Dichtung in Deutschland, Stuttgart, 1971. Zeman, Herbert: Die deutsche anakreontische Dichtung, Stuttgart, 1972. Rotermund, Erwin: Affekt und Artistik, München, 1972. Perels, Christoph: Studien zur Aufnahme und Kritik der Rokokolyrik zwischen 1740 und 1760, Göttingen, 1974. Verweyen, Theodor: Emanzipation der Sinnlichkeit im Rokoko? In: Germanisch-Romanische Monatsschrift N.F. 25 (1975), S. 276-306. Ders. (Hg.): Dichtungstheorien der deutschen Frühaufklärung, Tübingen, 1995. Mauser, Wolfram: Anakreon als Therapie? Zur medizinisch-diätetischen Begründung der Rokokodichtung, in: Lessing Yearbook 20 (1988), S. 87-120. Ders.: Glückseligkeit und Melancholie in der deutschen Literatur des frühen 18. Jahrhunderts, in: von Engelhard, Dietrich et.al. (Hg.): Melancholie in Literatur und Kunst, Hürtgenwald, 1990, S. 48-88. Ders.: Diana und Aktäon, in: Roebling, Irmgard (Hg.): Sehnsucht und Sirene, Pfaffenweiler, 1992, S. 293-328. Schüsseler, Matti: Unbeschwert aufgeklärt, Tübingen, 1990. Zu nennen wären weiter: Sörensen, Bengt Algot: Das deutsche Rokoko und die Verserzählung im 18. Jahrhundert, in: Euphorion 48 (1954), S. 125-152. Preisendanz, Wolfgang: Wieland und die Verserzählung des 18. Jahrhunderts, in: Germanisch-Romanische Monatsschrift N.F. 12 (1962), S. 17-31. Heiduk, Franz: Die Dichter der galanten Lyrik. Studien zur Neukirchschen Sammlung, Bern, 1971. Schöberl, Joachim: ›liljen = milch und rosen = purpur‹. Die Metaphorik in der galanten Lyrik des Spätbarock, Frankfurt, 1972. Richter, Karl: Geselligkeit und Gesellschaft in Gedichten des Rokoko, in: Jahrbuch der Deutschen Schiller-Gesellschaft 18 (1974), S. 245-267. Sauder, Gerhard: ›Galante Ethica‹ und aufgeklärte Öffentlichkeit in der Gelehrtenrepublik, in: Grimminger, Rolf (Hg.): Hansers Sozialgeschichte der deutschen Literatur, München, 1980, Bd. 3, S. 219-238. Ders: Der empfindsame Kreis in Darmstadt, in: Darmstadt in der Zeit des Barock und Rokoko, Darmstadt, 1980, S. 167-175. Lautwein, Thomas: Erotik und Empfindsamkeit. C.M. Wielands ›Comische Erzählungen‹ und die Gattungsgeschichte der europäischen Verserzählung im 17. und 18. Jahrhundert, Frankfurt/Main, 1996.

3 Anger: Literarisches Rokoko (vgl. Anmerkung 2), S. 21. Am ehesten konzediert Anger noch in Leipzig Rückbindungen an die Lieddichtung der Galanten und nennt Sperontes »Singende Muse an der Pleiße« (1736 ff.) und Gräfes »Sammlung verschiedener und auserlesener Oden« (1737 ff.). Von Anger übersehen sind folgende galante Lyriksammlungen, die nach 1720 erschienen: [Johann Georg Gressel u. Hochgesang:] Sammlung Allerhand Sinnreicher Gedichte / Von C** und H**. Bey verschiedenen Gelegenheiten entworffen [...], Stockholm, 1721.

[Christian Friedrich Henrici:] Picanders Ernst = Schertzhaffte und Satyrische Gedichte, Leipzig, 1727. [Anonym:] Sammlung Auserlesener Gedichte welche Als mehrentheils neue Proben der nach jetzigem Geschmack Erfahrener Kenner eingerichteten rein-fliessenden Teutschen Poesie, Nordhausen, 1734. Von Böhlau, Christoph Dietrich: Poetische Jugend-Früchte, hg. v. Johann Wilhelm Fabarius, Coburg, 1740.

4 Schubert, Anselm: Auf der Suche nach der menschlichen Natur. Zur erotischen Lyrik Hofmannswaldaus, in: Daphnis 25/2-3 (1972), S. 423-466 (im Folgenden: Schubert: Auf der Suche [...], Seitenzahl), hier: S. 426, 429, 431, 444.

5 Von Hofmannswaldau, Christian Hofmann: Gesammelte Werke. Bd. I. Deutsche Übersetzungen und Gedichte. Teil 2 (1679), hg. v. Franz Heiduk, Hildesheim, 1984, S. [813]; Schubert: Auf der Suche [...], S. 448.

6 Von Zigler und Kliphausen, Heinrich Anselm: Helden-Liebe Der Schrifft Alten Testaments, zit. nach: Glaser: Galante Poesie (vgl. Anmerkung 1), S. 397.

7 De Capua, Angelo George: The Series Collection: A Forerunner of the Lyrical Anthology in Germany, in: The Journal of English and German Philology 54 (1955), S. 204 (im Folgenden: De Capua: Series-Collection, Seitenzahl). Philippson, Ernst Alfred: »Herrn von Hofmannswaldau und andrer Deutschen auserlesene und bißher ungedruckte Gedichte [...]«: toward a history of its publication, in: Monatshefte. A Journal devoted to the study of German language and literature, Wisconsin 48 (1956), S. 196-202, hier: S. 198. Ders.: The So-Called ›Neukirch Sammlung‹. Some Facts, in: Modern Language Notes 79 (1964), S. 412. Schubert: Auf der Suche [...], S. 457.

8 Woltereck, Christoph: Holsteinische Musen / Worinnen enthalten Ehren = Gedichte/ Briefe Cantaten / Oden [...], Glückstadt, 1712, Vorr. unpag.

9 Neumeister, Erdmann: Specimen Dissertationis Historico-Criticae De Poetis Germanicis huius seculi praecipuis [...], o. O. 1695, S. 55f.

10 [Anonym:] Anleitung zur Poesie / Darinnen ihr Ursprung / Wachsthum / Beschaffenheit und rechter Gebrauch untersuchet und gezeiget wird, Breslau, 1725, S. 82.

11 Vogel, Hermann: Christian Friedrich Hunold (Menantes). Sein Leben und seine Werke, Diss. Leipzig, 1897, S. 9, 39.

12 [Christian Friedrich Hunold:] Theatralische / Galante Und Geistliche Gedichte / Von Menantes. Hamburg, 1706, Vorr. unpag. [Ders.:] Galante, Verliebte Und Satyrische Gedichte / Erster und Anderer Theil / Von Menantes (1704) Hamburg, ³1711, Vorr. unpag. b. (im Folgenden: [Hunold:] Galante, Verliebte Und Satyrische Gedichte, Seitenzahl).

13 [Ders.:] MENANTES Academische Neben = Stunden allerhand neuer Gedichte / Nebst Einer Anleitung zur vernünftigen Poesie, Halle, 1713, Vorr. unpag., A 3.

14 Ebd., A 7.

15 [Hunold:] Galante, Verliebte Und Satyrische Gedichte, S. 70.

16 [Gottlieb Siegmund Corvinus:] Proben der POESIE In Galanten = Verliebten = Vermischten = Schertz = und Satyrischen Gedichten abgelegt. Von Amaranthes. 2 Bde., Franckfurt, 1710/1711 (im Folgenden: Corvinus: Poesie, Band, Seitenzahl), II, S. 128.

17 Luther, Martin: Die gantze Heilige Schrifft Deudsch, Wittenberg, 1545. Neudruck: Darmstadt, 1972, S. 74f.

18 Scheibel, Gottfried Ephraim: Die Unerkannte Sünden Der Poeten Welche man Sowohl in ihren Schrifften als in ihrem Leben wahrnimmt, Leipzig, 1734 (im Folgenden: Scheibel: Unerkannte Sünden, Seitenzahl), S. 81.

19 Rotermund: Affekt und Artistik, S. 177; Schöberl: ›liljen-milch‹, S. 73 (vgl. jew. Anmerkung 2); Schubert: Auf der Suche [...], S. 424, 427ff., 444-448, 457.

20 [Johann Georg Gressel:] Celanders Verliebte= Galante / Sinn= Vermischte und Grab=Gedichte. Hamburg, 1716, S. 15, 25f., 28, 52f., 59, 64, 73, 87, 139, 224, 283.

21 [Hunold:] Galante, Verliebte Und Satyrische Gedichte, S. 38.

22 De Capua: Herrn von Hofmannswaldau und andrer Deutschen auserlesener und bißher ungedruckter Gedichte. Anderer Theil (im Folgenden: De Capua: Hofmannswaldau, NS II, Seitenzahl), S. 127.

23 Beetz, Manfred: Rhetorische Logik, Tübingen, 1980 (im Folgenden: Beetz: Rhetorische Logik, Seitenzahl), S. 24.

24 De Capua: Series-Collection, S. 213ff.

25 An mitteldeutschen Universitäten studierten viele Schlesier; vgl.: Hölmann, Christian: Galante Gedichte mit Christoph G. Burgharts Gedichten, hg. v. Franz Heiduk, München, 1969 (im Folgenden: Hölmann: Galante Gedichte, Seitenzahl), S. 224, 231-236.

26 De Capua: Herrn von Hofmannswaldau und andrer Deutschen [...] erster theil (im Folgenden: De Capua: Hofmannswaldau, NS I, Seitenzahl), S. 35f.; Von König nennt den Namen des Verfassers, vgl.: Des Herrn von Besser Schrifften [...] Nebst dessen Leben Und einem Vorberichte ausgefertigt von Johann Ulrich König. 2 Teile (1711), Leipzig, 1732, Vorbericht S. XXVII (im Folgenden: Von Besser, Schrifften).

27 Der Kleine Pauly. Lexikon der Antike in 5 Bänden, hg. v. Konrat Ziegler und Walther Sontheimer, München, 1979, Bd. 3, Sp. 1405.

28 [Johann Burckhard Mencke:] Philanders von der Linde Vermischte Gedichte [...] nebst einer ausführlichen Unterredung von der Deutschen Poesie [...], Leipzig, 1710, S. 301.

29 Amthor, Christophorus Henricus: Collegium homileticum de juri decori [...], Leipzig, 1730 (postum), S. 16ff.

30 Bächtold-Stäubli, Hanns: Handwörterbuch des deutschen Aberglaubens. 10 Bde., Berlin, 1927-1962, Bd. VII (1935/36), Sp. 632, 636.

31 Augustinus, Aurelius: De civitate Dei Libri 22, hg. v. B. Dombart, 2 Bde., Leipzig, 1877/1892, II, S. 54.

32 Bake, Rita/Kiupel, Birgit: Unordentliche Begierden. Liebe, Sexualität und Ehe im 18. Jahrhundert, Hamburg, 1996 (im Folgenden: Bake, Kiupel: Unordentliche Begierden, Seitenzahl), S. 107. Dass für 1769 Monatsbinden von den Autorinnen als »Pionierleistungen« angesprochen werden, dürfte von Bessers Text widerlegen.

33 Von Loen, Johann Michael: Gesammelte kleine Schriften (1749-1752), 2 Bde., hg. v. J. C. Schneider, Frankfurt, 1972, I, 2. Abschnitt, S. 258.

34 Von Besser: Schrifften I, Vorbericht S. XXV.

35 Paracelsus: Mikrokosmos und Makrokosmos, hg. v. Helmut Werner, München, 1989, S. 255 – 257.

36 Zedler, Johann Heinrich: Grosses vollständiges UNIVERSAL LEXICON Aller Wissenschafften und Künste. Halle, 1732ff., Bd. 21 (1739), Sp. 1078, Art. »Mond« (im Folgenden: Zedler: Universal Lexicon).

37 Von Besser: Schrifften I, Vorbericht S. V und XIII.

38 Zedler: Universal Lexicon, Bd. 21 (1739), Sp. 1043 und 1048, Art. »Monatsreinigung«.

39 Jablonsky, Johann Theodor: Allgemeines LEXICON Der Künste und Wissenschafften [...], Leipzig, 1721, S. 450.

40 Harsdoerffer, Georg Philipp: Poetischer Trichter, 3 Teile, 1647-1653, Neudruck: Darmstadt, 1969, III, S. 394f. Von Besser: Schrifften II, S. 695. Zedler: Universal Lexicon, Bd. 43, Sp. 438.

41 Zedler, Universal Lexicon, Bd. 43, Sp. 436f.: »Etliche wollen auch aus dem Thau und Manna ein vortreffliches Menstruum zur Ausziehung [...] der Corallen = Tinctur zubereiten«.

42 Zitiert nach Bake, Kiupel: Unordentliche Begierden, S. 107.

43 Vgl. Joh. Fridrich [!] Rothmanns Lustiger Poete [...], o. O., 1711, S. 252.

44 Scheibel: Unerkannte Sünden, S. 82.

45 Vgl. Segebrecht, Wulf: Das Gelegenheitsgedicht. Habil.schrift, Regensburg, 1974, S. 447 u. 482; Beetz: Rhetorische Logik, S. 182ff.

46 Hommer, Orpheus: Des neu = eröffneten Musen = Cabinets aufgedeckte Poetische Wercke, Leipzig, 1707, 8. Entrée, S. 1323f.

47 Uz, Johann Peter: Sämtliche poetische Werke, hg. v. August Sauer (1890). Neudruck: Darmstadt, 1964 (im Folgenden: Uz: Werke, Seitenzahl), S. 26f.

48 Vgl. Evangelisches Kirchengesangbuch. Ausgabe für die evang.-luther. Kirche in Bayern, München, o. J., Nr. 253.

49 Vgl. von Schnüffis, Laurentius: Mirantisches Flötlein (1711). Neudruck hg. v. Annemarie Daiger, Darmstadt, 1968, S. 5: »Die in Sünden Sorg=loß schlafende Seel Clorinda wird von dem Himmlischen Daphnis zu der Buß aufferweckt.« Mit Bezug auf Psalm 40, 9: »Soll dann / der da schlafft / nicht wiederum auffstehen?« beginnt das Erweckungslied: »Auff träge Seel / auff auff / Dem Untergang entlauff«; vgl. ferner: »Auf, auf, ihr Reichsgenossen« von Johann Rist (1651), »Auf, auf, mein Herz, mit Freuden« von Paul Gerhard (1647) oder Abraham a. St. Claras Traktat: »Auff, auff, ihr Christen«, in: Ders.: Reimb dich oder ich Liss dich [...], Luzern, 1687.

50 Uz' Morgenlied beginnt mit: »Die düstre Nacht ist hin; / Die Sonne kehret wieder.« (Uz: Werke, S. 28ff.).

51 Ebd., S. 28f.

52 Perels: Rokokolyrik, S. 125ff.; Sauder: Empfindsamkeit, Bd. I, S. 159f.; Verweyen: Emanzipation der Sinnlichkeit, S. 297ff. (vgl. jew. Anmerkung 2); Martens, Wolfgang: Hallescher Pietismus und schöne Literatur, in: Ders.: Literatur und Frömmigkeit in der Zeit der frühen Aufklärung, Tübingen, 1989, S. 76-181.

53 Vockerodt, Gottfried: Erleuterte Aufdeckung des Betrugs und Aergernisses / so mit denen vorgegebenen Mitteldingen und vergönneter Lust in der Christenheit angerichtet werden [...], Halle, 1699, S. 104.

54 Von Hagedorn, Friedrich: Versuch in poetischen Fabeln und Erzehlungen (1738). Neudruck hg. v. Horst Steinmetz, Stuttgart, 1974, Vorrede *3, S. 40-42, 185-192.

55 Ebd., S. 41.

56 Perels: Rokokolyrik, S. 41f.

57 Ebd., S. 93.

58 Gleim, Johann Wilhelm Ludwig: Gedichte, hg. v. Jürgen Stenzel, Stuttgart, 1969 (im Folgenden: Gleim: Gedichte, Seitenzahl), S. 32.

59 Gleim, Johann Wilhelm Ludwig: Versuch in Scherzhaften Liedern, Berlin, 1744. Neu hg. v. Alfred Anger, Tübingen, 1964, S. 5.

60 Lessing, Gotthold Ephraim: Werke, 8 Bde., hg. v. Herbert G. Göpfert, München, 1970ff. (im Folgenden: Lessing: Werke, Band, Seitenzahl), Bd. I, S. 90f.

61 Gleim: Gedichte, S. 17-19.

62 Lessing: Werke, Bd. 1, S. 20.

63 Lessing: Zerstreute Anmerkungen über das Epigramm und einige der vornehmsten Epigrammatisten, in: Lessing: Werke, Bd. 5, S. 427.

64 Vgl. Lessings Sinngedicht *Auf das Jungfernstift zu* **, Werke, Bd. 1, S. 12.

65 De Capua: Hofmannswaldau, NS I, S. 88./ NS II, S. 120f.; Hölmann: Galante Gedichte, S. 192.

66 Scheibel: Unerkannte Sünden, S. 160.

67 Aßmann von Abschatz' Gedichte wurden aus dem Nachlass 1704 von Christian Gryphius ediert. Die Sammlung enthält Liebesgedichte mit Kusszyklen und »Himmel = Schlüssel oder Geistliche Gedichte«. Herrn Hannß Aßmanns Freyherrn von Abschatz [...] Poetische Übersetzungen und Gedichte, Leipzig, 1704. Neudruck hg. v. Erika A. Metzger, Bern, 1970, S. 285ff.; [Hunold:] Theatralische, Galante und Geistliche Gedichte. Von König: Theatralische, geistliche, vermischte und Galante Gedichte [...], Hamburg, 1716; [Mencke:] Philanders von der Linde Galante Gedichte [...], Leipzig, 1705; ders.: Schertzhaffte Gedichte, Leipzig, 1706; ders.: Ernsthaffte Gedichte, Darinnen So wol andächtige Gedancken, als unterschiedene Trauer = Gedichte [...], Leipzig, 1706, ders: Vermischte Gedichte, Leipzig, 1710; [Corvinus, Gottlieb Siegmund:] Proben Der POESIE [...] Von Amaranthes, 2 Bde., Franckfurt, 1710/1711., I, S. 383ff.

68 [Hunold:] Menantes Academische Neben = stunden, vgl. Anm. 13.

69 Holz, Arno: Des berühmten Schäffers Dafnis sälbst verfärtigte [...] höchst sündhaffte Sämbtliche Freß = Sauff = und Venus = Lieder [...] benebst angehänckten Auffrichtigen und Reue mühtigen Buß = Tränen / Vergossen durch den sälben Auctoren / nachdäme dihser mit herein gebrochenem Alters Gebrest auß Einem Saulo zu einem Paulo geworden, in: Ders.: Werke, 7 Bde., hg. v. Wilhelm Emrich und Anita Holz, Neuwied, 1961-1964, Bd. 5 (1962), Dafnis unpag. [3].

70 Hofmannswaldau: Deutsche Übersetzungen und Gedichte (vgl. Anmerkung 5), S. 27-29.

71 [Gottlieb Stolle:] Des Schlesischen Helicons auserlesener Gedichte Ander Theil, Breßlau, 1700, Vorr. unpag. [)(5ʳ u.)(6ᵛ]

72 Von Besser: Schrifften I, Vorrede S. XXVII.

73 Vgl. die *Sammlung Allerhand Sinn=reicher Gedichte / Von C** und H***, Stockholm, 1721, Vorrede des Verlegers.

74 Anthony Earl of Shaftesbury: Der gesellige Enthusiast. Philosophische Essays, hg. v. Karl-Heinz Schwabe, München, 1990, S. 116, 185, 195, 199, 256. Auch Gottsched bekräftigt, »daß die Tugend eine innere Schönheit an sich habe, welche die Hertzen gewinnet [...].«; Gottsched, Johann Christoph: Der Biedermann, 2 Teile, Leipzig, 1728/1729, II, S. 57.

75 Kiesel, Helmuth/Münch, Paul: Gesellschaft und Literatur im 18. Jahrhundert, München, 1977, S. 173ff.; Sauder, Gerhard: Sozialgeschichtliche Aspekte der Literatur im 18. Jahrhundert, in: Internationales Archiv für Sozialgeschichte der deutschen Literatur 4 (1979), S. 197-241, hier: S. 218-220, 227-232; Uz: Werke, S. 173-214; Götz, Johann Nikolas: Gedichte, hg. v. Karl Wilhelm Ramler, 3 Teile, Mannheim, 1807, I, S. 26; II, S. 157-160; III, S. 213, 218.

76 Christiani Gryphii Poetische Wälder, Franckfurt, 1698, Vorr. unpag.

77 Beispiele wären: »Als sie sich mit einem glase die hand verschnitten« (De Capua: Hofmannswaldau, NS II, S. 27f.); »Er siehet Flavien Caffée-Bohnen mahlen« (Corvinus: Poesie, II, S. 128); »Als sich Lisette an ihre Nehnadel gestochen hatte« (Stolle: Schlesischer Helicon II, S. 43); »Als ihm die Nase blutete, und die Stammholdin ihm ihr Schnupftuch lehnte« (Mencke: Galante Gedichte, S. 122); »Als sie spatziren gefahren / und ihre Bediente grüne Liberey führten« (von König: Theatralische, geistliche, vermischte und Galante Gedichte, S. 388).

78 Friedrich, Hugo: Epochen der italienischen Lyrik, Frankfurt, 1964, S. 578.

79 Corvinus: Poesie, II, S. 392.

80 Vgl. Goulemot, Jean Marie: Gefährliche Bücher. Erotische Literatur, Pornographie, Leser und Zensur im 18. Jahrhundert, Reinbek, 1993, S. 13/55.

81 Goulemot tendiert mitunter dazu, die Unterschiede zwischen erotischer und pornografischer Literatur einzuebnen, vgl. ebd., S. 8, 49.

82 Perels: Rokokolyrik, S. 30f.

83 Foucault, Michel: Der Wille zum Wissen. Sexualität und Wahrheit 1, Frankfurt, 1998, S. 22f.

84 Elias, Norbert: Über den Prozeß der Zivilisation, 2 Bde., Frankfurt, 1977, I, S. LXIII, 135, 162f.

85 Sauder: Empfindsamkeit I, S. 193f.

86 Hentschel, Uwe: Seraph und/oder Sittenverderber? Erotik, Sexualität und Moral im Selbstverständnis Christoph Martin Wielands, in: Lessing Yearbook 27 (1995), S. 131-162, hier: S. 145-150.

87 Luserke, Matthias/Marx, Reiner: Die Anti-Läuffer. Thesen zur SuD-Forschung oder Gedanken neben dem Totenkopf auf der Toilette des Denkers, in: Lenz-Jahrbuch 2 (1992), S. 126-150, hier: S. 132, 136-138.

88 Sauder: Empfindsamkeit I, S. 195ff.

89 Mauser: Anakreon als Therapie, S. 98.

90 Lange, Samuel Gotthold/Meier, Georg Friedrich (Hg.): Der Gesellige. III. Theil, Halle, 1749, 129. Stück, S. 275.

91 Vgl. Götz, Johann Nikolas: »Der Augenblick«, in: Ders.: Gedichte (vgl. Anm. 75), III, S. 82.

92 Vgl. Mauser: Diana und Aktäon, S. 297.

93 Ebd., S. 94, 104.

94 Uz: Versuch über die Kunst stets fröhlich zu seyn (1760), in: Ders.: Werke, S. 230. Vgl. dazu auch den Beitrag von Wolfgang Promies in diesem Band.

95 Ebd., S. 240.

96 Schüßler: Unbeschwert aufgeklärt, S. 138.

97 Hunold zitiert Properz' »Expertus dico, nemo est in amore fidelis«. [Hunold:] Die Beste MANIER In Honnéter CONVERSATION [...] Von Menantes, Hamburg, 1713, S. 177. Ders.: Galante, verliebte Gedichte, S. 56. Lob der Unbeständigkeit schon bei Greflinger und Finckelthaus im Barock, vgl. Killy, Walther: Epochen der deutschen Lyrik, Bd. 4, Gedichte 1600-1700, München, 1969, S. 87, 150f.; Gleim: Gedichte, S. 22, 40; von Gerstenberg, Heinrich Wilhelm: Tändeleyen, Leipzig, 1765, Neudruck hg. v. Alfred Anger. Anger Alfred: Dichtung des Rokoko, Tübingen, 1969, S. 100-102.

98 Rost, Johann Christoph: Die Brautnacht, in: Ders.: Vermischte Gedichte, o.O., 1769, S. 150.

99 Schlaffer: Musa iocosa, S. 102ff.

100 [Jean-Baptiste Morvan de Bellegarde:] Des Herrn Abts von Bellegarde Betrachtungen über die Artigkeit derer Sitten [...], Leipzig, 1708, S. 423f.

101 Von Abschatz: Poetische Ubersetzungen, S. 247. Hofmannswaldau: Deutsche Ubersetzungen und Gedichte (vgl. Anmerkung 5), Vorrede; Hunold: Academische Nebenstunden (vgl. Anmerkung 68), Vorr. [A 2]; Gryphius: Poetische Wälder (vgl. Anmerkung 76), Vorrede.

102 Weise, Christian: Curieuse Fragen über die LOGICA [...], Leipzig, 1700, S. 542f.; Benjamin Neukirch, in: Stolle, Gottlieb (Hg.): Herrn von Hofmannswaldau und andrer Deutschen auserlesener und bißher ungedruckter Gedichte sechster Theil, Leipzig, 1709, S. 101f. (NS VI); Hunold: Auserlesene Gedichte (1718), S. 746ff.; ders.: Die Allerneueste Art, Zur Reinen und Galanten Poesie zu gelangen [...] Von Menantes, Hamburg, 1722, Vorr. unpag. [b 8]f., [c 6]; Zeman, Herbert: Kaspar Stielers ›Die Geharnschte Venus‹, in: Deutsche Vierteljahrsschrift für Literaturwissenschaft und Geistesgeschichte 48 (1974), S. 479; Wiedemann, Conrad: Barocksprache, Systemdenken, Staatsmentalität, in: Internationaler Arbeitskreis für deutsche Barockliteratur, Hamburg, 1976, S. 21-51, hier: S. 31.

103 Mencke: Vermischte Gedichte (1710), S. 2ff.: »Als Tit. Herr M. Erdmann Neumeister A. 1706 Reichs=Gräfl. Prommizischer Ober=Hof=Prediger und Superintendens in Sorau wurde, fragte sichs: Ob ein Poete wol Superintendens seyn könne?«

104 M. Val. Martialis Epigrammaton libri, hg. v. D. F. G. Schneidewin, Grimae, 1842, I, 4, 8; S. 25: »Lasciva est nobis pagina, vita proba«. Catull. Lateinisch-deutsch hg. v. Werner Eisenhut, München, 1968, 16, V. 5f.; Ovid: Tristien 2, 353f.; vgl.: Schlaffer: Musa iocosa, S. 138f.

105 Vgl. Finckelthaus, Gottfried: Deutsche Gesänge, Hamburg, o.J. (ca. 1640), unpag. H2b; von Hagedorn, Friedrich: »An die heutigen Encratiten«, in: Ders.: Gedichte, hg. v. Alfred Anger, Stuttgart, 1968, S. 41f.; Gleim, Johann Wilhelm Ludwig: Versuch in scherzhaften Liedern, [und] Lieder, hg. v. Alfred Anger, Tübingen, 1964, 1. Teil (Berlin, 1744), S. 3, 2. Teil (Berlin, 1745), S. 71; Gleim an Jacobi, 28.1.1768, in: Gleim: Gedichte, S. 95f. Lessing an seinen Vater, 28.4.1749, in: Lesssing: Werke, Bd. 2 (1971), S. 598; Unzer, Johanna Charlotte: Versuch in Scherzgedichten, Halle, 1754, Vorerinnerung; Weiße, Christian Felix: Scherzhafte Lieder, Neudruck der Ausgabe 1758, hg. v. Alfred Anger, Stuttgart, 1965, S. 154 (»An die Muse«).

106 De La Chétardi, Trotti: Instructions pour une jeune princesse, ou l'idee d'une honneste femme, Paris, 1648, S. 100f.; vgl. Magendie, Maurice: La Politesse Mondaine et les théories de L'honnêteté, en France, aux XVIIe siècle, 2 Bde., Paris, o.J. (1925), I, S. 133f., 428; de La Rochefoucauld, Francois: Maximes (1665), Paris, 1977, Max. 402, S. 54.

107 Neukirch, Benjamin: Anweisung zu Teutschen Briefen (1695), Leipzig, 1727 (im Folgenden: Neukirch: Anweisung zu teutschen Briefen, Seitenzahl), S. 127f., 215f.

108 Kästner, Abraham Gotthelf: Gesammelte poetische und prosaische schönwissenschaftliche Werke, 2 Bde., Berlin, 1841, Neudruck 1971, Bd. 1/II, S. 12ff.; Bd. 2/II, S. 334.

109 Vgl. Luhmann, Niklas: Liebe als Passion, Stuttgart, 1973, S. 97f.

110 Neukirch: Anweisung zu teutschen Briefen, S. 216.

111 Mit Bezug auf Hofmannswaldau stellt Rasch eine ähnliche Überlegung zum Spielcharakter erotischer Gedichte an, dass »deren behauptete Fiktivität ihrerseits eine Fiktion [war], in deren Schutz wirkliche Erfahrungen, Wünsche, Gesinnungen aussprechbar wurden.« Rasch, Wolfdietrich: Lust und Tugend. Zur erotischen Lyrik Hofmannswaldaus, in: Ders. et al. (Hg.): Rezeption und Produktion zwischen 1570 und 1730, Bern, 1972, S. 448.

112 Goulemot: Gefährliche Bücher (vgl. Anmerkung 80), S. 8f., 49, 82.

113 Der Titel der frz. Originalausgabe von Goulemot zitiert Rousseau: »Ces livres qu'on ne lit que d'une main« (1991). Auch Lichtenberg hat bei der Lektüre des Neuen Amadis »mit der flachen Hand, nicht auf den Hosenschlitz geschlagen, wie der alte Shandy wohl zu tun pflegte, sondern grad an die Wand, er [Boie] weiß, was das bei mir zu bedeuten hat.« Lichtenberg an J.C. Dieterich, Sept./Okt. 1772, in: Lichtenberg, Georg Christoph: Schriften und Briefe, 6 Bde., hg. v. Wolfgang Promies, München, 1967, S. 96.

114 Wieland an Zimmermann, 27.6.1765, in: Wielands Briefwechsel, hg. v. der Akademie der Wissenschaften der DDR, Berlin, 1963ff., III (1975), Bd. 4, S. 345.

115 Uz: Werke, S. 24-26.

116 Traum als Ersatzbefriedigung entdeckt Pyritz schon im Humanismus und bei Petrarca. Pyritz, Hans: Paul Flemings Liebeslyrik. Zur Geschichte des Petrarkismus, Göttingen, 1963, S. 180; Traumgedichte im Spätbarock und bei den Galanten: Christian Weise: Curiöse Gedancken Von Deutschen Versen [...], Leipzig, 1692, S. 416; von Abschatz: Poetische Übersetzungen, S. 278; Hunold: Galante, Verliebte Und Satyrische Gedichte, S. 51. Corvinus: Poesie I, S. 20; Rokoko-Traumgedichte, in: Anger: Dichtung des Rokoko, S. 108-111; vgl. Mauser, Wolfram (Hg.): Geträumte Welten, München, 1987. Ders.: Krügers Träume, in: Germanistik aus interkultureller Perspektive. Festschrift für Gonthier-Louis Fink, Straßburg, 1988.

Jochen Schlobach

Zum Begriff *Rococo* in Frankreich

Der Bezug zu Frankreich ist für uns Deutsche und insbesondere die Germanisten in Sachen Rokoko von besonderer Wichtigkeit. Zum Ersten ist das Wort aus dem Französischen entlehnt, zum Zweiten besteht Einigkeit in der Forschung, dass der Rokoko-Stil (im Bereich der Kunst) historisch vor anderen Ländern in Frankreich nachweisbar ist, zum Dritten ist die deutsche Literatur des Rokoko lange Zeit als eher negativ konnotierter Import aus Frankreich, als »Französelei« bezeichnet worden, was darauf schließen lassen könnte, dass Rokoko auch als literarisches Phänomen dort früher als in Deutschland nachgewiesen werden müsste.

Es soll im Folgenden die Frage aufgeworfen werden, ob und in welchem Umfang der Begriff *Rococo* in Frankreich Eingang in die Literaturgeschichtsschreibung gefunden hat und ob er geeignet erscheint, in diesem Land einen dominanten literarischen Stil zu erfassen oder gar als Periodisierungsbegriff für eine bestimmte Zeit des 18. Jahrhunderts zu dienen. Im *Neuen Handbuch der Literaturwissenschaft* kommt Alfred Anger bei dem Versuch einer europäischen Gesamtsicht zu dem resignierenden Schluss:

Die um 1900 einsetzenden und immer wieder erneuerten, weil verführerischen Versuche, alle kulturellen Erscheinungsformen des 18. Jahrhunderts, soweit es sich noch nicht um Vorläufer der romantischen Bewegung handelt, unter dem Sammelbegriff eines europäischen Rokoko zusammenzufassen, dürfen als gescheitert gelten.[1]

Bezogen auf die Romanistik kritisiert er mit Recht zwei extreme Positionen, die eine, die mit ihrer Konstruktion eines spezifischen literarischen Rokoko-Stils im Frankreich des 18. Jahrhunderts eine lange Tradition des entsprechenden Stils schon seit Clément Marot (im 16. Jahrhundert) leugnet, die andere, die übersehe, dass »es bei manchen französischen Rokoko-Dichtern im 18. Jahrhundert zu Erscheinungen [kommt], die dem Rokokogeist selbst zu widersprechen scheinen«. Anger hat bei diesem Befund vor allem die deutsche Romanistik im Auge. Es wird zu zeigen sein, dass die französischen Frankoromanisten dem Begriff *Rococo* besonders skeptisch gegenüberstehen.

Reinhard Joachim Lüthje kommt in seinem sehr informativen, bis zum Berichtszeitraum Ende der siebziger Jahre vollständigen und auch heute noch sehr lesenswerten Forschungsbericht über »Begriffsbestimmungen des Rokoko und ihre Anwendung auf die französische Literatur« nach Analyse der verschiedenen Ausführungen des Begriffs Rokoko in der deutschen, französischen und nordamerikanischen Forschung zu einem vorsichtigen, aber doch eher skeptischen Schluss, indem er auf die zentrale Problematik hinweist, der sich die Rokokoforschung der Literaturwissenschaft gegenüber sehe:

> Um Begriffsverwirrungen und Willkür zu vermeiden, ist eine Orientierung an den Rokoko-Konzeptionen anderer Disziplinen und insbesondere der Kunstgeschichte unerläßlich. Ob jedoch eine einfache Übertragung von Oberflächenkriterien inhaltlicher und formaler Art von einer Disziplin in die andere genügen kann und methodisch überhaupt zulässig ist, erscheint höchst zweifelhaft. Weitaus vielversprechender sind dagegen die Versuche, Tiefenphänomene des Rokoko zu erkennen. [...] Die Tatsache, daß die Bestimmung dieser Tiefenphänomene bisher teils widersprüchlich, teils unzureichend verläuft, ist kein Grund, den Begriff des Rokoko vollständig abzulehnen [...]. Wir haben eingangs festgestellt, daß eine unvollkommene Strukturierung immer noch besser sei als gar keine; daran möchten wir auch nach einer anstrengenden Sichtung der gelegentlich schwer greifbaren Rokoko-Konzeptionen festhalten, aber auf die vorsichtigen Worte von H. Dieckmann hinweisen, daß der Verwendung einer solchen Konzeption ihre Klärung vorauszugehen habe.[2]

Ist die Forschung der letzten zwanzig Jahre einer Lösung dieser Frage für die französische Literaturgeschichte näher gekommen?

Zunächst soll jedoch ein Blick auf die Geschichte und die aktuelle lexikografische Erfassung des Wortes *Rococo* im Französischen geworfen werden. Das Wort ist (nach einem isolierten Beleg schon 1755) am Ende des 18. Jahrhunderts ab 1796-1797 regelmäßig nachgewiesen und höchstwahrscheinlich durch eine Kontamination von *rocaille* und *baroco* entstanden. Das Wort *rocailles* im Plural bedeutet wörtlich übersetzt: »kleine aufgehäufte Steine, Geröll« und bezeichnet seit dem 17. Jahrhundert natürliche, im 18. Jahrhundert dann auch künstliche Grotten aus Muscheln und Kieselsteinen sowie entsprechende Ornamente an Möbeln.

Als Bezeichnung eines Kunststils ist der Begriff *Rococo* bei seiner Entstehung eindeutig pejorativ konnotiert. Diese Bedeutung ist bis in die Gegenwart nachgewiesen. Ich zitiere den sehr verbreiteten »Großen Robert« *Dictionnaire alphabetique et analogique de la langue française*: »Gegenüber *rocaille* – in der konkreten Bedeutung also – ist das Wort *rococo* in den meisten Fällen pejorativ.«[3] So in der ersten Edition von 1969. In der Ausgabe von 1985 wird eine Aufwertung konstatiert: »Das Wort ist bei seiner Entstehung und in der Umgangssprache pejorativ, aber in der Kunstgeschichte neutral und oft sogar positiv.«[4] Als Beispiel für die negative Bedeutung wird u.a. Stendhal zitiert: »Erlaubt man mir ein ungeziemliches Wort? Le Bernin war der Vater dieses schlechten Geschmacks, der in den Ateliers mit dem etwas vulgären Namen ›Rococo‹ gefaßt wurde.«[5]

Auch in dem größten Lexikon der französischen Sprache, dem *Trésor de la langue Française*, wird *Rococo* definiert als: »Stil, der besonders im 18. Jahrhundert in Mode war; nahe verwandt mit dem *rocaille*-Stil durch überladene Or-

namentik, reiche Verzierungen, Girlanden etc. und durch eine Vorliebe für
übermäßige Phantasie, für manierierte Grazie gekennzeichnet«.[6] Es folgt eine in
unserem Zusammenhang besonders interessierende Bedeutung: »Analog dazu
in den Bereichen der Literatur und der Musik abwertend: überflüssiges Schnörkel gekünstelter Ausdrucksformen«.[7] Für die aktuellen Bedeutungen des Adjek-
tivs *rococo* gibt der *Trésor de la langue française* neben einer neutralen Bedeutung
im Sinne eines kunsthistorischen Stils die gängige Bedeutung: »gekennzeichnet
von überholtem Charme (›charme suranné‹) und Übertreibung (›recherche ex-
cessive‹)«.

Die *Encyclopaedia universalis*, bestätigt die eher pejorative Bedeutung des
Wortes: »Im heutigen Sprachgebrauch ist ›Rococo‹ auch noch Synonym für
nicht mehr gebräuchlichen und ein wenig lächerlichen Plunder. Barock und
Manierismus haben den noblen Status als große Begriffe der Kunstgeschichte
erlangt; ›pompier‹ bleibt ein stark beleidigendes Wort; ›rococo‹ liegt zwischen
den beiden.«[8]

Dieser lexikalische Befund zeigt, dass das Wort *Rococo* im allgemeinen
Sprachgebrauch auch heute noch immer belastet ist von der pejorativen Bedeutung bei seiner Entstehung im 18. und 19. Jahrhundert. Darin ist ein erstes Indiz dafür zu sehen, dass eine Aufwertung des Begriffs, wie sie in Deutschland
unter dem Einfluss der kunst- und literaturgeschichtlichen Forschung seit den
zwanziger Jahren festzustellen ist, in Frankreich, wenn überhaupt, mit erhebli-
cher Verspätung erfolgt ist.

Ein weiteres Indiz für die nicht vorhandene oder nur zögerlich akzeptierte
Anwendung des Begriffs ist darin zu sehen, dass in den gängigen Literaturgeschichten und Anthologien für den Schulgebrauch, aber auch in der größten
von Claude Pichois herausgegeben *Littérature française* der Begriff nirgends als
Periodisierungsbegriff dient und zumeist nicht einmal für würdig erachtet wird,
als Überschrift für ein Kapitel zu Stiltendenzen des 18. Jahrhunderts zu dienen.[9]
In dem großen dreibändigen *Dictionnaire universel des littératures* von Beatrice
Didier,[10] gibt es keinen Eintrag für den Begriff *Rococo*, während andere Epo-
chen- oder Stilbegriffe wie *Lumières* und *Baroque* selbstverständlich vertreten
sind. Der Befund ist eindeutig: Für die breitere Öffentlichkeit der literarisch
Interessierten, die in Frankreich bekanntlich gesellschaftlich breiter gestreut ist
als in Deutschland, stellt *Rococo* keine wesentliche Bezeichnung dar, mit der die
französische Literatur des 18. Jahrhunderts chronologisch oder inhaltlich charakterisiert werden könnte.

Als Epochenbegriff dominiert in den literaturgeschichtlichen Handbüchern
und Anthologien für die Zeit von 1715 bis 1789 *Siècle des Lumières* oder einfach
Les Lumières. Bevor sich dieser Begriff unter dem Einfluss des deutschen *Aufklärung* und des englischen *Enlightenment* seit etwa 1960 durchsetzte,[11] hatten andere Bezeichnungen, wie *Siècle des philosophes* oder *Siècle de la raison* die Zeit vom
Ende der Klassik bis zur Revolution von 1789 bezeichnet. Da die Zeit der Revo-

lution und der Herrschaft Napoleons als eine Art Nachfolge im Sinne praktischer Umsetzung der aufklärerischen Ideen angesehen wird, dient nach dieser Übergangszeit erst wieder der Begriff *Romantik* als spezifisch literarhistorischer Periodisierungsbegriff. In diesem simplifizierenden Schema wird die Epoche der Aufklärung vorwiegend nach Kriterien der Ideengeschichte und der ihr folgenden politisch-gesellschaftlichen Umwälzung der Revolution bestimmt. Epochen- bzw. Periodisierungsbegriffe nach ästhetischen Kriterien oder bestimmten Stilen in der Literatur fehlen zwischen der in Frankreich noch das ganze 18. Jahrhundert hindurch zu konstatierenden starken Nachwirkung der klassischen Doktrin und der als ästhetische Revolution gesehenen Romantik. Die Geschichte der Literatur insgesamt und der einzelnen Gattungen im *Siècle des Lumières* stellt sich dar als eine Auseinandersetzung zwischen den klassischen Regeln und ihrer Anfechtung, bzw. praktischen Durchbrechung. Als übergreifende Bezeichnung für spezifisch neue Elemente in der Literatur des 18. Jahrhunderts wird der im Grunde anachronistische Begriff *Préromantisme* (»Vorromantik«) noch immer benutzt, der genau wie der Begriff *Klassizismus* der ästhetischen Theorie und Praxis im *XVIIIe Siècle* keine terminologische Eigenständigkeit zubilligt. (Da im französischen *Classicisme* die eigene Klassik bezeichnet, ist dort für das 18. Jahrhundert der Begriff *Néoclassicisme* üblich, der aber mit der Referenz auf das 17. Jahrhundert für die Epoche der Aufklärung nur durch einen Rückbezug definiert wird.)

Dieser kurze Blick auf die Bedeutungsgeschichte des Begriffs *Rococo* und die Periodisierung der traditionellen französischen Literaturgeschichtsschreibung schien uns notwendig, um die zum Teil kontrovers geführten Diskussionen über die Anwendbarkeit des Begriffs *Rococo* in Frankreich verstehen und einordnen zu können.

Die Beschäftigung mit einem *Rococo* in der französischen Literatur ist ganz eindeutig von Deutschland ausgegangen. Nach den Begriffsbestimmungen der Kunsthistoriker und Germanisten in Deutschland versuchten zunächst deutsche Romanisten entsprechende Tendenzen im Frankreich des 18. Jahrhunderts auszumachen. Kein Geringerer als Fritz Neubert schlägt schon 1922 in einem Artikel über »Französische Rokoko-Probleme« eine umfassende Übernahme des Begriffs zur Charakterisierung eines großen Zeitraums von ungefähr 1715 bis 1770 vor. Für eine Definition des literarischen Stils *Rococo* in Frankreich sieht er eine Parallele zur Architektur, dem Stil Ludwig XV, der sich nach den Monumentalbauten des *Siècle de Louis XIV* durch kleine Häuser, nach der »großen Linie« des 17. Jahrhunderts durch »Dekoration und Ornamentik« ausgezeichnet habe und dem eine neue Lebens- und Sinnenfreude entsprochen habe: »Heiterkeit, Anmut und graziöse Zierlichkeit, die über allen Kunst- wie Lebensformen ausgegossen sind, kontrastieren aufs schroffste mit der Wucht und Steifheit des vergangenen Jahrhunderts«.[12] Ganz in diesem Sinne kennzeichnet Neubert das literarische Rokoko: »Abkehr von der großen, starren Linie und ausgesprochene Neigung zum Graziös-Zierlichen und Dekorativen, zur anmutig-heiteren Kleinkunst, bestimmen im großen und ganzen auch den Charakter der Literatur des Rokoko. Ihre Größe beruht ebenfalls auf ihrer *Kleinkunst*«.[13] Für Neubert bereitet diese Übertragung von Charakteristika der Epoche von der Architektur auf die Literatur deshalb keine theoretischen Schwierigkeiten, weil es ihm ganz in der Tradition der deutschen Geistesgeschichte möglich erscheint, »spezifische Merkmale des Rokoko-Geistes« ausfindig zu machen und aus der »gesamten geistig-künstlerischen Entwicklung und Gestaltung der Zeit zu erklären«.[14] Die Konstruktion eines »Geistes« der Zeit umfasst die Formen von Kunst und Literatur ebenso wie eine philosophisch-moralische Haltung: gegen die stoische Weltanschauung des 17. Jahrhunderts habe die neue Epoche eine »ins Extrem verzerrte Steigerung des epikureischen Lust-Axioms« betont.[15] In dieser Generalisierung eines Geistes der gesamten Epoche von 1715 bis 1770 zeigt sich sehr deutlich der Unterschied zu den textbezogenen und ideengeschichtlich orientierten Methoden der französischen Literaturgeschichtsschreibung der gleichen Zeit. Als typische Vertreter des *Rococo* in Frankreich werden Chaulieu, La Fare, Gresset, Desmahis, Bertin, Parny und Voltaire (mit seinen literarischen Kleinformen) genannt. Lüthje hat mit Recht festgestellt, dass Neubert die literarischen Beispiele für den konstruierten Rokoko-Begriff sucht und findet, aber mitnichten den Beweis dafür antritt, dass diese den Geist der Epoche umfassend repräsentieren.[16]

Auch Helmut Hatzfeld war schon 1938 von einem umfassenden, die Epoche kennzeichnenden Begriff ausgegangen und hatte ihn in recht polemischer Weise in Bezug zur Aufklärung gesetzt. Das Rokoko sei auf der Ebene des Stils der Ausdruck eines »zersetzenden Verstandes und eines korrupten Herzens«. Die Aufklärung habe ein »metaphysisches Vakuum« erzeugt, das durch »Gefühlswillkür, Erotismus, Grazie, Esprit« ausgefüllt worden sei.[17] In diesem Sinne hat Hatzfeld in den USA maßgeblich die Diskussion um den Rokoko-Begriff bestimmt. In Arbeiten von 1952 und 1972 differenziert er allerdings seine Hauptthese erheblich und bietet eine ganze Fülle von Interpretationen zum Teil bedeutender Werke des 18. Jahrhunderts, die dem *Rococo* zuzuordnen seien, so Romane von Marivaux, Crébillon fils, Prévost, Duclos und Laclos' *Liaisons dangereuses*. Er erweitert die thematischen Merkmale des Rokoko-Stils auch auf erzähltechnische Charakteristika, als deren Grundton in Werken des Rokoko die Ironie erscheine.[18] Auch für die bedeutenden Vertreter des Theaters, Marivaux und Beaumarchais, sowie Diderot (mit seinem dialogischen Meisterwerk des *Neveau de Rameau*) zeigt Hatzfeld in zum Teil subtilen Einzelanalysen Elemente des Rokoko-Stils auf, der nun zwar nicht mehr generalisierend als das Kennzeichen der Epoche, sondern nun als Ausdruck der aristokratischen Kultur des *Ancien Regime* vor ihrem Untergang angesehen wird.

In Frankreich selbst ist der Begriff *Rococo* unter Bezug auf die deutsche Rokoko-Forschung zuerst von Roger Laufer als umfassender Stilbegriff auf die französische Literatur angewendet worden. Schon der Titel, *Style Rococo, Style Lumières*[19] ist programmatisch zu verstehen, insofern er anders als die deutsche Forschung den Begriff nicht als gegen die Aufklärung gerichtet ansieht und das Rokoko nicht nur als ein Produkt der Salonkultur, sondern als Ausdruck eines für die Epoche konstitutiven Spannungverhältnisses zwischen aufklärerischer Philosophie und ästhetischer Neuerung, zwischen ernster Reflexion und des Amusements der Salongesellschaft betrachtet: »Ist der wahre Rokokostil nicht der, in dem sich die beiden Aspekte vereinen?«[20] Zwischen Klassik und Romantik ist in Frankreich für Laufer nur ein einziger Stil entwickelt worden, den er als *Rococo* bezeichnet und der das Vakuum in der Periodisierung im Bereich der Literatur schließen könne. In exemplarischen Interpretationen zentraler Texte der französischen Aufklärungsliteratur, der *Lettres persanes* von Montesquieu, der großen Romane Prévosts und Laclos', eines *conte* von Voltaire (*L'Ingénu*) und Diderots *Neveu de Rameau*, versucht Laufer Stilelemente des Rokoko auszumachen und findet sie vorzugsweise in den neuen, vom klassischen Regelsystem unabhängigen Prosagattungen des *conte* und des Romans.

Laufers Konstruktion eines zum Begriff Aufklärung komplementären Stilbegriffs *Rococo*, der weniger an den in der Germanistik entwickelten Formkriterien orientiert ist, die er wohl aus sprachlichen Gründen auch nur unzureichend kennt, wird einerseits aus den Texten selbst abgeleitet, läuft aber jedes Mal auf gesellschaftlich begründete dialektische Spannungen hinaus, die er mit marxistischem Ansatz in der widersprüchlichen Koexistenz des Adels und des Bürgertums diagnostiziert: »Solange das Ancien Regime vom bürgerlichen Kapitalismus bedroht ist, ihm aber widersteht, sich aristokratische und bürgerliche Ideologie wie Krankheiten gegenseitig anstecken, sind die Bedingungen des Rokoko-Stils gegeben.«[21]

Laufers Buch ist von der französischen Kritik eher ablehnend aufgenommen worden, wobei die Neuinterpretation bekannter Texte der Aufklärungsliteratur als durchaus anregend empfunden, die Generalisierung eines umfassenden Rokoko-Begriffs, der sich als Stilbegriff ausgibt, in Wirklichkeit aber auf äußerst allegemeine Kategorien künstlerischer und ideologischer Spannungen in der Aufklärungszeit stützt, jedoch angefochten wird. Beobachtungen zum Stil, wie die familiäre Sprache, wie erste realistische Elemente, wie Spiele der Autoren mit der Distanzierung von der Fiktion können nicht darüber hinwegtäuschen, dass Laufer keinen kohärenten Rokoko-Begriff begründet, der den Stand der internationalen Diskussion der Forschung in Deutschland und Amerika berücksichtigt. So hat denn Laufer der Durchsetzung des Rokoko-Begriffs in Frankreich eher geschadet als genützt.

Unter Bezug auf eine Rokoko-Mode, die auf die Literaturgeschichtsschreibung überzugreifen drohe, hat dann ausgerechnet ein Kunsthistoriker, Rémy G. Saisselin, schärfste Bedenken gegen den Begriff vorgetragen. In seinem Aufsatz *The Rococo muddle* (frei übersetzt: »Die heillose Begriffsverwirrung des Rokoko«) bedauert er, dass durch deutsche Emigranten in der Tradition Hegels, Wagners, Wölfflins und des Gesamtkunstwerks die wissenschaftlich erstrebenswerte Tugend der Unterscheidung abhanden zu kommen drohe: Er beklagt »eine deutsche Migration, die in ihrem Kielwasser einen Geschmack für metaphysisch-historische Konstruktionen bringt, die zur Verwischung der Grenzen und folglich zum Verlust klarer Konzeptionen führt«.[22] Der generalisierende Anspruch des Begriffs sei unzulässig, weil bei seiner Definition zugleich deskriptiv, normativ und historisch vorgegangen werde. Die Verwirrung sei schon daran abzulesen, dass ein pejorativ besetztes Wort, das einen Dekorationsstil der Zeit Louis XV meinte, zu einem allgemeinen Stil der Kunst, des Denkens, der Sitten und der Werte verbogen worden sei.[23] Besonders bedauerlich sei, dass nun der Virus eines generalisierenden Rokoko-Stil- und Epochenbegriffs nun sogar in Frankreich die Literaturgeschichtsschreibung erreicht habe; auf Laufer wird ausdrücklich Bezug genommen.

Die Polemik Saisselins wird anschließend mit dem präzisen Wissen des Kunsthistorikers, zur je verschiedenen Funktion der Rokoko-Architektur in Frankreich und deren Nachahmung bzw. Adaption in den Residenzen in München und Potsdam, auf einer sachlichen Argumentationsebene fortgesetzt. Ein Beispiel: Der Bau kleiner Appartements in den Höfen habe in Frankreich für den *Style Louis XV* einen Willen zur Reduzierung von Größe bedeutet, in Deutschland dagegen den Versuch eines Nachvollzugs von Größe. Saisselin schließt eine für unseren Zusammenhang sehr wichtige allgemeinere Differenzierung zwischen der Bedeutung des Begriffs Rokoko in Frankreich und Deutschland an: »In Frankreich ist die Wirkung aus einem einfachen Grund nicht die gleiche: der ›style rocaille‹ kam erst nach der Fixierung der klassischen Standarts des Geschmacks und des Urteils. In Deutschland folgte dagegen die Klassik dem Rokoko.«[24] Saisselins provokativ formulierte Kritik am Rokoko-Begriff der deutschen geistesgeschichtlichen Schule mündet ein in eine Aufforderung an die verschiedenen Disziplinen, die unterschiedliche Entwicklung der Aufklärung in Europa im Auge zu behalten und Differenzierung statt Generalisierung anzustreben.

Dem Artikel Saisselins kommt deshalb besondere Bedeutung zu, weil sich hier gerade ein kompetenter Vertreter der Kunstgeschichte äußert, auf die sich die Literaturhistoriker bei der Wahl der Kriterien ihres Begriffs Rokoko immer wieder berufen hatten. Seine Anfechtung des Begriffs hat denn offenbar auch bei den Literaturhistorikern ihre Wirkung getan. In der Tat hat sich einer der besten Kenner der französischen und europäischen Literatur des 18. Jahrhunderts, Roland Mortier, in einer offensichtlich sehr grundsätzlich gemeinten Rezension des Aufsatzes von Saisselin im Jahr 1968 dessen Kritik am Rokoko-Begriff angeschlossen. Er gibt Saisselin voll und ganz recht in der Kritik: »jener Tendenz der deutschen Geisteswissenschaft, der lebendigen Vielfalt der Geschichte künstlerischer Formen rigide Normen und abstrakte Definitionen aufzuzwingen. ›Der Autor sieht darin zugleich den Mißbrauch einer zu systematisch philosophischen Methode, die zu einer Metaphysik der Geschichte und der Ästhetik führt«[25]. Gerade das 18. Jahrhundert verweigere sich jeder Systematisierung. Roland Mortiers Ablehnung des Rokoko-Begriffs für die französische Literatur scheint uns repräsentativ für die eher zögerliche Rezeption des Begriffs in Frankreich bis in die neunziger Jahre, auch wenn sie sich bei den meisten Literarhistorikern nur durch Schweigen ausdrückt.

Es ist hier nicht der Ort, im Einzelnen auf die amerikanische Forschung zum literarischen Rokoko in Frankreich einzugehen, da sie in Frankreich kaum rezipiert worden ist. Erwähnt werden sollen jedoch die Arbeiten von Patrick Brady, der seit den sechziger Jahren des 20. Jahrhunderts den Rokoko-Begriff in Analogie zur Kunstgeschichte auf die verschiedensten Gattungen der französischen Literaturgeschichte anzuwenden und dabei über Jahrzehnte immer wieder neue theoretische Ansätze fruchtbar zu machen versucht. Nach seiner eigenen späteren Einschätzung ging es ihm zunächst um die Erarbeitung einer kohärenten Kulturtypologie, die er zu Beginn der siebziger Jahre in Anlehnung an Jakobson in den beiden Begriffen *Metonomie* und *Kompensation* als Charakteristika für das Rokoko ansieht.[26] 1979 bezeichnet er sein methodisches Vorgehen als strukturalistische Interpretation des *Rococo* im Sinne der Definition von Jean Piaget.[27] In den neunziger Jahren schließlich entdeckt Brady in der Chaos-Theorie einen »neuen Schlüssel« für die Definition des literarischen Rokoko.[28]

Unabhängig von diesen verschiedenen theoretischen Begründungen für seinen *Rococo*-Begriff ist Brady durchgehend um inhaltliche und formale Kriterien für das literarische Rokoko in Frankreich unabhängig von zeitlichen Eingrenzungen bemüht. So widerspricht er Laufers Interpretation der *Lettres persanes* von Montesquieu und Voltaires *Candide* als Texte des Rokoko. Unter den großen Romanen des 18. Jahrhunderts sei nur Marivaux' *La vie de Marianne* ein charakteristisches *Rococo*-Werk.[29] Im in seinen Augen von der Rokokoforschung vernachlässigten Bereich des Theaters ist *Rococo* gekennzeichnet durch die Eliminierung von Tragödie und Farce und findet ihre besten Repräsentanten in den Sittenkomödien Congreves, Marivaux und Goldonis.[30] In der Poesie ganz Europas lässt sich nach Brady vor allem in der Lyrik eine *Rococo*-Dichtung ausmachen, deren Anfänge er sehr früh (mit Sedley und Chaulieu) um 1660 ansetzt, und die er mit Goethe um 1770 ausklingen lässt. In einer großen Anthologie stellt er insgesamt 517 Gedichte der englischen, französischen, deutschen und italienischen Literatur zusammen, die ohne Einschränkung die Bedingungen des *Rococo*-Stils erfüllen.[31] Die Lücke, die Brady für die Anwendung des Rokoko-Begriffs im Bereich des Theaters konstatiert hatte, füllt George Poe aus, indem er einen vorsichtig als stilistische Strömung neben anderen bezeichneten *Rococo*-Begriff[32] auf das Theater Marivaux' anwendet.[33]

Ein weiterer englischsprachiger Aufsatz zur französischen Rokokoliteratur soll hier kurz erwähnt werden, weil er ein neues Licht auf das Verhältnis von

Aufklärung und Rokoko und die Periodisierungsprobleme des Rokoko-Begriffs in Frankreich wirft. In seinem Aufsatz *The rise of the rococo in French literature* (1685-1700) unternimmt Robin Howells wie schon Brady vor ihm den Versuch, die allgemein übliche zeitliche Eingrenzung des Rokoko-Stils in Frankreich (von etwa 1715 bis 1760) vorzuverlegen und im Kontext der Debatten der *Querelle des Anciens et des Modernes* zu interpretieren.[34] In der Tat scheint es kein Zufall zu sein, dass die bedeutendsten Vertreter der Modernisten in dieser geschichtstheoretischen Kontroverse, Perrault und Fontenelle, auch literarische Neuerer sind: Perrault mit der Entdeckung der oralen Märchentradition, sowie vor allem Fontenelle, der sechzig Jahre lang als Inkarnation des *bel esprit* galt und mit seinen Dialogen, seinen Digressionen, seinen *Entretiens*, seinen *Lettres galantes* neue literarische Formen initiierte, die Howells als bereits sehr frühe Formen des Rokoko-Stils ausmachen will. Mit dieser zeitlichen Vorverlegung des literarischen Rokoko in Frankreich ist allerdings eine Konsequenz verbunden, die Howells selbst nicht explizit zieht, die aber auf der Hand liegt, dass nämlich Aufklärung und Rokoko nicht nur zeitlich parallel verlaufen, sondern der Weg der Aufklärung von der *Querelle des Anciens et des Modernes* in den achtziger Jahren des 17. Jahrhunderts bis etwa 1760 aus dem Geist der Aufklärung entstanden ist. Als Hintergrund des literarischen Rokoko betont Howells die Säkularisierung des frühaufklärerischen Weltbildes und die Infragestellung des klassischen Regelsystems.

So interessant uns diese neue These in der Forschung zum französischen Rokoko erscheint, so ist doch die Frage zu stellen, ob der Begriff *Rokoko* damit nicht nur chronologisch, sondern auch inhaltlich eine Erweiterung erhält, die ihn zugleich in Gefahr bringt, überflüssig zu werden. Denn zu zeigen, dass als Konsequenz der *Querelle des Anciens et des Modernes* sich im 18. Jahrhundert nicht nur ein neues Geschichtsbild herausbildet, sondern auch eine grundsätzliche Anfechtung der normativen, auf dem Imitationsprinzip beruhenden klassischen Ästhetik erfolgt, ist nicht neu.[35] Das *Rococo* wäre nach dieser Begriffserweiterung ein anderes Wort für Modernität im Sinne der *Querelle*.[36] Die Bedenken der französischen Literaturgeschichtsschreibung gegenüber dem Begriff, die sich an dem eingangs skizzierten lexikografischen Befund und an dem Fehlen des Begriffs in den gängigen Darstellungen der französischen Literatur des 18. Jahrhunderts zeigte, werden bei einer solch ausufernden Interpretation wohl eher bestätigt.

Während nach Laufer die französischsprachige Rokokoforschung fast dreißig Jahre lang eine Art Stillstand gekannt hat, ist es zu Beginn der neunziger Jahre zu einer Aufwertung des Begriffs gekommen, deren Breitenwirkung zwar noch nicht absehbar ist, die jedoch die Historiker der französischen Literatur in die Lage versetzt, den Stand der internationalen Forschung auch in der eigenen Sprache nachzuvollziehen. Es ist das Verdienst von Jean Weisgerber, einem belgischen Komparatisten, der neben der französischen, englischen und deutschen auch die flämische Literatur in seine Untersuchungen einbezieht,[37] dass nunmehr auch in Frankreich der Begriff des *Rococo* in neuer Definition diskutiert werden kann.

In seinem Buch *Les Masques fragiles, esthétique et formes de la littérature rococo* knüpft Weisgerber an Minguet, Brady und Anger an, die er als die Pioniere der internationalen Rokokoforschung bezeichnet.[38] Er beklagt, dass die Literaturgeschichtsschreibung bisher nur in Deutschland das Konzept des Rokoko adaptiert habe und setzt sich zum Ziel, es als Möglichkeit einer verfeinerten Würdigung von Werken zu legitimieren, die bisher der Aufklärung zugeschlagen, d.h. nach ihrem philosophischen Inhalt beurteilt worden seien.[39] Er unternimmt es zunächst, der Begrifflichkeit der Zeit in der gängigsten französischen literarischen Zeitschrift, dem *Mercure de France* nachzugehen: da der Begriff *rococo* ein späteres Produkt ist, geht er onomasiologisch vor, indem er andere Bezeichnungen für das zu definierende Phänomen sucht und findet: »neu« (nouveau), »modern«, »singulier«, »ingénieux«, »capricieux«, »bizarre«, »pittoresque«, »asymétrie«. Weisgerber hält nach diesem Inventar fest, dass es sich um formale Charakteristika handele, die eine Negation des dominanten Regelsystems implizieren.[40] Theoretische Belege für die neue Kunst fehlen weitgehend; sie wird im Wesentlichen negativ bestimmt, als Vorherrschen des Ausdrucks, als Preziosität, als Dunkelheit (l'obscurité), als Neologismus.[41] Der sprachhistorische Befund, zu dem Weisgerber gelangt, ist natürlich gerade wegen dieser negativen Bestimmung auch problematisch: *Rococo* ist demnach die Abweichung von der (klassischen) Norm. Wie ist er von anderen Anfechtungen der klassischen Ästhetik im 18. Jahrhundert abzugrenzen?

Auf einer mentalitätsgeschichtlichen Ebene situiert Weisgerber das *Rococo* als Gegensetzung gegen die klassische Reglementierung: »frivolité«, »présentisme« (Gegenwartsbezogenheit), »indifférence«, »ludisme«. Aus dieser *Mentalität* leiten sich auch die vorherrschenden Themen ab: die List der Koketten, die Erotik, die anakreontische Fadheit etc. Ästhetisch lassen sich diese Haltungen im Begriff des *bel esprit* (des Schöngeists) zusammenfassen. Wesentlich für die Erfassung des *Rococo* sind für Weisgerber jene Prinzipien einer neuen Ästhetik, die von den Zeitgenossen nicht theoretisch entwickelt, aber doch in ihren Werken implizit weitergegeben worden seien: »Mischung verschiedener Geschmäcker (Interpenetra der Gattungen und der Kunst: Wechsel von Prosa und Vers, poetische Prosa), Gesamtkunstwerk (Mode der Oper), Komplizität der Fiktion und der Realität.«[42] Die Flucht in das Ästhetische beinhaltet zugleich eine Abkehr von der gesellschaftlichen Wirklichkeit, die Suche des Goldenen Zeitalters und des *locus amoenus*.

Weisgerber ist vorsichtig genug, das *Rococo* nicht als Periode sondern als eine »Strömung« (»courant«) neben anderen im Jahrhundert zu verstehen, die neben den Ausläufern des Barock, und der Mode der Neogotik den großen Ablösungsprozess von der Klassik zur Romantik markiere.[43] Bei sehr verschiedenen nationalen Ausprägungen könne für die Chronologie festgehalten werden, dass das Rokoko in Frankreich vor dem Tode Ludwig XIV entstanden sei, zwischen 1730 und 1750/60 seinen gesamteuropäischen Höhepunkt gekannt habe, und in Ländern wie Deutschland und Österreich sich langsam entwickelt, dann aber auch länger überlebt habe.[44]

Mit Weisgerbers Arbeiten könnte in der französischsprachigen Forschung eine Wende eingetreten sein. Indizien für die Wirkung seiner Propagierung des Begriffs *Rococo* ist zum einen die Sondernummer der Brüsseler *Etudes sur le XVIIIe Siècle* von 1991, in der der Versuch einer interdisziplinären Überprüfung der Begriffe *Rocaille* und *Rococo* – übrigens auch von Roland Mortier – unternommen wird.[45] Zum anderen hat mit Weisgerbers ausführlichem Artikel *Rococo* im *Dictionnaire Européen des Lumières* der Begriff erstmals Eingang in ein verbreitetes Lexikon gefunden. Allerdings fällt es auch auf, dass Weisgerbers Buch in der wichtigsten französischen Zeitschrift für die französische Literatur, der *Revue d'Histoire littéraire de la France*, und in dem Sprachrohr der Spezialisten des 18. Jahrhunderts, *Dix-huitième siècle*, keine Würdigung in Form einer Rezension gefunden hat.[46] Was aus komparatistischer Perspektive eine Selbstverständlichkeit ist, scheint für die Historiografie der französischen Literatur in Frankreich selbst noch immer nicht nachvollzogen worden zu sein: Für alle Merkmale, die in der Rokokoforschung diesem Stil zugeordnet worden sind, gibt es in Frankreich eine Fülle vorzüglicher Untersuchungen, zur Gattungsgeschichte, insbesondere kleinerer Formen, zu stilistischen Charakteristika einzelner Autoren, zur Narratologie, zum historischen Hintergrund der Ideen- und Mentalitätsgeschichte, ohne dass es bisher des Begriffs *Rococo* bedürft hätte.

Es ist hier nicht der Ort, auf die Ursachen der unterschiedlichen Präsenz des Begriffs Rokoko in Frankreich und in Deutschland näher einzugehen. Mit dem Hinweis auf den nicht unproblematischen Ursprung des literaturwissenschaftlichen Begriffs in der deutschen geistesgeschichtlichen Tradition, mit der Feststellung einer Tendenz der französischen Forschung zur Verweigerung von generalisierenden Begriffen bieten sich Erklärungen auf der Ebene der Wissenschaftsgeschichte an. Bedenkenswert scheint aber vor allem das Argument, dass in Deutschland das Rokoko in einem andern Verhältnis zur Aufklärung steht, als es in Frankreich ein solcher Begriff, jedenfalls im Sinne eines chronologisch abgrenzbaren Periodisierungsbegriffs, sein kann. Nicht zuletzt besteht ein fundamentaler Unterschied darin, dass nach dem festen Normensystem der französischen Klassik im 17. Jahrhundert die Rokoko-Literatur in Frankreich eine völlig andere Funktion in den ästhetischen Diskussionen des 18. Jahrhunderts hatte als in Deutschland.

Anmerkungen

1 Anger, Alfred: Neues Handbuch der Literaturwissenschaft, Bd. 11, Frankfurt, 1974, S. 91.

2 Lüthje, Reinhard-Joachim: Begriffsbestimmung des Rokoko und ihre Anwendung auf die französische Literatur. Ein Forschungsbericht, in: Romanistisches Jahrbuch 31 (1980), S. 7-106 (im Folgenden: Lüthje: Begriffsbestimmung, Seitenzahl), hier: S.106.

3 Dictionnaire alphabetique et analogique de la langue française, 6 Bde., Paris, 1969, Bd. 6, S. 52: »Par rapport à rocaille le mot ›rococo‹ est le plus souvent péjoratif.«

4 Dictionnaire alphabétique et analogique de la langue française, 1985, Bd. 8, S. 441: »Le mot est péjoratif à l'origine et dans la langue courante, mais neutre en histoire de l'art et souvent positif.«

5 Ebd., »Me permettra-t-on un mot bas? Le Bernin fut le père de ce mauvais goût désigné dans les ateliers sous le nom un peu vulgaire de *rococo*.«

6 Trésor de la langue Française, 16 + 2 Bde., Paris, 1971-1994, hier: Bd. 14, S. 1195: »Style en vogue au XVIIIᵉ s. notamment, voisin du style rocaille, et caractérisé par une ornementation surcharchée, abondante en volutes, guirlandes etc., par le goût d'une fantaisie débordante, d'une grâce maniérée.«

7 Ebd.: »Par analogie, dans les domaines littéraire et musical péjorativement: Ce qui présente les enjolivures superflues des formes trop apprêtées«.

8 Encyclopaedia universalis, 10 + 2 Bde., Paris, 1968-1980, hier: Bd. 14, 1972, S. 289: »Dans l'état actuel de la langue française, ›rococo‹ est encore synonyme de vieillerie désuète et quelque peu ridicule. Le baroque et le maniérisme ont acquis le statut noble des grandes notions d' histoire de l'art; ›pompier‹ reste un vocable fortement outrageant; ›rococo‹ est entre les deux.«

9 Littérature française, 16 Bde., Paris. 1970-78. Immerhin widmet Jean Ehrard im Band 9 dieser Literaturgeschichte (Le XVIIIᵉ Siècle, I, 1720-1750, Paris, 1974, S. 75-77) dem Begriff eine vorsichtige positive Würdigung unter dem Titel: *Lumières et rococo* mit Bezug auf die Arbeit von Laufer, auf die noch einzugehen sein wird.

10 Didier, Beatrice: Dictionnaire universel des littératures, Paris, 1994.

11 Vgl. Schlobach, Jochen: Siècle des Lumières et Aufklärung: mots, métaphores et concepts, in: Interfaces 4, Mélanges Baridon, Dijon, 1993, S. 109-129.

12 Neubert, Fritz: Französische Rokoko-Probleme (1922), in: ders.: Französische Literaturprobleme, Berlin, 1962, S. 42-64, hier: S. 45.

13 Ebd., S. 52.

14 Ebd., S. 44.

15 Ebd., S. 49.

16 Lüthje: Begriffsbestimmung, S. 81f.

17 Hatzfeld, Helmut: Rokoko als literarischer Epochenstil in Frankreich, in: Studies in Philology 35, 1938, S. 533-535.

18 Hatzfeld, Helmut: The Rococo, Eroticism, wit and Elegance in European Literature, New York, 1972, S. 36ff.

19 Laufer, Roger: Style Rococo, Style des »Lumières«, Paris, 1963.

20 Ebd., S.11: »Le vrai style rococo n´est-il pas celui de l´entre-deux, celui dans lequel les deux aspects du siècle s´unissent?«

21 Ebd., S.14: »Tant que l'Ancien Régime est menacé par le capitalisme bourgeois mais lui resiste, que les idéologies aristocratique et bourgeoise se contaminent inextricablement, existent les conditions du style rococo.«

22 Saisselin, Rémy G.: The Rococo Muddle, Studies on Voltaire and the Eighteenth Century 47 (1966), S. 233-255, hier: S. 234): »A Germanic migration bringing in its wake a taste for elaborate near-metaphysical-historical constructions leading to the blurring of frontiers and consequent loss of clear views.« Saisselin kann das wichtige Werk von Minguet, J. Philippe: Esthétique du rococo, Paris, 1966, noch nicht kennen, das in Frankreich den »style rococo« für die Kunstgeschichtsschreibung terminologisch durchsetzt und vom Begriff »Baroque« abgrenzt; Minguet berücksichtigt besonders die süddeutsche Architektur.

23 Ebd., S. 236.

24 Ebd., S. 246: »In France the effect is not the same for a simple reason: the *style rocaille* came after the establishment of classical standards of taste and judgement. In Germany, however, the Klassik follows the Rokoko.«

25 Mortier, Roland, Rezension der *Studies on Voltaire and the 18th Century*, Nr. 58, Genf, 1966, in: Revue d'Histoire littéraire de la France, 1968, S. 652/53 (wegen der Bedeutung des Textes für die Gründe der französischen Zurückhaltung gegenüber dem Rokoko-Begriff sei hier ausführlicher zitiert): »Il est réconfortant de lire dans un article anglais un éloge aussi vibrant des idées claires et distinctes et une dénonciation aussi ferme de cette tendance de la ›Geisteswissenschaft‹ à vouloir imposer des normes rigides et des définitions abstraites à la diversité vivante de l'histoire des formes esthétiques. L'auteur y voit à la fois l'abus d'une méthode trop systématiquement philosophique (qui aboutit à une métaphysique de l'histoire et de l'esthétique) et un souci de facilité qui aboutit à nous présenter les mêmes textes, les mêmes reproductions, les mêmes artistes dans les manuels courants. Il n'a guère de peine à nous montrer que le terme ne recouvre aucune réalité précise et concrète en histoire littéraire. Il prouve, exemples à l'appui, que même dans les arts plastiques le style ›rococo‹ ne représente nullement le siècle, ni même le premier demi-siècle et que, pris dans son sens le plus restrictif, le ›rococo‹ varie selon les pays et leurs traditions: le rococo flamboyant de Nymphenburg est très loin du rococo retenu de l'hôtel de Soubise. A l'opposé de la mode qui veut tout réduire à une seule étiquette, M. Saisselin estime que l'historien doit *distinguer*: entre architecture, décoration, peinture et littérature, entre régions et situations culturelles (ou politiques), entre art profane et art religieux. L'obsession d'un *Zeitgeist* (qui n'est qu'une vue de l'esprit) ne doit pas nous conduire à méconnaitre la diversité foisonnante d'un siècle et d'un continent qui échappent tous deux à la manie des définitions simplificatrices, donc desséchantes. La conclusion de M. Saisselin, ›rococo won't do‹, est une leçon de sagesse et peut-être l'amorce d'une connaissance plus vraie et plus compréhensive d'un siècle rebelle à la systématisation.«

26 Brady, Patrick: Rococo Style versus enlightenment novel, Genève, 1984 (im Folgenden: Brady: Rococo Style, Seitenzahl), hier: S. 224f.

27 Brady, Patrick: The mask of pleasure and the writing of pain: a structural interpretation of the Rococo, Actes du VIIe Congrès de l'Assocation Internationale de Littérature Comparée, Bd. 2, Stuttgart, 1979, S. 133-138 (im Folgenden: Brady: The mask of pleasure, Seitenzahl), hier: S. 134.

28 Brady, Patrick: Rococo Poetry, Knoxville (Tennessee), 1992 (im Folgenden: Brady: Rococo Poetry, Seitenzahl), hier: S. 89: »A knew key to the rococo is now emerging, namely chaos theory, which deals in a promising and newly sophisticated way with (apparent) disorder – a central characteristic of the rococo.«

29 Rococo Style, S. 224: »*La vie de Marianne* is, of all the really important novels of that period, the only one that can be shown to be centrally rococo in character.« Vgl. die Analyse des Werkes, S.199-220.

30 Brady: The Mask of Pleasure, S. 134.

31 Brady: Rococo Poetry, versteht sich als Einleitung zu dieser Anthologie.

32 Neubert, Fritz: The Eighteenth-Century French Rococo: Some Terminological Methodological and Theoretical Considerations, in: Esprit créateur 33, n° 3, 1993, S. 57-67, hier: S.58.

33 Poe, George W.: The Rococo and Eighteenth Century, French Literature. A Study through Marivaux' Theater, New York, 1987.

34 Poe, George W.: The rise of the rococo in French literature, in: Studies on Voltaire and the Eighteenth Century 302, Oxford, 1992, S. 95-115.

35 Vgl. dazu Jauss, Hans Robert: Ästhetische Normen und geschichtliche Reflexion in der ›Querelle des Anciens et des Modernes‹, Einleitung zur Neuausgabe von Perrault: *Parallèle des Anciens et des Modernes*, München, 1964.

36 Ähnlich problematisch erscheint der Versuch Howells, Bachtins Begriff des Karnevalesken für eine Definition des Rococo heranzuziehen. Vgl. seinen Artikel: Rococo and Carnival, in: Studies on Voltaire and the Eighteenth Century, Bd. 308, Oxford, 1993, S. 185-219.

37 Vgl. Weisgerber, Jean: Rococo in Vlanderen, Neorococo in West-Europa, Bruxelles, 1992.

38 Weisgerber, Jean: Les Masques fragiles, esthétique et formes de la littérature rococo, Lausanne, 1991.

39 Ebd., S. 27: »Sauf en Allemagne [...] l'historiographie littéraire hésite à adopter un concept qui pourrait considérablement affiner son appréciation d'oeuvres toujours assimilées aux Lumières, bref à un contenu philosophique.«

40 Ebd., S. 26-28.

41 Ebd., S. 41-56.

42 Diese dichte Formulierung benutzt Weisgerber in seinem Artikel *Rococo* für das *Dictionnaire Européen des Lumières*, hg. v. Michel Delon, Paris, 1997, Sp. 948a.: »goûts réunis« (interpenetration des genres et des arts: alternance de la prose et des vers, prose poétique), spectacle total (vogue de l'opéra), complexité du »monde indirect« (disgressions), rapprochement de la fiction et de la réalité.

43 Vgl. seinen programmatischen Artikel: Qu'est-ce que le Rococo? Essai de définition comparatiste, in: Etudes sur le XVIIIe siècle 18, Bruxelles, 1991, S. 11-23, hier: S.21.

44 Ebd., S. 22.

45 Mortier, Roland: Diderot contre Boucher ou le refus du rococo, in: Etudes sur le XVIIIe siècle, Bd. 18, Bruxelles, 1991, S. 151-157. Mortier akzeptiert den Begriff *Rococo* nun implizit, obwohl sein Beitrag gerade Diderots Ablehnung dieses Stils untersucht.

46 Dagegen hat das Buch in der internationalen (komparatistischen) Fachwelt eine vorwiegend positive Aufnahme gefunden: Brady, Patrick, in: Canadian review of comparative literature 10 (1993), S. 242-245; Stewart, Philip, in: L'Esprit crèateur 33, 3 (1993), S. 115-116; Bever, Pierre van, in: Revue belge de philologie et d'histoire 71 (1993), S. 766-767; De Nola, Jean-Paul, in: Studi Francesi 38 (1994), S. 148-149; Dubois, Claude-Gilbert, in: Revue de littérature comparée 68 (1994), S. 234-236; Reb, Sylvaine, in: Arbitrium 13 (1995), S. 66-67.

Wolfgang Promies

Liebesspiel – Zeiten um den Rokoko herum

1. Before – Avant – Eingangs

1736 brachte William Hogarth ein Paar Kupferstiche und Radierungen, die übrigens zur gleichen Zeit wie *The harlot's progress* 1732 entstanden, auf den Londoner Bildermarkt. Sie vergegenwärtigen eine Liebesszene, stellen »modern moral subjects« dar, wie sie der englische Künstler liebte. Der Schauplatz ist ein Boudoir – ländliche Staffage hätte es auch getan und Hogarth hatte auch zunächst daran gedacht, gab am Ende aber vier Wänden den Vorzug. Den größten Raum im Raum nimmt rechter Hand das Bett in Anspruch, mit seinem Baldachin und Vorhängen, die links ordentlich herunterhängen und sich rechts theatralisch bauschen, ähnlich wie auf der dritten Platte in *The harlot's progress*. Und wie dort ähnelt die übergroße Schlaufe einem Faunsgesicht, unter der Bettlade darf das Nachtgeschirr nicht fehlen. Linker Hand steht ein Putztischchen, auf dem sich ein Spiegel befindet; die Schublade des Tisches ist geöffnet. Da sich die Heldin mit der Rechten an das unstabile Möbelstück klammert, ist es bereits in Schräglage, sodass man einen Blick auf den Inhalt der Schublade werfen kann, werfen *soll*: Darin liegt ein Billetdoux, ein Band »Novels«, daneben ein Traktat, dessen gut leserlicher Titel *Practice of Piety* lautet. Das anspielungsreichste Werk liegt vorläufig noch am Rand des kippenden Spiegeltisches: *Rochester* ist auf dem Rücken des Einbands zu lesen.

Knapper und treffender kann Hogarth die Dame nicht charakterisieren. Neben dem Liebesbrief ein Band mit Liebes-Romanen, deren Lektüre Sitten- und Kunstrichter im 18. Jahrhundert die Schuld dafür gaben, dass Leserinnen leicht in Versuchung geführt und Opfer ihrer sinnlichen Einbildungskraft wurden. Ob eine »Practice of Piety« – eine Übung in Frömmigkeit – davor bewahrt, muss bezweifelt werden, wenn man an *Rochester* als Bettlektüre denkt! Gemeint ist John Wilmont, nachmals 2nd Earl of Rochester (1647-1680), englischer Dichter, berüchtigt wegen seines Lebenswandels und seiner an François Villon erinnernden Poeme. Noch für Lichtenberg ist in der ausführlichen Erklärung von *Der Weg der Buhlerin* (vierte Platte, erschienen 1795) Lord Rochester »der bekannte witzige Schweinpelz«.[1]

Dank des kippenden Tisches liegen auf den Dielen bereits mehrere Utensilien der Dame: eine geöffnete Schachtel, aus der eine Puderquaste gefallen ist, ein

Döschen, ebenfalls aufgesprungen, das offenbar Schönheitspflästerchen enthielt
– eines hat die Heldin sich neben die linke Schläfe geklebt. Das Interieur, die
diversen Utensilien, die Garderobe der Heldin, alles atmet die Atmosphäre einer Dame von Stand, die gesellschaftlich Welten von einer *harlot* trennen.

Zur Charakteristik weniger des Schauplatzes als dessen, was auf ihm gespielt
wird, dient ein weiteres Detail des Interieurs. Der Fall des Tisches, der einem
anderen Fall vorausgeht, verbirgt nämlich ein Wandbild, von dem vorläufig nur
Teile des Rahmens zu sehen sind. Über diesem Bild ist jedoch ein anderes dem
Betrachter vor Augen. Ein geflügelter Amor mit obligatem Köcher legt lächelnd
hinter einer Mauer mit seiner Fackel Feuer an eine Rakete, die nicht von ungefähr an einen erigierten Phallus gemahnt. Übrigens ist auch das nach oben stehende Spiegelgestänge, das, auf die Heldin gerichtet, die gleiche Aufwärtsstel-
lung wie Amors Fackel einnimmt, wohl nicht übertreibend interpretiert, sondern ganz in Hogarth's Manier. Unter dem Bild steht vielsagend: *Before*.

Wie bei Hogarth häufig also Bilder im Bild oder Schriftstücke, um den Inhalt
zu vervielfältigen, auch absichtlich die mythologische Allegorie zu bemühen,
um den auch dem 18. Jahrhundert sattsam bekannten Vorgang einer Verführung zu konterkarieren, die den Regeln der Galanterie Genüge tat.[2] Unverständlich, dass der Katalog *William Hogarth. Der Kupferstich als moralische
Schaubühne*, erschienen zu der gleichnamigen Ausstellung im Wilhelm-Busch-
Museum in Hannover 1987, von dieser »Neigung« Hogarth's meint, man könne
sie »hier als abgeschmackt empfinden«.[3]

Der sattsam bekannte Ablauf: da ist die noch standhafte Heldin, die sich mit
der einen Hand gegen den Kopf des Verführers wehrt, mit der anderen, wie
gesagt, am Putztisch Halt sucht, während der Held, auf dem Bett postiert, sie
mit der einen Hand um die Taille fasst und mit der anderen der züchtigen
Spröden lächelnd und wissenden Auges an die Wäsche geht, was das Hündchen
der Dame, hochspringend und vermutlich bellend, nicht dulden will. Wohl hat
sie noch ihre Haube auf – man könnte meinen, ein Hinweis darauf, dass es sich
bei ihr um eine verheiratete Frau und folglich um eine absehbare Ehebrecherin
handelt, aber Hogarth stattet alle seine Frauenzimmer, verheiratet oder ledig,
und selbst die harlots mit Kopfzeugen aus. Unser Held seinerseits trägt noch
seine, wenngleich leicht verrutschte, Perücke – der Widerstand der Heldin kann
also so heftig nicht sein, denn auf dem Stuhl vor dem Bett liegt bereits das, was
Lichtenberg einmal den »Fischbein-Harnisch aller Art für den nahen und fernen
Krieg« genannt hat[4] – nach der ikonografischen Bedeutung ist die *Festung* bereits
genommen, ihre Verteidigerin weitgehend wehrlos: Gemeint ist die Schnürbrust, bei Hogarth und in der erotischen Literatur der Zeit ein unverzichtbares
Objekt der Begierde, wie das Band, das den Rock noch zusammenhält.

Dieser Kupferstich, für sich genommen, paraphrasiert die galante Ikonogra-
fie, die stets den Voyeur, die Betrachterin nicht zu vergessen, zu reizen be-
zweckte und ihre Sinne zu kitzeln verstand – das gilt auch für die einschlägige

erotische Literatur der Zeit.[5] Sie hat als einen – lehrreichen – Gemeinplatz das Frauenzimmer, dessen klarer Kopf endlich verführt wird, nicht weil der blind vor Liebe geworden wäre, sondern weil der Verführer die weibliche Einbildungskraft hinzureißen wusste – etwa durch eine Illustration wie die der Leda mit dem Schwan. Die Zeichnung nach dem Tizian-Gemälde ist der Verführer in Wezels satirischer Erzählung *Die unglückliche Schwäche*; in Cramers *Erasmus Schleicher* ist es der Sekretär und wahrlich Liebediener des eigentlichen Verführers Hanno, der des Opfers »lebhafte Phantasie mit so süßen hinreißenden Bildern der feinsten Wollust zu erhitzen« weiß, dass »ihn oft selbst schwindelte«.

Hogarths »Vorspiel«, um sein *Before* einmal so zu übersetzen, taugte aber wohl wenig, Sinne zur Wollust aufzuregen, auch wenn galante Szenen, wie sie in Frankreich seinerzeit illustriert wurden, gewiss bei Hogarth Pate gestanden haben. Ihn an den Anfang eines Aufsatzes über die Erotik auf dem Papier des Rokoko zu stellen, heißt darum nicht, ihn zum Vorfahren des Rokoko zu machen, im Gegenteil: Während die französischen Illustrationen dem erotischen Subjekt, dem *Avant* eine Prise Frivolität einzeichnen, ohne doch je die Dezenz zu verletzen, sind auf Hogarth's Kupferstich, unbeschadet der Tatsache, dass er allerlei galante Motive verwendet, zuletzt die Amouretten das einzig Galante, harmlos Nackte. Die schamlose *Nacktheit* der Personen, die Hogarth darstellt, besteht in ihrer eindeutigen Haltung und Handgreiflichkeit.[6]

Betrachtet man das 18. Jahrhundert als eine Zeit, in der das Thema der Sexualität offenbar Tabus durchbrach, durchbrechen sollte, steht Hogarth für eine völlig unidealistische Wiedergabe des Sexualverhaltens von Mann und Frau, während deutsche Schriftsteller, die man gemeinhin dem Rokoko zuzählt, das Sexuelle gern zum Erotisieren bringen. Interessant ist dabei, dass sich, wenngleich sachgemäß, das Personal, die Requisiten, häufig auch das Ambiente, die Kulissen nicht ändern, wohl aber die Intention, die absichtlich zweideutig ist. Als Beispiel mögen Johann Christoph Rost und seine Verserzählung *Die schöne Nacht* dienen, die 1754 anonym in Dresden erschien.[7]

Rosts Biografie hier auszuführen, erübrigt sich; so unbekannt war er nie, bloß so *verschrien*, dass ihm ein gewisses *Odium* geblieben ist. Dabei war seine Prosodie gewandt, metrisch fast ohne Tadel der *Kunstrichter*: vierhebige Jamben, einmal paarweise gereimt, dann wieder abab, gefolgt von zweimal vier Zeilen paarweiser Reime, die dreimal in Alexandriner ausarten (Zeile 4, 6 und 9). So der Anfang der ersten von insgesamt vierzehn Seiten, deren Vignetten des ganz in Kupfer gestochenen Bändchens von Carl Gottfried Nestler (1730-1780) geschaffen wurden, seinerzeit Inspektor des Dresdener Kupferstichkabinetts.

In seiner gereimten Vorrede verzichtet Rost ganz und gar auf jene verbreitete Art, eingangs erotischer Romane zu beteuern, Unsittliches nur deshalb so auszumalen, um auf diese Weise der Leserin, vor allem ihr, und dem Leser warnende Beispiele vorzuzeigen, damit sie gar nicht erst vom rechten Pfad der Tugend abweichen. Rost hält diese Exculpatio gar nicht für nötig. Er entwirft sozusagen ein Aufklärungs-Buch und benennt von Anfang an das Publikum, an das er sich wendet, heute würde man sagen, seine Zielgruppe.

Das ist ein Reigen, zu dem Rost beide Geschlechter und alle Altersgruppen auffordert. Den Auftakt bildet ein Pärchen, von Rost so angeredet: »Erhitzter Jüngling, höre du / Mir itzt mit deiner Phillis zu!« Den »alten Buhlern« will er dichten, um die »Schwachen männlich aufzurichten«; für alte Weiber, für die jungen sowieso, verspricht er Sinnenkitzel; aber allein vom Umfang her, den ihnen Rost einräumt, ist die eigentliche Zielgruppe die der – »schönen Mägd-chen«: »Ihr schöne Mägdchen, fliehet nicht, / Wenns gleich der Vater sagt und auch die Mutter spricht.«[8]

Wichtig an diesen Zeilen ist die direkte Anrede an die lesende Jungfrau, noch unter der Fuchtel stehend, ahndungsvoll, doch ohne Ahnung, wie und wo »je-der Mensch aus Lust zur Lust entsprießet«. Hier springt der Dichter ein, weist die unschuldigen Mädchen in »der Liebe Werkstadt« ein und legt ans Herz: »Verlaßt der kleinen Kinder Wahn«. Zum Schluss sein guter Rat:

> Flieht, wenn ihr fliehen wollt, vor allem, was euch quält,
>
> Doch nicht vor dem, der gäumelnd euch erzählt,
>
> Der Männer Pflicht, der Weiber Freuden,
>
> Was jene thun, was diese leiden.[9]

Erstaunlich, was Rost hier in wenigen Zeilen an Anspielungen auf die Situation des wohl mannbaren, aber noch ledigen Mädchens in pädagogischer und sozia-ler Hinsicht – Eltern haben die Erziehungsgewalt inne – und in biologischer Hinsicht – die Mutter klärt nicht auf – zusammenreimt. Die sexuelle Neugier pubertierender Mädchen klüglich einschätzend, spielt *er* den *Aufklärer* bis hin zu bezeichnenden, die Geschlechter bezeichnenden Topoi, dass Männer die Aktiven sind, Frauen das Passiv für sich haben, die Leideform.

Also neugierig gemacht, erfahren Leserin und Leser, dass »Die schöne Nacht« die Hochzeitsnacht ist, welche »Mann und Weib und Kinder macht«, jene Nacht, in der sich »mit der Aeltern Seegen, / Die Töchter zu den Buhlern legen«.[10]

Bräutigam Catulin hat sich seit geraumer Zeit in Erwartung dieser Nacht »geschont« (so Rost), Braut Magdalis sich seit langer Zeit darauf gefreut. Nun also ist es so weit. Die Mutter leuchtet dem Paar bis ins Brautgemach, in dessen Mitte der Vignette nach ein von einem Baldachin gekröntes Bett steht, dessen Vorhänge beiderseits herunterhängen. Das erinnert an Hogarth's Bett-Bild, bei ihm jedoch zum Seitensprung oder einem Ehebruch einladend, während in die-sem die Ehe vollzogen werden wird. Rost stellt also klüglich von vornherein klar, dass seine Erzählung auf legalisierten Grundfesten steht, dieses Beilager gesellschaftlich sanktioniert ist. Hübsch, dass die Mutter ihrer Tochter Magda-lis, die »schon mit Sittsamkeit, die Kleider von sich schmiß«, zu guter Letzt den Rat gibt, durch »Widerspenstigkeit den Mann nicht zu betrüben«; danach schließt sie hinter sich die Tür, kann es sich aber nicht verkneifen, durchs Schlüsselloch sozusagen »den letzten Seegen« zu geben.[11] Voyeurismus also auch in der Erzählung selbst! »Was machte Catulin mit seiner Magdalis?« Der Autor bleibt die Antwort nicht schuldig:

> Zum Weibe macht' er sie, dieß wißt ihr schon gewiß,
> Und wenn ich hier nichts mehr zu sagen hätte,
> So sagt' ich: Er und Sie, sie legten sich zu Bette.[12]

Stattdessen fängt jetzt erst Rosts Referat der »schönen Nacht« an, Inszenierung dessen und Aufklärung darüber, wie man als Mann zu Werke gehen muss. Da Catulin »längst die Wohllust ausstudirt« hat – bei wem wohl? –, übereilt er nichts. Aus »geiler Zauderey« will er »erst durch ein verbuhltes Spiel, / Bevor er brünstig auf die schönste Beute fiel, / Sie schöner noch zur Lust bereiten«. Auffällig ja die Verwendung des Wortes *Lust*, das Rost bereits in der Vorrede gebrauchte: »Wie jeder Mensch aus Lust zur Lust entsprießet«.[13]

Lust ganz im Gegensatz zu den Moralvorschriften der Kirche, den geziemenden Verhaltensweisen des Weibes bei Vollzug der Ehe, die sich noch in Ratgebern aus dem 19. Jahrhundert so lasen:

Wenn auch ebenfalls dem *Manne* das Recht zusteht, auch in diesem Genusse zu künsteln und ihn auf verschiedene Arten zu erproben, so hüte sich doch das *Weib*, hier eine Stimme haben zu wollen. Mitten im Rausche der Sinne sey doch stets die holde Schaamhaftigkeit in *ihrem* Busen mächtig. Nie lasse sie diese vernichten. Sie dulde, gleich der sanften Rose, daß der Mann ihre Reize geniesse, aber sie zeige ihm nicht, daß Begierden in ihr toben, die ihre Würde, ihre Achtung vermindern würden. Geilheit und Schaamlosigkeit, Unersättlichkeit im Genusse der ehelichen Freuden schänden das Weib, und entkräften den Mann, erfüllen ihn mit Eckel für ein Wesen, das nie den Genuß *suchen*, das ihn, nur aus Liebe sich hingebend, *gewähren darf*.[14]

»Hier«, sagt dagegen der allwissende Autor Rost, nun selber Voyeur, »stellet euch ein halb entkleidet Mägdchen vor«, dessen Augen sich schon im Bett verloren haben – unerhörtes Rollenverhalten: wenn das die Frau Mama wüsste! –, den Busen halb entblößt, nur halb noch eingeschnürt, der »Schnürbrust harten Wiederstand« zu »kützelnder Entkleidung« für die Männerhand aufspart – man vergleiche dieses *Bevor* mit dem *Before* Hogarth's! Hier gerät Rost zum ersten Mal in kalkulierte Schwelgerei, wünscht die »nur zum Reiz verschnürten Brüste« noch einmal zu sehen, damit »ich euch recht abzuschildern wüßte« den »Becher voller Lüste«. Er tut es nicht und dieses verschleiernde Enthüllen macht die Phantasie des Lesers in diesem Fall besonders rege. Es folgt die Beschreibung eines dünnen Röckchens, das den »kleinen Bauch« umfing, ein Kleidungsstück, das »mehr zur Lust als zur Bekleidung« um den Leib hängt. Die Technik des verschleiernden Enthüllens gipfelt vorläufig in den Zeilen: »Das [gemeint ist das Röckchen, W.P.] kaum verbarg, was es bedeckte, / Zugleich verrieth und auch versteckte«.[15]

Die Wirkung auf Catulin? Er küsst sie lang und länger und küssend fängt er an – »dürft ich die Hand ihm führen« (Rost) –, den Leib ihr »auszuschnüren«. Und nun folgt nicht sogleich, was zu erwarten wäre, sondern, um die Spannung zu steigern, als retardierendes Moment, als komisches Intermezzo ein – Knoten, von der Mutter vielleicht aus List geknüpft! Da ist Gewalt der beste Rat, aber wohlgemerkt auch nur in diesem Fall, Catulin reißt den Senkel entzwei, die Schnürbrust voneinander und endlich liegen die Brüste, die ihm entgegen hüpfen, strotzend in seiner Hand. Es folgt nun über sechs Zeilen alles, was Mund und Hand des Mannes im Umgang mit weiblichen Brüsten tun und nicht lassen sollten. Von der Beschreibung dieses Tuns zur Beschreibung der von Magdalis bemerkten Tatsache, dass eine Hand Catulins verschwindet, aber nicht, um das Röckchen aufzubinden. »Im Augenblicke war, / Zu ihrer größten Lust, der Irrthum offenbar«. Im Zusammenhang mit der unterm Röckchen verschwundenen Männerhand regt Rost seine »Schönen« an, indem er sie im Ungewissen lässt: »Es ging auch hier natürlich zu«; was insgeheim geschah, werde er ihnen aber nicht sagen, »doch wenn ihr schärfer fragt, / So merkt: es war, was man viel lieber thut, als sagt; / Was ihr viel lieber fühlt, als davon reden höret, / Was auch die Keuschesten empöret«.[16]

Auch hier wieder durch Anspielung auf eine sexuelle Handlung, die seinen »Schönen« noch unbekannt gewesen sein dürfte, die Weckung sinnlicher Neugierde darauf, was eine Männerhand wo verloren hatte.

Kurzum, das Röckchen fällt. Und nun ist der Augenblick gekommen, wo Catulin seiner Hand »die größte Freiheit« gibt, und es gehört zum Topos des enthüllenden Verschleierns der erotischen Literatur jener Epoche, dass in dem Augenblick, wo alle Hüllen gefallen sind, Magdalis folglich nackt dasteht, Catulins Hand ihren Schoß »spielend« umgaukelt, Rost nun wortreich den Ort umschreibt, auf den die ganze Inszenierung abzielt:

> [...]
> den Ort
> Den wir stets in Gedanken meynen,
> So oft wir einer Schönen Hand
> Aus Ehrfurcht anzurühren scheinen,
> Den schönsten Ort, den noch ein Zärtlicher gekannt;
> Der Lieb' und Menschheit Vaterland,
> Nach welchem wir uns oft in aller Stille sehnen,
> Wenn wir die schwehren Glieder dehnen.[17]

Dann ist Rost der Umschreibungen selber überdrüssig, kündigt nach so und so vielen reizenden Ouvertüren, lustvoll gesteigert, wie ein Impresario an: »Nun kommt sie gleich, nun ist sie da, / Die mächtige, die große Stunde«.[18] Interessanterweise ist in diesem Augenblick nicht der Mann die ins Bett treibende Kraft, Magdalis ist es vielmehr, die »eilt, sich länger nicht den Lüsten zu entziehn«. Auf der dazugehörigen Vignette sieht man sie, den Bettvorhang mit einer Hand beiseite schiebend, bereits auf dem Beilager liegen und nach ihrem Catulin Ausschau halten, der noch im Entkleiden seiner selbst begriffen ist. Endlich sinkt er ihr nach, »die Schöne zieht ihn hinn« – auch hier wieder die stimulierende sinnliche Energie und Aktivität der Frau! Der Vorhang auf der Vignette ist fast ganz geschlossen; dafür beginnt Rost zu schildern: »Nun spricht die stumme Rednerinn, / Die Wohllust, durch die That«.[19] Und in diesem Zusammenhang noch einmal die persönliche Anrede an die jungen – noch unbedarften – Leserinnen: »Ihr Mägdchen, horcht!« Wenn er vorher meinte, das, worauf sein Poem immerfort anspielt, sei besser zu tun als zu sagen, so ist er nun ganz Ohr, um den Jungfrauen unter seinen Leserinnen hörbar zu machen, was eine Hochzeitsnacht für Töne hat: Hinter dem geschlossenen Vorhang hört man Rost zufolge Magdalis »stehnen« und ächzen, den Jüngling schnauben und lechzen, unaufhaltsam »kämpfend«, denn: »er folget nur / Die ihn schon längst geruft der Stimme der Natur; / Der Brunst des schäumenden erhitzten Blutes, / Dem Uebermuthe seines Muthes, / Und ...«. Der Theater-Vorhang schließt sich just in dem Augenblick, da der Geschlechts-Akt seinen Anfang nimmt.[20]

Rost bricht die genüsslich ausgesponnene Deflorationsszene klüglich ab, um ein letztes Mal seine jungen Leserinnen anzureden – von alten Weibern und impotenten Greisen als Publikum ist längst nicht mehr die Rede; vielmehr fährt er nach dem »Und« Pünktchen, Pünktchen, Pünktchen, Pünktchen fort: »ihr Schönen wollt, man soll euch alles sagen«; und noch persönlicher gewendet: »Die mehr noch wißen will, / Die zwinge sich, und schweige still, / Sie kann ja doch den Dichter heimlich fragen«.[21]

Das kokette Spiel mit der Rolle des Dichters als einem Ratgeber in allen Fragen der Sexualität, die Herstellung von Intimität zwischen Leserin und Autor und sei es nur auf dem Papier, ergibt eine Inszenierung, der es meiner Ansicht nach gelingt, unsereins zwar nicht zu »erhitzen«, aber das erotische Moment spannend zu halten.

Ein Wort noch zum »erhitzten Jüngling«, der samt seiner Phillis vom Dichter eingangs aufgefordert wurde, ihm zuzuhören. »Erhitzt«, offenbar die bevorzugte Vokabel in dieser Art Literatur, wird am Schluss ja auch Catulin genannt, der aber sein Mütchen im Ehebett kühlen kann. Der Jüngling und seine Phillis sind hingegen unverheiratet: wohin mit der Hitze? Glaubt man Schummels *Empfindsamen Reisen durch Deutschland*, sind es Schriften von Rost gewesen, die angeblich eine Kindsmörderin zu Fall brachten...

2. Vereinigung

Im Frühlings Schatten fand ich sie;
Da band ich sie mit Rosenbändern:
Sie fühlt es nicht und schlummerte.

Ich sah sie an; mein Leben hieng
Mit diesem Blick an ihrem Leben:
Ich fühlt es wohl und wußt es nicht.

Doch lispelt ich ihr sprachlos zu,
Und rauschte mit den Rosenbändern:
Da wachte sie vom Schlummer auf.

Sie sah mich an; ihr Leben hieng
Mit diesem Blick an meinem Leben:
Und um uns wards Elysium.

Dieser Text[22] diente Wolfgang Kayser, lang lang ist's her, als Beispiel für die Vorgehensweise wenn schon nicht bei der Ermittlung des Verfassers, so doch bei der Bestimmung der literarischen Bewegung oder Zeitströmung. Diese Übung, wie auch immer man der werkimmanenten Methode gegenüber steht, hat vieles für sich, schult zumindest sprachgeschichtliche Sensibilität und das Stilgefühl. Bedenklich bei dem Verfahren bleibt jedoch, dass der Präzeptor selbst immer schon weiß, wer der Verfasser war. Es ist ja kein Geheimnis, dass das vierstrophige Gedicht von Klopstock stammt, 1762 zuerst unter dem Titel *Das schlafende Mägdchen* erschien, aber unter dem Titel *Das Rosenband*, wie es Klopstock nachmals überschrieb, bekannt geworden ist.

An den Anfang seiner – fingierten – Recherche stellt Kayser[23] das Motiv der »Auffindung der schlafenden Geliebten durch den verliebten Dichter«. Hier bereits der erste Einwand: Zu dem nun in der Tat traditionellen Motiv innerhalb der so genannten Anakreontik, die Kayser sogleich erwähnt, gehört unvermeidlich die schlafende Geliebte, Schäferin oder nicht, bei antikisierendem Namen genannt, und dazu gehört der Verliebte, Schäfer oder nicht; von einem verliebten Dichter ist aber nirgends die Rede. Kayser macht das vorliegende Gedicht so von vornherein zu einem Erlebnisgedicht, das hier sprechende Ich ohne weiteres zum Ich des Autors. Der zweite Einwand: Anakreontik wird als eine literarische Strömung charakterisiert, die im 17. und 18. Jahrhundert durch fast alle europäischen Literaturen »plätschert«; ein abschätziges Werturteil, fast Vorurteil, das Kayser unter anderem dabei behilflich ist, nachzuweisen, »daß der Dichter sich von der üblichen Anakreontik etwas entfernt«.[24] Das belegt er mit dem kunstvollen Bau der dreizeiligen Strophe, deren ersten beiden Zeilen eng zusammengehören, während die dritte Zeile »durch ihre Bedeutungsbeschwerung« ihnen »das Gleichgewicht hält«. Von »Bedeutungsbeschwerung«

kann indes schwerlich die Rede sein, wenn man in Strophe eins liest: »Sie fühlt es nicht und schlummerte«, in Strophe drei: »Da wachte sie vom Schlummer auf«. Die in der Tat kunstvolle Bauweise – mag sie Kayser nun verraten, dass »hier ein bewußter Verskünstler am Werke ist«, als wären Anakreontiker in Sachen Verskunst Dilettanten – bedarf einer genaueren Betrachtung! Dass für Kayser der »Tatbestand« des Strophen- und Zeilenbaus »verrät, dass der Dichter sich von der üblichen Anakreontik etwas entfernt«, irritiert: Reimlosigkeit konstatiert Kayser im Übrigen als Kennzeichen so und so vieler von Anakreontikern geschriebener Gedichte; die Entfernung zur Anakreontik sieht er vielmehr darin, dass deren literarische Übung »überwiegend liedhaft« ist, »hier aber wird nicht gesungen oder geträllert [oben hieß es noch »plätschert«, W.P.], sondern hier wird gesprochen«.[25]

Ein weiterer Einwand: Die Anakreontik als eine literarische Verbindung anzuführen, deren geschriebene Texte nicht rezitiert, deklamiert, gelesen und gesprochen wurden, sondern als Liedgut dienten, ist doch wohl eine verkürzte Sicht; aber in Bezug auf Klopstocks Gedicht schlankweg zu dekretieren, hier werde nicht gesungen, ist einfach falsch: Zu dem *Schlafenden Mägdchen* gab es schon bei Drucklegung eine »durchkomponierte Melodie«![26] Im Übrigen haben Franz Schubert 1815 und Richard Strauß 1897/98 das Lied vertont. Wohl aber wirkt, darin gebe ich Kayser recht, das Gedicht, noch dazu betont durch seine Reimlosigkeit, wie rhythmisierter Sprechgesang; dies wird dem Kunstverstand der Aufklärung nach ersichtlich, da es in vierhebigen Jamben abgefasst ist, wobei die erste Zeile aller Strophen auf der den Akzent tragenden Silbe und männlich endet, während die zweite Zeile in allen vier Strophen weiblich endet. Eine Besonderheit stellt das letzte Wort in Zeile drei der ersten Strophe dar: »schlummerte«; das gleiche gilt für das letzte Wort in Zeile drei der vierten Strophe: »Elysium«. Korrekt skandiert, trüge in »schlummerte« die letzte Silbe den Akzent, in »Elysium« die Silbe »um«. Zu lesen sind aber beide Wörter wie Daktylen, und Klopstock hat diese schwingende Abweichung von dem metrischen Schema gewiss gewollt, lässt sie doch die innige Handlung und deren Beschreibung ausklingen.

Was folgert aber Kayser nun aus der von ihm selbst behaupteten, nicht bewiesenen Prämisse? Das »Sprechen« ist »gar nicht einmal ein so leises, intimes Sprechen; man meint im Verlauf fast etwas Feierliches, Hymnisches in diesem Sprechen zu spüren«.[27]

Ein solcher Satz lässt daran zweifeln, ob die werkimmanente Methode sich nicht selbst kompromittiert, wenn sie anstelle von schlüssigen Folgerungen auf eine vorsätzliche Prämisse Mutmaßungen rhetorisch folgen lässt, die den Leser auf etwas *einstimmen* sollen, das erst zu beweisen wäre. Aus welchen Worten und Zeilen lässt sich »fast[!] etwas Feierliches und Hymnisches [!]« herauslesen, das zu »spüren« der Wissenschaftler »meint«?

Und wie ist es möglich, diesem Gedicht »nicht einmal ein so leises, intimes

Sprechen« zuzuschreiben, wo doch eine der *akustischen* Pointen dieses Liebesgedichts darin besteht, dass Klopstock den Verliebten »sprachlos« der schlum-
mernden Geliebten »zulispeln« lässt, die erst erwacht, als er mit den Rosenbändern »rauscht«. Zu der nicht hörbaren Stimme des Geliebten gesellt sich die
Lautlosigkeit der Rosenbänder – was anders ist denn hier unter der von
Klopstock gewählten hyperbolischen Stilfigur zu verstehen? Wälder mögen in
der herkömmlichen Lyrik immerhin »rauschen«, von Rosenbändern wäre dies
physikalisch zuviel verlangt. Die Pointe der Textstelle ist ja gerade, dass die Geliebte sozusagen von einem Hauch aufgeweckt wird: intimer, leiser kann diese
Bewegung nicht beschrieben werden. Aber Kayser scheut eben die – erotische –
Intimität dieses Liebesgedichts zu Gunsten einer Deutung, die, intoniert durch
Worte wie »Feierlich« und »Hymnisch«, auf eine andere Gefühlsebene hinaus
will. Deutlich wird dies an der Erläuterung des von Klopstock ganz bewusst an
den Schluss des Gedichtes gestellten Wortes: Elysium. Wohl konstatiert Kayser
zu Recht, dass »die Verwendung dieses Wortes in einem anakreontischen Gedicht nicht überraschen kann«, in dem »Cupido, Venus (Cythere) und andere
Gottheiten auftreten und Liebender und Geliebte griechische Namen zu tragen
pflegten«.[28] Aber er zitiert lieber Schiller und Goethe und deren Verwendung
dieses Wortes, das ihm als Einleitung in das »Gedanklich-Gehaltliche« seines
Indizien-Schemas dienen muss: »Die spielerische Haltung [scil. der europäischen
Anakreontik] ist durch eine andere ersetzt, die echte Empfindungen echt ausdrücken will«. Als Beispiel für den *Ernst* des Wortlauts dieses Textes wählt Kayser die Zeile: »Mein Leben hing an ihrem Leben« und entwickelt daraus, was er
als das »Gedanklich-Gehaltliche« auffasst:

Hier sind zwei Menschen gleichermaßen in ihrer Tiefe ergriffen, [...]. Hier ist alles Offenbarung
des Innern und als solches so gewichtig, weil sie nicht vom Denken begleitet ist. In der Welt
dieses Gedichts gibt es im Menschen etwas Wesentlicheres als Denken und Vernunft. Wir dürfen es als Seelengrund bezeichnen, obwohl das Wort Seele nicht gebraucht wird.[29]

Die Seele als Schmuggelware! Wo sie einmal über die Grenze philologischer
Obacht gebracht ist, lässt sich gut weiter handeln, abhandeln: »Aus dem gegen-
seitigen Geständnis der Seelen entsteht ein Zustand, der als Elysium bezeichnet
wird«. Das ist Kaysers zuvor schon angedeutete andere Verwendung dieses gängigen Wortes bei Klopstock. Und ihm

zeigt sich gerade an dieser Stelle, wie sehr unser Gedicht im Vergleich zu anderen anakreontischen Gedichten entsinnlicht ist: es gibt hier keine sinnliche Erfüllung, wie es keine sinnlichen
Reize und Reizungen gibt, alles ist Seelenleben, echtes, innerstes Seelenleben.

Sein Fazit: die *Ausdruckshaltung* des Gedichts ist »die Entsinnlichung, die Besee-
lung und Verseelung«.[30]

Der Germanist Kayser stand im zweiundvierzigsten Lebensjahr, als er diese
Deutung zum Besten gab. Sie ist ein Beispiel dafür, dass die von vornherein ja

begrüßenswerte Methode einer werkimmanenten Interpretation häufig zu früh ihren eigenen Ansprüchen entsagt und im »Gedanklich-Gehaltlichen« ausschweift. Nicht um zu provozieren, behaupte ich gegen die oben referierte Deutung, dass es sich bei diesem Liebesgedicht bar jeglicher »Entsinnlichung« im Gegenteil um ein erstes *sinnliches* Gedicht in der deutschen Literatur des 18. Jahrhunderts handelt! Natürlich greift Klopstock auf Motive der Anakreontik zurück, wenn er sein Liebespaar schildert, leiht sich die Landschaftsstaffage, die Requisite (Rosenband) aus. Vielleicht ist Klopstocks Gedicht kunstvoller gebaut als die Mehrzahl der anakreontischen Gedichte – doch sollte man den Kunstverstand gewandter Versifikateure seiner Zeit nicht unterschätzen. Den unnachahmlichen Stempel drückt Klopstock seinem Gedicht bereits in der ersten Zeile auf: wo andere vom »Myrthenhain« schreiben, fasst Klopstock Landschaft, Jahreszeit und Stimmung in einer Wortprägung zusammen: »Frühlings Schatten«, für das Gefühl des Lesers völlig verständlich, obwohl sie jenem »Je ne sais quoi« der aufklärerischen Ästhetiken entspricht. Doch auch dieses Gedicht hebt als ein erotisches Spiel an – nicht von ungefähr gibt Klopstock seinem Gedicht später den Titel *Das Rosenband*, das anakreontische, das Rokoko-Requisit schlechthin. Kayser gründelt in diesem Zusammenhang zu philologisch, wenn er schreibt:

Die Zusammensetzungen ›Frühlingsschatten‹, ›Rosenband‹ erinnern an die Bereicherung der dichterischen Sprache, die besonders durch Klopstock und gerade mit diesem Zug erzielt war (das zweite Wort ist nicht vor Klopstock belegt, das erste Wort wird in GDW nicht aufgeführt). Das Rosenband unseres Gedichts findet ja ein deutliches Echo in dem Rosenband, mit dem Goethe das Ende seines Gedichts *Kleine Blumen, kleine Blätter* knüpft.[31]

Näher liegt der Blick auf die modischen Dessous jener Zeit und wenn schon Dichter wie Gewährsleute zitiert werden müssen, dann eher Bürger als Goethe; Bürger reimt in dem Gedicht *Die beiden Liebenden* (1778), einer französischen Vorlage folgend:

> Nun schlinget meine kühne Hand –
> O Liebe, Liebe, welche Gnade! –
> Ein sanftgeflammtes Rosenband
> Ihr zierlich zwischen Knie und Wade.[32]

Da die Zone zwischen weiblichem Knie und weiblicher Wade seinerzeit vor männlichen Augen geschützt war, ist Bürgers Wortwahl von der »kühnen Hand« ganz ernst zu nehmen, die Anbringung des Rosenbands demnach ein Beweis intimerer Zugeständnisse – zwischen Knie und Wade hat die liebe Seele Ruh.

In der Tat ist aber das Leitmotiv des Gedichts das Band, die Bindung, die Vereinigung am Ende. Der Verliebte bindet seine Geliebte mit Rosen-*Bändern*; formal folgt das Gedicht Zeilensprüngen, die besser Zeilenbande heißen sollten.

Am augenscheinlichsten ist des Dichters Absicht, aus der Sicht des einen wie der anderen eine einzige, gemeinsame Blickrichtung zu machen; die parallele Satzführung ändert sich fast unmerklich je nach Person und Blickwinkel: »Sie fühlt es nicht und schlummerte« (Strophe eins, Vers drei); »Ich fühlt es wohl und wußt es nicht« (Strophe zwei, Vers drei); vor allem die Zeile »Ich sah sie an; mein Leben hieng Mit diesem Blick an ihrem Leben« (Strophe zwei, Enjambement der Verse eins und zwei), variiert in der vierten und letzten Strophe (im Enjambement der beiden ersten Verse): »Sie sah mich an; ihr Leben hieng Mit diesem Blick an meinem Leben«.

Merkwürdig, dass diese Wendung, dieses Bild in einem an Charlotte von Stein gerichteten Gedicht von Goethe wieder begegnet: »Mein Leben nur an deinem Leben hängt«.[33]

Bei Goethe wie bei Klopstock ist das nach aller Lebenserfahrung kein »gegenseitiges Geständnis der Seelen«, sondern ein der Worte nicht bedürftiges völliges Einverständnis der Liebe, das durch die Gleichheit der dieses Gedicht bestimmenden Zeilen anschaulich gemacht ist. Hier verschmelzen am Ende nicht entsinnlichte Seelen – unsinnlich sind, recht betrachtet, auch die erotischsten Poeme der Anakreontiker; am Ende von Klopstocks Gedicht aber steht das Ineinanderaufgehen zweier Liebenden: »Und um uns wards Elysium«.

Klopstock war achtunddreißig Jahre alt, als er dieses Gedicht veröffentlichte. Demnach kann man den *Messias* schreiben und doch oder vielleicht gerade deswegen sinnlich dichten. Im Übrigen nahmen Rokoko-Dichter wie etwa Wieland die Sinnlichkeit der Leiber ernst – im Gegensatz zu den Anakreontikern.

Elysium. Noch zu Beginn des 19. Jahrhunderts findet sich dieses Wort wie selbstverständlich im Zusammenhang eines utopischen Liebesromans genannt. Gemeint ist der von Wieland geförderte, von Schiller und Goethe geschätzte Roman *Das Paradies der Liebe. Anmutige Abenteuer im Lande der Naïren an der Küste von Malabar wo Freiheit des Weibes den Menschen das Glück gewährt, sowie schreckliche Begebnisse in der ganzen übrigen Welt wo die unselige Ehe herrscht.* Der Roman erschien 1800 in Leipzig; sein Verfasser war der in Weimar lebende schottische Adlige James Lawrence. Zu unserem Stichwort merkt er an: »Sind Leute besonders glücklich, so sind sie es durch die Liebe. Für zwei Leute, die sich beide eines in des anderen Armen glücklich fühlen, muß das Leben ein wahres Elysium sein.«[34]

3. After – Nachspiel

Um am Ende auf Hogarth zurückzukommen: Da war ja noch ein zweiter Kupferstich zum gleichen Thema. Und der ist sozusagen spiegelverkehrt zum ersten. Das Interieur hat sich nicht geändert, das Bett nimmt noch immer den breitesten Raum ein, aber nun ist es die Heldin, die auf dem Bette sitzt, während der Held breitbeinig dasteht, den Gehrock bereits übergehängt und im Begriff, seine Hose zu schließen: Vollzug nach getanem Werk. Darauf lässt noch mehr schließen: der heruntergerissene Bettvorhang links, die Tatsache, dass die Heldin ihre Haube eingebüßt hat und sich nun ihrerseits an den Verführer klammert, der ohne Perücke ist und unsäglich stumpf dreinschaut. Die Requisiten auf diesem Kupferstich – eine einzige Wüstenei: der Frisiertisch ist vollends umgestürzt, der Spiegel liegt zerbrochen. Zerbrochen ist auch das Nachtgeschirr. Mit einem Wort und einschlägiger Metapher: Cruche cassée. Der auf dem Boden liegende Tisch gibt endlich den Blick auf das zweite Wandbild frei; die gleiche Szene, der gleiche Akteur, aber nun liegt Amors Fackel erloschen am Boden und er wendet sich lachend dem Betrachter zu, wobei er mit dem Finger auf die Rakete weist, die abgebrannt ist. Unter diesem Bild steht lakonisch: *After...* Rechts liegt nach wie vor die Schnürbrust, unter der friedlich das Hündchen der Dame schlummert. Zu den Füßen des Verführers ein aufgeschlagenes Buch, auf dem zu lesen steht: »Omne Animal Post Coitum Triste«. Und darunter: »Aristotle«. Dass jedwedes Lebewesen nach dem Geschlechtsverkehr traurig ist, geht seit der Antike leicht über die Lippen, Aristoteles für diese frühe Erkenntnis namhaft zu machen, geht aber selbst dem *Oxford Dictionary of Quotation* zu weit, das diesen Satz als »Post-classical« rubriziert.[35]

Angeblich hat ein »gewisser lasterhafter Adliger«, dem Gerücht nach der Duke of Montagu, den Auftrag zu den beiden Bildvorwürfen gegeben, dem Inhalt nach zu urteilen ein philosophischer Wüstling, der seinen Aristoteles zu kennen glaubte.[36] Es ist nicht bekannt, ob der ominöse Adlige *Before* und *After* in *sein* Kabinett gehängt hat; potenzielle Geliebte hätten sich da wohl von so viel moralischer Warnung durch diese Bilder nicht zur Wollust verführen lassen. Die ungeschminkte Botschaft von der unbefriedigten Sexualität, die, wenn die Lust gestillt, nur Unlust hinterlässt, als wäre das ein Naturgesetz, war dem bürgerlichen Publikum denn doch des Wahren zu viel. Ein englischer Autor des 18. Jahrhunderts – Nichols – teilt mit, dass in dem Mann (Held) Sir John Willes dargestellt worden sei, nachmals Lord Oberrichter, ein Mann von zweifelhafter Moral – Hogarth porträtiert ihn 1758 noch einmal in *The Bench* (siehe den Zweiten von links).

Das *Leben einer Buhlerin* hatte das gewisse Etwas, aber Hogarth's Darstellung aus dem gehobenen Bürgertum, dem absteigenden Adel führt dazu, dass man diese Blätter im 19. Jahrhundert zu unterdrücken begann. Lichtenberg, der bekanntlich jahrelang seinen Kalender durch seine Erklärungen hogarthischer

Kupferstiche attraktiv machte, hütete sich wohlweislich, diese beiden Kupfer zu präsentieren und obendrein zu kommentieren, fürchtete er doch schon bei anderen Kommentaren den Blitzstrahl des geistlichen Konsistoriums, aber sein Publikum – Männer und Frauen – zu schockieren, war nicht seine Art. Und doch ist im Verlag Dieterich in Göttingen nach Lichtenbergs Tod unter den Erklärungen hogarthischer Kupferstiche, die von anonymen Kommentatoren fortgesetzt worden sind, 1809 auch ein, wenngleich kurz angebundener, Kommentar zu diesen beiden Blättern erschienen. Die Aufnahme der beiden Blätter, deren Anfertigung Hogarth zwar »bereut haben« soll, begründete der Kommentator damit, da sie »in allen Sammlungen seiner Werke mit aufgenommen worden sind«, würden sie jetzt »der Vollständigkeit halber« mitgeteilt. Fast im gleichen Atemzuge wird jedoch betont, von dem »Werth solcher Vorstellungen zu reden, sei hier der Ort nicht«, auch eine »Beschreibung würde hier am unrechten Orte stehen«. Der Kommentator befindet vielmehr, daß »unsere Feder dem Grabstichel« einen Fingerzeig überlassen könne und müsse. Bilder ohne Worte also, aber dennoch diese Wertung: »Wer an den Künstler moralische Forderungen macht, wird mit *Hogarth* unzufrieden sein; wer die Blätter aber nur als Kunstprodukte betrachtet, dem mögen sie wegen des Ausdrucks der Figuren und ihrer Gruppirung gefallen.«[37]

Diese Wertung ist bezeichnend, nicht nur für das 19., sondern, wie zu lesen war, noch für das 20. Jahrhundert. Kunstverstand und Fertigkeit, unerbittlicher Blick, dem nichts Menschliches fremd ist, einerseits und der indezente Gegenstand andererseits, der den Künstler selbst als amoralisch abstempelt, wenn er es wagen sollte, so genannte Unmoral ins Bild zu bringen, was allerdings für sich spricht. In der Tat wäre der Wortemacher bei gleichem Vorsatz in einiger Verlegenheit: wie einen Gegenstand zur Sprache bringen, wie anschaulich machen, was Sex beinhaltet, ohne schlüpfrig oder aber verbal so landsknechtförmlich, landsermäßig zu werden, wie es pornografischen Romanen zu eigen ist?

VORHANG

Anmerkungen

1 Lichtenberg, Georg Christoph: Schriften und Briefe, Bd. 3, München, 1972, S. 775.

2 Auf der vierten Platte von *Marriage à la mode* etwa, dem Lever der Gräfin, sind neben ihrem Prunkbett groß zu sehen die Gemälde *Lot und seine Töchter* und *Jupiter und Jo*, letzteres angeblich von Giulio Romano, bekannter aber durch Tintorettos Pinsel.

3 Hogarth, William: Der Kupferstich als moralische Schaubühne, hg. von Herwig Guratzsch, Stuttgart, 1987, S. 89.

4 Lichtenberg: Schriften und Briefe, Bd. 3, München, 1972, S. 967. Zu dem Thema siehe auch: Promies, Wolfgang: Über Schnürbrüste, Forster und Lichtenberg, in: Aufklärung über Lichtenberg, Göttingen, 1974, S. 3-5.

5 Von Brunn, S. Ludwig (Hg.): Ars Erotica. Die erotische Buchillustration im Frankreich des 18. Jahrhunderts, 3 Bde., Schwerte, 1983/89; vgl. auch: Fuchs, Eduard: Illustrierte Sittengeschichte, Bd. 4: Die galante Zeit II, Frankfurt/Main, 1985. Die Studie bietet nicht nur französische, sondern auch englische Kupferstiche, etwa *Der glückliche Moment* (ebd., S. 49).

6 Darum ist es nicht von Belang, wenn im Katalog *William Hogarth* (Gießen, 1980, S. 109) zu diesen Kupfern von Freia Schnackenberg-Hartung mitgeteilt wird, dass grafische Künstler unter Umgehung der gesetzlichen Bestimmungen die Sammler des galanten Genres auf folgende Weise mit erotischen Darstellungen versorgt haben: »Vor dem Druck einer intimen Darstellung gab es einen Vorabzug für wenige Käufer – denn die Blätter waren um das drei- bis vierfache teurer –, auf denen die Reize der weiblichen Protagonisten unverhüllt zu sehen waren. Man nannte diese Vorausexemplare ›Vor der Bedeckung‹ und die verbreitete zweite überarbeitete Ausgabe ›Nach der Bedeckung‹« – also auch »Davor« und »Danach«.

7 Ich zitiere nach der Faksimile-Ausgabe nach einem Originalexemplar der Niedersächsischen Staats- und Universitätsbibliothek Göttingen, Bremen, 1965.

8 [Rost, Johann Christoph:] Die schöne Nacht, Dresden, 1754, S. 1.

9 Rost: Die schöne Nacht, S. 2. Was »gäumelnd« angeht, gibt DWB dahingehend Auskunft, dass eben diese Zeile als mundartlicher Beleg angeführt, Campes »Gaumelei« im Sinne von Lekkerei, Lüsternheit herangezogen wird, »was doch für Rosts *gäumeln* passen kann, mit dem Gaumen gleichsam spielen«.

10 Rost: Die schöne Nacht, S. 3.

11 Rost: Die schöne Nacht, S. 4.

12 Rost: Die schöne Nacht, S. 5.

13 Rost: Die schöne Nacht, S. 2.

14 Dr. Becker. Der Rathgeber vor, bei und nach dem Beischlafe, Leipzig, ⁶1816. Zitiert nach dem Neudruck R. Löwit, Wiesbaden, 1981, S. 72.

15 Die Zitate sämtlich bei Rost, S. 6.

16 Rost: Die schöne Nacht, S. 8, 9, 10.

17 Rost: Die schöne Nacht, S. 11.

18 Rost: Die schöne Nacht, S. 11.

19 Rost: Die schöne Nacht, S. 12/13.

20 Rost: Die schöne Nacht, S.14.

21 Ebd.: Die vier Schlagzeilen! Zu Rosts ›Technik‹ siehe auch: Luserke, Matthias: Die Bändigung der wilden Seele. Literatur und Leidenschaft in der Aufklärung, Stuttgart, 1995, S. 33. Interessant, dass Schnitzlers *Reigen* noch mit dem selben Mittel von Vorhang und Pünktchen arbeitete.

22 *Klopstock, Lieder mit Melodien, für das Clavier,* von Christian Ernst Rosenbaum. Zweeter Theil. Drittes Lied, Altona, 1762, S. 4.

23 Kayser, Wolfgang: Das sprachliche Kunstwerk, Bern, 1948; ich zitiere nach der 16. Auflage von 1973, S. 40-44.

24 Ebd., S. 41. »Plätschern« kommt nach dem Etymologischen Wörterbuch der deutschen Sprache von Friedrich Kluge, [21]1975, »kaum vor Geßner und Wieland« vor, S. 554.

25 Kayser: Das sprachliche Kunstwerk, S. 41-42.

26 Siehe Anm. 22.

27 Ebd., S. 42.

28 Ebd., S. 42.

29 Ebd., S. 43.

30 Ebd., S. 43, 44.

31 Ebd., S. 42.

32 Bürger, Gottfried August: Sämtliche Werke, München, 1987, S. 69.

33 Dies die Schlusszeile des Gedichts an Charlotte von Stein, es beginnt: »Gewiß, ich wäre schon so ferne, ferne ...«; zitiert nach der Hamburger Ausgabe, Bd. 1, München, [11]1978, S. 127.

34 Lawrence, James: Das Paradies der Liebe. Neu hg. v. Heinrich Conrad, München, 1923, S. 56.

35 Oxford Dictionary of Quotations, Oxford, [3]1979, S. 10, Nr. 17.

36 Siehe dazu den Ausstellungskatalog *William Hogarth* der Neuen Gesellschaft für Bildende Kunst e.V. Berlin, Gießen, 1980, S. 108.

37 Ausführliche Erklärung der Hogarthischen Kupferstiche, Göttingen, 1809, Bd. 11, S. 77-79 (Vermischte Schriften 11, 1853, S. 139-140).

Laurenz Lütteken

Gibt es ein musikalisches Rokoko?

Pjotr Iljitsch Tschaikowsky hätte die Frage, ob es ein musikalisches Rokoko gebe, wahrscheinlich bejaht, indem er auf seine im Dezember 1876 entstandenen *Variations sur un thème rococo* A-Dur für Violoncello und Orchester op. 33 verwiesen hätte. Auch wenn das Werk ein imaginiertes *Rokoko* betrifft, so liegt ihm doch eine feste oder wenigstens deutliche und damit verallgemeinerbare Vorstellung von dem zu Grunde, was ein *Rokoko-Thema* sei.[1] Tschaikowskys Variationen sind zwar nicht die einzige, aber doch weitgehend isolierte kompositorische Definition eines musikalischen Rokoko geblieben,[2] sieht man von strikt historistischen, besonders deutlich am Hof König Ludwigs II. von Bayern erkennbaren Bestrebungen ab, sich eine Epoche der Vergangenheit auch musikalisch dienstbar zu machen.[3] Versucht man hingegen, sich in der musikwissenschaftlichen Literatur des ausgehenden 19. Jahrhunderts einen Überblick darüber zu verschaffen, was man eigentlich unter *Rokoko in der Musik* verstanden hat, so bleibt man weitgehend auf sich gestellt. In den einschlägigen Darstellungen und Nachschlagewerken fehlen Einträge und Definitionsversuche vollständig, und diese Tendenz ist auch im 20. Jahrhundert vorherrschend: im *New Grove Dictionary of Music and Musicians* findet sich zwar ein Eintrag *Rococo*, verbunden allerdings mit dem Hinweis, ein »concept of a Rococo in music has never been seriously elaborated«.[4] In der ersten Auflage der Enzyklopädie *Die Musik in Geschichte und Gegenwart* taucht das Lemma gar nicht auf, in der zweiten lediglich mit dem Verweis auf *Empfindsamkeit*.

Eine Ausnahme bildet allein der 1935 von Ernst Bücken unternommene Versuch, nicht bloß eine musikalische *Klassik* zu definieren, sondern die ihr voraufgehende Zeit im Sinne eines teleologischen Prinzips als eine Vorgeschichte neu zu ordnen, eine Vorgeschichte mithin, die eben nicht durch den Gegensatz zum Barock geprägt ist, sondern durch eine komplizierte stilistische Gemengelage.[5] In konsequenter Analogie zur disziplinären Kunstgeschichte, aus der vor allem unter Berufung auf Heinrich Wölfflin und Alois Riegl[6] der Barockbegriff durch Curt Sachs 1919 abgeleitet und musikhistorisch nutzbar gemacht worden war,[7] hat Bücken für diese Gemengelage den Begriff *Rokoko* zu prägen versucht. Gleichwohl bleibt in seiner Darstellung der Rokoko-Begriff ungenau, er wird nicht unterschieden von den Begriffen des Empfindsamen und Galanten.[8] So nahe liegend es also war, sich auf der Grundlage des Barock-Konzepts erneut an der seit der Mitte des 19. Jahrhunderts vom *Rokoko* handelnden Kunstgeschichtsschreibung zu orientieren,[9] so wenig nützlich muss-te die indifferente Übernahme von *Rokoko* am Ende wirken.[10] Folglich ist die Bezeichnung Rokoko bis heute niemals in der Musikwissenschaft wirklich hei-misch geworden,[11] sie dient allenfalls, und das auch nur gelegentlich, einem kommerzialisierten Musikleben als Abwechslung verheißendes Schlagwort.[12]

I

Es ist freilich, und nicht nur angesichts postmoderner und dekonstruktivisti-scher Zweifel an der Möglichkeit eines historischen Kontinuums überhaupt, müßig, über den Sinn und Unsinn von Epochennamen nachzudenken, allemal dann, wenn sie im Blick auf eine bestimmte Disziplin kaum wirklich ernsthaft erwogen worden sind. Gleichwohl stellt sich die Frage, warum denn musikhis-torische Konzeptualisierungsversuche im Blick auf ein *musikalisches Rokoko* – ganz im Gegensatz zu *Barock* – bisher nahezu stillschweigend umgangen wor-den sind. Denn bei aller Kritik, die man an der musikhistorischen Adaptation von *Barock* geübt hat, konnte der Terminus sich gleichwohl durchsetzen; derje-nige des *Rokoko* jedoch nicht einmal ansatzweise. Bereits die Genese derartiger Begriffe führt dabei ein grundsätzliches Problem vor Augen. Denn die Vorstel-lung, einen geschichtlichen Verlauf prozesshaft zu begreifen und ihn zum besse-ren Verständnis in einzelne Sinnabschnitte zu teilen, ist offenbar zunächst ein kunsthistorisches Phänomen. Im Rekurs auf Jacob Burckhardt, dessen epochale *Cultur der Renaissance* von 1860, seiner Charakterisierung als *Versuch* zum Trotz, die deutliche Einschränkung implizierte, die *Kultur* sei eben vor allem eine *Kunst* der Renaissance, war vor allem Heinrich Wölfflin bestrebt, »inner-halb der Gesamtentwicklung einzelne, in sich geschlossene Entwicklungen« zu unterscheiden.[13] Unabhängig von den für diese ›geschlossenen Entwicklungen‹ gefundenen Termini bedeutete die Konstituierung von Epochen eine Heraus-forderung, die vor allem von der auf eine eigene Terminologie weitgehend ver-zichtenden Musikwissenschaft als solche verstanden worden ist.[14] Entsprechend dem neuzeitlichen System der Künste und entgegen der wissenschaftsgeschicht-lichen Tradition, Musik und Poesie als Nachfolge der artes liberales zu begrei-fen, lehnte man sich daher in der Musikgeschichtsschreibung an die Kunsthisto-riografie an. Mit Ausnahme des stets diffusen *Mittelalters* und einer zweifellos als Analagon zum kulturhistorischen Telos *Weimar* konstruierten *Wiener Klas-sik* wurden dabei vor allem drei Begriffe diskutiert: Renaissance, Barock – und eben auch Rokoko.[15]

Schon die Einführung des Namens *Barock* durch Sachs 1919 war ein mindes-tens heikler terminologischer Akt. Sie folgte einer gewissen inneren Zwangsläu-figkeit, weil seit Wölfflins Koppelung von Renaissance und Barock als komplex verflochtenes Gegensatzpaar die Übernahme des Konzepts in die nachhaltig von Burckhardt geprägte Musikgeschichtsschreibung nurmehr eine Frage der Zeit und auch der Konsequenz war.[16] Überwölbt wurde das jedoch von einem heftigen methodischen Zwiespalt, da auf diese Weise zwar die um 1900 und auch bei Curt Sachs anzutreffende Auffassung, alle Künste seien in je bestimmten Zeiten vom Geist eines Zeitalters geprägt, konzeptionellen Niederschlag gefunden hatte.[17] Andererseits stand dagegen die vor allem auf Schopenhauer zurückreichende, von Nietzsche festgeschriebene und übrigens auch für Burckhardt prägende Vorstellung, Musikgeschichte als Kompositionsgeschichte sei ein von allen anderen Kulturbereichen losgelöstes Phänomen, das überdies die Charakterzüge von einem »Spätling jeder Cultur« besitze.[18] Der Versuch, Musikgeschichte einen Sonderstatus zuzuerkennen, gleichzeitig aber im Blick auf die Nachbardisziplin das historische Kontinuum zu gliedern, hat vielfältige Aporien heraufbeschworen, die nicht nur im Barockbegriff besonders offenkundig sind.[19]

Da der Rokoko-Begriff selbst wieder auf *Barock* bezogen ist, waren alle Versuche, ein musikalisches Rokoko zu konstituieren, von vornherein derselben Problemlage ausgesetzt. Gleichzeitig verschärften sich hier immanente Schwierigkeiten, die bei einer Anlehnung an die kunsthistorische Forschung kaum lösbar waren. *Rokoko* als französisches Phänomen besaß eine große internationale Ausstrahlung, was für die französische Musik desselben Zeitraums jedoch keineswegs gilt. Andererseits zeigte sich in den Regionen, die man sichtlich vom Rokoko beeinflusst glaubte, in Süddeutschland und Österreich, gerade eine nahezu ausschließliche Dominanz italienischer Musikkultur. Und selbst im Blick auf einen komplizierten Sonderfall wie Preußen mussten musikgeschichtliche Versuche der Analogiebildung scheitern. Denn selbst wenn sich Schloss Sanssouci als *Rokoko* definieren ließ, so kam man nicht umhin, dass die bedeutende friderizianische Musikkultur vor allem italienisch geprägt war und dass die stärksten Innovationen ihrer Protagonisten, also jene Tendenzen, die man auch mit Schlagworten wie *Empfindsamkeit* belegen konnte, sich gleichsam am Hof Friedrichs vorbei, in den bürgerlichen Zirkeln Berlins ereigneten.

Diese schwierige Lage hat offenbar Analogiebildungen nach dem Muster des Barock-Paradigmas in der musikwissenschaftlichen Forschung zusätlich erschwert. Spätere Entlehnungen wie *Empfindsamkeit*, was in der musikhistorischen Literatur in bezeichnender Unschärfe gerne mit dem *galanten Stil* gleichgesetzt wird, verweisen überdies auch auf eine Abkehr vom kunsthistorischen Vorbild und auf eine Hinwendung zur Literaturwissenschaft. Da dort aber *Rokoko* stets und trotz dem definitorischen Anliegen von Alfred Anger mit großer Vorsicht, ja mit Unbehagen Verwendung gefunden hat,[20] waren konzeptionelle Entlehnungen zumindest in diesem Punkt von vornherein zum Scheitern verurteilt, zumal wenn man selbst in einer neueren Literaturgeschichte noch liest, dass sich eine musikhistorische Entsprechung zum Rokoko vor allem im Werk

Mozarts finde.[21] Kurzum: eine Vielzahl grundsätzlicher und kaum lösbarer Unwägbarkeiten scheint von Anfang an die Rede von einem *musikalischen Rokoko* erschwert, wenn nicht unmöglich gemacht zu haben – und diese wissenschaftliche Aporie hält bis heute vor.

II

Die Frage nach dem Begriff kann allerdings die nach dem Phänomen nicht ersetzen. Und so stellt sich das Problem nach wie vor: Gibt es ein musikalisches Rokoko? Zu verhandeln ist dabei nicht, ob *Rokoko* ein sinnvoller Name ist, sondern ob mit ihm ein halbwegs konsistenter Sinnzusammenhang bezeichnet ist, der auch musikhistorische Weitungen zulässt – oder eben nicht. Seiner Genese nach handelt es sich um einen kunsthistorischen Begriff, mit dessen Hilfe doch offenbar nicht bloß ein Sachverhalt konstruiert, sondern ein phänomenologischer Befund beschrieben, benannt werden sollte. Dieser Befund gründet auf der Wahrnehmung einer spürbaren, wenngleich mit dem Instrumentarium der Stilgeschichte wahrgenommenen Veränderung, die natürlich eine relativ genaue Vorstellung von *Barock* voraussetzt. Zumindest der kunsthistorische Kontext erscheint für den Außenstehenden vergleichsweise klar umrissen. Der ab 1736 nachweisbare Begriff *Rocaille* kennzeichnet zunächst eine bestimmte Dekorationsmode, die von Frankreich aus über das Medium des Kupferstichs für ganz Europa bedeutsam geworden ist.[22] In der Kunstwissenschaft ist aus dieser Beobachtung und unter den Auspizien der Stilgeschichte der Versuch erwachsen, eine eigene Epoche zu konstituieren. Als Gegenmodell gegen derlei Bestrebungen zeichnet sich bereits im Werk der Brüder Goncourt der Ansatz ab, den Terminus von einer kunsthistorisch-stilgeschichtlichen Spezialisierung zu lösen.[23] Damit war einem weichen, pragmatischen Konzept Vorschub geleistet, was bereits Fiske Kimballs Studie von 1943, vor allem aber den monumentalen Lexikon-Artikel von Hans Sedlmayr und Hermann Bauer kennzeichnet. Rokoko war hier zu einer willentlich unscharfen und folglich tendenziell auf alle Künste bezogenen Kategorie geworden.[24]

Vor diesem Hintergrund lässt sich mit *Rokoko* eine bestimmte historische Situation beschreiben, die keineswegs mehr bloß kunstgeschichtlich begrenzt ist.[25] Mehrere Kriterien erscheinen hier bedeutsam. Zunächst ist die Genese des Phänomens in Frankreich zu beobachten, mit den zeitlichen Grenzen zwischen 1720/30 und 1760/70. Der ursprüngliche Befund einer veränderten Dekoration des Rauminneren und der Fassaden von Gebäuden führt zu einer Negierung klarer Raumstrukturen, insbesondere durch die Aufhebung der strengen Grenze zwischen Wand und Decke sowie den Verzicht auf Säulenordnungen. Derartige Wandlungen verraten eine spezifische Brechung: der repräsentative Gestus wird ins Innere, ins Intime gekehrt. In einem deutlichen Vorbehalt gegen die höfisch-absolutistische Repräsentation, die nach dem Tod Ludwigs XIV. unter der Regentschaft Philippes von Orléans einsetzte und sich schließlich in der Herrschaft Ludwigs XV. in vollem Umfang entfaltet hat, wird das Vokabular dieser Repräsentation gleichsam verdeckt. Vor diesem Hintergrund wird erkennbar, dass die Raumgestaltung selbst nur Signum einer veränderten Haltung zu sehen ist, die sich auch in anderen Bereichen wiederfindet. Die neuen Themen etwa weisen diese neue Intimität in vergleichbarer Weise auf, die anakreontische Pastorale einschließlich der zahllosen erotischen Spielarten vor allem, und sie wirken von Frankreich aus in das restliche Europa.

Das, was man *Rokoko* nennt, basiert also auf einem Wahrnehmungswandel, der seinerseits in einem veränderten Verhältnis zur wahrnehmbaren Welt gründet. An die Stelle der ritualisierten höfischen Repräsentation tritt ein spielerischer Umgang mit ihr. In Zedlers *Universal-Lexicon* findet sich unter dem Eintrag *Rocaille* ein Verweis auf *Grotte* und dort 1735 wiederum die Erläuterung, es handele sich um einen Ort in einem Garten, der der Rekreation wie dem durch Spiegel herbeigeführten Spiel gelte.[26] Gerade die Aufhebung fester Konturen scheint also schon für die Zeitgenossen zentral gewesen zu sein, wenngleich, und das geht aus Zedlers Verweis auf den Park als Ort der Grotte hervor, der höfische Kontext nicht wirklich in Frage gestellt wird. Der symmetrischen Ordnung wird die willentliche Asymmetrie entgegengesetzt, die jedoch diese Ordnung nicht gänzlich aufheben, sondern sie in ein spielerisches Ungleichgewicht setzen, sie verdecken soll. Der von Zedler ins Feld geführte Spiegel mag dabei als ein besonders signifikantes Zeichen gelten. Derartige Überlegungen scheinen ab den 1920er Jahren auch die literarhistorischen Weitungen begünstigt zu haben, im Hinblick auf die anakreontischen Themen, die Betonung des Leichten und Grazilen, des Frivolen und Geistvollen sowie die intimen, zierlichen Gattungen.[27]

III

Begreift man *Rokoko* in diesem Sinne als eine weiche Kategorie, mit der bestimmte Veränderungen des früheren 18. Jahrhunderts benannt werden können, Veränderungen, für die die kunsthistorischen Befunde nicht Ursachen, sondern Symptome sind, dann erscheint es endlich auch möglich, musikhistorische Konsequenzen anzudeuten. Denn bei einem Verzicht auf den lange auch die musikologische Diskussion prägenden stilgeschichtlichen Ansatz zu Gunsten flexiblerer Kategorien wie der des Wahrnehmungswandels lassen sich bestimmte Veränderungen hier einbinden, sie werden also präziser beschreibbar. Es kann freilich nicht darum gehen, deduktiv zu verfahren, also gleichsam nach kompositorischen Analogien zum Rocaille-Ornament zu suchen. Es kann auch nur am Rande um stoffliche Parallelen gehen, also um die Bevorzugung bestimmter Themen und Texte zur Vertonung, denn diese Analogien müssten sehr oberflächlich bleiben, da genuin in der Musik Stoffe nicht verhandelt werden können. Vielmehr soll, wenn auch sehr skizzenhaft, versucht werden, einige mögliche oder tatsächliche strukturelle Parallelen aufzuzeigen. Gelingt es nämlich, ihrer wenigstens in Ansätzen habhaft zu werden, und um mehr kann es hier nicht gehen, dann könnte die Diskussion um ein musikalisches Rokoko im besten Fall einen neuen Akzent erhalten.

Zunächst wird man also auf die französische Situation um 1730 blicken müssen. Bedenkt man, dass das höfische Festspiel, vor allem die tragédie lyrique in der Prägung Lullys und Quinaults, aber auch das opéra-ballet nach dem Muster von André Campras (1660-1744) L'Europe galante (1697), in der Institution der 1669 gegründeten Académie royale de musique für einen langen Zeitraum kanonisiert worden ist, so wird man signifikante Veränderungen zumindest anfänglich und der dominierenden Stellung der Oper zum Trotz in anderen Gattungen suchen müssen. In den zwischen 1713 und 1730 in Paris erscheinenden vier Büchern Pièces de clavecin von François Couperin (1668-1733) findet sich in zunehmendem Maße eine eigentümliche Gattung, für die der irreführende Name Charakterstück geprägt worden ist. Es handelt sich um typisierte Tanzsätze, denen eigene Titel vorgeschaltet werden, schließlich sogar Personennamen, sodass der Satz zum Portrait wird (wie La Monflambert oder La Couperin). Der Tanzsatz wird damit auf eine formstiftende Funktion reduziert, während der Musik selbst die Aufgabe zukommt, einen Zeitgenossen auf möglichst geistreiche Art über das Medium der Instrumentalmusik zu portraitieren. Die Verkleinerung der Form korrespondiert mit einem Versuch, der Musik eine selbständige semantische Qualität zukommen zu lassen. Derartige Versuche einer raffinierten Brechung kompositorischer Normen blieben keineswegs auf die reine Cembalomusik beschränkt, sie finden sich etwa auch in den Pièces de viole, die der königliche Kammermusiker und Gambist Antoine Forqueray (1671/72-1745) möglicherweise in den 1730er Jahren komponiert und 1747 herausgebracht hat.[28] Und sie haben direkt auch Carl Philipp Emanuel Bach (1714-1788) beeinflusst, der in seiner ersten friderizianischen Zeit Mitglieder der Berliner Gesellschaft in Cembalostücken mit Titeln wie La Pott oder La Gleim zu charakterisieren versucht hat.[29]

Ein weiterer Aspekt sei hier bedacht. Die Entstehung einer musikalischen Öffentlichkeit über die Institution des Konzertes als einer Einrichtung, in der das ständische Privileg der Teilhabe durch das materielle der Leistung ersetzt wird, ist gemeinhin vor allem mit bestimmten Aspekten der englischen Aufklärung in Verbindung gebracht worden. Dagegen steht die 1725 in Paris durch den Komponisten Anne-Danican Philidor (1681-1728) und in der Salle des Suisse in den Tuilerien etablierte Einrichtung des Concert spirituel, des geistlichen

Konzerts. Es handelte sich um einen förmlichen Vertrag zwischen Philidor und der Académie royale de musique, zunächst beschränkt auf die Aufführung lateinischsprachiger Stücke in der Fastenzeit, zwei Jahre später aber bereits erweitert auf französich- und italienischsprachige Werke, dann auch auf Instrumentalkompositionen.[30] Die Institution selbst ist auf eindeutige Weise, und darin liegt der Unterschied zur englischen Situation, an die Träger des Ancien régime geknüpft, und folglich ist sie 1790 abgeschafft worden.

Im hier gegebenen Kontext erscheint ein bestimmter Aspekt zentral, nämlich der einer neuen Präsentation von Musik, gleichsam eines neuen musikalischen Raumes. Die Darbietung von Musik wird zu einem nicht mehr ins höfische Zeremoniell geordneten Divertissement, in dem, schon durch die Natur der Sache gegründet, gerade die nicht-repräsentativen Gattungen jenseits der Oper dominieren. Dazu gehört die konzerthafte Darbietung geistlicher Musik ebenso wie die schleichende Etablierung von Instrumentalwerken in einem neuen Kontext. Legt man eine veränderte Raumerfahrung als Epochensignum zu Grunde, nicht die Aufhebung, aber die spielerische Infragestellung von hierarchischen Ordnungen, so zeigt die Einrichtung des Concert spirituel ähnliche Tendenzen. Für Musik war ein neuer Kontext geschaffen, ein im europäischen Rahmen überdies sehr folgenreicher. In Leipzig fanden ab 1749 in der Karwoche *Concerts spirituels* statt, sechs Jahre nach der Gründung einer bürgerlichen Konzertgesellschaft; am pietistisch geprägten Ludwigsluster Hof wurden ab 1767 geistliche Konzerte in der Schlosskirche durchgeführt; und noch 1783/84, lange nach der Etablierung einer bürgerlichen Musikgesellschaft, führte Johann Friedrich Reichardt *Concert spirituels* nach Pariser Vorbild durch.

Bezeichnenderweise erlebte in den *Concerts spirituels* eine klein dimensionierte Vokalgattung ihre Blüte, die gewissermaßen genuin durch spielerische Imagination geprägt ist, nämlich die Solokantate. Sie ist bereits zu Beginn des Jahrhunderts geprägt worden, hat aber gleichwohl im Umfeld der Konzertinstitution ihren bedeutenden Aufschwung genommen. Die thematische Eingrenzung auf mythologische oder amouröse Themen scheint hier eine ebenso große Bedeutung einzunehmen wie die nochmalige formale Verkürzung auf zwei- oder dreisätziges Gebilde, die *cantaille*.[31] Auch diese Gattung ist existentiell an das Ancien régime geknüpft, mit dessen Krise sie verschwindet. Hier scheint, wie zum Beispiel in Michel Pignolet de Montéclairs (1667-1737) *Les délices champestres* für zwei Singstimmen und Basso continuo, der Eröffnung des dritten Kantatenbuches von 1728,[32] eine neue Darstellungsform zu entstehen, in der eine Szene nur imaginiert ist, die also dem musikalischen Kontext einen ganz neuen Gestaltungsspielraum lässt, einen Spielraum im wörtlichen Sinne, denn es singen zwei Hirten. Auch hier werden also tradierte Muster gewissermaßen asymmetrisch gebrochen. Übrigens ist weitgehend noch unklar, ob und in welcher Weise die französische Kantate beispielsweise nach Deutschland gewirkt hat. Die von Carl Philipp Emanuel Bach 1765 komponierte, nur dreisätzige

Kantate *Phillis und Thirsis* (H 697) mag ohne dieses fanzösische Vorbild ebenso wenig denkbar sein wie die Reihe der bisher noch kaum erforschten deutschen Kantaten von Carl Heinrich Graun (1703/04-1759).[33]

Zu den auffälligsten Tendenzen der Musik im Umfeld der *Concerts sprirituels* gehört auch die allmähliche Abkehr von hierarchisierten nationalen Stilmustern, von eindeutig zuzuordnenden *goûts*. Die Attraktion einer veränderten, mit Konventionen geistreich spielenden Wahrnehmungsweise scheint hier unmittelbar auf den kompositorischen Habitus zu wirken. Die strikte und letztlich zwar nicht allein, aber immerhin doch auch repräsentationspolitisch begründbare Dualität von französischem und italienischem goût wird im Frankreich der 1720er Jahre einer bewussten Unschärfe und Fragwürdigkeit ausgesetzt. Paradigmatisch erkennbar wird das wiederum in zwei großen Werken von François Couperin, nämlich den beiden 1724 und 1725 entstandenen Apotheose-Kompositionen, die Arcangelo Corelli (1653-1713) und Jean-Baptiste Lully (1632-1687) gewidmet sind: Auf einem imaginierten Parnass söhnen sich die gegensätzlichen Musiker gleichsam aus.[34] Die erste dieser geistreichen Apotheosen, diejenige auf Corelli, befindet sich als Anhang in einer programmatischen Sammlung von Instrumentalmusik, die bereits den ebenso faszinierenden wie irritierenden Namen trägt: *Les goûts-réünis ou nouveaux concerts*. Das als Nr. 9 gezählte *Concert* dieser Sammlung steht in E-Dur und ist mit *Ritratto dell'amore* überschrieben, also mit einem ohnehin musikfremden Titel, und weist an dritter Stelle eine *Courante françoise* auf, die jedoch – dem Titel *Les Graces* zum Trotz – gerade keinen eindeutigen französischen Habitus aufweist. Es handelt sich auch hier, nun aber innerkompositorisch, um ein raffiniert gebrochenes Spiel mit Wahrnehmungsmustern, gleichsam um die Aufhebung fester Orientierungspunkte.[35]

Dieser Aspekt, der ebenso drastisch im nachfolgenden *Gayëment* mit dem Titel *Le je-ne-Scay-quoy* begegnet, findet sich beispielsweise auch in der deutschsprachigen Diskussion wieder. Denn die Vermischung von französischem und italienischem goût ist in den 1750er Jahren, am deutlichsten wohl in Berlin und dort bei Johann Joachim Quantz (1697-1773), als erstrebenswerte Synthese definiert worden – freilich mit dem patriotischen Unterton, dass diese Synthese der *deutsche Geschmack* sei.[36] Dennoch ist die Lust an einem unscharfen, gewissermaßen synthetisierten Wahrnehmungsmuster auch in solch patriotischer Zuspitzung noch zu erkennen. Gerade in der berlinischen Diskussion erfährt dieser theoretische Ansatz zudem eine gattungsbezogene Ergänzung, die selbst so eigenwillig und konkret ist, dass sie musikgeschichtlich in hohem Maße wirksam geworden ist. Denn spätestens mit der ersten, von Karl Wilhelm Ramler 1754 herausgegebenen Sammlung *Oden mit Melodien*[37] war eine intime, kleine Gattung geprägt, die sich schon bald als genuin *deutsch* verstand. Gleichzeitig war in der klavierbegleiteten Ode ein Modell geschaffen, die bevorzugten Themen der gleichzeitigen Lyrik gewissermaßen, und durchaus überwölbt von einem differenzierten Antikenverständnis, in Musik zu fassen. Auch wenn diese Innovation in Berlin nicht vorbildlos gewesen ist, so erhält sie doch vor diesem Hintergrund ihren eigentlichen Sinn, indem sie eine eigene und wohl auch neue kompositorische Syntax ausprägt.

IV

Reduziert man den Rokoko-Begriff auf bestimmte Aspekte eines Wahrnehmungswandels, dann erschließt sich die Absicht dieser skizzenhaften Überlegungen. Es ging hier nicht darum, ein *musikalisches Rokoko* zu definieren oder auch fragwürdig zu machen. Vielmehr sollten in einigen sehr kurzen und notwendig von Frankreich ausgehenden Beobachtungen Tendenzen namhaft gemacht werden, die sich vielleicht mit dem vermitteln lassen, was man Rokoko nennt. Die Schwierigkeit solcher Strukturparallelen ist offenkundig, aber vielleicht vermag sie Grundsätzlicheres aufzuzeigen als eine bloße Analogiebildung. Die Gemengelage im 18. Jahrhundert ist kompliziert, zumal die verschiedensten Signets ziemlich unvermittelt kreisen – und gerade in der musikwissenschaftlichen Forschung lange Zeit grundlegende Vorbehalte gegen solche Vermittlung insgesamt geherrscht haben. Das 18. Jahrhundert ist das Jahrhundert von Barock und Aufklärung, von Rokoko und Empfindsamkeit, von Sturm und Drang und Klassik – also ein Jahrhundert voller in der Musikwissenschaft zumindest fragwürdiger Begriffe. Gleichwohl lassen sich Vorbehalte nicht damit begründen, dass das eine das andere ausschließt. Jean-Philippe Rameau (1683-1764) ist durch seinen *Traité de l'harmonie* von 1722 mit dem Versuch, die Melodie auf die logischen Gesetze der Harmonie zurückzuführen, sicherlich einer der entscheidenden Protagonisten dessen, was man *musikalische Aufklärung* nennen kann. Gleichzeitig partizipiert er mit seinen Charakterstücken für Clavier oder seinen *Actes de ballets* an der hier beschriebenen, mit dem Begriff *Rokoko* belegten Tendenz eines intimen Spieles mit den Wahrnehmungsmöglichkeiten von Musik bei gleichzeitiger Distanz gegenüber repräsentativen Gesten. Andererseits unterscheiden sich etwa aufklärerische Konzeptionen von Instrumentalmusik im Begründungszusammenhang so fundamental von Experimenten im Sinne der Instrumentalmusiken Couperins, dass eine Differenzierung nicht nur möglich, sondern auch notwendig erscheint.

Eine derartige Differenzierung, die vor allem Überblendungen und Vermischungen freilegen würde, macht den Umgang mit Zuordnungen nicht leichter, aber ob ein Verzicht auf die Terminologie zugleich eine konzeptionelle Innovation darstellt, muss inzwischen wieder fragwürdig erscheinen. Möglicherweise ist es produktiver, sich den alten Prägungen erneut zu stellen, – und möglicherweise liegt hierin auch eine Chance der Musikhistoriografie, deren Rokoko-

Begriff mangels fachinterner Diskussion so gut wie keine Verschleißerscheinungen aufweist. Am Anfang dieser Überlegungen stand die Frage, ob es ein musikalisches Rokoko überhaupt gibt. Der Weg, zu möglichen Antworten zu gelangen, war sicherlich verschlungen, und er ist sehr vorläufig. Gleichwohl könnte es sinnvoll sein, den Begriff im Sinne eines musikhistorischen Konzepts neu zu überdenken. Demnach gibt es gute Gründe, von einem *musikalischen Rokoko* zu sprechen – und ebenso gute Gründe, daraus nicht etwa einen Epochenbegriff abzuleiten.

Anmerkungen

1 Zum Werk vgl. Mattern, John Henry: The Tchaikovsky Rococo Variations, its Versions and Editions, Diss. Indiana Univ., 1994; Mattern diskutiert allerdings den Titel nicht und beschränkt sich auf philologische Untersuchungen.

2 Die Reihe expliziter Rokoko-Kompositionen ist anscheinend nicht sehr groß. Hier sei verwiesen auf die 1924 gedruckte *Variationensuite über ein altes Rokokothema* op. 64 für Orchester von Joseph Haas (1879-1960), die *Rokoko-Suite* von 1930 für Sopran und Klaviertrio op. 65 des langjährigen Würzburger Konservatoriumsdirektors Hermann Zilcher (1881-1948) sowie das Orchesterlied *Rokoko* von John Fernström (1897-1961). Besonders bemerkenswert ist Ernst Tochs (1887-1964) eigenwilliges Werk für Violine und Klavier *Vom sterbenden Rokoko* op. 16 von 1909. – Den Kontext solcher Werke bilden die zahlreichen ›historischen‹ Kompositionen zu Beginn des 20. Jahrhunderts, in denen der Begriff Rokoko jedoch nicht fällt. Selbst im Kontext, dies ein besonderer Brechungsgrad, von Hofmannsthals und Strauss' *Der Rosenkavalier* und *Ariadne auf Naxos* erscheint der Begriff Rokoko nicht.

3 In den 1870er und 1880er Jahren entstand im Umfeld Ludwigs II. eine Reihe von Bühnenwerken, meist Balletten, im Stil der Zeit Ludwigs XIV. und Ludwigs XV., die in der Regel in Separatvorstellungen aufgeführt wurden; dazu: Münster, Robert: König Ludwig II. und die Musik. München o.J. [1986] (= Blätter der Bayerischen Staatsoper 9/10, 1985/86; gleichz. Bayerische Staatsbibliothek. Ausstellungskataloge 36), S. 23ff.

4 Heartz, Daniel: Art. ›Rococo‹, in: The New Grove Dictionary od Music and Musicians 16, 1980, S. 85f., Zitat S. 86.

5 Bücken, Ernst: Die Musik des Rokokos und der Klassik, Potsdam, 1935 (= Handbuch der Musikwissenschaft [4]), S. 1ff.

6 Wölfflin, Heinrich: Renaissance und Barock. Eine Untersuchung über Wesen und Entstehung des Barockstils in Italien [Phil. Habil.], München, 1888 [bis 1926 vier Auflagen]; ders.: Kunstgeschichtliche Grundbegriffe. Das Problem der Stilentwicklung in der neueren Kunst, Dresden, 1983 (= Fundus-Bücher 87/88) [zuerst 1915]; Riegl, Alois: Die Entstehung der Barockkunst in Rom. Aus seinem Nachlasse herausgegeben von Arthur Burda und Max Dvořák, Wien, ²1923.

7 Sachs, Curt: Barockmusik, in: Jahrbuch der Musikbibliothek Peters 26, 1919, S. 7-15; vgl. dazu die endgültige, wenn auch nicht unkritische Festschreibung bei Robert Haas: Die Musik des Barock, Potsdam, 1929 (= Handbuch der Musikwissenschaft [3]), S. 10ff. – Sachs hat vor allem versucht, die fünf von Wölfflin 1915 entwickelten begrifflichen Gegensatzpaare (Lineares-Malerisches, Fläche-Tiefe, geschlossene-offene Form, Vielheit-Einheit, Klarheit-Unklarheit) musikhistorisch nutzbar zu machen.

8 An einer einzigen Stelle geht Bücken nochmals ausführlicher auf den Rokoko-Begriff ein, nämlich bei der Diskussion von T. Remond de Saint-Mards *Réflexions sur l'opera* von 1741, die er kommentiert:»Hier spricht sich ein echter Geist des Rokoko aus, der sich auf die Natur als den Urgrund dieser neuen Kunstregeln beruft, damit aber nur dartut, daß die alten Schlagworte der Ästhetik in einem neuen Sinne ausgedeutet wurden« (Bücken: Die Musik des Rokokos und der Klassik (wie Anm. 5), S. 52).

9 Der früheste Beleg stammt aus dem Jahre 1842, aus dem *Dictionnaire de l'Académie française*; vgl. Sedlmayr, Hans/ Bauer, Hermann: Art. ›Rococo‹, in: Encyclopedia of World Art 12, 1967, Sp. 230-274, hier Sp. 231f. (Der grundlegende Aufsatz wurde übersetzt und als Buch nachgedruckt: Hermann Bauer u. Hans Sedlmayr: Rokoko. Struktur und Wesen einer europäischen Epoche, Köln, 1992).

10 Solche Indifferenzen finden sich bereits andernorts vorgeprägt. Im Riemann-Musiklexikon findet sich zwar kein Lemma ›Rokoko‹, wohl aber ein Hinweis unter ›Galanter Stil‹; er sei »im 18. Jahrhundert eine beliebte Bezeichnung für den sich nicht an eine bestimmte Anzahl durchgeführter Stimmen bindenden Rokoko-Klavierstil« (Riemann, Hugo: Musik-Lexikon, Berlin, 1922, S. 399). Derartig tautologisches Vorgehen findet sich sogar noch 1983, wo ›Rokoko‹ und ›galanter Stil‹ ebenso nichtssagend wie wenig hilfreich parallelisiert werden (Rummenhöller, Peter: Die musikalische Vorklassik. Kulturhistorische und musikgeschichtliche Grundrisse zur Musik im 18. Jahrhundert zwischen Barock und Klassik, München, 1983, S. 13ff.).

11 Die wenigen konzeptionellen Versuche haben bisher die Diskussion nicht beleben können; neben Jean Weisgerber (Mentalité et esthétique: L'exemple rococo. De la frivolité à la grâce, in: Musique et société. Hommages à Robert Wangermée, Brüssel, 1988, S. 71-91), wo allein ein überdies problematischer kulturgeschichtlicher Kontext entfaltet wird, beschränkt sich Manuel Couvreur (Les cristpations théoriques du merveilleux comme hypothèse du livret de tragédie en musique ›rococo‹, in: Études sur le XVIIIe siècle 18, 1991, S. 35-45) nur auf librettistische Aspekte. Rudolf Pečman (Zum Begriff des Rokokostils in der Musik, in: Muzikoloski zbornik 9, 1973, S. 5-34) bleibt auf eine rein stilgeschichtliche Ebene konzentriert.

12 Offenbar existieren selbst kommerzielle Vorbehalte gegenüber dem Rokoko-Begriff, der gerne in direkter Entsprechung zur Architektur verwendet wird (eine 1985 im Christophorus-Verlag veröffentlichte Aufnahme mit Orgelmusik aus der Wieskirche trägt den Titel *Heiteres Rokoko*) – oder als bloßer Beiname von Ensembles.

13 Wölfflin: Kunstgeschichtliche Grundbegriffe (wie Anm. 6), Vorwort zur 6. Auflage (1922), S. 7-9, hier: S. 8.

14 In seinem fünfbändigen *Handbuch der Musikgeschichte*, dessen Kondensat als *Kleines Handbuch der Musikgeschichte* erstmals 1907 erschien, verzichtet Hugo Riemann – bezeichnenderweise mit Ausnahme des Renaissance-Begriffes – noch gänzlich auf kunsthistorisch geprägte Termini; das dort eingeführte Vokabular (wie *Generalbaß-Zeitalter*) erweist sich jedoch angesichts einer vollkommen veränderten historiografischen Grundlage unter ganz anderen Gesichtspunkten als problematisch.

15 Die Romantik bildet hier insofern ein Sonderproblem, als zwar literarische und musikalische Begriffsbildung um 1800 zusammenfallen, aber eben im Blick auf einen Zeitraum der Gegenwart, den es zu benennen galt. Die Parallelen zwischen kunsthistorischer und musikwissenschaftlicher Begriffsbildung werden für die Zeiten um und nach 1900 wieder enger (Impressionismus, Neoklassizismus, Neue Sachlichkeit etc.).

16 Zur Genese des Begriffs vgl. auch Blume, Friedrich: Art. ›Barock‹, in: MGG 1, 1949, Sp. 1275-1338, hier: Sp. 1278ff.

17 Sachs, Curt: Kunstgeschichtliche Wege zur Musikwissenschaft, in: Archiv für Musikwissenschaft 1, 1918/19, S. 451-464.

18 Nietzsche, Friedrich: Menschliches, Allzumenschliches. Ein Buch für freie Geister. Bd. II, kritische Studienausgabe, hg. v. Giorgio Colli und Mazzino Montinari, Berlin, ²1988, S. 367-704, hier: S. 450.

19 Das von Guido Adler konzipierte und 1924 erstmals veröffentlichte *Handbuch der Musikgeschichte* zeigt diese Problemlage deutlich. In der vor allem gattungsbezogenen Darstellung spielt die begriffliche Gliederung keine Rolle, während sie in Adlers einleitender »Periodisierung der abendländischen Musik« ausdrücklich namhaft gemacht wird, nicht nur hinsichtlich des Barock: »Und auch das Rokoko findet ein Widerspiel in der Tonkunst: die feine, elegante Richtung, die von Frankreich ausgegangen war und sich gleichzeitig neben dem Hochbarock ausbreitete. Noch die Wiener Klassiker zeigen in den ersten Stadien eine gewisse Zugehörigkeit« (Adler, Guido: Periodisierung der abendländischen Musik, in: Ders. (Hg.): Handbuch der Musikgeschichte, Bd. 1, Die Musik der Natur- und orientalischen Kulturvölker. Erste Stilperiode. Zweite Stilperiode, Berlin-Wilmersdorf, 1930, Nachdruck: München, 1975, S. 68-71, hier: S. 70). Konsequenzen für die Darstellung ergeben sich daraus jedoch nicht.

20 Vgl. Anger, Alfred: Literarisches Rokoko, Stuttgart, 1962.

21 Jørgensen, Sven Aage/ Bohnen, Klaus/ Ohrgaard, Per: Aufklärung, Sturm und Drang, Frühe Klassik, München, 1990 (= Geschichte der deutschen Literatur 6), S. 140.

22 Tavernier, Ludwig: Art. ›Rococo‹, in: Dictionary of Art 26, 1996, S. 491-499, hier: S. 491.

23 Huot, Jules/Huot de Goncourt, Edmond: L'art du XVIIIe siècle. 3 Bde. Paris, 1874.

24 Kimball, Fiske: The Creation of the Rococo, New York, 1943; Sedlmayr/Bauer: Rokoko (wie Anm. 9), v.a. Sp. 232ff.

25 Die eher essayistische Studie von Micaela von Marcard (Rokoko oder das Experiment am lebenden Herzen. Galante Ideale und Lebenskrisen, Hamburg, 1994 (= Rowohlts Enzyklopädie 470)) muss hier allerdings als zu unspezifisch erscheinen.

26 Zedler, Johann Heinrich: Grosses vollständiges Universal-Lexicon aller Wissenschaften und Künste, welche bißhero durch menschlichen Verstand und Witz erfunden und verbessert worden [...]. Bd. 11, Halle, 1735, Sp. 1094f.

27 Vgl. hier etwa: Perels, Christoph: Studien zur Aufnahme und Kritik der Rokokolyrik zwischen 1740 und 1760, Göttingen, 1974, S. 9ff.

28 Forqueray, Antoine: Pièces de viole, composées par Mr. Forqueray le père, Paris, 1747. Reprint: Genf, 1976; gemeint ist hier die *Chaconne La Morangis ou La Plissay*.

29 Edler, Arnfried: Das Charakterstück Carl Philipp Emanuel Bachs und die französische Tradition, in: Birtel, Wolfgang/Mahling, Christoph-Hellmuth (Hg.): Aufklärungen. Studien zur deutsch-französischen Musikgeschichte im 18. Jahrhundert – Einflüsse und Wirkungen, Bd. 2, Heidelberg, 1986, S. 219-235; Berg, Darrell M.: C.P.E. Bach's Character Pieces and his Friendship Circle, in: Clark, Stephen L. (Hg.): C.P.E. Bach Studies, Oxford, 1988, S. 1-32; vgl. die Edition von Hogwood, Christopher: Carl Philipp Emanuel Bach. 23 Pièces Characteristiques for Keyboard, Oxford, 1989.

30 Vgl. Pierre, Constant: Histoire du Concert spirtuel, 1725-1790, Paris, 1975 (= Publications de la Société française de musicologie 3/3) [entstanden 1900].

31 Die Form der Diminution betrifft auch die größeren Vokalgattungen, so etwa in der Verkleinerung des repräsentativen opéra-ballet zum acte de ballet.

32 de Montéclair, Michel Pignolet: Cantates a une et a deux voix avec simphonie. Troisième livre, Paris, 1728. Neuausgabe: Anthony, James R./Akmajian, Diran: Cantatas for one and two voices, Madison, 1978, S. 1-15.

33 Die Titel (wie *Amyntas und Sylvia* oder *Hans und Hannchen*) legen eine solche Verbindung zumindest nahe, wenngleich sie derzeit noch Spekulation bleiben muss.

34 Le Parnasse, ou L'apothéose de Corelli. Grande Sonade en trio, Paris, 1724; Concert instrumental sous le titre d'Apotheose, Composé à la mémoire immortelle de l'incomparable Monsieur de Lully, Paris, 1725; beide Werke ediert bei: Couperin, François: Œuvres complètes. Ser. 4. Musique de chambre 4, hg. v. Gastoué, Amédée/Gilbert, Kenneth/Moroney, Davitt, Monaco, o.J. [1992], S. 23-44 u. 45-84.

35 Couperin, François: Les Goûts-réünis ov Nouveaux Concerts a l'usage de toutes les sortes d'instrumens de Musique [...], Paris, 1724; ediert in: Couperin, François: OEuvres complètes. Ser. 4. Musique de chambre 2. Les goûts-réünis, hg. v. Schaeffner, André/Gilbert, Kenneth/Moroney, Davitt, Monaco, o. J. [1988], S. 70-89, hier: S. 76f.

36 Quantz, Johann Joachim: Versuch einer Anweisung die Flöte traversiere zu spielen; mit verschiedenen, zur Beförderung des guten Geschmacks in der praktischen Musik dienlichen Anmerkungen begleitet, und mit Exempeln erläutert. Nebst XXIV. Kupfertafeln, Berlin, 1752. Reprint der Ausgabe Berlin, 1752, München, 1992 (= dtv/Bärenreiter 4900), S. 332f.

37 Ramler, Karl Wilhelm (Hg.): Oden mit Melodien, Berlin, 1753; der zweite Band erschien 1755.

Carolin Fischer

Ästhetische Diskussion in frivolem Rahmen: Die literaturtheoretische *Querelle* in Diderots *Bijoux indiscrets*

Wenn in diesem Kontext von Diderots *Bijoux indiscrets* die Rede sein wird, so stellt sich zunächst die Frage, ob es sich dabei um einen Text des Rokoko handelt. Auf diese Frage lässt sich aber schon deshalb nur schwer eine Antwort finden, weil der Begriff des *rococo* in der französischen Literaturgeschichtsschreibung lediglich vereinzelt auftaucht und grundsätzlich nicht als Bezeichnung einer literarischen Epoche verwendet wird.[1] Vielmehr ist *rococo* in Frankreich ein Kunst- und Dekorationsstil, der *grosso modo* in die Regierungszeit von Louis XV fällt, weshalb sehr viel häufiger vom *style Louis XV* gesprochen wird, um Mobiliar, anderes Kunsthandwerk oder die bildenden Künste der Epoche zu charakterisieren. Nun schrieb und publizierte Diderot die *Bijoux indiscrets* um die Jahreswende 1747/48, also mitten in dieser Epoche, wenn nicht sogar auf ihrem Höhepunkt.

Der frivole Rahmen

Frivol ist allein schon die Entstehungsgeschichte dieses Buches. Den überlieferten Gerüchten zufolge hatte der Autor mit seiner *maîtresse* Madame de Puisieux gewettet, dass er in nur vierzehn Tagen einen Roman à la Crébillon *fils* zu Stande bringen würde. Ob literarischer Ehrgeiz oder pekuniäre Sorgen der Auslöser waren, lässt sich heute nicht mehr sagen. Wir wissen hingegen, dass die Dame die eigentliche Gewinnerin war, da Diderot ihr die 1200 livres schenkte, die Durand ihm für das schnell geschriebene Manuskript zahlte.[2]

Die Hauptrollen in diesem Roman spielen Louis XV und Madame de Pompadour, allerdings sind beide wie die gesamte Szenerie in ein exotisches Gewand gehüllt. Der afrikanische Herrscher namens Mangogul langweilt sich furchtbar, weshalb sein guter Geist ihm einen Ring als Remedium überreicht, der dreierlei magische Kräfte besitzt: Zum einen bringt er seinen Träger an jeden beliebigen Ort, zum anderen macht er ihn auf Wunsch unsichtbar; wichtigste Fähigkeit dieses Zauberrings ist es aber, die *lower lips* einer jeden Dame, auf die er gerichtet wird, zum Sprechen zu bringen. Dabei stellt sich heraus – wie sollte es auch anders sein –, dass die Frauen wollüstige, lasterhafte Geschöpfe sind, selbstverständlich mit einer Ausnahme: Mirzoza, der Geliebten Mangoguls.

Die »métaphysique du cœur«, die »anatomie de l'âme«, die D'Alembert im *Discours préliminaire* der *Encyclopédie* benennt, werden hier zu einer Psychologie der *bijoux*, zur Anatomie weiblichen Begehrens. Die Misogynie des Textes wird jedoch durch die Protagonistin konterkariert, da Mirzoza als Stimme der Vernunft häufig Meinungen vertritt, die denjenigen Diderots recht nahe stehen, wohingegen der Held keineswegs als Sympathieträger gestaltet ist. Auch handelt es sich trotz der explizit sexuellen Thematik nicht um einen Roman, der darauf angelegt wäre, die Libido seiner Leserinnen und Leser zu stimulieren, denn nicht die Sinnenlust, sondern die Bewertung konkreter Verhaltensweisen steht im Zentrum. Darüber hinaus hemmen der ironische Grundton sowie die satirische oder gar negative Beschreibung intimer Begegnungen eine mögliche Erregung des Publikums.

Mirzoza selbst bezeichnet sich als »femme tendre«, als eine Frau, »qui a aimé sans que son bijou parlât, ou [...] dont le bijou n'a jamais parlé qu'en faveur du seul homme qu'elle aimait«.[3] Obwohl der Begriff der »tendresse« bei Diderot äußerst positiv belegt ist,[4] liefert der Autor für die Tugend der hübschen, jungen Frau eine wenig schmeichelhafte Erklärung. Es ist keineswegs eine ausgeprägte Sittlichkeit, die die relative Verschwiegenheit ihres *bijou* begründet; vielmehr ist sie mit nur »peu de tempérament« (35) ausgestattet.

Eng mit diesem Handlungsfaden verwoben finden wir Gespräche zu den verschiedenen Themen der Zeit, die in ihrer Vielschichtigkeit auf Diderots enzyklopädische Interessen verweisen;[5] schließlich hatte er am 16. Oktober 1747, also unmittelbar vor der Niederschrift des Romans, den Vertrag über die *Encyclopédie* unterzeichnet. So ist es letztendlich nicht erstaunlich, dass in diesem frivolen Kontext die Akademien, der Sitz der Seele, die Theorie der Schwerkraft, die Pensionen, die Rolle des Amtsadels, die »toilette des femmes«, die Spielleidenschaft, die Rechtsprechung, das Fehlverhalten des Klerus, die Vorstellung von Moral als gesellschaftlicher Konvention, die Oper, die Komödie sowie die Literatur behandelt werden. Letzterer ist ein ganzes Kapitel gewidmet, eines der längsten und nach Wilson das beste des ganzen Buches,[6] dessen Analyse im Mittelpunkt der folgenden Überlegungen stehen wird. Dazu scheint es zunächst wichtig, diese Diskussion im Roman zu situieren. Es handelt sich um das 38. Kapitel, den »Entretien sur les lettres«, dem eine Reihe anderer zentraler Überlegungen vorangehen. Im 29. und 30. Kapitel hatte Mirzoza ihre skurrile Theorie vom Sitz der Seele entwickelt, die bei Neugeborenen in den Füßen sitze, um während der folgenden Jahre im Körper immer höher zu wandern. Das 32. Kapitel trägt die Überschrift: »Le meilleur peut-être et le moins lu de l'histoire. Rêve de Mangogul dans la région des hypothèses.« Der erste Teil dieses Titels verweist eindeutig auf *Le Sopha* von Crébillon.[7] Gleichzeitig zieht er die Aufmerksamkeit des Lesers auf einen Abschnitt, in dem Diderot vehement für die »expérience«, also den Empirismus eintritt: Im Traum sieht Mangogul die »expérience«, die mit einer Fackel in der Hand auftritt – wir sind im *Siècle des Lumières* –, Platon in die Flucht treibt und den Tempel der Hypothesen zum Einsturz bringt.[8] Zwar versteckt sich der Autor scheinbar hinter seinem Erzählduktus (Traum, Allegorie), doch ist sein Plädoyer nur allzu deutlich.[9] Schließlich ist die gesamte Struktur des Romans, die durch die mehr als dreißig Ringproben[10] vorgegeben ist, ein Paradebeispiel für die empirische Methode, mit der hier eine eigentlich moralische Hypothese (die Tugendhaftigkeit der Frauen) überprüft und falsifiziert wird.[11] Nachdem also der ›neuen‹ Methode des Wissenserwerbs eine Lanze gebrochen wurde, ist der Weg für neue ästhetische Überlegungen gebahnt.

Die Tragödie, die in der Mitte des 18. Jahrhunderts noch unangefochten als höchste Gattung galt, nimmt folgerichtig im *Entretien sur les lettres* eine zentrale Rolle ein. Gewissermaßen zur Einstimmung wird auf den voranstehenden Seiten die Aufführungspraxis kritisiert, wobei sich die Kritik vor allem gegen die Schauspieler richtet.[12] Da das Publikum in erster Linie ihnen seine Gunst schenke, seien die Autoren gezwungen, »les pièces pour les acteurs« (193) zu schreiben; daraus resultiere der unerträgliche Hochmut der Darsteller. Der ›Starkult‹ des Publikums wird anhand eines spezifischen Beispiels verurteilt: Mitten im Stück richtet der Fürst seinen Ring auf eine Zuschauerin namens Eriphile, der es daraufhin entfährt: »Ah! ... ah!... finissez donc, Orgogli... vous m'attendrissez trop... Ah!... ah! On n'y tient plus...« (194).[13] Wie wenig Eriphiles »attendrissement« mit Empfindsamkeit zu tun hat, kommt allein darin zum Ausdruck, dass diese Worte nicht aus ihrem Mund erklingen. Außerdem entsprechen die mit Auslassungspunkten verbundenen Satzfetzen exakt dem Muster, nach dem die verbalen Äußerungen der Liebespaare im Augenblick höchster sinnlicher Lust in den zeitgenössischen Romanen gestrickt sind.[14] Folgerichtig trifft die Dame nach der Aufführung den Schauspieler mit dem beredten Namen (»orgoglio« ist der italienische Ausdruck für »Stolz«) zum Tête-à-tête. Dies ist ein Gegenstück zu den in der literarischen Darstellung verbreiteten Liebeleien zwischen wohlhabenden Herren und den *filles d'Opéra*. Dabei wird weibliches Verhalten traditionell anders gewertet als männliches, und gerade die Vorliebe von Damen für Schauspieler galt seit der Antike als besonders verwerflich.[15] Entscheidend ist in diesem Kontext jedoch nicht die Frauenschelte, sondern der in dieser Szene erbrachte ›Beweis‹, dass die Zuschauer Theaterstücke nicht nach deren literarischer Qualität beurteilen.

Um eben diese Qualität dreht sich der *Entretien sur les lettres*, den Lessing im 84. und 85. Stück der *Hamburgischen Dramaturgie* seitenlang in deutscher Übersetzung zitiert. Man wundert sich, dass Lessing einem solchen Roman offensichtlich große Bedeutung beigemessen hat. Allerdings scheint sein Interesse sich ausschließlich auf die zitierte Passage zu beziehen, denn er schreibt: »Es ist eben so gut, wenn die wenigsten von meinen Lesern dieses Buch kennen. Ich

111

will mich auch wohl hüten, es ihnen weiter bekannt zu machen, als es hier in meinen Krame dienet.«[16] Trotz seiner manifesten Vorbehalte gegen die *Bijoux indiscrets* erkennt Lessing, dass Diderot bereits hier Elemente seiner Poetik entwickelte, die er knapp zehn Jahre später in den *Entretiens sur le Fils naturel* sowie in *De la poésie dramatique* formulieren wird.

Aber er tat es in einem Buche, in welchem man freilich dergleichen Dinge nicht sucht; in einem Buche, in welchem der persiflierende Ton so herrschet, daß den meisten Lesern auch das, was guter gesunder Verstand darin ist, nichts als Posse und Höhnerei zu sein scheinet. (619)

Die Mischung aus »gutem gesunden Verstand« und Frivolität, ja sogar Sinnlichkeit hält Lessing demnach für gleichermaßen kurios wie ungewöhnlich – eine Einstellung, der wir auch heute noch begegnen.[17] In der französischen Literatur der Zeit ist sie allerdings so stark verbreitet, dass wir vielleicht gerade darin ein Stilmerkmal eines literarischen Rokoko in Frankreich erkennen könnten. Zwei Gründe scheinen ausschlaggebend dafür zu sein, dass der Begriff *rococo* im aktuellen literaturwissenschaftlichen Diskurs Frankreichs keine Rolle spielt. Zum einen wird gerade jener Gattung so gut wie keine Aufmerksamkeit geschenkt, die maßgeblich zur Entstehung des literarischen Rokoko in Deutschland beigetragen hat: der Lyrik und speziell der *poésie fugitive*.[18] Dieses Desinteresse liegt auch darin begründet – und dies ist das zweite und entscheidende Argument –, dass in Frankreich der Blick auf das 18. Jahrhundert stets der Blick auf das *Siècle des Lumières* ist, weshalb die Ideen, also das aufklärerische Gedankengut im wesentlichen die Auseinandersetzung mit den Werken der Zeit bestimmen. Dieser Blick wird in der Tat durch die Mehrheit der Texte geradezu provoziert, sorgt dann aber wiederum dafür, dass die anderen – zu denen die Lyrik gehört – weitgehend durchs Raster fallen.

Hingegen rückte der literarische Untergrund in den vergangenen Jahren verstärkt in den Mittelpunkt des Interesses, wozu die Arbeiten von Robert Darnton entschieden beigetragen haben. In den Statistiken der verbotenen Bestseller, die er zusammengestellt hat, finden wir unter den *livres philosophiques* zahlreiche erotische Werke.[19] Die meisten von ihnen verknüpfen – wie die *Bijoux indiscrets* – Pornografisches mit aufklärerischem Gedankengut. Die Verbindung von Rationalität und sexueller Sinnlichkeit ist aber keineswegs auf die so genannte Pornografie beschränkt. Auch in den galanten Romanen Crébillons findet Verführung durch Appelle an die Vernunft statt (*La nuit et le moment*), wenn nicht ein junger Mann im Überschwange erster Herzensregungen durch theoretische Diskurse zur Räson gebracht wird (*Les égarements du cœur et de l'esprit*). Selbst die Haremsszenen, die Montesquieu scheinbar nur als Divertissement in die *Lettres persanes* eingestreut hat, transportieren zwei wichtige Botschaften: Zum einen zeigen sie sexuelle Unterdrückung als eine grausame Form des Despotismus, die früher oder später in der Katastrophe endet, zum anderen sind sie der Beleg dafür, dass man bei aller Scharfsicht für fremde Unsitten die eigenen nicht erkennt.[20] Weitgehend übersehen wurde bislang auch der Sinngehalt der erotischen Elemente in Voltaires *Contes philosophiques*, die mehr sind als nur pikante Beigaben. Schließlich ist es ein Kuss, der Candide aus seinem westphälischen Paradies vertreibt, und das ganze Unglück des Ingénu liegt in der Liebe zu seiner Taufpatin begründet, die er aus kanonischen Gründen nicht ehelichen darf. Bei Beaumarchais hingegen transportieren Liebesdramen so deutliche Zeitkritik, dass Figaro am Ende singen kann: »Et Voltaire est immortel!«

Diese wenigen Beispiele belegen – wenn auch nur flüchtig –, dass in der französischen Literatur Sexualität und aufklärerisches Denken in den verschiedenen Gattungen über viele Jahrzehnte miteinander verquickt sind. Aram Vartanian geht im Falle Diderots sogar davon aus, »[que] les divers thèmes érotiques ont collaboré à la formation, voire à la formulation, de sa pensée philosophique«.[21] Besteht nicht also die Möglichkeit, gerade diese Verbindung zweier nur scheinbar disparater Elemente – eine Verbindung, die Lessing befremdete, die aber im Zeitalter des Sensualismus, als Sinneseindrücke die Grundlage jeglicher rationalen Erkenntnis bildeten, nur konsequent war[22] – als Merkmal eines französischen Rokoko für die literaturwissenschaftliche Debatte fruchtbar zu machen?

Die ästhetische Debatte

Es ist nicht einmal nötig, die *Bijoux indiscrets* als ein Erzeugnis des literarischen Rokoko zu betrachten, um die vielen Modeerscheinungen der Epoche, die hier thematisiert werden, zu bemerken; allen voran Exotismus und Frivolität. So sind die zahlreichen Anspielungen im 38. Kapitel in ein afrikanisches Gewand gehüllt, durch das die wahre Gestalt aber meist deutlich hindurchscheint. Dieses Kapitel wird zunächst aus dem Handlungsfluss herausgehoben. Mirzoza will sich für vierzehn Tage aus der Gesellschaft zurückziehen, da sie von der Sittenlosigkeit ihrer Geschlechtsgenossinnen angeekelt ist. Sie beschließt, nur ihren Gebieter sowie Ricaric und Sélim bei sich zu empfangen: »Quand je serai lasse de l'érudition de mon lecteur [Ricaric], votre courtisan [Sélim] me réjouira des aventures de sa jeunesse.« (195) Diese Gegenüberstellung von »érudition« und »jouissance« erinnert an das »prodesse et delectare«, die zentrale Forderung, die Horaz in seiner Poetik aufgestellt hat.

Unter diesen Vorzeichen beginnt der *Entretien sur les lettres*, dem eine Charakterisierung der Favoritin vorausgeht, was uns an dieser Stelle eigentlich verwundert, denn wir konnten sie auf den rund 200 voranstehenden Seiten bereits recht gut kennenlernen. Sie besticht durch »beauté et esprit«, sodass es niemand übel nimmt, von ihr ins Unrecht gesetzt zu werden. Der Wechsel von belanglosen Spielen (»biribi«) zu ernsthaften Gesprächen gelingt ihr ohne weiteres. »On voyait sur sa toilette, entre les diamants et les pompons, les romans et les pièces fugitives du temps« (195). Dieses charmante Durcheinander evoziert sofort entsprechende Bilder Bouchers, sei es *La Toilette* (1742, Sammlung Thyssen-Bornemisza), sei es *La marchande de mode, ou Le matin* (1746, Stockholm, Nationalmuseum) oder die elegante Unordnung auf dem grazilen Schreibtischchen der *Madame de Pompadour* (1756, München, Alte Pinakothek), auf dem sich Bücher mit Rosen paaren. Raffiniert schafft Diderot mit wenigen Sätzen ein Rokoko-Ambiente, bevor er die weiteren Gesprächsteilnehmer vorstellt.

Sélim ist bereits genügend charakterisiert worden als ein Höfling, der durch Erzählungen seiner »aventures de jeunesse« zu erfreuen weiß.[23] Ricaric hingegen ist *académicien*, hochgebildet, »profond dans les connaissances des siècles passés« (197). Sein »attachement pour les règles anciennes« wird allerdings negativ bewertet, indem der Autor ihn beschuldigt, die Regeln ständig zu zitieren und »une machine à principes« zu sein. Seine Homer-Übersetzung erhält zwar Lob, doch klingen bei der Beschreibung des kritischen Apparates ironische Untertöne mit. Vieles weist darauf hin, dass sich hinter Ricaric Antoine Houdar de la Motte verbirgt, der ebenfalls »deux tragédies [...] et quelques opéras« (198) geschrieben hat, allerdings ein Verfechter der literarischen ›Moderne‹ war. Außerdem war seine Fassung der *Ilias* alles andere als philologisch exakt. Er hatte im Jahre 1714 die Übersetzung der Gräzistin Madame Dacier aus dem Jahre 1699 stark gekürzt, in Reime gefasst, also dem Zeitgeschmack angepasst und damit die *Querelle des Anciens et des Modernes* erneut entfacht.

Durch dieses Vexierspiel von Übereinstimmungen und Differenzen nimmt Diderot dem Leser die Möglichkeit, die Position des Erzählers nachzuvollziehen. Um genau zu erkennen, wie geschickt er in diesem Kapitel die Standpunkte der Parteien in der ästhetischen Debatte miteinander verflechtet und dabei zentrale Elemente seiner eigenen Dramenpoetik bereits hier formuliert, müssen wir die Entwicklung der Diskussion zwischen den einzelnen Figuren genau am Text entlang verfolgen.

Zunächst treibt der Autor die Verwirrung noch weiter, indem er Ricaric – der eigentlich als *Ancien* eingeführt worden war – voller Inbrunst einen *discours académique* deklamieren lässt, der die Größe Mangoguls preist. Hier nun erkennen wir eine deutliche Anspielung auf das *Siècle de Louis le Grand*, ein Gedicht, das Perrault am 27. Januar 1687 anlässlich der Genesung des Monarchen vor der Académie française vorgetragen und mit diesem Plädoyer für die zeitgenössischen Künste die *Querelle* ausgelöst hatte.[24] Mangogul seinerseits goutiert die Lobeshymne gar nicht, denn es stört ihn, auf Kosten seiner Ahnen erhöht zu werden:

Pour prouver que Mangogul est d'une taille aussi avantageuse qu'aucun de ses prédécesseurs, à votre avis, est-il nécessaire d'abattre la tête aux statues d'Erguebzed et de Kanoglou? (199)

Hierin können wir einen klaren Bezug auf die Auseinandersetzung zwischen *Anciens* und *Modernes* erkennen, die sich immer wieder über die Größe, d.h. die Qualität und Bedeutung der antiken Autoren stritten. Mangoguls Äußerung verweist demnach auf die moderate Position, dass die Leistungen der Alten durchaus anzuerkennen sind, ohne dass man sie deshalb zu unübertrefflichen Vorbildern stilisieren müsste.

Mehr noch als der Inhalt missfällt ihm das hohle Pathos des Redners. Die Definition der Redekunst als »l'art de parler de manière noble, et tout ensemble agréable et persuasive« ergänzt er durch ein knappes: »Ajoutez, et sensée« (198). Wenn er verlangt, den »bon sens« zu respektieren, verweist er auf die Belanglosigkeit einer literarischen Produktion, die zu reinem Wortgeklingele oder -gedonnere verkommen ist. Dem eingeweihten Leser wird klar, dass Diderot hier gleichermaßen die Vertreter der *Anciens* wie der *Modernes* kritisiert. Dabei gelingt es ihm, eine moderate Mittelposition einzunehmen, indem er die Diskussion fiktionalisiert, da keine seiner Figuren eine eindeutige Position im Sinne einer der beiden Parteien einnimmt. Ein besonderes Gewicht erhält das Plädoyer für den *bon sens*, da es von der Figur des Monarchen vorgetragen wird, der sich gegen jede Form der übertriebenen Lobrede wendet.

Nachdem der *discours académique* im wahrsten Sinn des Wortes ›erledigt‹ ist, wenden sich die Gesprächspartner der nächsten Gattung zu, der Tragödie. Genau an dieser Stelle setzt das lange Zitat aus den *Bijoux* in der *Hamburgischen Dramaturgie* (620-626) ein. Ricaric lobt den *Tamerlan* von Tuxigraphe: »C'est le pathétique d'Eurisopé et l'élévation de d'Asophe. C'est l'antiquité toute pure.« (199) Welches Stück sich hinter dem *Tamerlan* versteckt, lässt sich nicht mit Sicherheit bestimmen.[25] Eindeutig und bedeutsam sind hingegen die Bezüge auf die beiden antiken Autoren, mit denen Euripides und Sophokles gemeint sind. Die Tragödie wird demnach wegen ihrer getreuen Nachahmung antiker Vorbilder (»l'antiquité toute pure«) positiv bewertet. Mirzoza ist etwas differenzierter in ihrem Urteil: »j'ai trouvé, comme vous, l'ouvrage bien conduit, le dialogue élégant et les conventions observées«. (199) Der Zusatz »comme vous« ist reine Rhetorik, denn Ricaric hatte nichts Entsprechendes geäußert. Schließlich sind diese drei Merkmale weniger Kennzeichen des antiken Dramas als vielmehr des klassischen französischen Theaters, zumindest in seiner Idealform. Betont werden die stringente Handlungsführung, die gelungenen Alexandriner der Dialoge sowie die *bienséance*. Die Favoritin scheint hier und im Weiteren für das antike Theater, die Boileausche Poetik, kurzum für die *Anciens* Partei zu ergreifen. Doch unter diesem scheinbar unverdächtigen Deckmäntelchen äußert sie, wie wir im Folgenden sehen werden, geradezu revolutionäre Vorstellungen.

Als Beleg für die Vorzüglichkeit der antiken Autoren führt sie – in verschlüsselter Form – den *Philoktet* des Sophokles an. Zuvor hatten Ricaric und Sélim in einem kurzen Schlagabtausch die zentralen Positionen beider Parteien wiederholt, wobei Sélim darauf besteht, dass es keine andere Regel als die »imitation de la nature« gebe, und schließlich das berühmt gewordene Argument ins Felde führt, dem zufolge die zeitgenössischen Autoren auf den Schultern ihrer gewaltigen Vorgänger sitzen und deshalb weiter sehen können als diese. An dieser Stelle nun schaltet die Favoritin sich in das Gespräch ein, um die Vorzüge des *Philoktet* zu loben. In ihrem Elan scheut sie nicht einmal davor zurück, das Stück zu Gunsten ihres Ideals grob zu verfälschen, wenn sie nämlich behauptet: »les dénouements n'y sont pas forcés« (201). Tatsächlich kann die vertrackte Situation am Ende nur durch das Auftreten des Herkules als *deus ex machina* gelöst werden, also keineswegs durch die logische Entwicklung der Handlung.[26] Ob diese wirklich »noble« ist und die Dialogführung »simple et fort voisin du naturel«, mag dahingestellt sein. Festzuhalten bleibt, dass Mirzoza ihre Vorstellung des Dramas an einer antiken Tragödie festmacht. Im Mittelpunkt steht für sie die Illusion des Zuschauers: »Je sais encore que la perfection d'un spectacle consiste dans l'imitation si exacte d'une action, que le spectateur, trompé sans interruption, s'imagine assister à l'action même.« (201) Damit spricht sie ein Grundproblem der Ästhetik im 18. Jahrhundert an. »Die Frage wendet sich nicht mehr vornehmlich den künstlerischen Gattungen zu, sondern sie gilt dem künstlerischen Verhalten: dem Eindruck, den das Kunstwerk auf den Beschauer macht«.[27]

Mirzoza greift mit anderen Worten die Forderung Sélims nach einer »imitation de la nature« auf, nachdem sie die klassische Regel-Poetik implizit abgelehnt hatte mit den Worten: »Je n'entends point les règles«. Ganz konsequent wettert sie im Folgenden gegen die zeitgenössischen Stücke, die eben jener Poetik verpflichtet sind. Diese Dramen erfüllen in keiner Weise ihre Forderung nach der »illusion« des Publikums, woran vor allem die Dialoge schuld seien, die ohnehin kein Mensch verstehe: »L'emphase, l'esprit et le papillotage qui y règnent sont à mille lieues de la nature.« (201) Neben den Texten lehnt sie die Art des Vortrags vollkommen ab, da auch die Deklamation wie die Gestikulation in keiner Weise mit natürlichen menschlichen Verhaltensweisen übereinstimmen, sodass kein Zuschauer einer klassischen französischen Tragödie je auf den Gedanken kommen könnte, einer wahrhaftigen, realen Szene beizuwohnen. So entwickelt sie aus der scheinbaren Parteinahme für die *Anciens* eine fundamentale Ablehnung eben jener Stücke, die sich auf die von ihnen vertretene Poetik berufen.

Die eigentliche Divergenz zwischen beiden Positionen liegt offensichtlich im jeweiligen Konzept der Mimesis und ihrer Funktion begründet. Boileau verlangt im dritten Gesang seiner *Art poétique* die möglichst kunstvolle Abbildung eines Geschehens, das lediglich den Gesetzen der Wahrscheinlichkeit, der »vraisemblance«, unterworfen ist, ohne deshalb vom Publikum für bare Münze genommen zu werden, was allein die maximal geformte Sprache, die Forderung nach »vers pompeux« (III,10), ausschließt. Mirzoza hingegen wünscht eine so realitätsnahe Vorführung der Handlung, dass sich die Zuschauer als Zeugen einer realen Begebenheit wähnen können. Dies führte in Diderots Bühnenpraxis dazu, dass er die Geschichte des *Fils naturel* als wahres Ereignis ausgab, das sich im Jahre 1757 in der Nähe von Paris, in Saint-Germain-en-Laye, ereignet haben soll. In der kurzen Vorrede behauptet er sogar, dass die Handlung von einem der Protagonisten in Form eines Dramas niedergeschrieben und von den Beteiligten aufgeführt worden sei. Als heimlicher Zeuge des Stückes (»j'entendis ce qu'on va lire«[28]) ist er zutiefst beeindruckt, ja geradezu verstört, da er nicht mehr genau zwischen Spiel und Realität zu unterscheiden weiß. Dieser Konflikt ist Thema der Vorrede der *Entretiens sur le Fils naturel*: »La représentation en avait été si vraie, qu'oubliant en plusieurs endroits que j'étais spectateur, et spectateur ignoré, j'avais été sur le point de sortir de ma place, et d'ajouter un personnage réel à la scène.«[29] Diderot schrieb also ein Stück, von dem er behauptete, dass es auf den Zuschauer exakt die Wirkung habe, die er rund zehn Jahre zuvor Mirzoza hatte postulieren lassen. Er ersetzt die ebenso zentrale wie schwer zu fassende Kategorie des Geschmacks durch die Forderung nach Illusion. Damit geht er – ganz im Sinne Dubos' – »nicht mehr lediglich von der Betrachtung und Analyse der Kunstwerke aus, sondern fasst vor allem die Wirkung, die sie ausüben, ins Auge und sucht aus ihr das eigentliche Wesen der Kunst zu bestimmen«.[30] Den »effet de réel« wollte Diderot auch durch die sprachliche Gestaltung erzielen; die erhabenen Alexandriner ersetzte er nun durch Prosa, und zwar in einer Sprache, die die emotional stark aufgeladenen Situationen durch abgehackte Satzfragmente wiedergeben sollte. Außerdem ließ er das Stück wahrscheinlich sogar am Ort des Geschehens, in Saint-Germain-en-Laye, aufführen.[31] Dennoch macht er im ersten *Entretien sur le Fils naturel* deutlich, dass auch die Illusion nur durch Kunstgriffe erzeugt werden kann, und verteidigt sogar eine Grundregel der klassischen Poetik: »la loi des unités«.[32]

Dies steht in keinerlei Widerspruch zu Mirzozas Abkehr vom Primat der kunstvollen Gestaltung eines Stoffes zu Gunsten eines Theaters, das in natürlichem Vortrag realitätsgetreue Szenen darstellt, also zu Gunsten genau der Wirkungsästhetik, die Diderot in seinen Dramen umzusetzen versuchen wird. Wie revolutionär die von Mirzoza vertretenen Thesen sind, bringt Mangogul, den diese »dissertation académique« langweilt, zum Ausdruck: »vous voilà à la tête des frondeurs«. (203)

Mit diesem Satz beendet der Sultan das Gespräch, aus dem auch Lessing sich an dieser Stelle ausklinkt. Wer nun erwartet, dass Lessing das viele Seiten lange Zitat kommentiert, der sieht sich enttäuscht. Im 85. Stück der *Hamburgischen Dramaturgie* heißt es lediglich: »Wir wenden uns also wieder, zu sehen, was wir gelesen haben. Den klaren lautern Diderot! Aber alle diese Wahrheiten waren damals in den Wind gesagt.« (626) Wie sollen wir dieses Schweigen deuten? Warum geht Lessing mit keinem Wort auf die geradezu geniale Strategie ein, nach der Diderot hier seine Dramenkonzeption vortragen lässt. Er stellt sie ganz bewusst in die Tradition der *Querelle des Anciens et des Modernes* und erweckt den Eindruck, als ob die Kritik am zeitgenössischen Theater aus der Position der *Anciens* heraus vorgebracht würde, wobei er zunächst – wie wir gesehen haben – beide Positionen kräftig durcheinander wirbelt. Ganz offensichtlich erkannte Lessing diesen frühen Ausdruck diderotscher Dramenkonzeption, hatte jedoch sonst nicht viel über diese »mit Lachen« vorgebrachten Gedanken zu sagen. Er enthebt sich jedes weiteren Kommentars, indem er behauptet, das »französische Publico« habe »alle diese Wahrheiten« nicht eher gewürdigt, »als bis sie mit allem didaktischen Ernst wiederholt« (626) wurden. Hier können wir uns des Verdachtes nicht erwehren, dass auch Lessing selbst eben diesen Ernst in den *Bijoux indiscrets* vermisste und die Verbindung von ernsthafter Debatte, Satire und Erotik nicht wirklich zu goutieren vermochte. Doch gerade indem Diderot die ästhetische Diskussion in einen frivolen Rahmen einbettet, ist es ihm möglich, seine radikale Position bereits zu diesem relativ frühen Zeitpunkt zu äußern – und dies, ohne Gegenvorschläge unterbreiten zu müssen.

Der Ort des Gesprächs – das Boudoir einer klugen Frau und noch dazu einer *maîtresse en titre* – könnte typischer für das Rokoko gar nicht sein. Mirzozas Intelligenz steht dabei in einem deutlichen Gegensatz zum Geschwätz der *bijoux* ihrer Geschlechtsgenossinnen wie auch zu dem Kauderwelsch der *bijoux savants* im nachfolgenden Kapitel. Der spöttische Vorwurf Mangoguls, dass sie mit ihrer Meinung an der »tête des frondeurs« stünde, verweist auf die – allerdings adlige – Opposition gegen Louis XIV. Damit unterstreicht er, dass diese neue Ästhetik nicht mehr von einem Herrscherlob wie Perraults *Siècle de Louis le Grand* ausgeht (eine Gattung, die zu Beginn des Kapitels verworfen wurde), sondern sich gegen den Herrscher oder zumindest gegen eine höfische Ästhetik stellt. Die Dramenkonzeption Diderots bildet einen scharfen Kontrast zu dem, was wir – häufig negativ konnotiert – unter Rokoko verstehen: Natürlichkeit statt Artifizialität, Illusion statt bewusstem Spiel. Dennoch bleibt die Frage, ob die *Bijoux indiscrets* nicht gerade durch ihre Verbindung modernen Gedankenguts mit einer orientalisch-galanten Handlung typisch sind für eine literarische Strömung, die wir als französisches *rococo* bezeichnen könnten.

Anmerkungen

1 Vgl. den Beitrag von Jochen Schlobach in diesem Band.

2 Vgl. Wilson, Arthur M.: Diderot. Sa vie et son œuvre, Paris, 1985, S. 70; Adam, Antoine: Préface, in: Diderot, Denis: Les Bijoux indiscrets, Garnier-Flammarion, 1968, S. 14f.

3 Diderot, Denis: Les Bijoux indiscrets, S. 134. Mangogul sagt, dass er nicht so recht wisse, was die »femme tendre« sei (133), und wird sich später im Theater zerstreuen, um sich nicht dem »ridicule qu'il y avait à écouter les endroits touchants« (191f.) auszusetzen. Hierin ließen

sich zweifellos erste Anzeichen für das Aufkommen einer Empfindsamkeit erkennen, die jedoch noch abgelehnt wird.

4 Vgl. Sauder, Gerhard: Empfindsamkeit, Stuttgart, 1974, S. 88f.

5 Vgl. Galle, Roland: Zur Dimension der Aufklärung in Les Bijoux indiscrets, in: Jüttner, Siegfried (Hg.): Présence de Diderot, Frankfurt/Main, 1990.

6 Vgl. Wilson, Arthur M: Diderot, S. 222. Wilson war überhaupt einer der ersten, der die ästhetischen Werte dieses als unzüchtig verdammten Werks Diderots anerkannte.

7 In *Le Sopha* berichtet Crébillon von den Abenteuern eines jungen Mannes, der in ein Sofa verwandelt und auf diese Weise direkter Zeuge verschiedener intimer Begegnungen wird. Neben den deutlichen inhaltlichen Parallelen zwischen beiden Werken, zu denen auch die Kritik an freizügigem Liebesleben gehört, verweist gerade die zitierte Kapitelüberschrift auf den Roman, in dem die verschiedenen Kapitel jeweils mit Kommentaren zu ihrem Inhalt betitelt sind (z.B. »Chapitre premier, le moins ennuyeux du livre«; »Chapitre V, meilleur à passer qu'à lire«).

8 Eine Analyse dieses Kapitels findet sich bei: Adams, D.J.: Diderot, Dialogue & Debate, Liverpool, 1986, S. 95ff.

9 »Les réflexions philosophiques des ›Bijoux indiscrets‹ sont toutes empreintes de l'idée maîtresse de Diderot: la prééminence de l'expérience«. Lassen, Kirsten: Un roman de Diderot: Les Bijoux indiscrets, in: Revue Romane, Bd. II, 1967, S. 43.

10 Laut der Kapitelüberschriften unternimmt Mangogul 30 »essais de l'anneau«, allerdings kommt der Ring bei einigen dieser »essais« an verschiedenen ›Untersuchungsgegenständen‹ zum Einsatz.

11 Vgl. Ellrich, Robert J.: The Structure of Diderot's Les Bijoux indiscrets, in: The Romanic Review LII/4, 1961.

12 Das Kapitel 37 trägt den Titel »La comédie«, womit allerdings nicht die Komödie gemeint ist, sondern das Schauspielhaus, in dem eine Tragödie zur Aufführung kommt.

13 Vgl. Anmerkung 3.

14 Vgl. Fischer, Carolin: Gärten der Lust. Eine Geschichte erregender Lektüre, Stuttgart, 1997, S. 156 u. 203.

15 Beispielsweise bei Juvenal, Satire VI, 63ff.

16 Lessing, Gotthold Ephraim: Werke. Dramaturgische Schriften, Bd. 4, hg. v. Karl Eibl, München, 1973, S. 620.

17 »Dennoch wäre es unangebracht, für Diderots Erstling eine uneingeschränkte Ehrenrettung zu wagen. Zu widerspruchsvoll sind die Elemente, die er hier zu einem Ganzen vereint.« Fontius, Martin: Die geschwätzigen Kleinode, in: Schlobach, Jochen (Hg.): Denis Diderot, Darmstadt, 1992, S. 161.

18 Diese Situation beginnt sich langsam zu verändern, aber noch in der *Préface* seiner *Anthologie de la poésie française du XVIIIe siècle* (Gallimard 1997) erinnert Michel Delon an das verbreitete Fehlurteil: »le XVIIIe siècle serait un âge sans poésie« (7).

19 Darnton, Robert: The Corpus of Clandestine Literature in France 1769-1789, New York, 1995.

20 Vartanian, Aram: Eroticism and Politics in the Lettres persanes, in: The Romanic Review LX/1, 1969, schreibt hierzu, dass der *roman du sérail* politische Überzeugungen illustriert, die Montesquieu im *Esprit des lois* formulieren wird.

21 Vartanian, Aram: Erotisme et philosophie chez Diderot, in: L'Asie dans la littérature et les art français aux XIXe et XXe siècles. Diderot. N° 13, Juni 1961, S. 368.

22 Vgl. Lexikon der Aufklärung, hg. v. Werner Schmeiders, München, 1995, S. 107f.: Erotik.

23 Inwieweit Ricaric Züge des Duc de Richelieu trägt, tut für diese Auseinandersetzung nichts zur Sache. Seine Kennzeichnung als »courtisan« hingegen ist bedeutsam, da er als solcher die Partei der *modernes* vertritt.

24 Vgl. Kortum, Hans: Charles Perrault und Nicolas Boileau, Berlin, 1966, S. 19.

25 Allerdings ist 1739 in Paris die *Histoire de Tamerlan, Empereur des Mongols et conquerant de l'Asie* erschienen, auf die Diderot hier anspielen könnte.

26 Dies erscheint als Vorgriff auf die beiden Dramen Diderots, *Le Fils naturel* und *Le père de famille*, in denen – entgegen der Forderung des Autors nach einem logischen »dénouement«, das sich aus der Handlung ergibt – nur die plötzliche Entdeckung komplizierter Verwandtschaftsverhältnisse den dramatischen Konflikt am Ende zu lösen vermag.

27 Cassirer, Ernst: Die Philosophie der Aufklärung, Tübingen, ³1973, S. 398.

28 Diderot, Denis: Le fils naturel, in: ders.: Œuvres complètes, Bd. 10, hg. v. Jacques u. Anne-Marie Chouillet, S. 17.

29 Diderot, Denis: Entretiens, S. 83f.

30 Cassirer, Ernst: Die Philosophie der Aufklärung, S. 405.

31 Vgl. Wilson, Arthur M.: Diderot, S. 225 u. 227.

32 Vgl. Diderot, Denis: Entretiens, S. 85ff.

Anke-Marie Lohmeier

Arte aut Marte

Über Ewald Christian von Kleist,
Dichter und Soldat

Ewald Christian von Kleist, preußischer Major aus altem pommerschem Adel
und Poet von kurzlebiger Berühmtheit, war ein leidenschaftlicher Briefeschrei-
ber: Mehr als 300 Briefe sind von ihm überliefert, die er in den vierziger und
fünfziger Jahren an seine Dichterfreunde geschrieben hat. Sie gingen nach Berlin, Halle, Leipzig und Zürich, vor allem aber nach Halberstadt, an den »aller-
liebsten« Freund Johann Wilhelm Ludwig Gleim. Ihm schrieb Kleist in 14 Jahren an die 250 Briefe, die meisten aus seiner tristen Garnison in Potsdam und
alle im hochgespannten Ton zärtlichster Freundesliebe. Zwei Beispiele aus dem
Frühjahr 1746:[1]

Liebenswürdigster Freund,   [Potsdam, 9. März 1746]
In was für Unruhe hat mich Ihre Abwesenheit gesetzt! Potsdam ist mir nun völlig zur Wüsten
geworden. Ich denke seitdem beständig an Sie und stelle Sie mir so reizend vor als ein Verliebter
seine entfernte Schöne. Schon zweimal habe ich von Ihnen geträumt. Ich wünsche mir fast beständig, zu schlafen, um Sie zu sehen. Denn sehe ich Sie gleich wachend, so verschwindet diese
süße Fantasei doch, wenn ich mich vorwärts neige, um Sie zu küssen. Alsdenn küsse ich die Luft
und fühle, daß Sie nicht da sind. Wie viel heftiger wird alsdenn mein Schmerz über Ihre Abwesenheit! (W II, 26f.)

Edelster Freund,   [Potsdam, 19. April 1746]
Ich habe mir wol eingebildet, daß Sie mich darum so lange auf eine Antwort warten ließen,
damit Sie mir zugleich die Briefe[2] gedruckt zuschicken möchten; ich wünschte aber immer, daß
Sie mich nicht so lange möchten warten lassen. Ihre Briefe sind mir so angenehm, „quale sopor
est fessis in herba". Sie machen mich, wenn ich sie erhalte, und wenn ich auch nicht aufgeräumt
bin, sogleich aufgeweckt, und derselbe ganze Tag verfließt mir auf eine angenehme Art. Wie
glückselig schätz' ich mich, daß Sie und Seidlitz mein Freund sind! „Ich segne noch den Tag, der
dich mir gab". Ich schwöre Ihnen bei der Heiligkeit meiner Freundschaft, daß ich mein Leben
mit noch einmal soviel Unmuth und fast wie Thomson's Marmorsäule, ewig stumm und ewig
jammernd, zu Ende gebracht hätte, wenn ich Sie nicht hätte kennen lernen. Vorher schätzte
mich Niemand einen Kreuzer werth. Soll ich den Urheber meines Glückes nicht lieben und
hochhalten? Ewig soll Ihnen die zärtlichste Freundschaft gewidmet sein. Wenn Sie mich un-

glücklich machen wollen, so hören Sie auf, mein Freund zu sein! Ich finde heute ein Vergnügen daran, Ihnen dieses Alles zu sagen. Seidlitz hat mich seit einer Stunde verlassen; ich bin allein und habe seitdem beständig Betrachtungen über mein Glück angestellt. Ich bin ganz von Ihnen erfüllt. Wenn ich alles niederschreiben wollte, was meine Seele empfindet, so würde ich etliche Blätter damit füllen können. (W II, 33-35)

Gewiss, das ist der Ton empfindsamer Freundschaftsdichtung, ist die Sprache einer literarischen Mode, Rhetorik des Sentiments, Demonstrationsmittel eigener Empfindungsfähigkeit, und fehlginge, wer sie als ungefilterte Ergießungen bebender Freundesherzen lesen wollte. Aber bei aller Abgebrühtheit, die den berufsmäßigen Leser nach einem gewissen Lektürequantum überkommt und gelassener mit solchen Überspanntheiten des Gefühls umgehen lässt, möchte man doch fragen, ob Briefe wie diese noch den typischen Sprachmustern empfindsamer Freundschaftskultur zu subsumieren sind. Sind die erotisch getönten Tändeleien, mit denen hier zwei ausgewachsene Männer sich anschmachten, ihrer ewigen Liebe versichern oder mit spielerischen Eifersüchteleien und Liebesgezänk umschmeicheln, noch im Rahmen des Üblichen anzusiedeln oder gibt es hier nicht doch einen Ton, der das sentimentale Spiel leise, aber hörbar mit ernstem Gefühl grundiert? Ein Beispiel aus späteren Jahren:

Liebster Freund,   [Speyer, 15. Juni 1752]
Was vor eine widrige Schickung hat gewollt, daß ich Sie auf meiner Reise durch Halberstadt nicht habe sprechen müssen? (...) Nun kann ich Sie wieder in einem ganzen Jahre nicht besuchen; welch ein Theil von unserem Leben! Wie oft werde ich Sie noch sehen, wenn ich Sie nur alle Jahre oder, wie es sich schon getroffen hat, alle drei Jahre sehe? Wie wenig von meinen glücklichen Tagen werde ich noch haben! Ihre Haushälterin wird Ihnen gesagt haben, wie ich Ihre Wohnung durchsuchte; ich segnete jeden Ort, welchen Sie berührt, wo Sie geschlafen u.s.w.; ich empfand Wollust, da zu gehen, wo Sie gegangen waren. Dieses ist nicht übertrieben; denn ich liebe Sie wahrhaftig mehr als alle Mädchens auf der Welt. (W II, 207f.)

Nun blühten im Treibhaus empfindsamer Gefühlskultur nicht nur künstliche Blumen. Es ließ auch Freundschaften wachsen, die die Mode überdauerten, die zu Lebensfreundschaften wurden, und mit einer solchen Lebensfreundschaft haben wir es hier zweifellos zu tun. Gleichwohl bleibt der nachgerade existenzielle Ernst, der hier spürbar wird, erstaunlich, denn er will nicht recht in seine Zeit und zum Stand dieses zärtlichen Briefeschreibers passen. Freundschaftliche Beziehungen zwischen Adligen und bürgerlichen Intellektuellen wären eher in den späten Jahren des Jahrhunderts zu erwarten als in dessen Mitte. Erst am Ende des Jahrhunderts werden sie zu einer allgemeineren Erscheinung,[3] und dass die Integration bürgerlicher Dichter und Gelehrter in die private Geselligkeit adliger Häuser auch zu diesem Zeitpunkt noch keine Selbstverständlichkeit war, belegen Zeugnisse der bürgerlichen Gäste, die die Aufgeklärtheit ihrer aristokratischen Gastgeber ausgiebig kommentieren.[4] Was dabei als Ausnahme von der Regel und Merkmal fortgeschrittenster Aufgeklärtheit beschrieben wird – der Verzicht des Adligen auf ständische Distinktion im Namen schöner Menschlichkeit und im Zeichen gemeinsamer Interessen an Kunst und Wissenschaft –, das begegnet dem Leser der kleistschen Freundschaftsbriefe schon glatte vierzig Jahre früher und in einer Intensität, die auch noch um 1800 ihresgleichen sucht. Zu fragen ist daher, wie das zugegangen ist: Wie konnte ein junger Adliger in der ersten Hälfte des 18. Jahrhunderts zu einer Identität und mentalen Disposition gelangen, die zwar mit den Normen des empfindsamen Bildungsbürgertums kompatibel sind, nicht aber mit den standesethischen Normen seines eigenen Standes?

I

Drei Bilder und eine kleine Geschichte mögen den sozial- und bewusstseinsgeschichtlichen Zusammenhang andeuten, der diese Frage begründet. Sie bezeichnen Stationen der Mentalitätsgeschichte des Adels und des Verhältnisses zwischen Adligen und bürgerlichen Gelehrten und Dichtern.

Das erste Bild ist ein Emblem. Es entstammt einem französischen Emblembuch aus dem Jahr 1540.[5] Da sieht man einen Krieger in voller Rüstung auf der linken und einen Gelehrten an einem Schreibpult auf der rechten Seite, die, wie die *subscriptio* klärt, Achill und Homer darstellen. Die schlichte Bildkomposition, die die Figuren gleichgewichtig auf die Bildhälften verteilt, unterstreicht die Auslegung der *subscriptio*: Achill und Homer, dem Kriegshelden und dem Dichter, der die Taten des Helden besingt, gebührt das gleiche hohe Maß an Ehre. Die *inscriptio* – »Noblesse de science«, Adel des Geistes – markiert die Argumentationsrichtung:

NOBLESSE DE SCIENCE.

Achilles grand honneur merite
Pour sa prouesse redoubtable:
Homere acquiert honneur semblable,
Pour l' hystoire qu' il a escripte.[6]

Es geht um den aristokratischen Geltungsanspruch des *poeta doctus* und darin des frühneuzeitlichen Gelehrtenstandes, um den Anspruch auf Ranggleichheit von ›Geistesadel‹ und Geburtsadel, von *nobilitas literaria* und *nobilitas generis*. Das Emblem gibt, was das Verhältnis zwischen Adel und bürgerlichen Gelehrten angeht, ein ziemlich korrektes Abbild vom Stand der Dinge in der Mitte des 16. Jahrhunderts, zumindest mit Blick auf die erste Riege des Gelehrtenstandes, auf die Doktoren und die kaiserlich gekrönten Dichter, die in der Tat eine Reihe von Privilegien genossen, wie sie sonst nur Adligen vorbehalten waren. Die Auffassung gelehrter Bildung als veredelnder *virtus*, die diese Privilegierungspraxis begründete, fand in dem Begriff »Noblesse de science« ihre bündige Formel, stellte dem durch Geburt ererbten Adel den durch Bildung erworbenen Adel gleichberechtigt an die Seite.[7] – Das Emblem postuliert die Gleichrangigkeit beider Stände, von einer Verbindung zwischen beiden spricht es nicht: Dass beide Figuren fein säuberlich auf die Bildhälften verteilt und durch Vertikalen voneinander getrennt sind, dass der Krieger zudem vom Dichter abgewandt steht, spricht eher für das Gegenteil. Auch darin korrespondiert das Bild mit sozial- und bewusstseinsgeschichtlichen Befunden, die über eine Integration von Adels- und Gelehrtenkultur in diesen frühen Jahren noch nicht viel zu berichten wissen. Wohl gab es einige bedeutende Humanisten aus adligem oder gar fürstlichem Haus, aber die waren nicht die Regel. Die Regel war vielmehr eine ziemlich klare, staatsrechtlich begründete Separation beider Stände: Der Adlige gehörte dem *status politicus* an, war zuständig für die öffentlichen Belange, für die *res publica*, der Gelehrte dagegen nur für die *respublica literaria*, für die Gelehrtenrepublik, denn er gehörte zum *status privatus*, zum bürgerlichen Stand, der mit öffentlichen Sachen nichts zu schaffen hatte.

Das zweite Bild ist ebenfalls ein Emblem: Wir befinden uns hier im Jahr 1611, also siebzig Jahre später, und im Emblembuch des Gabriel Rollenhagen aus Magdeburg.[8] Wir sehen zwar nicht Achill und Homer, aber doch das, was sie im ersten Emblem repräsentieren: Mars und Minerva, den Gott der Kriegskunst und die Göttin der Wissenschaft und schönen Künste. Und die zweite Zeile der *subscriptio* unterscheidet sich von der des älteren Emblems kaum. Durch die erste Zeile aber ist die Situation mit einem Schlage verändert: »Sunt duo qui faciunt ut REX in honore sit: ARS MARS«. Hier geht es nicht mehr um eine ständische Differenzierung der beiden Künste, also nicht mehr darum, die eine dem Geburtsadel, die andere dem Geistesadel zuzuweisen. Vielmehr sind beide nun vereint, gemeinsam repräsentieren sie die standesethischen Leitnormen des *status politicus*, die Grundsäulen herrscherlicher Tugend: Nicht mehr nur das Kriegshandwerk zeichnet den neuen Herrschertypus aus, sondern auch – und im gleichen Maße – humanistische Bildung, gelehrtes Wissen und Kunstverstand. Entsprechend stehen die beiden Figuren hier nun auch einander zugewandt.

ARTE ET MARTE.

Sunt duo qui faciunt vt REX in honore sit ARS MARS
Gloria ab ARTE venit gloria MARTE venit.[9]

Das Emblem dokumentiert nicht nur den Wandel herrscherlicher Ethik. Dass der Wahlspruch »Arte et Marte« vielmehr die Leitnorm des gesamten Adelsstandes formulierte, mag das dritte Bild veranschaulichen.[10]

Nordportal des Ritterhauses in Stockholm

Es zeigt das nördliche Portal des Ritterhauses in Stockholm, des Versammlungs- und Beratungshauses der schwedischen Ritterschaft während der Reichstage, dessen Bau 1641 begonnen und 1674 beendet wurde.[11] Der figurale und ornamentale Schmuck an Dach, Giebeln und Portalen stammt aus den sechziger Jahren des 17. Jahrhunderts und von dem Franzosen Jean De la Vallée, der dafür ein ganzes Ensemble von Bildmotiven entwarf, dessen Leitidee das Nordportal zusammenfasst. Nicht nur findet sich hier die Devise »Arte et Marte«, sondern auch das ganze zugehörige ikonografische Programm: Mars und Minerva, Schild und Helm, Schwert und Buch, Palmzweig und Lorbeer. Sie alle sollen, wie der Architekt selbst bei der Erläuterung seines Entwurfs schrieb, anzeigen, dass zu wahrem Adel »niemand gelangen (kann), außer durch Bemerkung dieser zwei Tugenden, die selbigen Schild halten, nämlich durch Studieren und Mannhaftigkeit in Kriegstaten«.[12]

Der einschneidende Wandel adliger Standesethik, der sich in Zeugnissen wie diesen andeutet, der Wandel vom Schwertadel spätmittelalterlicher Prägung zum höfischen Fürstendiener und gebildeten *honnête homme*, hat, wie wir wissen, seine Ursachen in dem epochalen Prozess der frühneuzeitlichen Staatenbildung.[13] Die ›Sozialdisziplinierung‹ des Adels, zentraler Bestandteil im Kalkül absolutistischer Machtpolitik,[14] brachte einen neuen Adelstypus hervor, den Typus des adligen Staatsbeamten, dessen Anspruch auf Teilhabe an der politischen Öffentlichkeit und auf soziale Exklusivität nicht mehr in der Ausübung seiner vormaligen standesherrlichen Rechte und Freiheiten realisiert werden konnte, sondern in den neu entstehenden, zentralistisch geführten Verwaltungsapparaten des neuzeitlichen Machtstaats: im Staatsdienst. Für den Zugang zu hohen Staatsämtern reichte die adlige Geburt allein aber nicht mehr aus. Gefragt waren vielmehr individuelle Qualifikationen, und zu denen zählte nicht mehr die Kriegskunst, sondern die Staatskunst, intellektuelle Fähigkeiten also und – vor allem juristisches – Wissen. Folgerichtig schickte der Adel seine Söhne vom letzten Drittel des 16. Jahrhunderts an vermehrt auf die Universitäten, um sie – vorzugsweise durch das Studium der Rechte – für die neuen Positionen im fürstlichen Machtapparat zu rüsten. Der Wahlspruch »Arte et Marte« markiert den Identitätswandel, den dieser politisch erzwungene Eintritt Adliger in die bürgerlich geprägte Sphäre humanistischer Bildung und Gelehrsamkeit nach sich zog. Er beförderte eine »Fusion der Werte der Adelstradition mit denen des römischen Rechts und des bürgerlichen Humanismus«, die Adel und Gelehrtenstand einander annäherte.[15] Zu einem gleichberechtigten gesellschaftlichen Verkehr allerdings reichte das schwerlich hin, mag es allenfalls bei den Spitzenvertretern der höfischen Beamtenschaft, dem so genannten Behördenpatriziat,[16] gekommen sein. Das gesellschaftliche Verhältnis des Adligen zu Gelehrten und Künstlern war im 17. Jahrhundert eher durch ein anderes Leitmodell geprägt: durch das Modell des gebildeten Mäzens und Förderers der Künste.

Nun die Geschichte. Wir schreiben das Jahr 1790. Als die Kunde von der neuen Verfassung der Franzosen auch in das verträumte Tremsbüttel bei Hamburg dringt, in das Haus des Grafen Christian Stolberg, des älteren der beiden Stolberg-Brüder, und seiner Frau Luise, da lässt diese Luise, geborene von Reventlow, den Kamin anheizen, nimmt ihre Ahnentafel von der Wand und übergibt sie feierlich dem Feuer. In einem Brief an ihre Verwandte, Julia von Reventlow auf Emkendorf, begrüßt sie stürmisch »den grossen Hau der Stammbäume in Frankreich«, berichtet von ihrem symbolischen Actus am Kamin und kommentiert ihn mit dem lapidaren Bekenntnis: »Adel des Menschen, wahrer Adel kann kein Monopol, kann nicht erblich sein«.[17] Die kleine Geschichte wirft ein Schlaglicht auf den Prozess der Verbürgerlichung adligen Bewusstseins im späten 18. Jahrhundert: Die Infragestellung des Kerns adliger Identität, des Erblichkeitsprinzips, vollzieht sich im Namen der Leitnorm bürgerlicher Identität, des Leistungsprinzips, das gesellschaftliche Geltungs- und Rangansprüche durch die individuelle Leistung zu legitimieren fordert. Am Ende des 18. Jahrhunderts ist die Fusion adliger und bildungsbürgerlicher Werte, die 200 Jahre vorher begonnen hatte, so weit gediehen, dass in adligen Köpfen der Gedanke der Gleichheit gedacht werden konnte – wenn er auch nicht die Gleichheit aller Menschen, sondern nur die Gleichheit der Eliten meinte, und wenn er auch meistens nur gedacht, seltener handelnd vollzogen wurde. Auch Luise Stolbergs feierliche Handlung blieb eine symbolische, vertrug sich durchaus mit aristokratischem Elitebewusstsein,[18] das an der ständischen Distanz zwischen Adligen und Bürgern auch weiterhin festhielt.

II

Die Liebesschwüre des Majors von Kleist an den bürgerlichen Dichterfreund lassen diese Distanz nun aber ganz und gar vermissen. Seine beständigen Klagen über die Abwesenheit des Freundes, über die seltenen Begegnungen und darüber, dass er wieder einmal »in einem Jahrhundert« keinen Brief von ihm empfangen habe (W II, 76), scheinen vielmehr mit den standesethischen Verhaltensnormen eines Edelmanns durchaus zu brechen. War Ewald Christian also ein schwarzes Schaf oder gar ein verfrühter Égalitariste, der den Normen seines Standes abgeschworen hatte? Nichts weniger als das. Denn nichts im Lebensgang dieses preußischen Offiziers deutet auf Distanznahme von den Traditionen der Familie hin.

1715 auf Zeblin, dem (verschuldeten) pommerschen Gut des Vaters, geboren, wird Kleist zunächst von Hauslehrern unterrichtet, besucht dann die Jesuitenschule von Deutsch-Krone und das Gymnasium in Danzig und bezieht im Jahr 1731 die Universität in Königsberg, wo er die Rechte, Philosophie und Mathematik studiert. Aus Geldnot verzichtet er auf die langwierige Suche nach einem Amt im Staatsdienst und nimmt 1736 Militärdienst in Dänemark. Als Friedrich II. nach seinem Regierungsantritt preußische Offiziere aus fremden Diensten in seine Armee zurückruft, quittiert auch Kleist den dänischen Dienst und wird

1741 Premierleutnant im Infanterieregiment des Prinzen Heinrich in Potsdam. Die Garnison in der »prächtigen Wüste von Potsdam« (W II, 371) wird für die nächsten fünfzehn Jahre sein ungeliebter Lebensmittelpunkt. Das triste Soldatenleben, das den ohnehin zu Melancholie neigenden Kleist zu erdrücken droht, findet nur selten Unterbrechungen durch kleinere Campagnen oder wenige, meist kurze Reisen. Sein Ende findet es schließlich durch den Siebenjährigen Krieg, der die depressiven Stimmungen spürbar verdrängt. Im dritten Kriegsjahr jedoch, bei der Schlacht von Kunersdorf im August 1759, erleidet Kleist schwere Verwundungen, an deren Folgen er wenige Tage später, am 24. August 1759, in Frankfurt an der Oder im Haus des Theologen Gottlob Samuel Nicolai (eines Bruders Friedrich Nicolais) 44-jährig stirbt.[19]

Das ist ein Lebensgang, der sich von dem vieler Adliger dieser Jahre nicht unterscheidet. Der Dienst im Militär war für Nachkommen verarmender Adelsfamilien oft die letzte Möglichkeit standesgemäßer Lebensführung, der einzige Weg, ein Auskommen zu finden, ohne mit dem Herkommen zu brechen. Für Kleist steht dieser Weg zu keinem Zeitpunkt ernstlich zur Disposition. Wohl träumt er in seinen Freundesbriefen wiederholt davon, nach Hause zu gehen und »Kohl zu pflanzen« (W II, 532),[20] wohl schreibt er einige Gedichte nach dem Muster des Horazischen »Beatus ille«, der 2. Epode des Horaz,[21] aber alles das bleibt Sehnsuchtsbild und Traum, von dem bei Tageslicht nichts übrig bleibt. Denn eine Rückkehr auf das marode Gut im Pommerschen bedeutete, weil es ein standesgemäßes Leben nicht mehr herzugeben vermag, den endgültigen Abschied vom sozialen Geltungsanspruch des Aristokraten. Dass dieser Geltungsanspruch auch für den empfindsamen Major nach wie vor besteht, das lässt sich an seinen Briefen vielfach belegen. So etwa an dem Umstand, dass sein poetisches Wunschbild vom Landleben gelegentlich, in Stunden der Verzweiflung, in ganz unpoetischer, höchst realistischer Variante daherkommt und dabei zum Schreckbild mutiert, das ausspricht, was die Poesie verschweigt, die Einsicht nämlich in den Prestigeverlust, der mit dem Rückzug aufs Land verbunden wäre. Im August 1748 etwa schreibt Kleist an Gleim:

Mein widriges Schicksal in meinem Leben hat gemacht, daß ich fast Alles, was mir begegnen könnte, gleichgiltig ansehe; so würde es mich z. E. wenig beunruhigen, wenn ich morgen pflügen sollte. Ich habe auch aus der Erfahrung, daß ich Verachtung, Verleumdung etc. ertragen kann (...). (W II, 126)

Dass er solche »Verachtung« in Wahrheit eben doch nicht ertragen konnte und wollte, das bezeugt nicht nur sein Ausharren in der »prächtigen Wüste von Potsdam«. Deutlicher noch bezeugen dies die merkwürdig jähen Stimmungsumschwünge, die ihn jedesmal, wenn eine Campagne ansteht, ergreifen:[22] Augenblicklich bekommen die sonst durchweg melancholisch grundierten Briefe einen ganz anderen, zuversichtlichen, zuweilen gar übermütigen Ton, und allenthalben spricht sich der nachgerade brennende Wunsch aus, sich im Felde zu bewähren – so feurig, dass Freund Gleim ihn gar der Mordlust zeiht.[23] Nichts wünscht sich dieser Melancholiker dann mehr, als irgendein möglichst gefährliches, möglichst waghalsiges Unternehmen siegreich zu bestehen, um sich vor seinem Regimentschef und vor seinem König auszuzeichnen, und nichts »chagrinirt« ihn mehr als eine ›faule Campagne‹ (W II, 555), die keine Gelegenheit zur Bewährung bietet.[24] Lebensüberdruss und, wie Lessing vermutete,[25] Todessehnsucht spielen dabei wohl erst im letzten Lebensjahr und auch da nur phasenweise eine Rolle.[26] Denn Fragen der militärischen Auszeichnung und Beförderung sind für Kleist noch in den letzten Lebensmonaten[27] ein ebenso brisantes Thema wie in den Jahren zuvor, in denen er Versetzungen, Pensionierungen oder auch Krankheit und Tod älterer und ranghöherer Offiziere stets aufmerksam notiert, geben sie doch Hoffnung auf eine Beförderung, deren Ausbleiben mit spürbarer Enttäuschung vermerkt wird.[28] Erst spät, 1751, nach elf Jahren Dienst, wird Kleist den wenig repräsentablen Leutnantsgrad los und erhält eine eigene Kompanie, und erst weitere sechs Jahre später, 1757, erfolgt endlich die lang ersehnte Ernennung zum Major (W II, 385).

Von einer Abkehr von standesethischen Normen kann hier also schwerlich die Rede sein. Der egalitäre Gestus, der den Umgang mit den bürgerlichen Freunden kennzeichnet, koinzidiert vielmehr mit einem durchaus vitalen, wenn auch durch die wenig glanzvollen Lebensumstände immer wieder bedrohten aristokratischen Bewusstsein.

III

Vielleicht liegt die Einheit des Widersprüchlichen aber ja im Wechsel selbst, in dem Wechsel der Stimmungen, von dem eben die Rede war. Auffällig ist immerhin, dass diese Stimmungswechsel ziemlich regelmäßig verbunden sind mit einer spürbar veränderten Haltung zum Hauptsujet der Freundesbriefe, zur Poesie. Briefe, die Kleist an Tagen schreibt, an denen ihn Depression und Missmut über seine subalterne Existenz quälen – und solche Tage sind bei weitem in der Mehrzahl –, vermitteln den Eindruck, als gäbe es in seinem Leben nichts Höheres als die Dichtkunst, keinen schöneren Erfolg als den dichterischen und keine glänzendere Auszeichnung als die Anerkennung seiner Dichterfreunde. Briefe dagegen, die er etwa aus dem Feld in der Erwartung militärischer Bewährungschancen, in Zeiten aufkeimender Zuversicht und Hoffnung auf ein »Avancement« oder auch nur an unbeschwerteren Tagen schreibt, sprechen zwar auch und oft ausgiebig von der Poesie, aber doch mit einem veränderten Zungenschlag. Da nämlich präsentiert Kleist sich unversehens in der standesgemäßen Rolle: in der Rolle des dilettierenden Musenfreunds.

Bei meinen vielen Fatiguen, da wir noch täglich neu ankommende Recruten exerciren und viel wachen müssen, da ich auch überdem noch anjetzo des Major Rohr's Compagnie commandire, hab' ich dennoch Lust, ein Traurspiel zu verfertigen. Es soll ›Seneca‹ heißen. Ich habe aber gar keine Bücher und weiß wenig von Seneca's Leben, Tode, Freunde etc., welches mir doch zu meinem Vorsatz zu wissen nöthig. Überschreiben Sie mir doch, was Ihnen davon bekannt ist, und was Sie etwa davon zusammenfinden können. Sie müssen mich aber nachher nicht allzu sehr um das Traurspiel mahnen. Ich werde mich nur dabei machen, wenn ich Lust dazu habe. (W II, 21)

So schreibt er im Dezember 1745, am Ende des Zweiten Schlesischen Krieges, aus seinem Lager bei Brieg, und um die Sachlage vollends klar zu machen, setzt er hinzu: »Um eitler Ehre willen werde ich meinem Vergnügen keine Minute entziehen. Mein Vorsatz ist, meine Lebenstage so vergnügt hinzubringen als möglich.« Das ist der Ton des aristokratischen Müßiggängers, der das bürgerliche Handwerk der Poeterei nur nebenher, in den Nebenstunden, als »Lust« und nur zum Zeitvertreib übt.[29] Ähnlich auch ein Brief aus Potsdam vom Juli 1755:

Daß Ihnen meine Kleinigkeiten gefallen, ist mir ungemein angenehm. Ich kann dergleichen mehr machen und werde sie machen; aber zu großen Gedichten mache ich mich nicht anheischig, denn die kosten mir zu viel Mühe. Ich will lieber von mir sagen lassen, ich könne nicht mehr machen, als eine so saure Arbeit übernehmen. Mein Vergnügen und meine Geschäfte hindern mich daran; an kleinen Sachen aber hindert mich Beides nicht; denn die machen mir nur Vergnügen und kosten wenig Zeit. (W II, 291)

Und in einem Brief aus dem Siebenjährigen Krieg vom März 1758, geschrieben im Unmut darüber, dass sich immer noch keine Gelegenheit zur ritterlichen Heldentat geboten hat, heißt es kurz und bündig: »Da ich nicht schlagen kann, so habe ich, um mir den Chagrin darüber (der wahrhaftig bei mir zuweilen sehr heftig ist) zu dissipiren, wieder einmal Verse gemacht.« (W II, 484)

»Arte *et* Marte«? Eher wohl »Arte *aut* Marte«. Wo Erfolg und Anerkennung in greifbare Nähe rücken, da rückt auch der aristokratische Lebensentwurf wieder in greifbare Nähe und gibt den Normen adligen Verhaltens und adliger Lebensführung neue Kraft. Dann gehen die »Geschäfte« des Offiziers vor, und die (von den adligen Regimentskollegen ohnehin belächelte)[30] Poesie tritt in den Hintergrund, wird zum Spiel und Zeitvertreib aristokratischer Mußestunden: »Die lange Weile ist meine Muse« (W II, 568). Wo aber die Chancen standesgemäßen Erfolgs schwinden, die aristokratische Identität zur Disposition steht, da werden die Dichtkunst und die Dichterfreunde zu Garanten einer konkurrierenden Identität, der des Dichters. Dann tritt die Poesie auf den Plan und entgilt dem Unglücklichen das widrige Schicksal eines Aristokratenlebens, das nicht mehr gelingen will: »Ich glaube, daß die Melancholie meine Muse ist.« (W II, 81)

Als Friedrich Nicolai ein Jahr nach Kleists Tod sein »Ehrengedächtniß Herrn Ewald Christian von Kleist« (Berlin 1760) herausgibt, schmückt er es mit einem 1759 gestochenen Porträt des Dichters, dem sich dieses eigentümliche Schwanken zwischen adligem und bürgerlichem Milieu, zwischen aristokratischer und bildungsbürgerlicher Identität mitgeteilt zu haben scheint. Das Ensemble der Bildattribute im Vordergrund – Feder und Degen, Buch und Lorbeer – zitiert noch einmal das alte standesethische Programm: die Einheit von *Ars* und *Mars*. Das Porträt selbst aber weiß von dieser Einheit nichts mehr. Es zeigt den Edelmann als Privatmann: Barett, offener Spitzenkragen und bequemer Rock – Hauskleidung geradezu – lassen den repräsentativen Charakter zeitgenössischer adliger Porträts ebenso vermissen wie Körperhaltung und Gesichtsausdruck, denen der selbstbewusste Gestus aristokratischer Selbstdarstellung ganz und gar abgeht.[31]

Ewald Christian von Kleist (Kupferstich von Friedrich Kauke 1759)

Das labile Selbstverständnis dieses Dichters und Soldaten mag seinen letzten Grund in seinem labilen Temperament haben. Dass aber dieses labile Temperament im Schwanken zwischen adliger und bürgerlicher Identität seinen Ausdruck fand, weist über die individuellen Dispositionen hinaus. Kleists Briefe sind auch Zeugen eines bewusstseinsgeschichtlichen Wandels, Dokumente einer Übergangszeit, in der die selbstgewisse Einheit aristokratischer Identität, die Einheit von *Ars* und *Mars*, endgültig zerbricht und der Weg des Adels in die bürgerliche Gesellschaft beginnt.

Anmerkungen

1 Alle Briefzitate nach: Ewald von Kleist, Werke, hg. v. August Sauer, Berlin, 1881-1882, Nachdruck: Bern, 1968 (Kürzel: W; nachfolgend Band- und Seitenzahl). – Alle Hinweise auf Kleists literarische Werke nach: Ewald Christian von Kleist, Sämtliche Werke, hg. v. Jürgen Stenzel, Stuttgart, 1971 (Kürzel: SW).

2 Freundschaftliche Briefe, hg. v. J. W. L. Gleim, Berlin, 1746.

3 Vgl. Lohmeier, Dieter: Der Edelmann als Bürger. Über die Verbürgerlichung der Adelskultur im dänischen Gesamtstaat, in: Staatsdienst und Menschlichkeit. Studien zur Adelskultur des späten 18. Jahrhunderts in Schleswig-Holstein und Dänemark, hg. v. Christian Degn und Dieter Lohmeier, Neumünster, 1980, S. 127-149, hier S. 131f.

4 Vgl. die ebd. (S. 132 u. pass.) zitierten Äußerungen, etwa die Bemerkung des Göttinger Hainbündlers Heinrich Christian Boie in einem Brief an seine Braut vom Juli 1780, nachdem er im Hause des holsteinischen Adligen Fritz Reventlow zu Gast war: »Ich muß mich ordentlich selbst daran erinnern, daß ich kein vornehmer Mann bin, so ganz auf dem Fuße der Gleichheit nimmt mich alles« (Ich war wohl klug, daß ich dich fand. Heinrich Christian Boies Briefwechsel mit Luise Mejer 1777-1785, hg. v. Ilse Schreiber, München, ²1963, S. 63).

5 Corrozet, Gilles: Hecaton-Graphie, Paris, 1543, Bl. D ii b. – Abbildung und Übersetzung der subscriptio (s.u.) nach: Emblemata. Handbuch zur Sinnbildkunst des XVI. und XVII. Jahrhunderts, hg. v. Arthur Henkel und Albrecht Schöne, Stuttgart, 1967, Sp. 1162.

6 »Achill verdient große Ehre für seinen gefürchteten Heldenmut, – Homer erwarb sich gleiche Ehre für die Geschichte, die er geschrieben hat.«

7 Vgl. dazu Vf.: Vir eruditus und Homo politicus. Soziale Stellung und Selbstverständnis der Autoren, in: Die Literatur des 17. Jahrhunderts, hg. v. A. Meier, München, 1999, S. 156-175.

8 Rollenhagen, Gabriel: Nucleus Emblematum selectissimorum, Arnheim, 1611, Nr. 68. – Abbildung und Übersetzung der subscriptio (s.u.) nach: Emblemata (Anm. 5), Sp. 1739.

9 »Zwei sind es, die einen König zu Ehren bringen: Wissenschaft und Kriegskunst. Ruhm kommt von der Wissenschaft wie von der Kriegskunst.«

10 Abbildung nach dem Frontispiz in: Arte et Marte. Studien zur Adelskultur des Barockzeitalters in Schweden, Dänemark und Schleswig-Holstein, hg. v. Dieter Lohmeier, Neumünster, 1978.

11 Zum Folgenden vgl. Lohmeier, Dieter: Das ikonographische Programm des Ritterhauses in Stockholm, in: Arte et Marte (Anm. 10), S. 235-239.

12 Zitiert nach Lohmeier, ebd. S. 236.

13 Zum Wandel aristokratischer Standesethik in der frühen Neuzeit vgl. Lohmeier (Hg.): Arte et Marte (Anm. 10); Degn/Lohmeier (Hgg.): Staatsdienst und Menschlichkeit (Anm. 3); Vf., Vir eruditus (Anm. 7), S. 171-175.

14 Vgl. Oestreich, Gerhard: Geist und Gestalt des frühmodernen Staates. Ausgewählte Aufsätze, Berlin, 1969, bes. 179-197, 253-289.

15 Martino, Alberto: Barockpoesie, Publikum und Verbürgerlichung der literarischen Intelligenz, in: Internationales Archiv für Sozialgeschichte der deutschen Literatur 1 (1976), S. 107-145, hier S. 128.

16 Vgl. Oestreich, Gerhard: Verfassungsgeschichte vom Ende des Mittelalters bis zum Ende des alten Reiches, in: Gebhardt, Handbuch der deutschen Geschichte, Bd. 2, hg. v. H. Grundmann, Stuttgart, ⁹1970, S. 360-436 (§§ 90-109), hier S. 407.

17 Luise Stolberg an Julia L. Reventlow, 8. 7. 1790, in: Efterladte Papirer fra den Reventlowske Familiekreds i Tidsrummet 1770-1827, hg. v. Louis Bobé, Kopenhagen, 1895-1931, Bd. 3, S. 61; zit. nach: Lohmeier, Der Edelmann als Bürger (Anm. 3), S. 142.

18 Vgl. ihr verletzendes Verhalten gegen Heinrich Christian Boies Braut Luise Mejer, von dem Lohmeier: Der Edelmann als Bürger (Anm. 3), S. 145f., berichtet.

19 Zur Vita vgl. Sauer, August (W I, XII-LXXI); Stenzel, Jürgen (SW 269-271); Stenzel, Jürgen: E. Chr. v. K., in: Deutsche Dichter, hg. v. G. E. Grimm und F. R. Max, Bd. 3, Stuttgart, 1988, S. 95-100; Aust, Hugo: E. Chr. v. K., in: Deutsche Dichter des 18. Jahrhunderts, hg. v. B. v. Wiese, Berlin, 1977, S. 98-114.

20 Vgl. auch W II, 79, 499, 532, 535.

21 Vgl. »Das Landleben« (SW 72-74), »Sehnsucht nach Ruhe« (SW 75-81), »Einladung aufs Land. An Tirsis im November« (SW 82f.), »Einladung aufs Land. An Daphnen im Frühling« (SW 228f.).

22 Vgl. W II, 331 (6.7.1756); 332 (20.7.1756); 337 (17.9.1756) u.ö.

23 Vgl. W III, 165 (Gleim an Kleist, 7.12.1759); vgl. auch W II, 360 (Kleist an Gleim, 29.12.1759).

24 Vgl. W II, 343 (3.10.1756); 355f. (29.11.1756); 374 (18.2.1757); 387 (5.3.1757); 393 (20.3.1757); 433 (1.9.1757); 436 (21.9.1757); 562 (19.5.1759); 567f. (19.6.1759) u.ö.

25 Lessing an Gleim, 6.9.1759: »Er hatte drei, vier Wunden schon; warum ging er nicht? Es haben sich Generals mit wenigern, und kleinern Wunden unschimpflich bei Seite gemacht. Er hat sterben *wollen*. Vergeben Sie mir, wenn ich ihm zu viel tue...« (Lessing, G. E.: Werke und Briefe, hg. v. W. Barner, Bd. 11/I, Frankfurt/M., 1987, S. 332f.).

26 Vgl. W II, 548f. (14.2.1759).

27 Vgl. W II, 567f. (19.6.1759).

28 Vgl. W II, 75 (12.4.1747); 77 (12.6.1747); 372f. (18.2.1757), 499 (29.6.1758) u.ö.

29 Vgl. auch W II, 339; W II, 297 (»... ich bin gar zu faul und mache nichts, wenn es mir im Geringsten saur wird.«).

30 Vgl. W II, 22: »(...) unter Officiers ist es eine Art Schande, ein Dichter zu sein«.

31 Vgl. dagegen etwa die bei Lohmeier/Degn (Anm. 3) im Anhang abgebildeten Adelsporträts, insbesondere das um 1750 entstandene Porträt von Detlev Reventlow (1712-1783), einem Generationsgenossen Kleists, der sich sogar noch mit allen Insignien seines Standes porträtieren lässt (vgl. dazu den Kommentar ebd. S. 432). Aber selbst die Porträts seiner Söhne Cay (1753-1834) und Fritz Reventlow (1755-1828), die auf alle Standeszeichen verzichten, signalisieren durch Blick und Haltung (auch durch die elegante Kleidung) aristokratisches Selbstbewusstsein.

Reiner Marx

Anakreontik als lyrische Initiation

Zu Lessings *Kleinigkeiten* und Goethes *Annette*

> O schweiget doch ihr nüchtern Richter!
> Ich trinke Wein, und bin ein Dichter.
> (G.E. Lessing: *Für den Momus*)

Am 28. April 1749 erbittet Lessing von seinem Vater die Übersendung seiner Manuskripte, unter denen sich auch »die einigen Bogen, Wein und Liebe« befinden.[1] Offensichtlich besteht für diese Seite seiner frühen Produktion Erklärungsbedarf, denn der junge Autor fährt mit den folgenden Ausführungen fort:

Es sind freie Nachahmungen des Anakreons, wovon ich schon einige in Meisen gemacht habe. Ich glaube nicht daß mir sie der strengste Sittenrichter zur Last legen kann.

Vita verecunda est, Musa jocosa mihi.

So entschuldigte sich Martial in gleichem Falle. Und man muß mich wenig kennen, wenn man glaubt, daß meine Empfindungen im geringsten darmit harmonieren. Sie verdienen auch nichts weniger als den Titel, den Sie ihnen, als ein allzustrenger Theologe geben. Sonst würden die Oden und Lieder, des größten Dichters unsrer Zeiten, des H. von Hagedorns, noch eine viel ärgre Benennung wert sein. In der Tat ist nichts als meine Neigung, mich in allen Arten der Poesie zu versuchen, die Ursache ihres Daseins. Wenn man nicht versucht welche Sphäre uns eigentlich zukömmt, so wagt man sich oftermals in eine falsche, wo man sich kaum über das Mittelmäßige erheben kann, da man sich in einer andern vielleicht bis zu einer wundernswürdigen Höhe hätte schwingen können. Sie werden aber auch vielleicht gefunden haben, daß ich mitten in dieser Arbeit abgebrochen habe, und es müde geworden bin, mich in solchen Kleinigkeiten zu üben.[2]

Mehrere Aspekte sind bei dieser Selbstrechtfertigung zu beachten: Offensichtlich reagiert Lessing auf eine vorausgegangene väterliche Intervention gegen seine lyrischen Versuche, die den Vater als »allzustrenge[n] Theologe[n]« und »strengste[n] Sittenrichter« erscheinen lassen musste. Der junge Dichter beantwortet die diesbezüglichen Vorwürfe mit der zweifachen Nennung antiker Vorbilder (Anakreon, Martial), deren Funktion ohne Frage darin besteht, durch die Berufung auf die nicht kritisierbaren *Alten* für die eigene literarische Tätigkeit eine Legitimation zu gewinnen. Diese Strategie wird Lessing, trotz aller

Reklamation von aufgeklärtem Selbstdenken, in seinen folgenden *Rettungen* und *Verteidigungen* weiter praktizieren und sie scheint auch für andere Autoren des 18. Jahrhunderts probat gewesen zu sein. Auch die Erwähnung von Hagedorn als »größte[m] Dichter unserer Zeiten« verfolgt einen ähnlichen Rechtfertigungsweg: Jetzt soll – folgt man den Bezeichnungen der *Querelle* – durch die Erwähnung eines *Modernen*, dessen Größe jedoch unzweifelhaft erscheint, die Rechtmäßigkeit des eigenen Schreibens unter Beweis gestellt werden. Das lateinische Zitat markiert eine weitere Distanzebene zu den *Kleinigkeiten*, die Lessing schließlich auch bei der zwei Jahre später erfolgenden Publikation so nennen wird. Unter Berufung auf Martial (und implizit auf eine Parallelstelle bei Ovid) formuliert er eine entschiedene Differenz zwischen Leben und Kunst, wenn er die Sittsamkeit des ersteren betont und dagegen die Scherzhaftigkeit der poetischen Muse hervorhebt. Dass die anakreontischen Verse nichts mit den wahren »Empfindungen« des Dichters zu tun haben, wird denn auch sogleich noch einmal exponiert, um sodann die Gedichte als das Erproben einer bestimmten Stillage zu charakterisieren. Ihre Genese verdankt sich somit einer spezifischen Experimentierfreude und keineswegs einem authentischen Ausdrucksbedürfnis. Diese befürchtete Verwechslung von fingiertem Autor und wirklicher Person des Verfassers haben Mylius und Lessing selbst auch in exponiert satirischer Form in einem fiktiven Brief an Mylius als Herausgeber der Wochenschrift *Der Naturforscher* aufgegriffen:

Mein Herr,

Ich weis nicht, was Sie für närrisches Zeug machen. Was T - - < Teufel > wollen Sie denn mit Ihren Sauf- und Hurenliedern in Ihrem Naturforscher? Ist es nicht eine Schande, daß Sie solch abgeschmacktes Zeug mit hinein setzen! Das muß ein infamer Kerl seyn, der diese Lieder macht. Ein Erzthurer und Säufer muß er seyn. Wenn Sie seinen Narrenspossen nur noch einen quer Finger breit Platz einräumen, so werde ich Sie auch dafür halten.[3]

Die gleichfalls fingierte Beantwortung dieses Leserbriefes betont erneut die Differenz zwischen den »scherzhaften kleinen Gedichte[n] des Herrn *L.*« und der seriösen Person des aufgeklärten Autors, »welcher so ein großer Feind der angeführten Ausschweifung ist«.[4]

Auch an anderen Stellen vermitteln Lessing und seine Zeitgenossen ein ähnliches Bild von der anakreontischen oder Rokoko-Lyrik, das ihren eminenten Kunstcharakter herausstellt bei gleichzeitiger Verkleinerung und Verharmlosung der Gattung. In der Rezension der Werke Chaulieu's von Anfang 1751 stellt Lessing die rhetorische Frage: »Nunmehro urteile man, ob es was kleines oder schimpfliches ist, ein anakreontischer Dichter zu seyn; man urteile aber auch zugleich, ob viele diesen Namen verdienen.«[5] Mit dem Hinweis auf die *Kleinheit* des Genres wird gleichzeitig ein qualitatives Argument geltend gemacht: Auch in der kleinen Gattung muss der Dichter ein Meister sein, um überzeugen zu können. Deshalb wird Lessing auch nicht müde zu betonen, dass die *Kleinigkeiten* nicht »deswegen so benennet« wurden, damit der Verfasser »der unerbittlichen Critik mit Höflichkeit den Dolch aus den Händen winden möge«.[6] Dagegen beteuert er mehrfach, dass die Titelgebung der *Kleinigkeiten* kein Understatement des Autors bedeute, der die Kritik milde stimmen möchte, sondern die bewusste Entscheidung für eine lyrische Gattung sei, die etwa durch ständige Überarbeitungen und Verbesserungen in Bewegung bleibe und ihm erlaube, mit ihr und über sie zu reüssieren. Das mag erklären, weshalb Lessing in der Vorrede zu den *Schriften* von 1753 den »kleinen Denkmäler[n] [s]einer Arbeit« gegenüber »nicht ganz ohne Zärtlichkeit« ist und sogar von »väterliche[r] Liebe« seinen »Geburten« gegenüber sprechen kann.[7] Dennoch wird immer wieder der Versuchscharakter der *Kleinigkeiten* hervorgehoben und dabei ihre Existenzberechtigung trotz ihrer angeblichen *Nichtigkeit*. Dieser Ambivalenztopos kommt vielleicht am schönsten in der Vorrede zu den *Schriften* von 1753 zur Sprache:

Diese Lieder enthalten nichts, als Wein und Liebe, nichts als Freude und Genuß; und ich wage es, ihnen vor den Augen der ernsthaften Welt meinen Namen zu geben? Was wird man von mir denken? - - Was man will. Man nenne sie jugendliche Aufwallungen einer leichtsinnigen Moral, oder man nenne sie poetische Nachbildungen niemals gefühlter Regungen; man sage, ich habe meine Ausschweifungen darinne verewigen wollen, oder man sage, ich rühme mich darinne solcher Ausschweifungen, zu welchen ich nicht einmal geschickt sei; man gebe ihnen entweder einen allzuwahren Grund, oder man gebe ihnen gar keinen: alles wird mir einerlei sein. Genug sie sind da, und ich glaube, daß man sich dieser Art von Gedichten, so wenig als einer andern, zu schämen hat. [8]

Mit erstaunlicher Selbstbewusstheit legitimiert hier der Autor die *reine* Existenz seiner Texte jenseits aller erdenklichen kritischen Interventionen und installiert damit einen Poesiebegriff, der sich keiner nichtliterarischen Diskurse mehr zu bedienen braucht. Bei aller rhetorischen Bescheidenheit artikuliert sich hier sehr früh eine autonomieähnliche Vorstellung von Literatur, die in ihrer Geradlinigkeit überrascht, indem sie einem System Literatur das Wort redet, das sich freimacht von Diskursen der Nützlichkeit und Funktionalität. Dies ist bei Lessing sicherlich mehr als erstaunlich, aber vielleicht bedurfte es bei ihm in der Frühzeit eines solchen versuchten und vermutlich gelungenen Autonomieschubes, um dann zu einer selbstbewussten Adaption der Aufklärerrolle gelangen zu können; im Übrigen wären seine Autonomieansätze bei aller aufklärerischen Didaktisierung und Funktionalisierung von Literatur erst zu untersuchen. Dass Lessing dann irgendwann der Lyrik weitgehend entsagt, gehört vermutlich in diesen Entwicklungszusammenhang.

Die zeitgenössischen Rezensionen gehen insgesamt professioneller mit dem theoretischen und praktischen Anspruch der Gattung um und lassen auch Lessings eigenen – vielleicht auch nur rhetorisch formulierten – Erwartungshorizont hinsichtlich seiner kontemporären Leserschaft hinter sich. Sie erkennen durchgehend den Erprobungscharakter dieser Gedichte im Sinne einer *Durchlaufphase* für ein großes Talent und erliegen nicht der befürchteten Gleichsetzung von Kunst und Leben. Möglicherweise ist dies ein Indiz dafür, dass das Skandalon der Liebe, Wein, Genuss, Freundschaft und Geselligkeit preisenden Texte nur inszeniert ist und der Dichter selbst sich diese Reaktion von moralischer Empörung und Sittenstrenge verschafft, um damit den Sonderstatus seiner poetischen Inauguration herausstellen zu können; ein Genre wie die von Lessing so geliebte Selbstanzeige könnte in diesem Kontext als gutes Beispiel dienen, indem es die entsprechenden Klischees und mitunter deren Widerlegung vor Augen führen kann.

Ein Teil der Rezensionen akzeptiert kritiklos den selbstgesetzten *niedrigen* Anspruch, indem er den Titel des Gedichtbandes ernst nimmt, »zum Inhalt wohl geschickt« findet und die Gedichte für »würcklich[e] Kleinigkeiten« erklärt.[9] Andere insistieren zwar auf der *Scherzhaftigkeit* der Texte, betonen jedoch den »beträchtlich[en]« Inhalt der Gedichte, der die bis dahin bekannte anakreontische Tradition überbiete.[10] Aber auch dieser Gestus scheint nahezu topisch und gehört irgendwie zu dem literarischen Spiel, das sich in und um die Rokokolyrik entfaltet.

Am häufigsten jedoch findet sich die Figur, die *Kleinigkeiten* als anfängerische Fingerübungen anzusehen, die einige Erwartungen auf Größeres zulassen, wobei sie allerdings den Keim zu diesem Bedeutenderen sichtbar in sich tragen. So heißt es zum Beispiel in den *Critischen Nachrichten aus dem Reiche der Gelehrsamkeit* von 1751: »Wenn dieses *Kleinigkeiten* sind, so möchten wir wohl die *Großigkeiten* unsres Anakreon sehen.«[11] Auch in den *Göttingischen Anzeigen von Gelehrten Sachen* von 1752 wird der Hoffnung Ausdruck verliehen, dass der Verfasser dieser Gedichte »seine Gaben, deren ungezweifelte Proben er uns hier giebt, auch auf eine andre Weise so anwenden« werde, »daß wir diese reizenden Kleinigkeiten als eine Zusage ernsthafterer Arbeiten ansehen können«. Zuvor hatte der Rezensent, der Albrecht von Haller gewesen sein könnte, es noch abgelehnt zu »prüffen, ob überhaupt diese beständige Anpreisung der Liebe und des Weins, in welchen die Menschen unermahnt allemahl eher zu viel thun, sittlich und gemeinnüzig seye«.[12] Der Anakreontiker Uz befürchtet 1754 sogar, Lessings »Vielschreiben« bringe ihn »um die Ehre, die er sich durch seine Kleinigkeiten erworben« habe.[13] Selbst retrospektiv werden Lessings anakreontische »jugendliche Arbeiten« als »eines so berühmten Mannes nicht unwürdig« bezeichnet.[14]

Insgesamt zeichnet sich ein Bild ab, das die anakreontische Lyrik als dichterische Initiation erscheinen lässt, wobei durchaus vorbehaltliche Äußerungen erlaubt zu sein scheinen, aber allgemein ein Konsens herrscht, der dieses Genre als legitime poetische Anfangs- oder Durchgangsphase zulässt. Es handelt sich gewissermaßen um eine Zeitperiode dichterischer Selbstdefinition, die auf der Ebene des »Angenehmen«, »Ungezwungenen« und »Natürlichen« erfolgt.

»Leichtigkeit« des »Ausdrucks« und »Freiheit« der »Erfindungen« sind gebilligte Kriterien für eine Konzeption vom Dichter, »den die Natur [...] zum Tändeln gemacht hat, und der seinen Beruf [...] mit auf die Welt bringet«.[15] Das Bild vom *tändelnden* Dichter, der den Freuden des Lebens das Wort redet und den Lobpreis von Liebe, Wein, Geselligkeit und gar Faulheit singt (die häufige Thematisierung der Faulheit in den *Kleinigkeiten* ist signifikant), verbindet sich mit einer Konzeption von Lyrik, die auf Scherz und Witz setzt und dem Vergnügen des Lesers dienen soll. Die frühe Akzeptanz des unterhaltenden Aspekts von Literatur ist vor allem der Anakreontik zuzuschreiben. Die Vorstellung vom unterhaltenden Autor, der eine Literatur mit hohem Spielcharakter und einem festen Regelrepertoire produziert, enthält einen recht ausgedehnten Autonomiefreiraum, der bei allen inhaltlichen Differenzen zumindest zu den vorbereitenden Tendenzen der späteren Autonomieästhetik zu zählen wäre – trotz aller spontanen Bedenken bei der Artikulation einer solchen These.

Gestützt werden könnte diese Vermutung möglicherweise durch die Beobachtung, dass einige der Gedichte einen autothematischen Zug enthalten, das heißt, dass zwischen den topischen Evokationen von Liebes- und Weinrausch die Gestalt des Dichters und sein Schreiben (meist als Singen) zum Gegenstand der Texte werden. So wird das verehrte antike Vorbild angerufen (*An den Anakreon*), die *Antwort des trunkenen Dichters* auf eine moralische Intervention gegen seinen Weinkonsum mitgeteilt, die *Beredsamkeit* durch den Rheinwein hervorgestrichen und die Frage *Für wem ich singe* eingehend beantwortet, wobei selbstverständlich die weinseligen »Brüder« und die schöne »Phyllis« als Adressaten übrig bleiben.[16] Auch diese Thematisierungen von Dichter und Dichten gehören natürlich zum topischen Arsenal der anakreontischen Lyrik, enthalten aber dennoch ein nutzbares Potential poetischer Selbstreflexion und die Möglichkeit, ein bestimmtes zweckfreies Dichterbild zu installieren. Dies tut denn auch Lessing in seinem wohl programmatischsten Gedicht aus den *Kleinigkeiten*, das sich unmittelbar an die Kunstrichter wendet und in einer späteren Version auch so betitelt wird (*An die Kunstrichter*). Die erste Fassung ist *Für den Momus* überschrieben und richtet sich damit an die Gestalt des Krittlers an Göttern und Menschen, die aus der griechischen Mythologie bekannt ist. Die handschriftlich auffindbare Betitelung *Verteidigung meiner Lieder* weist neben der scherzhaften und topischen Dimension auch eine ernsthaftere Ebene auf, wie sie in den eingangs zitierten Selbstaussagen Lessings aufscheint, und unterstreicht den grundsätzlichen Aspekt, den das Gedicht anspricht.

> ›Verschweige doch nur deine Lieder!
> Anakreon kömmt uns nicht wieder,
> Und wer so leichte singt wie du,
> Den schuf das Schicksal nicht darzu.‹

> O schweiget doch ihr nüchtern Richter!
> Ich trinke Wein, und bin ein Dichter.
> Tut mir es nach und trinket Wein,
> So seht ihr meine Schönheit ein.[17]

Die erste Strophe formuliert in wörtlicher Rede den Einwand des Kritikers gegen den jungen Anakreontiker in Form eines qualitativen Arguments: Seine Lieder können mit denen des antiken Vorbildes nicht konkurrieren. Mehrfach operiert das Gedicht mit Ambivalenzen oder Doppeldeutigkeiten. So kann der Vers »Anakreon kömmt uns nicht wieder« bedeuten, dass der große Dichter in seiner lyrischen Perfektion nicht erreichbar ist, schon gar nicht durch einen *modernen* Epigonen. Gleichzeitig kann damit aber auch die Unmöglichkeit zum Ausdruck gebracht werden, durch Nachahmung eine dichterische Mode zu reaktivieren, die unweigerlich der Vergangenheit angehört. Das »leichte« im dritten Vers birgt eine ähnliche Ambiguität in sich: Damit kann sowohl eine allzu große *Leichtgewichtigkeit* der poetischen Produktion angesprochen sein, die mit den seriösen Genres nicht konkurrieren kann, als auch die Unfähigkeit, Anakreon auch nur annähernd zu erreichen. Es klingt sogar der Bedeutungshorizont von *leichtfertig* an, der zu den Klischeevorwürfen gegen die Anakreontik gehört und ebenso zu den Selbststilisierungen der Anakreontiker. Die Kritik der Kunstrichter an den »leichten« Liedern erfolgt demnach sowohl auf inhaltlicher als auch auf ästhetischer Ebene, woraufhin die zweite Strophe die Rechtfertigung des angegriffenen Autors formuliert. Wie schon in dem Gedicht *Für wem ich singe* repräsentieren die Kunstrichter die erklärten Feinde der Anakreontiker. Dort heißt es:

> Ich singe nicht für euch, ihr Richter,
> Die ihr, voll spitzger Gründlichkeit,
> Ein unerträglich Joch dem Dichter,
> Und eure eigne Muster seid.[18]

Der erste Vers der zweiten Strophe fordert in einer Parallelfügung zum Beginn des Gedichts jetzt umgekehrt die Kunstrichter auf zu schweigen. Mit »nüchtern« wird einmal mehr eine beabsichtigte Doppeldeutigkeit ausgesprochen, die die Erwähnung des Weins im folgenden Vers evident macht. Die überarbeitete Fassung löst dieses Sprachspiel zugunsten zweier vereindeutigender Epitheta auf: »Schweigt, unberauschte, finstre Richter!«[19] Zum einen spielt das Wort auf die unsinnige Abstinenz der Kritiker vom Alkohol an, zum andern werden ihre puritanische und asketische Auffassung von Kunst, ihre »spitzge Gründlichkeit« und pedantische Orientierung am eigenen »Muster« exponiert. Der folgende Vers bringt dann die Position des jungen Dichters prägnant auf den Punkt, indem er lapidar und schmucklos das eigene Selbstverständnis artikuliert: »Ich trinke Wein, und bin ein Dichter.« Nicht nur stellt dieser Satz eine unlösbare Verbindung zwischen Weintrinken und Dichtersein her und leistet damit in nuce den Nachweis für die Richtigkeit der These von der *Emanzipation der Sinnlichkeit im Rokoko*, wie sie immer noch überzeugend Theodor Verweyen in seiner gleichnamigen funktionsgeschichtlichen Untersuchung vorgetragen hat.[20] Er äußert auch ein ungebrochenes und selbstbewusstes Verständnis von einer Dichterexistenz, die sich nicht normativ einengen lässt. Vielleicht zum ersten Mal wird Dichtersein durch eine solche Setzung vorgenommen, die sich jenseits eines nichtpoetischen Diskurses vollzieht; jede legitimatorische Begründungsnotwendigkeit scheint eskamotiert zu Gunsten einer reinen Deklaration, die sich als Definitionsmerkmal völlig genügt. Die beiden folgenden Verse potenzieren dann noch die poetische Selbstsetzung, indem sie dem Rezipienten nahe legen, sich in die gleiche Verfassung wie der Produzent zu versetzen, um einen optimalen Zugang zu dessen Produkten zu erlangen. Dann erst enthüllt sich die ästhetische Qualität der infrage stehenden Werke. Gibt es – jenseits der uns vertrauten Topik – eine radikalere Allianz von Produzent und Rezipient auf der Ebene einer autonomen Selbstbestimmung? Die Niederschrift des Wortes scheint zu genügen, um eine substantielle Definition vorzunehmen. Dies ist ein Schritt, der unmissverständlich in die Moderne weist, wo solche Selbstsetzungen gang und gäbe werden. Im 18. Jahrhundert erscheint eine solche Autonomiegeste, und sei sie noch so vermittelt, radikal, weil sie auf legitimatorische Strategien verzichtet und sich damit dem rational-argumentativen Signum der Epoche entzieht.

Ein kurzer Blick auf Goethe sei noch gestattet. Auch er durchläuft, als extensiver Experimentator – im literarischen wie naturwissenschaftlichen Bereich –, die Vielfalt lyrischer Ausdrucksmöglichkeiten in der zweiten Hälfte des 18. Jahrhunderts und selbstverständlich sind seine Leipziger Anfänge gekennzeichnet von einer Periode der modischen Rokokolyrik. Zutreffend formuliert es eine neuere Darstellung der Aufklärungsliteratur, wenn es darin heißt:

Insgesamt gilt festzuhalten, daß die Anakreontik von den meisten Autoren der Zeit nur sporadisch gepflegt wurde; auch der junge Lessing und der Leipziger Student Goethe haben sich in anakreontischen Versen versucht, ohne darin mehr als Stilübungen zu sehen. Es scheint, als ob man die Gattung vornehmlich als Experimentierfeld nutzte, um individuelle poetische Möglichkeiten im Rahmen fester traditioneller Vorgaben zu erproben.[21]

Goethes *Annette*-Gedichte fixieren sich, wie auch Lessings *Kleinigkeiten*, nicht nur auf das anakreontische Muster. Seine viel gerühmte »Fähigkeit, sich neue Formen und Schreibweisen anzuverwandeln«, macht die Leipziger Sammlung geradezu zu einer »Anthologie der Möglichkeiten scherzhafter weltlicher Lyrik im Jahrzehnt 1760/70«.[22] Trotz eines erkennbaren biografischen Substrats, das sich vor allem an den Personen Anna Katharina Schönkopf und Ernst Wolfgang Behrisch festmachen lässt, verfährt der junge Goethe natürlich nach den topischen Vorgaben der Rokokolyrik. Viele mögen bedauern, dass er nicht sofort mit so genannter *Erlebnislyrik* begonnen hat – einem Typus von Gedicht, dessen *Erfindung* sogar mit Goethe in Verbindung gebracht wird und der nicht nur eine ganze Richtung der Literaturwissenschaft geprägt hat, sondern auch nachhaltig die Vorstellung von Lyrik überhaupt. Die Vorstellung, ein Autor verarbeite persönlich-subjektive *Erlebnisse* indirekt in seiner Dichtung oder gar in unmittelbar bekennender direkter Gefühlsaussprache, blockiert bis heute vermutlich einen angemessenen Zugang zu lyrischen Formen, die nicht unbedingt auf Erlebnis und Originalität ausgerichtet sind, sondern die möglichst raffinierte Variation vorgegebener Muster zum Ziel haben. Goethes Weg von seinen Rokoko-Anfängen zu den angeblichen Erlebnis-Texten, wie z.B. den *Sesenheimer Gedichten* aus der Straßburger Sturm-und-Drang-Periode, zeigt vielleicht eher umgekehrt, dass auch die Konzeption von Erlebnislyrik als ein geschicktes Konstrukt angesehen werden kann, das Authentizität ästhetisch imaginiert und inszeniert und ohne die vorbereitende Initiationsphase des anakreontischen Schreibens gar nicht denkbar wäre. Es gehört möglicherweise zu Goethes spezifischer Schreibart, die jeweilige Form an ihre Grenzen zu treiben, oft durch eine überraschende Totalisierung. Das Eröffnungsgedicht des *Annette*-Zyklus operiert damit und sprengt auf diese Weise nahezu das anakreontische Formschema.

> An Annetten
>
> Es nannten ihre Bücher
> Die alten sonst nach Göttern,
> Nach Musen und nach Freunden,
> Doch keiner nach der Liebsten;
> Warum sollt' ich, Annette,
> Die Du mir Gottheit, Muse,
> Und Freund mir bist, und alles,
> Dies Buch nicht auch nach Deinem
> Geliebten Namen nennen?[23]

Auch wenn dieses scheinbar harmlose tändelnde Gedicht durchgehend den Anspruch einer verspielten Rokoko-Poesie erfüllt, gelingt es Goethe im persönlicheren zweiten Teil des Textes, vor allem aber mit den beiden zugesetzten Wörtern »und alles«, eine Radikalisierung des Liebesanspruchs zu formulieren, die die Ebene spielerischer Variation vorgegebener Muster verlässt und auf eine emotionale Intensität hindeutet, die mit Goethes eigenen Worten *unerhört* zu nennen wäre – in jenem Sinne also von *noch nie vernommen*. Tatsächlich hatte die formalisierte anakreontische Poesie bis dahin eine solche, Authentizität zumindest beanspruchende Emphase noch nicht gehört![24]

Die Vorgabe, seine Gedichte *an Annette* zu richten oder ihr zu widmen, reduziert in Goethes kleinem Rokoko-Zyklus notgedrungen den Raum für poetische Autothematisierungen, wie Lessing ihn in seinen *Kleinigkeiten* nutzte. Dennoch beschließt Goethe seine Gedichtsammlung mit einem Text, der *An meine Lieder* heißt und der Poesie allein die Fähigkeit zugesteht, vergangene Gemeinsamkeiten und Freuden aufzubewahren. Damit spricht ein Rokoko-Gedicht die Überlegenheit der Schrift gegenüber dem gelebten Leben explizit aus. Dass Goethe diese Formen einer tändelnden Gelegenheitsdichtung nie ganz aufgegeben hat, zeigen im Übrigen zahlreiche, teilweise sehr späte Gedichte, denen in ihrer ungezügelten Verspieltheit ein *autonomes* Element anhaftet, das durchaus vielen Produkten der so genannten Erlebnislyrik oder der Autonomieästhetik gleichkommt.[25]

Die Gefahr der Überinterpretation ist mir bekannt und ich befürchte, ihr noch nie so nahe gewesen zu sein. Dennoch bin ich davon überzeugt, dass die Rokokolyrik und/oder Anakreontik in ihren gelungensten Momenten einen gewichtigen Beitrag zur Autonomisierung von Autor und Gedicht geleistet hat, der vielleicht immer noch unterschätzt wird. Sollte man daher diese Überlegungen als *Ehrenrettung* der Anakreontik lesen? Ja und Nein. Ja – weil diese Lyrik in ihrer zweckfreien verspielten Selbstbewusstheit dem literarischen Sprechen eine autonome Keckheit gegeben hat, die durchaus im Kontext einer Vorbereitung von Autonomisierung der Kunst und des Künstlers zu sehen ist, womit die Tendenz auch eine literarhistorische Bedeutung besonderer Art erhält. Nein – weil die Stereotypie der Ausdrucksmittel in ihrer Wiederholungsstruktur die angelegten emanzipatorischen Elemente wieder reduziert auf ein domestiziertes Arsenal überschaubarer Topoi. Die Anakreontik ist ein Weg der lyrischen Initiation und Selbstkonstituierung des *freien* Dichters. Diese angedeutete Freiheit aber kann sich unter dem Mantel von Normativität noch nicht überzeugend entfalten. Es gibt indes Autoren, die solche ambivalenten Vorgaben annehmen und an ihre Grenzen treiben, wodurch sogleich etwas Neues am Horizont erscheint. Dass Lessing und Goethe solche Autoren waren, steht außer Zweifel und legitimiert hoffentlich die vorausgehenden Ausführungen.

Anmerkungen

1 Brief an Johann Gottfried Lessing vom 28.4.1749, in: Briefe von und an Lessing 1743-1770, hg. v. Helmuth Kiesel et al., in: Lessing, Gotthold Ephraim: Werke und Briefe in 12 Bänden (im Folgenden: Lessing: Werke, Band, Seitenzahl), Bd. 11/1, Frankfurt/Main, 1987, S. 23.

2 Ebd., S. 23f.

3 Zitiert nach: Lessing: Werke 1743-1750, hg. v. Jürgen Stenzel, in: Ders.: Werke, Bd. 1, Frankfurt/Main 1989, S. 1016.

4 Ebd., S. 1017.

5 Lessing: Werke 1751-1753, hg. v. Jürgen Stenzel, in: Ders.: Bd. 2, Frankfurt/Main, 1998, S. 18.

6 Vgl. Lessings Selbstanzeige, ebd., S. 278, und die Parallelstelle in der Vorrede zu den Schriften von 1753, ebd., S. 601.

7 Ebd., S. 602f.

8 Lessing: Werke, Bd. 2, S. 602.

9 [Paulli, Wilhelm Adolph]: Poetische Gedanken, von Politischen und Gelehrten Neuigkeiten, Teil 3, 1751, 49. Stück, S. 387f.; zitiert nach: Lessing: Werke, Bd. 2, S. 967.

10 Jenaische gelehrte Zeitungen auf das Jahr 1751, 88. Stück, S. 720; zitiert nach: Lessing: Werke, Bd. 2, S. 967.

11 Critische Nachrichten aus dem Reiche der Gelehrsamkeit, Bd. 2, 1751, 47. Stück (November), S. 372; zitiert nach: Lessing: Werke, Bd. 2, S. 968.

12 Göttingische Anzeigen von Gelehrten Sachen, 20.3.1752, S. 276; zitiert nach: Lessing: Werke, Bd. 2, S. 970.

13 Johann Peter Uz an Johann Wilhelm Ludwig Gleim, 15.10.1754, zitiert nach: Lessing: Werke, Bd. 2, S. 970.

14 Allgemeine deutsche Bibliothek 1770, Bd. 13, 2. Stück, S. 521, zitiert nach: Lessing: Werke, Bd. 2, S. 972.

15 [Greifswalder] Critische Nachrichten, Bd. 2, 1751, 51. Stück (Dezember), S. 409f.; zitiert nach: Lessing: Werke, Bd.2, S. 969.

16 Ebd., S. 363, 365, 368, 366f.

17 Ebd., S. 390.

18 Ebd., S. 366.

19 Ebd., S. 990.

20 Vgl. Verweyen, Theodor: Emanzipation der Sinnlichkeit im Rokoko? Zur ästhetiktheoretischen Grundlegung und funktionsgeschichtlichen Rechtfertigung der deutschen Anakreontik, in: Germanisch-Romanische Monatsschrift, NF 25 (1975), S. 276-306. Dennoch bliebe immer weiter zu fragen, ob die topische Wiederholungsstruktur der tändelnd-sinnlichen anakreontischen Lyrik zwar als Kritik pietistischer und bürgerlicher Normenhorizonte emanzipatorisch begriffen werden muss, indes gleichzeitig gerade durch die hohen Sublimationsanteile eines nahezu ›normierten‹ Sprechens diese Sinnlichkeitspotenziale wieder domestiziert und damit elementar zurückgenommen werden. Ritual und Begehren können zwar Allianzen eingehen, aber selten auf der Ebene der Sublimation, wo sie häufig eher Langeweile produzieren. Darin liegt ein zentrales Problem der Rezeption, auch der wissenschaftlichen, von Rokoko-Lyrik. Zum wichtigen Sublimationsprozess im 18. Jahrhundert vgl. die grundlegenden Thesen von Gerhard Sauder: Empfindsamkeit – sublimierte Sexualität, in: Empfindsamkeiten, hg. v. Klaus P. Hansen, Passau, 1990, S. 167-177. – Zur elaborierten Wein-Metaphorik in Lessings *Kleinigkeiten* vgl. den lesenswerten Aufsatz von Franz Orlik: Der junge Lessing – ein Anakreontiker? Zur aufklärerischen Perspektive seiner Weinlyrik, in: Literatur in Wissenschaft und Unterricht 27 (1994), H. 2, S. 67-78.

21 Alt, Peter-André: Aufklärung. Lehrbuch Germanistik, Stuttgart, 1996, S. 151. Bei aller zutreffenden Darstellung scheint es signifikant, dass in dieser neueren Einführung der anakreontischen Odendichtung, trotz ihrer weiten Verbreitung im 18. Jahrhundert, ein nicht mal vierseitiges Kapitel gewidmet ist.

22 Goethe, Johann Wolfgang: Der junge Goethe 1757-1775, Bd. I, hg. v. Gerhard Sauder (= Münchner Ausgabe, Bd. 1.1), München, 1985, S. 800.

23 Ebd., S. 98.

24 Ob jedoch »Vorstellungen der sexuellen Komplexität heutiger Zeit mit diesem ›alles‹ chiffriert sind«, ist schwer zu entscheiden, wie Matthias Luserke zu Recht anmerkt, in: Luserke, Matthias: Der junge Goethe. »Ich weis nicht warum ich Narr soviel schreibe«, Göttingen, 1999, S. 28.

25 Vgl. etwa meine Interpretation des Gedichtes *An Jenny von Pappenheim in Erwiderung eines gestickten Pantoffel-Paares* von 1831; Marx, Reiner: »Dankbare Erwiderung« – An Jenny von Pappenheim. Zu Gelegenheitsdichtung, Zwischentextlichkeit, Narzissmus, Fetischismus, Psychoanalyse, Erotik, Selbstironie und Schreiben beim späten Goethe, in: Goethe-Gedichte. 32 Interpretationen, hg. v. Gerhard Sauder, München, 1996, S. 368-381.

Hansjürgen Blinn

Shakespeare im Rokoko

Natur und *Grazie* in Wielands Shakespeare-Übersetzung

I

Wielands Beschäftigung mit dem Werk Shakespeares setzt bereits in den frühen fünfziger Jahren ein. Das erste Zeugnis für sein Interesse an dem englischen Dramatiker findet sich im Tagebuch Friedrich Dominikus Rings (1726-1809), der bis 1759 als Hauslehrer in Zürich, danach als Prinzenerzieher in Karlsruhe tätig war. Dort heißt es:

Am Sonntag, den 15. März [1755]. [...] Nach der Predigt führte ich den Herrn N[olten] zu Hrn. Wieland, der von Shakespeare viel schwazte und glaubt, er werde ewig der *Engel*[länder] Bewunderung bleiben, ohnerachtet er manchmal *gigantesques* Vorstellungen hat u. alle *Teufel* aus der Hölle aufs Theater bringt.[1]

Mehrere Briefäußerungen aus den 1750er Jahren belegen seine Kenntnis und Wertschätzung. Die ausführlichste Auseinandersetzung mit dem Werk Shakespeares findet sich in seiner *Theorie und Geschichte der Red-Kunst und Dicht-Kunst*, die er 1757 seinen Schülern in Zürich diktierte und die von der Forschung bislang kaum beachtet wurde, obwohl sie in der Akademie-Ausgabe seiner *Gesammelten Schriften* abgedruckt ist.[2] Ernst Stadler, dessen Habilitationsschrift bislang die einzige umfangreichere Darstellung zu Wielands Shakespeare geblieben ist, kennt sie bereits (»nach gütiger Mitteilung von Erich Schmidt«[3]) und widmet ihr eine knappe Seite. Die übrige Literatur zur deutschen Shakespeare-Rezeption von Gundolf[4] über Price[5] bis Wolffheim[6] und Stellmacher[7] nimmt sie nicht oder nur peripher zur Kenntnis.[8] Selbst eine erst vor wenigen Jahren erschienene Arbeit über *Die Dichtungsauffassung des jungen Wieland* nennt sie nicht.[9] In seiner umfangreichen und bis heute als Referenzwerk noch nicht ersetzten Wieland-Monografie erwähnt sie Friedrich Sengle nur beiläufig, ohne näher auf ihren Inhalt einzugehen.[10] Klaus R. Scherpe verweist immerhin darauf, dass diese Zürcher Vorlesung deutlich den Einfluss der Gattungssystematik Batteux' zeigt.[11] Es blieb zwei amerikanischen Germanisten vorbehalten, sich als erste mit dieser Schrift auseinander zu setzen: Jeffrey B. Gardiner und Albert R. Schmitt publizierten 1973 einen Aufsatz, der sich ausführlicher mit Wielands Studium der englischen Schriftsteller und seiner *Theorie und Geschichte der Red-Kunst und Dicht-Kunst* beschäftigt.[12]

In dieser Vorlesung, die deutlich den Einfluss der rationalistischen Poetik wie den einer sensualistischen Ästhetik (Du Bos, Shaftesbury) zeigt, wird Shakespeare im Kapitel *Von den tragischen Poeten* an siebter Stelle genannt (hinter Aeschylus, Sophocles, Euripides, Seneca, P. Corneille und Racine; nach ihm folgt nur noch Thompson).[13] Der Abschnitt über den englischen Dramatiker ist der umfangreichste. Er lässt sich in drei Teile gliedern: Teil I dient der Apotheose des verehrten Dichters, Teil II nennt dessen »Fehler«, die aber unter geänderter Perspektive »Schönheiten sind« und Teil III listet die eigentlichen Schwächen auf, die aber der unzulänglichen Tradierung seiner Werke und Eingriffen durch Schauspieler angelastet werden. Auf den Inhalt dieser Schrift wird weiter unten eingegangen werden.

Der Plan zu einer eigenen Shakespeare-Übersetzung reifte bei Wieland vermutlich 1759/60. Der erste Gedanke taucht im Briefwechsel mit dem Winterthurer Stadtschreiber Wolfgang Dietrich Sulzer auf. Dieser hatte sich von Wieland, zu dessen Freundeskreis er gehörte, eine Shakespeare-Ausgabe zur Lektüre erbeten und schrieb ihm am 14. Januar 1759:

Ich sende Ihnen schon wieder einen Theil von Shakespear zurük, mit höflichem Ersuchen mir mit Ihrer besten Gelegenheit den Folgenden zu überschiken. Wann doch ein geschikter Kopf die Arbeit übernemmen wollte, diese Schauspiele im Deutschen so zu analysiren; wie Pere Brumoy mit dem griechischen Theater gethan hat; So weit ich gekommen bin ist kein Drama das man ganz übersezen dörffte. Man würde nur das gewebe derselben durchgehen, die Szenen oder Stellen aber, welche würkliche Schönheiten besizen, auszeichnen und alles auf eine critische manier verrichten. Ich glaube, daß ein solcher Übersezer vielen Dank verdienen würde. Wie kommt es doch, daß unter so vielen engländischen Übersezern sich noch keiner daran gemacht? Es ist wahr, daß ein wenig mehr als etwas englisch Feder und Dinte dazu erfodert wird.[14]

Eine unmittelbare Reaktion Wielands ist nicht bekannt. Doch muss er sich mit dieser Frage weiter beschäftigt haben. Denn als er im Mai 1760 nach Biberach als Senator und Kanzleiverwalter zurückkehrt und im Januar des Folgejahres zum Direktor des seit 1686 bestehenden Biberacher Theaters ernannt wird, macht er sich an eine Bearbeitung von Shakespeares *Tempest*, die er im September 1761 auf die Bühne bringt[15] (*Sturm oder Der erstaunliche Schiffbruch*; das Bühnenmanuskript ging früh verloren) – das ist die erste Produktion eines Shakespeare-Dramas in Deutschland, die seinen Namen nennt.[16] Kurz nach dieser erfolgreichen Aufführung hat Wieland die Arbeit an der Übersetzung aufgenommen und sich damit an ein Unternehmen gewagt, das ihn über Jahre beschäftigen und ihm manche Mühe bereiten sollte. Was dem literarischen Deutschland bis zu Wielands Übersetzung vorlag, war ein Shakespeare-Mosaik, das sich zwar schon aus zahlreichen Steinchen (meist Zeitschriftenaufsätzen) zusammensetzte, aber noch erhebliche Lücken und Freiflächen aufwies.[17] Daran hatten auch die beiden Wieland vorausgehenden Übersetzer, Caspar Wilhelm von Borck und Simon Grynäus, nicht viel geändert. Ihre Übertragungen waren zudem originalfern. Der preußische Gesandte am königlichen Hof in London von Borck hatte Shakespeares *Julius Caesar* in die starre Form des – gereimten – Alexandriners gepresst;[18] der Basler Gelehrte Grynäus verwendete zwar den Blankvers, benutzte aber als Vorlage nicht das Original, sondern eine klassizistische Bearbeitung von *Romeo and Juliet*[19] durch den englischen Schauspieler David Garrick. Wieland startete seine Übersetzungsleistung sozusagen aus dem Nichts.

Die Schwierigkeiten, Shakespeare zu verdeutschen, hat Günter Erken im *Shakespeare-Handbuch*[20] zusammengefasst. Dort sind Kriterien und Überlegungen genannt, die bei der »Übersetzung« des elisabethanischen Englischen in das jeweils »aktuelle« Englisch und bei der weiteren Umsetzung in die Zielsprache eine Rolle spielen. Reflexionen dieser Art, etwa in Bezug auf eine Übersetzungstheorie oder hinsichtlich der Festlegung von Übersetzungsprinzipien, finden sich bei Wieland nur in Ansätzen. Während es zu seinen Übertragungen antiker Autoren entsprechende Vorüberlegungen gibt (so verlangt er »äußerste Treue gegen das Original« das »Eigentümliche, Auszeichnende eines Werkes, mochte er es nun im Stofflichen oder Ideellen oder Formalen am reinsten ausgedrückt finden«, war in der Übersetzung festzuhalten und zu vermitteln)[21], fehlen sie bei Shakespeare fast völlig. Ohne tiefergehende Kenntnisse des elisabethanischen Englischen und nur mit unzulänglichen Mitteln ausgestattet, wagte er sich an die Übersetzung der schwer verständlichen und anspielungsreichen Texte. Zugrunde legte er die an fehlerhaften Konjekturen reiche Edition William Warburtons,[22] auf die er sich deshalb verlassen zu können glaubte, weil der von ihm verehrte Alexander Pope ein Vorwort dazu geschrieben hatte. Dazu benutzte er Nicolas Rowes *Some Account of the Life and Writings of William Shakespeare*, Boyers *Dictionnaire royal françois et anglois* (Ausgabe 1756), ein kleines Handbuch Shakespearescher Wörter und Redensarten und Johnsons *Dictionary of the English Language* (1755). Wieland übersetzte insgesamt zweiundzwanzig Dramen bis auf *Ein St. Johannis Nachts-Traum* – wie bekannt – alle in Prosa (gerade wegen der Prosa wirkte Wielands Shakespeare in der Überarbeitung und Vollendung durch J.J. Eschenburg bis weit ins 19. Jahrhundert auf dem Theater). Sie erschienen in acht Bänden von 1762-1766,[23] wobei ihm, wie sich seinem Briefwechsel entnehmen lässt, die Arbeit von Band zu Band saurer wurde. Schon ein Jahr nach Beginn der Arbeit klagt er gegenüber seinem Verleger Geßner:

Ich habe als ich vor mehr als einem Jahr mich zur Übersetzung des Shakespear entschloß zwar eine ziemliche Vorstellung von den Schwierigkeiten gehabt, aber in der That mir nicht den zehnten Theil der Mühe vorgestellt, die ich nunmehr erfahre. Ich glaube nicht daß irgend eine Art von gelehrter Arbeit der GaleerenSclaven-Arbeit ähnlicher sey als diese.[24]

II

Die angesprochenen Schwierigkeiten resultieren nicht nur aus der oben skizzierten Übersetzungssituation. Wielands *Theorie und Geschichte der Red-Kunst und Dicht-Kunst* wie seine Übersetzung entstehen zur Zeit des großen Paradigmawechsels in der Mitte des 18. Jahrhunderts, im Spannungsfeld zwischen Rationalismus und Empirismus/Sensualismus, als das herrschende Vorbild Frankreich durch England abgelöst wird. Die Romania hatte in allen Fragen des kulturellen Lebens den deutschsprachigen Raum beeinflusst, sie hatte die Rokokokultur nach Deutschland und in die Schweiz gebracht. Nun weist sie selbst auf das neue Paradigma, die englische Kultur und Literatur hin. Neben den norddeutschen Küstenstädten Hamburg und Bremen und den großen Handelsstädten treten Franzosen (Voltaire) und französisch sprechende Schweizer (Muralt) als Kulturvermittler hervor. Informationen über die englische Literatur und über Shakespeare kamen auch aus Italien in die Schweiz (und damit zu Bodmer), was wenig bekannt und kaum untersucht ist. Francesco Algarotti (1712-1764), der bedeutende Vermittler der Rokokokultur nach Frankreich und in die Schweiz, später auch nach Deutschland, ist auch als Shakespeare-Vermittler hervorgetreten (noch Lenz setzt sich mit ihm in seinen *Anmerkungen übers Theater* auseinander), ebenso wie Antonio Conti (1677 bis 1749), dessen Namensform »Sasper« (= Shakespeare) Bodmer aus nicht mehr zu eruierenden Gründen übernommen hat, und Luigi Riccoboni (1676-1753).

Wieland überträgt Shakespeare in einer Schaffensperiode, die selbst von denjenigen als seine Rokoko-Phase bezeichnet wird, die nicht bereit sind, sein Gesamtwerk unter diesem Epochenbegriff einzuordnen. Es ist seiner Übersetzung und seinen Notationen dazu – wie noch gezeigt wird – deutlich anzumerken, dass er mit dem Widerspruch zwischen der Rokokokultur und dem Renaissancedichter kämpft, dessen Werk sich nicht ohne weiteres in die Rokokowelt integrieren ließ. Am leichtesten war dies noch mit den Märchen- und Zauberstücken, von denen sich Wieland am stärksten angezogen fühlte (deshalb übersetzte er als erstes Stück den *Midsummer Night's Dream* und brachte er als erstes Shakespeare-Drama *The Tempest* auf die Bühne). Der Versuch der »Zähmung des Widerspenstigen« musste größte Schwierigkeiten bereiten, weil die Diskrepanz zwischen dem Original-Shakespeare und dem, was dem Kunstwollen des Rokoko entsprach, nicht zu überbrücken war. Wenn es auch eine geschlossene Kunsttheorie des Rokoko nicht gibt, so gibt es doch eine Reihe von Kennzeichen, die als »typisch« für diese Epoche gelten können. Es sind dies der *Scherz*, der in Umdeutung des aufklärerischen *Witzes* in vielfältiger Gestaltung die Literatur des Rokoko durchzieht, die Forderung und Förderung des *Gefälligen, Graziösen*, die *Freude*, die das Rokoko mit der Anakreontik verbindet, die *Vorliebe für das Kleine und Niedliche*, für *Ironie, Parodie* und *Pikanterie*, für *Anmut*, der *Reiz der Grazie*, schäferliche Ausprägungsformen und die Annäherung des dichterischen Kunstwollens an die Bildkunsttheorie.[25] Das gilt für das Rokoko als kulturhistorische Epoche vor allem in Italien, Frankreich, Deutschland. »Die Rokokowelt versteht sich als das goldene Zeitalter der Urbanität und des guten Geschmacks zwischen dem barocken Schwulst und dem romantischen Individualismus.«[26] Die Dichtung wirft die Fesseln der Casualpoesie ab, weigert sich, sich unter das Moralpostulat zu stellen, religiöse Themen aufzugreifen oder die Natur ausschließlich als Gottes Schöpfung zu preisen. Ihre Hauptfunktion ist das *delectare*, sie will nichts weiter sein als kultivierte Dichtung, die dem guten Geschmack huldigt.

Auf diese kultivierte Rokoko-Welt, an der Wieland auf seinem Weg vom Frömmler zum philosophischen Aufklärer zunehmend teilhat, trifft nun der Renaissancedichter Shakespeare, der zu groß war, um »sich unter die Sklaverey der Regeln zu demüthigen«.[27] Ihn einfach durch die Übersetzung dem Zeitgeschmack anzupassen, hätte eine Fälschung bedeutet. Einen gänzlich unverfälschten Shakespeare anzubieten, hätte in hohem Maße gegen den guten Geschmack verstoßen und die Leser überfordert. Zwischen beiden Polen sucht Wieland zu vermitteln. Seine Übertragungen versuchen einerseits, Shakespeare zu glätten, allzu Drastisches abzumildern, übersteigerte Affekte zu dämpfen. Eine konsequente Vorgehensweise ist aber nicht zu erkennen. Denn andererseits bemüht sich Wieland in zahlreichen Passagen um Werktreue, greift trotz des Zwangs zur Kultivierung im Sinne des Rokoko-Geschmacks nicht ein und gibt damit einen Eindruck vom Original – selbst dann, wenn es sich um drastische Aussagen handelt, die er an anderer Stelle unterdrückt. Zusätzlich fällt auf, dass er durch fehlerhafte Übersetzung oder bewusst veränderten Wortlaut erst Drastisches schafft, wo Shakespeare vergleichsweise harmlos ist. Beispielsweise lässt Timon in *Timon of Athens* den falschen Freunden als Mahlzeit warmes Wasser in Schüsseln servieren und ruft ihnen zu: »Uncover, dogs, and lap.«[28] (»Deckt auf, Hunde, und leckt!«). Wieland deutet diese Bemerkung zur Regieanweisung um und übersetzt: »Man dekt auf, und alle Schüsseln sind mit Hunden von verschiedner Gattung angefüllt.«[29] In der Inhaltsangabe der unübersetzten Hexenszene IV, 1 in *Macbeth* umschreibt er die Originalfassung: »Cool it with a baboon's blood«[30] (»Kühle es mit dem Blut eines Pavians«) mit den Worten: »Nachdem alles genug gekocht ist, wird das Decoctum mit eines Säuglings Blut abgekühlt«,[31] weil er *baboon* mit *babe* verwechselt, wie Stadler annimmt,[32] oder es bewusst dagegen eintauscht, wie Radspieler vermutet, weil Wieland bekannt war, »daß im deutschen Volksglauben Kinderblut als Ingredienz von Zaubertränken, -salben usw. allgemein angenommen wurde, während der Affe hier keine Rolle spielte«.[33] Dieser bewusste oder unbewusste »Fehler« blieb übrigens lange stehen: Herder und Schiller übernehmen ihn; Eschenburg und Eckert übersehen ihn; noch in Übersetzungen des 19. Jahrhunderts ist er immer wieder zu finden. Wieland bemüht sich also durchaus, wenn auch nur stellenweise, die von ihm und anderen Shakespeare-Anhängern seiner Zeit konstatierte und viel bewunderte »Naturnähe« des englischen Dramatikers in seiner Bearbeitung umzusetzen. Deshalb sollte man nicht ohne Einschränkung den Terminus »rokokohafte Stilisierung« verwenden.[34]

Die Auffassung von der »Naturnähe« Shakespeares hat ihre Grundlage in der englischen *mirror-of-nature*-Theorie, die mit den englischen literaturkritischen Texten über den Dramatiker auf den Kontinent kam und in der ›Natur‹ als empirische Realität und Dichtung als Spiegel dieser Realität, als Spiegel des Lebens und der menschlichen Gesellschaft gedeutet wird.[35] In diesem Sinne wird schon in England Shakespeare als Dichter des ›Realismus‹ begriffen – eine Auffassung, die in Deutschland im Sturm und Drang ihren Höhepunkt erreichen und den jungen Goethe zu dem bekannten emphatischen Ausruf: »Natur! Natur! nichts so Natur als Schäkespears Menschen.«[36] veranlassen wird. Auch Wieland, der doch für eine andere Art des Dichtens steht, weist in seiner *Theorie und Geschichte der Red-Kunst und Dicht-Kunst* auf diese »Naturähnlichkeit« von Shakespeares Dramenfiguren hin.[37] Die Diskrepanz zwischen dem Kunst- und Ausdruckswollen des Rokoko und der »realistischen« Dramatik des englischen Renaissancedichters versucht Wieland zunächst mit einem historisierenden Argument zu überbrücken. Shakespeare habe in einer anderen Zeit und für ein anderes Publikum geschrieben, das an die »Regelmäßigkeit, woraus die Franzosen so viel machen, gar nicht gewöhnt« war und sie deshalb auch gar nicht vermisste.[38] Von der englischen Literaturkritik des 18. Jahrhunderts übernimmt er dann das Verfahren, das ihm hauptsächlich durch Alexander Popes *Preface* zu dessen Shakespeare-Ausgabe vermittelt worden war, dessen Werke in »Schönheiten« und »Fehler« einzuteilen. Schon Johann Elias Schlegel hatte in seiner *Vergleichung Shakespears und Andreas Gryphs* (1741) – zwischen rationalistischer Regelpoetik und sensualistischer Begeisterung schwankend – diesen Rettungsversuch unternommen. Er gipfelt in der »Blütenlese«, wie sie beispielsweise von William Dodd mit seinen *Beauties of Shakespeare*[39] herausgegeben wurde, die die »schönsten« Passagen aus dessen Dramen zusammenstellt und durch die bekanntlich der junge Goethe erstmals mit Shakespeare in Berührung kommt.[40]

III

Welche »Fehler« konstatiert nun Wieland? Seine kritische Einstellung zu Shakespeares Dramen äußert sich in den Anmerkungen zu seiner Übersetzung, die schon von den Zeitgenossen als allzu geschmäcklerisch und nörgelnd empfunden wurden.[41] Sie richtet sich einmal gegen Handlungsführung und Komposition (an diesem Kritikpunkt wird er noch 1784 in den *Briefen an einen jungen Dichter* festhalten, wenn er in Shakespeares Stücken, »größten Theils, *Haupt- und Staatsaktionen*, oder dramatisierte *Novellen* und *Mährchen*« sieht[42]). Deshalb erlaubt er sich häufig Eingriffe: Er ändert die Szenenzahl, lässt ganze Auftritte, manchmal sogar einen ganzen Akt vollständig weg und fasst seinen Inhalt in wenigen Worten mit kritischen Notationen zusammen. Als Beispiel sei auf den fünften Akt von *Was ihr wollt* (1766!) verwiesen, der überhaupt nicht mehr übersetzt wird; der Inhalt der einzelnen Szenen wird in wenigen Worten zusammengefasst und der Abbreviatur die Bemerkung vorangestellt:

Dieser ganze lezte Aufzug enthält nichts mehr als eine Entwiklung, welche leicht vorauszusehen ist. Man weiß schon, daß die Anlegung des Plans und die Entwicklung des Knotens diejenigen Theile nicht sind, worinn unser Autor vortrefflich ist.[43]

Und den eigenen Überdruss auf den Engländer projizierend fährt er fort:

Hier scheint er, wie es ihm mehrmals in den fünften Aufzügen begegnet, begieriger gewesen zu seyn, sein Stück fertig zu machen, als von den Situationen, worein er seine Personen gesezt hat, Vortheil zu ziehen.[44]

Des Weiteren kritisiert er Shakespeares Wortspiele. Mit dem Begriff *Wortspiele* ist eine Eigentümlichkeit Shakespearescher Dramatik angesprochen, die Wieland überhaupt nicht mag. Wer die Geschichte der Shakespeare-Übertragung verfolgt hat, weiß, dass Shakespeares Liebe zum Wortwitz die Übersetzer häufig zur Verzweiflung treibt.[45] So ist es auch bei Wieland. Besonders in den Anmerkungen zu *Romeo und Juliette, Viel Lermens um Nichts, Was ihr wollt* und den beiden Teilen von *König Heinrich der vierte*, wo ganze Szenen zusammengestrichen werden, erbost er sich über Shakespeares Wortwitz, den zu übertragen ihm in den meisten Fällen nicht gelingt. So fasst er – nur ein Beispiel von vielen – die zweite Szene des zweiten Aktes von *König Heinrich dem vierten, Teil 1* mit folgenden Worten zusammen:

Ein kleines Gespräch zwischen Gadshill und einem Bedienten im Wirthshaus, welches, ausser den Nachrichten, die der lezere dem ersten von den Passagiers im Hause giebt, in einer Art von Wizwechsel besteht, wovon der Uebersezer bekennt, daß es ihm unmöglich fällt, die deutsche Sprache damit zu bereichern. Diejenige, welche vielleicht glauben, daß er diese Unmöglichkeit mit etwas weniger Trägheit hätte überwinden können, mögen sich zur Probe an den sinnreichen Wörtern: *long-staff-six-penny-strikers,* und *Mustachio-purple-hued-malt-worms* üben; und wenn ihnen auch diese nicht zu schwer seyn sollten, so werden sie doch gestehen, daß die unsaubern Wortspiele, die einen Theil dieser Scene ausmachen, unübersezlich sind. Das beste ist, daß der Leser nicht einen einzigen gesunden Gedanken, oder guten Einfall dabey verliehrt. Man mag aus dem was wir übersezen, den Schluß auf dasjenige machen, was wir auslassen müssen.[46]

In einer Anmerkung zu *Romeo und Juliette* heißt es:

Hier fängt sich bis zum Auftritte der Amme eine Art von wizigem Duell mit Wortspielen, und abgeschmackt-sinnreichen Einfällen zwischen Romeo und Mercutio an, welcher leztere zuweilen auch noch mit schmuzigen Scherzen um sich wirft, wenn er sich nicht anders mehr zu helfen weiß - - Man kennt schon diese Mode-Seuche von unsers Autors Zeit, und erlaubt uns, eine Lüke zu machen, wo es in unsrer Sprache unmöglich ist so wizig zu seyn wie seine Spaß-Macher.[47]

Einerseits ist Wieland ehrlich genug, auf die Unübersetzbarkeit bestimmter Redewendungen, Homonyme, Allusionen, lautmalerischer Passagen hinzuweisen,[48] andererseits flüchtet er sich aber allzu schnell zu dem Verdikt, das alles sei zu »abgeschmackt«und entspräche allenfalls dem Niveau der Harlekinaden.[49] Und allzu oft lässt er sie einfach weg, nicht ohne sie mit Ausdrücken wie »frostig«, »ekelhaft«, »beleidigend«, »albern«, »pöbelhaft« u.ä. zu charakterisieren und sich von dieser Art dramatischer Sprache zu distanzieren, da Dinge ausgesprochen werden, die seiner Meinung nach dem guten Geschmack widersprechen oder auf eine Art und Weise gesagt werden, die weit davon entfernt ist, das Postulat der Grazie zu erfüllen.

Vor allem Shakespeares sexuelle Anspielungen rufen Wielands Empörung hervor. Das verwundert umso mehr, da Wieland in seinen Werken selbst nicht altjüngferlich war, was ihm vom Göttinger Hain den Vorwurf des Sittenverderbers einbrachte. Bei Shakespeare reagiert er empfindlich und unterdrückt wie ein wahrer Zensor viele Unanständigkeiten:

Die Falstaffischen Scenen machen einen grossen Theil dieser gegenwärtigen Haupt- und Staats-Action aus, ob sie gleich als blosse Zwischen-Spiele, die dem Pöbel für seine sechs Pfennige was zu lachen geben sollen, mit dem Stük selbst keinen nothwendigen Zusammenhang haben. Wir werden fortfahren, uns damit die nemliche Freyheit zu nehmen, wie in dem vorigen Stüke; und wir sind desto mehr hiezu genöthigt, da der Humor und das Lächerliche, so darinn herrscht, gröstentheils in sehr pöbelhaften Schwänken, Zoten, Wortspielen, und einer ekelhaften Art von falschem und schmuzigem Wiz besteht, und wir vermuthlich keine Leser von derjenigen Classe haben werden, zu der die Zuhörer gehörten, die man damit belustigen wollte.[50]

Wieland selbst ist in seinen *Comischen Erzählungen* (1765), die parallel zu seiner Arbeit an der Shakespeare-Übersetzung entstanden sind, in sexuellen Dingen nicht prüde. Im Gegenteil: Ihm waren die Prüden, war Prüderie verhasst, da stets mit Heuchelei verbunden.[51] Seine Verserzählungen *Das Urteil des Paris*, *Endymion*, *Juno und Ganymed*, *Aurora und Cephalus*, die ihm viel Lob, aber auch herbe Kritik einbrachten (noch Sengle sieht darin »naturalistische Kraßheit« und »plumpste Sinnlichkeit«, womit sich »feinste Formkunst« und »elegantester Schliff« paarten[52]), bauen eine erotische und erotisierte Welt auf und wimmeln von frivolen Szenen. Allein – Wieland arbeitet mit Andeutungen, Bildern, Metaphern, Vergleichen mit verfänglichen oder pikanten Szenen aus der antiken Mythologie oder antiken Schriften, bleibt vage, äußert Vermutungen, die er aber gleich wieder in Frage stellt, kurz – er spielt, indem er Assoziationen weckt, mit der Phantasie des Lesers und der Leserin. Nie ist er direkt, nie vulgär; stets sagt er es mit Grazie. Als Diana den schlafenden Endymion findet, in Liebe zu ihm entbrennt und sein leichtes Gewand zur Seite schiebt, um ihn besser betrachten zu können, heißt es:

> Ein leicht beschattendes Gewand
> Erlaubt den ungewohnten Blicken
> Nur allzuviel sie zu berücken.
> Man sagt so gar, sie zog mit leiser Hand
> Auch dieses weg, doch wer hat zugesehen?
> Und tat sie es, wofür wir keinem stehen,
> So zog sie doch beim ersten Blick
> Gewiß die Hand so schnell zurück
> Als jenes Kind, das einst im Grase spielte,
> Nach Blumen griff und eine Schlange fühlte.[53]

Und wenn einmal eine Sache auf ihren Höhepunkt zutreibt, dann formuliert er: »Das läßt sich nur auf Griechisch sagen.«[54] Dass Shakespeare von dieser Fähigkeit der indirekten Aussage nur selten Gebrauch macht, das ist es, was Wieland ihm vorwirft; dass er für Wielands Rokoko-Geschmack häufig zu direkt, zu offen spricht, bringt ihm den Vorwurf ein, für die »Grundsuppe des Londner-Pöbels zu König Jacobs Zeiten«[55] geschrieben zu haben. So lässt ihn der Vers »And death, not Romeo, take my maidenhead!«[56] folgende Anmerkung machen:

Shakespear mußte einen Reim auf den vorhergehenden Vers haben, und es ist kein Unsinn, keine Unanständigkeit, die er sich nicht erlauben sollte, um sich nicht lang auf einen Reim besinnen zu dürfen.[57]

Selbst eine so harmlose Bemerkung, wie wir sie in *Der Kauffmann von Venedig* finden, als Graziano als Folge der Heirat die Geburt eines Sohnes andeutet, wird von Wieland mit der Bemerkung unterdrückt:

Hier folgen im Original ein paar Scherzreden zwischen Gratiano und Nerissa, die man auslassen mußte, weil alles darin auf eine nicht allzuzüchtige Zweydeutigkeit ankommt, die Gratiano in einem unschuldigen Ausdruk der Nerissa findet, und die sich nicht übersezen läßt.[58]

Dass er an anderen Stellen weniger empfindlich ist, ist nur ein Beweis für seine schon angesprochene Inkonsequenz. So übersetzt er z.B. Hamlets Bemerkung »That's a fair thought to lie between maid's legs« (III, 2) ohne kommentierende Einmischung oder geschmäcklerische Auslassung wörtlich mit: »Das ist ein hübscher Gedanke, zwischen eines Mädchens Beinen zu liegen.«[59]

Es ist Hans Radspieler zuzustimmen, wenn er konstatiert, dass Wieland mit seinen Anmerkungen, die auf die Unterdrückung sexueller Anspielungen durch den Übersetzer hinweisen, die Neugier des Lesers zum Original hinlenkt.[60] Das ist sicher nicht der einzige Grund für Wielands häufige Zurückhaltung. Neben den auch von Radspieler genannten Bedenken hinsichtlich Biberacher Rücksichtnahmen und einer befürchteten, den Verlag in Schwierigkeiten bringenden Zürcher Zensur ist es die Art der Aussage, die Direktheit Shakespeares, die den Übersetzer einhalten lässt. Das Spielerische, Tändelnde, Gefällige, Umspielende des Rokoko, das Ironie und Pikanterie mit Anmut zu verbinden weiß, ist so etwas ganz anders Geartetes als das, was dieser Renaissance-Dichter zu Papier bringt. Dass Wieland während seiner Arbeit an Shakespeare, die ihn – wie man seinen Briefen entnehmen kann – voll ausfüllte, noch die Zeit und die Fähigkeit aufbrachte, einen Roman (*Don Sylvio von Rosalva*) und die graziös verspielten, den Geist des Rokoko atmenden und die Verskunst Wielands voll zur Geltung bringenden *Comischen Erzählungen* zu verfassen, ist sicher als notwendiger Ausgleich zu sehen, bedeutete es doch die Möglichkeit, das eigene Kunstverständnis umzusetzen, wodurch ihm die harte Arbeit an der Übersetzung eines ihm letztendlich doch wesens- und geschmacksfremden Textes erträglicher wurde.[61]

Wieland streitet weiterhin Shakespeare die Fähigkeit ab, gelungene Reime bilden zu können. So heißt es in einer Anmerkung zum »Spiel im Spiel« in *Hamlet* (III, 2): »Dieses ganze kleine Schauspiel ist im Original in Reimen von unübersezlicher Schlechtigkeit abgefaßt«.[62] Ähnlich urteilt er in *Timon von Athen*:

> Wenn in dieser Rede [des Apemanthus] wenig Sinn und Zusammenhang ist, so muß man wissen, daß sie im Original in Reimen geschrieben ist, wie viele andre in diesem Stüke. Die Reime scheinen dem Shakespear viel zu schaffen gemacht zu haben; sein freyer und feuriger Genie geht darinn wie ein Läuffer in Courier-Stiefeln.[63]

Durch dieses Urteil fühlte er sich berechtigt, in seiner Übersetzung auf die Wiedergabe von Reimen weitgehend zu verzichten. In einer Anmerkung zu *Romeo und Juliette* setzt er sich ausführlich mit diesem Manko des ansonsten genialen Shakespeare (er ist »der größte unter allen Genies und zugleich der vollkommenste und extravaganteste unter allen Scribenten«[64]) auseinander:

> Es ist ein Unglük für dieses Stük, welches sonst so viele Schönheiten hat, daß ein grosser Theil davon in Reimen geschrieben ist. Niemals hat sich ein poetischer [!] Genie in diesen Fesseln weniger zu helfen gewußt als Shakespear; seine gereimten Verse sind meistens hart, gezwungen und dunkel; der Reim macht ihn immer etwas anders sagen als er will, oder nöthigt ihn doch, seine Ideen übel auszudrüken. Die Feinde des Reims werden dieses vielleicht als eine neue Instanz anziehen, um diese vorgebliche Fesseln des Genie den Liebhabern und Lesern so verhaßt zu machen, als sie ihnen sind. Aber warum hat z. Ex. Pope die schönsten Gedanken, die schimmerndste Einbildungskraft, den feinsten Wiz, den freyesten Schwung, den lebhaftesten Ausdruk, die gröste Anmuth, Zierlichkeit, Correction, und über alles dieses, den höchsten Grad der musicalischen Harmonie, deren die Poesie in seiner Sprache fähig ist, in seinen Gedichten mit dem Reim durchaus zu verbinden gewußt? Die Reime können vermuthlich nichts dazu, wenn sie für einige Dichter schwere Ketten mit Fuß-Eisen sind; für einen Prior oder Chaulieu

sind sie Blumen-Ketten, womit die Grazien selbst sie umwunden zu haben scheinen, und in denen sie so leicht und frey herumflattern als die Scherze und Liebes-Götter, ihre beständigen Gefehrten. Shakespears Genie war zu feurig und ungestüm, und er nahm sich zu wenig Zeit und Mühe seine Verse auszuarbeiten; das ist die wahre Ursache, warum ihn der Reim so sehr verstellt, und seinen Uebersezer so oft zur Verzweiflung bringt.[65]

Letztendlich findet Wieland auch an Shakespeares Rhetorik wenig Gefallen: sie erscheint ihm vielfach unnatürlich und schwülstig. In seinen Anmerkungen hat er häufig darauf hingewiesen; wo sie sich nicht »verbessern« ließ, wies er auf deren historische Bedingtheit oder psychologische Motivation hin.[66]

IV

Bei Wielands Auslassungen, soweit sie Wortspiele und Reimverse betreffen, hat man häufiger den Eindruck, dass seine Bemerkung, diese Zeilen seien »abgeschmackt« (hier wären zahlreiche Belegstellen anzuführen) nicht den Gegebenheiten entspricht, sondern nur seiner Verlegenheit entspringt. Man könnte vermuten, seine Unfähigkeit, eine adäquate Übersetzungsmöglichkeit zu finden, habe ihn häufiger dieses Geschmacksurteil ins Feld führen und seine Leser glauben machen lassen, er habe ihren *haut goût* und/oder den Anstand nicht verletzen wollen. Allein, ein Blick in die 1757 entstandene *Theorie und Geschichte der Red-Kunst und Dicht-Kunst* lehrt, dass die Grundaussagen seiner Kritik dort schon vorgebildet sind, allerdings relativiert durch die Hochschätzung, die er dem Engländer entgegenbringt (wobei seine Urteil von Alexander Pope beeinflusst ist, dessen *Preface* er seiner eigenen Übersetzung voranstellen wird):[67]

Vielleicht ist kein Scribent in der Welt, den man weniger aus Beschreibungen kann kennen lernen, als dieser dramatische Poet. Man findet weder unter den Alten noch Neuern jemand, mit dem er verglichen werden könnte; er hat keinen seiner Vorgänger nachgeahmt, und es ist wahrscheinlich, daß er die Alten nur nicht gelesen hat. Niemals hat einer den Namen eines Originals mehr verdient als er. Die Natur war die einzige Quelle, woraus er schöpfte. Sein Genie war seine einzige Muse, und seine Poesie war, wie Pope sagt, in der That Begeisterung. Der weite Umfang, die Stärke und die Delicatesse seines Genie sind fast unbegreiflich; [...][68]

Niemals hat ein Poet die Welt und das menschliche Herz, welches gleichsam eine kleine Welt ist, besser gekannt, noch tiefer in die geheimsten Triebfedern der menschlichen Handlungen hineingesehen als er. Keiner hat das moralische Schöne, das Erhabene, das Anständige, das Liebenswürdige in Empfindungen und moralischen Handlungen besser gekannt und besser auszudrücken gewußt als er. Es ist bewundernswerth, wie geschickt er die Würde und Größe, welche den Mann, und die Sanftheit, Zärtlichkeit und Anmuth, die das Weib unterscheiden soll, bey allen Anlässen und bis auf die kleinsten Züge auszubilden weiß.[69]

Diese Begeisterung hindert ihn nicht, an dem oben schon skizzierten Verfahren, Shakespeares Werk in »Schönheiten« und »Fehler« einzuteilen, eine Anschauung, die die Zeitschriftenliteratur der 1740er und 1750er Jahre durchzieht, festzuhalten und nun dessen Schwächen anzusprechen.

Die größten Bewundrer des Shakespeare müssen zugeben, daß er bey diesen ungemeinen Vorzügen beynahe ebenso viel Fehler hat, die durch den Contrast, den sie mit den Schönheiten machen, desto größer werden. Diese Fehler sind verschiedener Art; einige betreffen die Erfindung, andre die Einrichtung und Ordonnanz, andre die Ausführung seiner Stücke.[70]

Wieland klagt über die stellenweise ungezügelte Phantasie Shakespeares, die alle Wahrscheinlichkeit hinter sich und dadurch seine Werke »allzu wunderbar und romanhaft« werden lasse. Sie seien noch zu sehr dem Geschmack des Mittelalters verhaftet (den Wieland an anderer Stelle mit der negativen Bezeichnung »gothisch«[71] belegt). Interessanterweise taucht schon bei ihm der Gedanke auf, dass die drei Einheiten, vor allem die der Zeit und des Ortes, wohl doch nicht so wichtig sein könnten, wie die Anhänger des französischen Klassizismus unter Berufung auf Aristoteles behaupteten. Vehement vertritt er in dieser Frage den Standpunkt, dass »kein wahrer Kenner« Shakespeare »anders wünschen« wird, »als er ist«.[72] Wieland differenziert nun sehr genau nach Fehlern, die »nur in einem gewissen Gesichtspunkt Fehler, in einem andern aber Schönheiten sind«.[73]

Er pflegt [...] sehr viele komische Scenen in seine Tragödien zu mischen und unterbricht oft die Handlung durch Auftritte, die weder zu Beförderung noch Hinderung derselben etwas beytragen und also nicht in die Tragödie gehören. Diesem Fehler könnte leicht abgeholfen werden, wenn man alle diese Scenen ausließe; allein dadurch würde man ebenso viel Schönheiten hinwegthun, die zwar überflüssig und luxuriant, aber darum nicht weniger Schönheiten sind.[74]

Als hauptsächliche Fehler nennt er die Wortspiele und die sexuellen Anspielungen (»pöbelhafte Scherze«),

eine Erniedrigung, die an einem so großen Geist dadurch nicht genugsam entschuldiget wird, wenn man sagt, daß er hiedurch dem herrschenden Geschmack seiner Zeit und niedrigern Theil des Parterre etwas zu gut thun wollen.[75]

Weitere Fehler und Ungereimtheiten führt er – auch hier abhängig von Pope – auf die ungünstige Überlieferung zurück und rechnet sie den »Comödianten« zu, die Shakespeares Werke entstellt hätten.[76] Letztendlich, wenn auch nicht im Shakespeare-Kapitel selbst, beklagt er auch hier dessen mangelnde Reimkunst.

Die Vorbehalte, die in den Anmerkungen der Übersetzung zum Ausdruck kommen, sind also in dieser Zürcher Vorlesung bereits dokumentiert, sie liest sich wie ein früher Kommentar zu seiner Übersetzung. Wenn auch dort einiges differenzierter gesehen wird, als es in den wenigen Bemerkungen der Frühschrift möglich war, so kann man doch festhalten, dass die Fußnoten zu den einzelnen Dramen kaum so positive Urteile enthalten, wie wir sie hier finden. Im Gegenteil: Die Mühen der Übersetzung scheinen Wieland eher veranlasst zu haben, manches Urteil zu verschärfen. Die gegenüber 1757 fortschreitende Integration in die Welt des Rokoko ließ ihn die Differenz zu Shakespeare sicher auch stärker spüren. Somit charakterisieren die *Geschichte der Red-Kunst und Dicht-Kunst* und die Anmerkungen der Shakespeare-Übersetzung ihren Autor als Übergangsgestalt, in der sich rationalistische und sensualistische Elemente miteinander verbinden. Seine Urteile über den englischen Dramatiker tragen unübersehbar die Spuren des Rokoko-Geschmacks; er misst ihn – auch wenn er sich gelegentlich davon abzusetzen scheint – allzu sehr mit der rationalistischen Elle. Andererseits aber ist er von dessen Genie, seiner Erfindungskraft, seinem Ausdrucksvermögen und seiner Größe derart überzeugt, dass er ihn zu den wichtigsten Autoren der Weltliteratur zählt. Verdeutlicht wird diese zwiespältige Einstellung in seiner *Balance der Poeten*, mit der er seine Zürcher Vorlesung abschließt. In dieser vergibt er an Autoren der Weltliteratur, die er besonders schätzt, in sechs »Fächern« Noten, wobei »20« die höchste Anerkennung darstellt. Die sechs Bewertungsmaßstäbe sind:

Invention (Zur Invention rechnen wir die Fruchtbarkeit der Einbildungs-Kraft, den Reichthum an neuen Erfindungen in Absicht der Character, der Schildereyen, Gleichnisse, Bilder und dgl., imgleichen die Richtigkeit und Wahrscheinlichkeit aller Erfindungen.)

Composition (Unter Composition verstehen wir die geschickte Anordnung und Öconomie des ganzen Werks, die schönen und leichten Verhältnisse der Theile zum Ganzen und ihre geschickte Verbindung unter einander, das gehörige Arrangement der poetischen Gemählde, die Vertheilung des Lichts und Schattens und dgl.)

Expression (Unter der Expression verstehen wir die Lebhaftigkeit des poetischen Coloris, den anständigen und proportionierten Ausdruck der Sitten und der Leidenschaften und alles, was zur Schreibart gehört.)

Grandeur (Zur Erhabenheit oder Größe zählen wir nicht nur das Majestätische in den Gedanken und Ausdrücken, sondern auch das Sublime in den Charactern und Leidenschaften nebst der Stärke, welche der Poet in den frappanten und herzrührenden Scenen employieren soll.)

Grace (Unter der Grace, welche besser empfunden als beschrieben wird, verstehen wir die kunstlose Anmuth und Leichtigkeit, die ungezwungene und bescheidne Zierlichkeit und das, was man in der Mahlerey die stille Größe nennt in Absicht der Expression, die naïveté in Absicht der Empfindungen und die ächte sittliche Schönheit in Absicht der Character und Handlungen.)

Versification (Endlich verstehen wir unter der Versification alles, was zum Wohlklang, zur relativen und nachahmenden Harmonie und zur gehörigen Structur der poetischen Periode gehört.)[77]

Das Ergebnis seiner Bewertung fasst er in eine Tabelle, die siebenundzwanzig Autoren von der Antike bis zu seiner Gegenwart berücksichtigt (auffällig ist, dass Wieland keinen einzigen deutschsprachigen Dichter nennt):[78]

Poeta	Invention	Composition	Expression	Grandeur	Grace	Versification
Homer	20	14	16	16	10	20
Virgil	10	12	20	14	16	20
Milton	20	16	20	20	16	14
Glover	20	20	16	20	16	16
Ovid	16	10	16	5	18	12
Lucan	5	5	10	16	5	5
Tasso	12	12	16	16	14	12
Ariost	20	5	18	10	18	20
Voltaire	12	12	10	12	10	16
Camoens	12	10	16	12	12	-
Pindar	20	16	20	20	20	20
Horaz	14	16	18	16	16	16
Boileau	12	16	18	-	18	16
Sophocles	20	20	16	18	16	-
Euripides	20	16	20	16	20	-
Corneille	16	16	14	20	12	14
Racine	14	16	18	12	16	16
Shakespear	20	5	20	20	**18**	-
Molière	20	16	16	-	14	-
Addison	16	16	20	16	20	16
Thompson	20	20	20	20	20	20
Pope	16	18	16	14	16	18
Prior	14	14	18	-	20	-
Anacreon	16	-	16	-	20	20
Theocrit	14	-	14	-	16	20
Moschus	16	-	18	-	18	16
Bion	16	-	20	-	20	16

Es ist nur folgerichtig, wenn Wieland auf Grund seiner im Shakespeare-Kapitel geäußerten Vorbehalte, dem Engländer in dieser »Balance der Poeten« nur einen mittleren Platz einräumt. An ihrer Spitze steht unangefochten Thompson (120

Punkte), gefolgt von Pindar (116), Glover (108), Milton (106) und Addison (104). Shakespeare erreicht nur 83 Punkte und liegt damit hinter Euripides, Corneille, Racine (je 92) und Sophokles (90), aber noch vor Tasso (82), Ovid (77) und Molière (66).

Von dieser Frühschrift ausgehend ist Wielands Shakespeare-Begeisterung als Entwicklungsprozess zu sehen: Von der *Theorie und Geschichte der Red-Kunst und Dicht-Kunst* mit ihrer Auflistung von »Schönheiten« und »Fehlern« über die Übersetzung mit ihren kritischen Noten findet eine progredierende Annäherung statt bis hin zu seinen Shakespeare-Schriften der siebziger und achtziger Jahre[79] und zur Idolatrie, wie sie in seinem Brief an Johann Heinrich Merck vom 24.7.1776 – in Auseinandersetzung mit dem Genie-Gebaren der Stürmer und Dränger und gegen die Vereinnahmung Shakespeares durch diese »Bürschgen« und »Geelschnäbel« – zum Ausdruck kommt: »Ich schaudre von tiefer heiliger Ehrfurcht, wenn ich nur seinen Nahmen nenne, und kniee hin und bete an zur Erde, wenn ich seines Geistes Gegenwart fühle – [...].«[80] Halt- und Mittelpunkt in dieser Entwicklung ist *Agathon*, in dessen Shakespeare-Ausführungen manch Urteil der Frühschrift wie der Anmerkungen relativiert und revidiert und damit Wielands innere Zerrissenheit aufgezeigt wird:

Man tadelt an Shakespear - - demjenigen unter allen Dichtern seit Homer, der die Menschen, vom Könige bis zum Bettler, und von Julius Cäsar bis zu Jack Fallstaff am besten gekannt, und mit einer Art von unbegreiflicher Intuition durch und durch gesehen hat - - daß seine Stücke keinen, oder doch nur einen sehr fehlerhaften unregelmäßigen und schlecht ausgesonnenen Plan haben; daß comisches und tragisches darin auf die seltsamste Art durch einander geworfen ist, und oft eben dieselbe Person, die uns durch die rührende Sprache der Natur, Tränen in die Augen gelockt hat, in wenigen Augenblicken darauf uns durch irgend einen seltsamen Einfall oder barokischen Ausdruck ihrer Empfindungen wo nicht zu lachen macht, doch dergestalt abkühlt, daß es ihm hernach sehr schwer wird, uns wieder in die Fassung zu setzen, worin er uns haben möchte. - Man tadelt das - - und denkt nicht daran, daß seine Stücke eben darin natürliche Abbildungen des menschlichen Lebens sind.

Das Leben der meisten Menschen, und (wenn wir es sagen dürften) der Lebenslauf der großen Staats-Körper selbst, in so fern wir sie als eben so viel moralische Wesen betrachten, gleicht den Haupt- und Staats-Actionen im alten gothischen Geschmack in so vielen Puncten, daß man beinahe auf die Gedanken kommen möchte, die Erfinder dieser letztern seien klüger gewesen als man gemeiniglich denkt, und hätten, wofern sie nicht gar die heimliche Absicht gehabt, das menschliche Leben lächerlich zu machen, wenigstens die Natur eben so getreu nachahmen wollen, als die Griechen sich angelegen sein ließen sie zu verschönern.[81]

Wenn die Kunst das Leben spiegeln soll, so Wielands hier artikulierte, für diesen Zeitpunkt (1766/67) bemerkenswerte Einsicht, dann muss das Kunstwerk so sein, wie Shakespeare es anlegt.[82] In der Attitüde des auktorialen, souveränen Erzählers einer fiktionalen Geschichte spricht er voller Bewunderung, schweigt der Kritiker. Die *Theorie und Geschichte der Red-Kunst und Dicht-Kunst* wie auch die Fußnoten der gerade zu Ende gebrachten Übersetzung sind von dieser Ansicht weit entfernt. Auch wenn er es als ausgesprochenes Lob versteht, wenn er festhält, dass in Shakespeares Werk »alles lauter Natur ist«,[83] so überwiegen doch die Vorbehalte gegen dessen ›Realismus‹. Wieland vermeidet es aber, wie wir gesehen haben, im Text seiner Übersetzung allzu sehr das Postulat der Grazie zu verfolgen und die »Natur« gänzlich zu verdrängen. Als These könnte festgehalten werden, dass er den englischen Dramatiker weniger »rokokoisiert« als ihn August Wilhelm Schlegel und das Übersetzerteam um Ludwig Tieck romantisieren (was den wenigsten durch die Kanonisierung Schlegel/Tiecks im 19. Jahrhundert bewusst ist). Aber das bedürfte noch einer eingehenden Untersuchung. Es bleibt zu hoffen, dass die Literaturwissenschaft das Erscheinen der Radspielerschen Ausgabe (fast hundert Jahre nach Stadlers einseitig die Fehler herausstellenden Untersuchung und dreißig Jahre nach Itkonens sprachgeschichtlicher Arbeit[84]) zum Anlass nimmt, sich erneut der Übersetzung Wielands anzunehmen, die sie bislang zwar immer wieder genannt, aber meist – sieht man von relativ wenigen Aufsätzen ab – stiefmütterlich behandelt und mit den Augen der Stürmer und Dränger betrachtet hat, ganz vergessend, dass die Shakespeare-Auffassung der so genannten Geniezeit nichts weniger, aber auch nichts mehr als *eine* Shakespeare-Interpretation unter vielen möglichen gewesen ist.

Anmerkungen

1 Starnes, Thomas C.: C.M. Wieland. Leben und Werk. Bd. 1: »Vom Seraph zum Sittenverderber« 1733-1783, Sigmaringen, 1987 (im Folgenden: Starnes: Wieland, Seitenzahl), hier: S. 93.

2 Wielands Gesammelte Schriften, hg. v. der Deutschen Kommission der Königlich Preußischen Akademie der Wissenschaften. Erste Abteilung: Werke. Vierter Band: Prosaische Jugendwerke, hg. v. Fritz Homeyer und Hugo Bieber, Berlin, 1916, S. 303-420 (künftig zitiert als AA) – Abdruck des Shakespeare-Kapitels in: Blinn, Hansjürgen (Hg.): Shakespeare-Rezeption. Die Diskussion um Shakespeare in Deutschland, 2 Bde. Berlin, 1982-1988 (im Folgenden: Blinn: Shakespeare-Rezeption, Bd.-Nr., Seitenzahl); hier: Bd. I, S. 68-70.

3 Stadler, Ernst: Wielands Shakespeare (Quellen und Forschungen zur Sprach- und Culturgeschichte der germanischen Völker, 107), Straßburg, 1910 (im Folgenden: Stadler: Wielands Shakespeare, Seitenzahl) , S. 7.

4 Gundolf, Friedrich: Shakespeare und der deutsche Geist, Berlin, 1911 u.ö.

5 Price, Lawrence Marsden: Die Aufnahme englischer Literatur in Deutschland 1500-1960, Bern, 1961.

6 Wolffheim, Hans (Hg.): Die Entdeckung Shakespeares. Deutsche Zeugnisse des 18. Jahrhunderts, Hamburg, 1959.

7 Auseinandersetzung mit Shakespeare. Texte zur deutschen Shakespeare-Aufnahme von 1740 bis zur Französischen Revolution, Berlin (Ost), 1976.

8 Mit Ausnahme der in Anm. 2 genannten Anthologie.

9 Baudach, Frank: Die Dichtungsauffassung des jungen Wieland, in: Verweyen, Theodor (Hg.): Dichtungstheorien der deutschen Frühaufklärung, Tübingen, 1995, S. 187-199.

10 Sengle, Friedrich: Wieland, Stuttgart, 1949 (im Folgenden: Sengle: Wieland, Seitenzahl), S. 70.

11 Scherpe, Klaus R.: Gattungspoetik im 18. Jahrhundert. Historische Entwicklung von Gottsched bis Herder, Stuttgart, 1968, S. 90.

12 Wieland, C.M.: »Theorie und Geschichte der Red-Kunst und Dicht-Kunst. Anno 1757.« An Early Defense of Shakespeare, in: Lessing-Yearbook 5, 1973, S. 219-241.

13 AA I, 4, S. 389-392. – Blinn: Shakespeare-Rezeption, I, 68-70.

14 Seiffert, Hans Werner (Hg.): Wielands Briefwechsel I, Berlin, 1963, S. 395f.

15 Starnes: Wieland, S. 198.

16 Es folgten (nicht mehr unter Wielands Leitung) *Antonius und Cleopatra* (1769), *Macbeth* (1771), *Hamlet* (1773), *Othello, Romeo und Juliette* (beide 1774), *Wie es euch gefällt* (1775) und nach längeren Pausen *Die zween edle Veroneser* (1782) sowie *König Lear* (1797). Die Biberacher Inszenierungen blieben aber ohne große Nachwirkung.

17 Vgl. die bibliografische Zusammenstellung der Zeugnisse bei: Blinn, Hansjürgen: Der deutsche Shakespeare. Eine annotierte Bibliographie zur Shakespeare-Rezeption des deutschsprachigen Kulturraums, Berlin, 1993, S. 29-38. Die hohe Zahl dieser Zeugnisse relativiert die Bedeutung von Lessings 17. Literaturbrief für die Shakespeare-Rezeption.

18 Versuch einer gebundenen Uebersetzung des Trauerspiels von dem Tode des Julius Cäsar, Berlin, 1741.

19 Romeo und Julia, in: Neue Probstücke der Englischen Schaubühne, aus der Ursprache übersetzet von einem Liebhaber des guten Geschmacks, 3 Bde., Basel, 1758. Vgl. dazu Friedrich Nicolais Rezension in der *Bibliothek der schönen Wissenschaften und freyen Künste*, 6. Stück, 1758, in der er – ein Jahr vor Lessing – vehement auf das englische Paradigma hinweist und dem Übersetzer empfiehlt, hauptsächlich »die Shakespearischen Stücke« zu übertragen: »sie sind die schönsten, aber auch die schwersten« (S. 60-74; Zitat: S. 74).

20 Schabert, Ina (Hg.): Shakespeare-Handbuch, Stuttgart, ³1992, S. 893f.

21 Stadler: Wielands Shakespeare, S. 24.

22 The Works of Shakespeare. The genuine text (collated with all former editions, and then corrected and emended) is here settled; being restored from the blunders of the first editors, and interpolations of the two last; with a comment and notes, critical and explanatory. Ed.by William Warburton, 8 vols., London, 1747.

23 Theatralische Werke. Aus dem Englischen übers. v. Herrn Wieland, 8 Bde. Zürich: Orell [ab Bd. 6: Orell, Geßner u. Comp.], 1762-1766. – Zitiert wird nicht nach dieser Ausgabe, auch nicht nach der Kritischen Ausgabe in AA (2. Abt.: Übersetzungen), sondern wegen ihrer leichteren Verfügbarkeit und ihres kenntnisreichen Anmerkungsapparates nach der Ausgabe des

Verlags Haffmans: William Shakespeare. Theatralische Werke in 21 Einzelbänden. Übersetzt von Christoph Martin Wieland, hg. v. Hans und Johanna Radspieler, Zürich, 1993

24 Starnes: Wieland, S. 217.

25 Vgl. dazu die Rokoko-Publikationen Alfred Angers sowie: Markwardt, Bruno: Geschichte der deutschen Poetik, Bd. 2: Aufklärung, Rokoko, Sturm und Drang, Berlin, ²1970 (Das Kunstwollen des Rokoko).

26 Alexej Žerebin: Der Geist des Rokoko als europäisches Phänomen, in: Kunst und internationale Verständigung (Österreichische und internationale Literaturprozesse, 1), hg. v. Herbert Arlt, St. Ingbert, 1995, S. 129-139, Zitat: S. 134f.

27 Anonymus: Versuch einer Uebersetzung einiger Stellen aus Shakespears Richard dem III, in: Neue Erweiterungen der Erkenntnis und des Vergnügens, 1756, 30. Stück, S. 194 (Blinn: Shakespeare-Rezeption, I, 67).

28 Shakespeare, William: Timon of Athens IV, 6 (Complete Works. Ed. by Peter Alexander. London, 1958, Vol. III, p. 310).

29 Shakespeare, William: Timon von Athen. Übers. von C.M. Wieland, Zürich, 1993, S. 86.

30 Shakespeare, William: Macbeth IV, 1 (Complete Works. Ed. by Peter Alexander. London, 1958, Vol. III, p. 420).

31 Shakespeare, William: Das Trauerspiel vom Macbeth. Übers. von C.M. Wieland, Zürich, 1993, S. 76.

32 Stadler: Wielands Shakespeare, S. 42.

33 Macbeth (Anm. 31), Notizen zum Text, S. 137.

34 So Christoph Siegrist in: Geschichte der deutschen Literatur vom 18. Jahrhundert bis zur Gegenwart, hg. v. Viktor Žmegač, Bd. I, 1, Königstein/Ts. 1984, S. 150. Für Siegrist hat die Beschäftigung mit Shakespeare Wieland »die Abkehr von seiner platonisierenden Schwärmerei und die Hinwendung zu größerer Diesseitigkeit« (ebd.) erleichtert.

35 Vgl. dazu auch: Hantsch, Ingrid, in: Shakespeare-Handbuch (Anm. 20), S. 691f.

36 Blinn: Shakespeare-Rezeption, I, S. 100.

37 Ebd., S. 68.

38 Ebd., S. 69.

39 Dodd, William: Beauties of Shakespeare, 2 vol, London, 1752.

40 Goethe, J.W.v.: Dichtung und Wahrheit III, 11 (Sämtliche Werke nach Epochen seines Schaffens, Münchner Ausgabe, hg. v. Karl Richter, Bd. 16, München, 1985, S. 525).

41 Zu Wielands Fußnoten vgl. auch: Inbar, Eva Maria: Zur Funktion der Fußnoten in Wielands Shakespeare-Übersetzung, in: Literaturwissenschaftliches Jahrbuch NF 21, 1980, S. 57-73. – Zu den zeitgenössischen Urteilen vgl. Stadler: Wielands Shakespeare, S. 75-96.

42 Blinn: Shakespeare-Rezeption, I, 159.

43 Shakespeare, William: Was ihr wollt. Übers. von C.M. Wieland, Zürich, 1993, S. 73.

44 Ebd.

45 Zusammenstellung der Sekundärliteratur bei Blinn (Anm. 17).

46 Shakespeare, William: König Heinrich der vierte, Teil 1. Übers. von C.M. Wieland, Zürich, 1993, S. 35. – Ähnlich: Was ihr wollt, S. 12 (zahlreiche weitere Belege wären möglich).

47 Shakespeare, William: Romeo und Juliette. Übers. von C.M. Wieland, Zürich, 1993, S. 61f.

48 So z.B. in: Romeo und Juliette (Zürich, 1993, S. 104); Hamlet, Prinz von Dännemark (Zürich, 1993, S. 112).

49 Ebd., S. 128.

50 Shakespeare, William: König Heinrich der vierte, Teil 2. Übers. von C.M. Wieland, Zürich, 1993, S. 134.

51 Gruber, Johann Gottfried: Wielands Leben, Leipzig, 1827, S. 433f., 437f. (Nachdr.: Hamburg, 1984).

52 Sengle: Wieland, S. 178.

53 Martini, Fritz/ Seiffert Hans-Werner (Hg.): C.M. Wieland, Werke, Bd. 4, München, 1965, S. 109 (Vers 316-325).

54 Ebd., S. 115 (Vers 553). – In der überarbeiteten Fassung, die unter dem Titel *Diana und Endymion* erschien, bildet diese Verszeile die Schlusspointe (Sämmtliche Werke, Bd. 10, Leipzig, 1795, S. 150).

55 Shakespeare, William: Das Leben und der Tod des Königs Lear. Übers. von C.M. Wieland. Zürich, 1993, S. 94. Dieses Urteil gilt nicht nur für die mit einem Asterix markierte Zeile, sondern auch für das voranstehende Lied des Narren, dessen Inhalt Wieland nur vage umschreibt. Shakespeare, William: Tragedies & Poems. Ed. by Peter Alexander, London, 1958, S. 57f.

56 Shakespeare, William: Tragedies. Ed. by Peter Alexander, London, 1958, S. 255.

57 Shakespeare, William: Romeo und Juliette. Übers. von C.M. Wieland, Zürich 1993, S. 88.

58 Shakespeare, William: Der Kauffmann von Venedig. Übers. von C.M. Wieland, Zürich, 1993, S. 78.

59 Shakespeare, William: Hamlet, Prinz von Dännemark. Übers. von C.M. Wieland, Zürich, 1993, S. 105.

60 Radspieler, Hans: Zur Neuausgabe von Wielands Shakespeare, in: Shakespeare, William: Ein St. Johannis Nachts-Traum. Übers. von C.M. Wieland, Zürich, 1993, S. 148ff.

61 Vgl. dazu seinen Brief an den Verlag Orell, Geßner und Cie. vom 18.1.1765 (Briefwechsel [Anm. 14], Bd. III, Berlin, 1975, Nr. 346, S. 339ff.).

62 Shakespeare, William: Hamlet, Prinz von Dännemark. Übers. von C.M. Wieland, Zürich, 1993, S. 108.

63 Shakespeare, William: Timon von Athen. Übers. von C.M. Wieland, Zürich, 1993, S. 39.

64 AA I, 4, S. 362.

65 Shakespeare, William: Romeo und Juliette. Übers. von C.M. Wieland, Zürich, 1993, S. 15f.

66 Vgl. Inbar (Anm. 41), S. 68.

67 AA II, 1, S. 1-11.

68 AA I, 4, S. 389. – Blinn: Shakespeare-Rezeption, I, 68.

69 Ebd., S. 390 bzw. I, 68.

70 Ebd.

71 Dass Wieland in seiner Übersetzung von Popes Vorrede den Begriff »gothisch« erstmals positiv besetzt, hat Stefan Huber (Der ›gotische‹ Shakespeare, in: Wieland-Studien 1, 1991, S. 77-80) nachgewiesen.

72 AA I, 4, S. 391. – Blinn: Shakespeare-Rezeption, I, 69.

73 Ebd.

74 Ebd.

75 Ebd.

76 Ebd., S. 392 bzw. I, 70.

77 Alle Zitate AA I, 4, S. 418f.

78 Ebd., S. 419f. Hervorhebung H.B.

79 Hier wären die Aufsätze *Der Geist Shakespeares* (1773), *Über eine Stelle in Shakespears Macbeth* (1777) und *Briefe an einen jungen Dichter. Dritter Brief* (1784) zu nennen.

80 Scheibe, Siegfried (Hg.): Wielands Briefwechsel, Bd. 6, 1, Berlin, 1995, S. 135.

81 Wieland, C.M.: Werke (Anm. 53), Bd. 1, München, 1964, S. 761.

82 Eine Generation später wird Friedrich Schlegel genau diese Beobachtungen an Shakespeares Werk dazu benutzen, seine Theorie von der »modernen«, »interessanten« Poesie, die er der »schönen« Dichtung der Antike gegenüberstelt, zu entwickeln: »Wie die Natur Schönes und Häßliches durcheinander mit gleich üppigem Reichtum erzeugt, so auch Shakespeare. Keins seiner Dramen ist in Masse schön; nie bestimmt Schönheit die Anordnung des Ganzen. Auch die einzelnen Schönheiten sind wie in der Natur nur selten von häßlichen Zusätzen rein, und sie sind nur Mittel eines andern Zwecks; sie dienen dem charakteristischen oder philosophischen Interesse.« (Kritische Friedrich-Schlegel-Ausgabe I, 1, Paderborn, 1979, S. 250f., bzw. Blinn: Shakespeare-Rezeption, II, 108).

83 AA I, 4, S. 389. – Blinn: Shakespeare-Rezeption, I, 68.

84 Itkonen, Kyösti: Die Shakespeare-Übersetzung Wielands (1762-1766). Ein Beitrag zur Erforschung englisch-deutscher Lehnbeziehungen, Jyväskylä, 1971.

Jörg-Ulrich Fechner

Matthias Claudius: *Tändeleyen und Erzählungen*

Ein Erstlingswerk im Spannungsfeld der Geistesgeschichte um 1760

Gelehrte Sachen.

Ich habe dieser Tagen einen curieusen Casum erlebt; so ists noch wohl keinem Menschen gegangen, die andern Leute sind viel zu vernünftig die laßen sich so was nicht in 'n Kopf setzen, und setzen sich's auch selbst nicht hinein. Ich nun war so dum. Ich meinte nämlich, weil ich verschiedene Gedichte gelesen und ein' und andre Redensarten aufgeschnappt hatte, sey ich auch ein Dichter und könne auch Gedichte machen; aber das bekam mir ---- Potz, wenn ich noch d'ran denke, was der Herr für eine laute Lache begann als er meine Probeschrift durchgelesen hatte und was er für eine Nase dazu machte! ---- war sie doch so kraus wie eine gedürr'te Birne u. linker Hand so lang herunter wie eine Truthahnsnase. Wäre sie halb so kraus und halb so lang geworden, ich hätt' in meinem Leben an kein Versenmachen wieder gedacht. Es wird ja nicht von mir gefodert und ich kann's ja nur bleiben laßen. Mein Vetter hat mir zum Poßen die ganze Geschichte in Verse gebracht, und da muss ich s' ihm immer vorlesen und denn steht er und lacht, 's ist doch aber auch keine Manier, und doch dünkt mich, dass ich's verdient habe, und dass er Recht thut. Er heißt mich darin Freund Franze, und hat das so vorgestellt als wenn ich Apollo mein Gedicht gebracht hätte, das ist aber nicht wahr, ich habe Apollo mit keinem Auge gesehn.

Ich will die ganze Geschichte wie sie mein Vetter gegeben hat hersetzen, gereicht sie mir nicht zur Ehre, so kann sie doch andern zur Warnung gereichen.

Der Bothe.

Die Probeschrift

Freund **Franzen** stiegs einst bey der Lasen*
(Er wußte viel von grünen Rasen,
Von Zephyrs angenehmen Blasen,
Von Satyrs mit den krummen Nasen,
Und andern Sachen gleicher Maßen)
Drum stiegs ihm einst bey seiner Lasen
in Nas' und Angesicht ›er
Sey wohl gar ein Dichter.‹

Ihn hatte nicht lange gedünket das,
Da legt' er flugs an seine Nas'
Ein'n Finger fest hinan und saß
Und dacht' – und, bis es gienge baß,
Er an der kurzen Feder fraß.
Nachdem er lange gesessen war,
So ward er endlich fertig gar
Mit seiner Probeschrift, und zwar
Vermeint' er, sie sey wunderbar
Geglückt – und eilte zum Altar
Der Musen wo Apollo war.
Bey sich nun sprach er ›mir gefällt
Das Stück – ha, 's 'st auch gut gegeben, gelt'?
Ein'r denkt nun mahl, in aller Welt
Wer hätte sich das wohl vorgestellt?
Ich in der Dichtkunst so ein Held! –––– ‹

Das Stück war aber so gestellt:

›'ch spatzirt' einst in ein'm – sanften Haine,
Und eine Gruppe Stachelschweine ––––
　　　　Lag vor m'r auf goldnen Blumen da; ––
Oh, 'poll! Oh, Königin der Liebe!
Was fühlt' ich nicht für süße Triebe
　　　　Als ich die Stachelschweine sah! – –––

Nun legte ich mich leise nieder,
Und sang anacreont'sche Lieder
　　　　Mit groß'm Enthusiasmus her;

* Lasen, eine Art Trinkgerät

Da fingen auch die guten Thiere
Zu singen an, dass ich erführe
    Was für ein Laut in ihnen — wär.

D'rauf g'habt euch wohl ihr Stachelschweine
Ich gehe nun wieder aus dem Haine
    Gelehnt an einen Schäfer = Stab. ----
Noch Denk' ich dieser Zauber = Scenen, ---
Noch stürzen mir die Freuden = Thränen ---
    Herab – herab – herab – – –‹

Er übergab's dem Musen = Gott,
Und ward dabey bescheiden roht.
Apoll nicht viel Erbauung hatt'
Und ihm kurz den B'scheid geben that:

›Spazier 'r im sanften Haine wieder,
Leg' er sich wieder leise nieder,
Sing er Anacreont'sche Lieder
So viel 'r will, nur ein Dichter
Freund Franze, ist er nicht, er.‹

Der launige Spott, den Matthias Claudius zum Ergötzen der Leser seiner *Wandsbecker Zeitung* über einen anmaßenden Dichterling ausgießt, ist nicht des Rollenspiels wegen interessant, das den Boten ja nicht bloß einbezieht, sondern ihn zum Anlass und Ausgangspunkt der Spottverse seines Vetters nimmt. Mehr noch: Die in Inhalt wie Versmetrik und Reimspiel karikierende Verspottung eines Halbgebildeten, der meint, mit einigen aufgeschnappten Wendungen sein Pseudo-Rokoko wagen zu dürfen, lässt zudem kaum erwarten, dass Matthias Claudius selbst in seinen Anfängen nicht ohne Einflüsse des Rokoko dichtete. Die in der Forschung bislang kaum ernsthaft berücksichtigten *Tändeleyen und Erzählungen*, die mit der vorausdatierten Angabe des Erscheinungsjahres 1763 schon im Herbst 1762 in Jena erschienen waren, stehen am Ende von Claudius' abgebrochenem Studium erst der Theologie, dann der Kameralistik und bilden zugleich den Anfang seines öffentlichen literarischen Auftretens. Nur wenige Einzeldrucke mit Gedichten oder Prosa auf persönliche Gelegenheiten in der Familie gehen diesem Bändchen von vier Bogen Oktav voraus. Man darf es also durchaus als das Erstlingswerk von Matthias Claudius ansehen.[2]

Allerdings kann gerade dieses Bändchen auch als ein Zeugnis dafür herangezogen werden, dass die literarhistorischen Einteilungen hinfällig werden, wenn man sie an einem Einzelfall überprüft, der zeitlich und örtlich fixiert ist. Die Literaturgeschichte gliedert die Fülle ihres Materials durch die Ordnungsschemata des Einzelautors, der Gattung oder der Epoche. Will man diese Möglichkeiten der Zuordnung auf die *Tändeleyen und Erzählungen* anwenden, so stößt man schnell auf Schwierigkeiten. Gewiss: Claudius ist der Autor, auch wenn er sich mit rhetorischer Bescheidenheit nicht auf dem Titelblatt, sondern erst am Ende des Zueignungsgedichts[3] an den Grafen Friedrich Ludwig von Moltke[4] nennt, der gleichzeitig mit Claudius in Deutschland studierte, und zwar bei Gellert in Leipzig. Auch ist eine Zuordnung im Gattungsbereich nicht schwer: Die 21 Teilstücke in Vers und Prosa gehören deutlich dem *genre mêlé* an, wie es damals vom Stilvorbild der französischen *poésie fugitive* geprägt ist. Das ist, wie schon die bahnbrechenden Forschungen von Alfred Anger[5] gezeigt haben, ein Stilvorbild des Rokoko und der Anakreontik. Eben ein solches Etikett der epochalen Zugehörigkeit aber wird für die *Tändeleyen und Erzählungen* von Claudius hinfällig. Seine Texte gehorchen nicht nur den Vorgaben der Anakreontik bzw. des Rokoko; sie schließen ebenso die moralische Erzählung mit ihrer fabelähnlichen Moral ein, ebenso die pathetische Dichtung auf Angehörige der Familie oder Freunde bzw. Lehrer und schließlich noch den Tribut an die preußisch-patriotische Dichtung, wie sie sich vor allem in der Hallenser Dichterschule herausgebildet hatte. Kurz: Der literarische Bucherstling von Claudius ist bestimmt durch Zugeständnisse an die damals konkurrierenden Dichtungsströme der vergangenen zwei Jahrzehnte. Das hat nicht zuletzt damit zu tun, dass Matthias Claudius als Mitglied der Teutschen Gesellschaft in Jena[6] eben versuchte, sich als ein Hans Dampf in allen Gassen der damaligen literarischen Richtungen zu erweisen.

Das *mixtum compositum*, als welches sich dieser Erstling entpuppt, ist denn auch gerade wegen dieser Vielstimmigkeit von der Kritik angeprangert worden.[7] Dabei war das Hauptargument nur vordergründig, dass der Titel des Bändchens bereits zu einem qualitativen Vergleich einlud, der für Claudius eben nachteilig ausfallen musste. »Tändeleyen«: Das war das Titelwort, mit welchem sich Heinrich Wilhelm von Gerstenberg in die damalige aktuelle Literatur eingeschrieben, sich in ihr einen festen Platz erobert hatte.[8] Lessing hat es Gerstenberg in den Berliner Literaturbriefen in einer berühmten Besprechung bezeugt.[9] Und die »Erzählungen« standen in der damaligen literarischen Situation für die moralischen Erzählungen, wie sie vor allem Christian Fürchtegott Gellert erfolgreich bei der zeitgenössischen Leserschaft vertrat.[10] Im Vergleich mit beiden schnitt Claudius schlecht ab. Wollte er aber diese Vorbilder nachahmen, gar sie überbieten? In einem der frühesten Briefe, die von Claudius an Gerstenberg erhalten sind, argumentiert er ganz naiv:[11]

Ich habe auch Tandeleyen gemacht, Tandeleyen, denn ich wuste nicht, wie ich sie anders nennen solte. Hier sind sie, seyen Sie so gut, und sagen mir, was Ihnen gefällt, und was Ihnen nicht gefällt, ein wenig weitläuftig, wenn Sie Zeit und Lust haben.

Gerstenbergs Antwort ist nicht erhalten, muss aber jedenfalls geschrieben worden sein, denn Claudius kann sich in seinem nächsten Brief, zwei Monate später geschrieben, darauf beziehen:[12]

ich verfolge Sie mit meinen Briefen bis in *Copenhagen*. Sie sollen zwar Dank für Ihre Antwort haben, aber nicht den feürigen Dank, den ich für Sie fertig hatte, ich wolte von Ihnen nicht gelobt, ich wolte getadelt seyn – doch Sie wolten nach *Copenhagen*, und zu guter Letzt in *Schleswig* lieber loben als tadeln; Nun gut, damals hatten Sie Lust zu loben, wenn Sie auch einmal die Lust zu tadeln ergreift; so denken Sie auch an mich. –

In Ermangelung des Briefes von Gerstenberg ist nur festzuhalten, dass nicht zuletzt die *Tändeleyen und Erzählungen* den Grundstein für die lebenslange Freundschaft zwischen Gerstenberg und Claudius legten. Die öffentliche, vernichtende Kritik ließ nicht lange auf sich warten. Wiederum war Gerstenberg der vertraute Briefpartner, dem Claudius sein Missgeschick vermeldete:[13]

Eine Neüigkeit muß ich Ihnen doch noch mittheilen, wo Sie sie noch nicht wißen. ich bin in den Zuverlässigen Nachrichten, die zu Jena herauskommen, von B vermutlich *Blasch* häßlich heruntergemacht wegen der Tändeleyen, und Sie bis in den Himmel erhoben. alle Tändeleyen sind nicht von der rechten Art, einige erträglich als der steigende Busen, die Erzählungen sind schlecht, der Arme Mann und der Jüngling bedürfen sehr der Feile sonst gehts noch wohl an. es ärgert mich die Kritik nicht, aber dass Herr *Blasch* so stolz spricht, das ist doch viel, indeßen will ich Schmach erdulden und stille seyn.

Ich muss es mir hier versagen, die angeführten Texte aus der Besprechung mit denen von Claudius zu vergleichen, um die Kriterien des Kritikers zu ermitteln und darzustellen. Wohl aber lässt sich eins zusammenfassend festhalten: Claudius als literarischer Anfänger nutzt die konkurrierenden Möglichkeiten und Richtungen der damaligen deutschen Literatur, um seine Vielseitigkeit – die rhetorische Versatilität – unter Beweis zu stellen. Da er dabei nicht darauf abzielt, Neuerungen zu zeigen, also Originalität zu bieten, gerät er unter das Verdikt des Epigonentums. Die kritische Auseinandersetzung um das Bändchen von Claudius wird so selbst zu einem literaturgeschichtlichen Zeugnis für den Wandel, der eben in die neue Forderung nach originalem Dichten einmündet. Damit aber wird ein zentrales Argument der Rokoko-Literatur zunichte gemacht: die Möglichkeit, wenn nicht die Forderung, dass die Dichter der *poésie fugitive* mit dem durch die Tradition vorgegebenen Arsenal der Themen und Motive spielen sollten. Dies tut auch Claudius, aber nicht in dem herkömmlichen Sinne solcher ästhetischer Forderungen. Zwar gibt es auch Gedichte, in welchen er mit dem Vorrat der Motive spielt, doch droht auch hier der Einspruch der Kritik, die bereits die Forderungen nach einer dichterischen Originalität vertritt. So stellt ein Kritiker an einem Gedicht von Claudius fest, es sei nicht nur epigonal, sondern nichts als ein Plagiat eines ähnlichen Gedichts von Christian Felix Weiße, in welches Claudius nur das rezitatorische Pausenzeichen eines Bindestrichs eingebracht habe.[14] Andererseits spricht die Kritik sofort darauf an, wenn Claudius mit seinem Erstling die üblichen und traditionellen Erwartungen im Umgang mit dem Motivvorrat durchbricht. Besondere Kritik findet dabei ein Gedicht, das den schon die Grenzen des Rokoko verletzenden Titel *Die Runzeln* trägt.[15] Es lautet:

Die Runzeln.

Die ehrwürdige Climene mit den grauen AugenLiedern war unter einer Eiche eingeschlafen, und wieß der Dryade ihr altes runzlichtes Gesicht. Eine Menge LiebesGötter hatte sich darauf versammlet, und stund in einem Kraise. Zwischen iedem LiebesGott war ein Bogen, den iedweder mit einem Flügel hielt. Dann tanzte der ganze Krais herum und lachte,

> Doch plötzlich trat mit einem Bein
> Ein Gott in eine Runzel ein,
> Und fiel und brach sein Bein.

Wie erschracken die LiebesGötter! wie schleunig wurde der lachende Krais getrennet! Ein jeder lief bestürzt mit seinem Bogen davon, und sahe von der äusersten Gränze des Gesichts den Unglücklichen liegen. Neben ihm lag sein Köcher, aus welchem einige Pfeile gefallen waren. Er schüttelte traurig seine Flügel, und schrie um Hülfe. Keiner durfte sich wieder auf das Gesicht wagen, endlich nahmen sie ihre Bögen, und legten sie vor einander auf das Gesicht nach ihm hin, und zween LiebesGötter giengen auf den Bögen zu ihm, und halfen ihm so vom Gesichte.

> Nun scheuen sich die runzelichten Schönen,
> Und denken an das Unglück von Climenen,
> Als einer in die Runzel trat,
> Und scherzen nur auf solchen Wangen,
> Auf solcher Brust, als mein Verlangen,
> Als meine Chloe hat.

Es ist dasselbe Verfahren, wie es der Vetter in dem eingangs zitierten Beitrag aus dem *Wandsbecker Bothen* persiflierte. Anders gesagt: Das Erstlingswerk von Matthias Claudius steht an einem Wendepunkt in der Entwicklung der deutschen Literatur des achtzehnten Jahrhunderts. Gerade in seinem Erstlingswerk zeigt sich, dass Claudius, wie oben angegeben, hier die noch im Schwange befindlichen Moden und Stilrichtungen aufgreift, um seine Vielseitigkeit unter Beweis zu stellen. Zum anderen trifft er damit auf ein unauflösbares Reagieren der Kritik: Dort, wo er sich im Rahmen der traditionellen Gegebenheiten bewegt, wird er des Epigonentums oder gar des Plagiats geziehen und mit dem neuen Verlangen nach Originalität abgefertigt. Dort hingegen, wo er von sich aus die traditionellen Schranken des Motivvorrats durchbricht und also Originelles leistet, wird er wegen des Verlusts eben dieser Tradition gebrandmarkt. Es ist ein unlösbares Problem, das gleichermaßen auf die Anfänge von Claudius im Bereich der pathetischen Dichtung und der politisch-patriotischen Dichtung übertragbar ist. Insbesondere eine ätzend scharfe Kritik aus der Feder von Friedrich Nicolai ist Zeugnis dafür.[16] Hier kann ich nur summarisch auf diesen Text, einen Meilenstein in der deutschen literarischen Kritik, verweisen, der zusätzlich noch rationale Argumente der Aufklärung in die Form der Kritik an Claudius' Anakreontik einbringt.

Rokoko und Anakreontik sind eine Durchgangsstufe für den literarischen Anfänger Claudius. Sein eigener Ton verbindet sich mit Inhalten, Formen und Motiven, welche der Lyrik des mittleren achtzehnten Jahrhunderts fernstehen, ja, oft ihr diametral entgegenstehen. Dennoch ist die literarische Kultur des Rokoko für Claudius höher zu veranschlagen, als es die bisherige Forschung zumeist getan hat. Nicht nur ließe sich in den Jahrgängen des *Wandsbecker Bothen* mühelos eine breite Folge von Rokoko-Texten von Matthias Claudius wie von anderen Beiträgern der Zeitung finden, bei denen allerdings auch schon die Parodie und Persiflage dieser altgewordenen Tradition eine Rolle spielt. Eben auf dieser Grundlage, bei der Beobachtung des Textfundus, ist es auffällig, dass Claudius, als er die beiden ersten Teile seines *ASMUS omnia sua SECUM portans, oder Sämmtliche Werke des Wandsbecker Bothen* 1775 veröffentlichte, ein Gedicht aus den *Tändeleyen und Erzählungen* mit nur leichten Veränderungen zum Wiederabdruck bringt. Es ist ein kleines, ganz traditionelles Lyrikon, mit welchem Claudius sich zu seinen Anfängen bekennt – das Gedicht wird hier mit der Jahreszahl 1760 bezeichnet und scheint damit also deutlich seine Anfänge zu unterstreichen! – Es lautet:[17]

An eine Quelle. 1760.

> Du kleine grünumwachsne Quelle,
>   An der ich Daphne jüngst gesehn!
> Dein Wasser war so still! so helle!
>   Und Daphne's Bild darin, so schön!
> O, wenn sie sich noch mahl am Ufer sehen läßt,
> So halte du ihr schönes Bild doch fest;
> Ich schleiche heimlich denn mit naßen Augen hin,
>   Dem Bilde meine Noht zu klagen;
> Denn, wenn ich bey ihr selber bin,
> Denn, ach! denn kann ich ihr nichts sagen.

Nimmt man diesen Wiederabdruck ernst, dann ist die Phase der *Tändeleyen und Erzählungen*, die Rokoko-Phase also, für Claudius nicht nur ein Durchgangsstadium, das seine literarischen Anfänge begleitet und bezeichnet; der damalige Ton wird vielmehr integriert. Er bildet einen integralen Bestandteil des auf sich zurückblickenden anerkannten Dichters, der sich selbst in dem vielschichtigen Spannungsfeld der deutschen Geistesgeschichte um 1760 versteht. Das gilt mit den dazugehörigen Voraussetzungen und nachwirkenden Entwicklungen für dieses einzelne lyrische Ich zwischen den Moden und Konventionen der herge-brachten Literatur, aber auch für die Originalität des eigenen Dichters, der Claudius dann eben doch wurde, nicht wegen, aber auch nicht trotz seiner an-fänglichen Entwicklungsphase im Rokoko der 1760er Jahre.

Anmerkungen

1 Der Wandsbecker Bothe 1772, Nr. 75, Sonnabends, den 9ten May, S. [3f.]. – Zitiert nach der Faksimileausgabe: Der Wandsbecker Bothe. Zweiter Jahrgang 1772, redigiert von Matthias Claudius. Neu herausgegeben von Karl Heinrich Rengstorf und Hans-Albrecht Koch, Hildes-heim, 1978. – Der hier buchstäblich nach dem Erstdruck wiedergegebene Text von Claudius ist in der Forschung nirgends erörtert. – Die Ausgabe Matthias Claudius: Sämtliche Werke. Nach dem Text der Erstausgaben (Asmus 1775 – 1812) und den Originaldrucken (Nachlese) samt den 10 Bildtafeln von Chodowiecki und den übrigen Illustrationen der Erstausgaben. München, ⁵1984 u.ö. bietet S. 815ff. unter der Überschrift »Die Probeschrift« zwar den Textteil des ab-schließenden ›Gedichts‹, verstellt aber durch die Auslassung des einleitenden Berichts des »Bo-then« Sinn und Absicht dieses Beitrags zu Claudius' ›Feuilleton‹ und zu seiner literarhistoischen und poetologischen Position. Unverständlich sind überdies mehrere Dutzend Abweichungen von der originalen Vorlage.

2 Vgl. Fechner, Jörg-Ulrich (Hg.): Matthias Claudius: Tändeleyen und Erzählungen (Jena 1763, 1764) – photomechanischer Neudruck der Erstausgabe, Hamburg, 1998.

3 Ebd., S. [6] bzw. A 3ᵛ.

4 Zu Friedrich Ludwig Graf von Moltke (1745-1824), einem Sohn des dänischen Oberhof-marschalls Adam Gottlob Graf Moltke, vgl. das Nachwort meiner in Anmerkung 2 genannten Ausgabe, S. 76f.

5 Anger, Alfred: Deutsche Rokoko-Dichtung. Ein Forschungsbericht, Stuttgart, 1963.

6 Zu M. Claudius als Mitglied der Teutschen Gesellschaft in Jena vgl. das Nachwort der in Anmerkung 2 genannten Ausgabe, S. 72f.

7 Die bisher ermittelten vier zeitgenössischen Besprechungen sind in der in Anmerkung 2 genannten Ausgabe als Anhang zum Nachwort wiederabgedruckt, S. 89-107.

8 Anger, Alfred (Hg.): Heinrich Wilhelm von Gerstenberg: Tändeleyen. Faksimiledruck nach der dritten Auflage von 1765 mit Lesarten der Erstausgabe von 1759, Stuttgart, 1966.

9 Lessings Besprechung findet sich in: Briefe, die Neueste Litteratur betreffend. II. Theil, Ber-lin, Bey Friedrich Nicolai 1759, 32. Brief und Anfang des 33. Briefes; 12. und 19. April 1759.

10 Gellert, Christian Fürchtegott: Fabeln und Erzählungen. Leipzig, 1746-1748 (u.ö.).

11 Der Brief datiert aus Reinfeldt [sic!] vom 18. Oktober 1762. Vgl. Stammler, Wolfgang: Claudius und Gerstenberg, in: Archiv für das Studium der neueren Sprachen und Literaturen, Jahrgang 137 (Band 139), 1919, S. 21-58; Zitat: ebd., S. 23.

12 Claudius' Brief, wiederum aus Reinfeld, datiert vom 28. Dezember 1762. Ebd., S. 23.

13 Der Brief ist aus Reinfeld am 11. April 1763 datiert. Ebd., S. 25.

14 Vgl. meine in Anmerkung 2 angebene Ausgabe, S. 106.

15 Das Gedicht findet sich auf S. 15f. der Originalausgabe bzw. auf S. 17f. meiner Neuausgabe.

16 Vgl. meine Ausgabe, S. 103–107.

17 Ebd., S. 17 der Originalausgabe bzw. S. 19 der Neuausgabe. – Die hier abgedruckte Fassung folgt der Überarbeitung in: ASMUS omnia sua SECUM portans, oder Sämmtliche Werke des Wandsbecker Bothen, I. und II. Theil. Hamburg, gedruckt bey Bode, 1775, S. 154.

Silvia Bonacchi

Ewald Christian von Kleist und J.M.R. Lenz im Kontext der Rokokolyrik

In der Forschung gilt als unbestritten, dass frühempfindsame, anakreontische, ja rokokohafte Motive in der frühen Lyrik des Dichters Jakob Michael Reinhold Lenz, der »menschlich unglücklichste[n] Gestalt des Sturm und Drang«,[1] vorhanden sind. Der 1751 in Livland geborene Dichter verbrachte seine Knabenjahre in der baltischen Provinz; seine Erziehung wurde vom Vater, einem überstrengen Pfarrer und autoritären Patriarchen, bestimmt; 1768 siedelte Jakob nach Königsberg um, um dort Theologie zu studieren. Schon im Frühjahr 1771 brach er gegen den Willen des Vaters das Theologiestudium ab, um die kurländischen Barone und Studiengenossen Friedrich Georg und Ernst Nikolaus von Kleist nach Straßburg zu begleiten. Dort kam er in den Bannkreis der Gruppe junger Künstler, die den Kern der Sturm-und-Drang-Bewegung bildeten.

Laut Sekundärliteratur[2] steht Lenzens frühe poetische Produktion, d.h. die Dichtung bis zur Königsberger Zeit, unter dem Einfluss: a) des Pietismus und der religiösen Literatur (die Lektüre der Bibel und die religiösen Belehrungen des Vaters lieferten Sprache, Stoffe und Motive); b) Klopstocks religiöser Dichtung;[3] c) der Empfindsamkeit und Anakreontik.[4] Damit wird vorausgesetzt, dass sich der Einfluss von Anakreontik, Empfindsamkeit und religiöser Dichtung auf eine vorbereitende Phase beschränkt, die dann überwunden wird. Meine These ist dagegen, dass sich Lenz länger innerhalb eines Spannungsfeldes bewegte, dessen extreme Pole durch die Tradition der jeweils »kleinen« und der »großen« dichterischen Manier festgelegt sind. Das Werk des baltischen Dichters nimmt somit nicht nur durch die für Lenz typische Sentimentalisierung des Sturm und Dranges und die Radikalisierung der Empfindsamkeit eine Zwitterstellung zwischen beiden Strömungen ein, sondern es weist wesentliche Anknüpfungspunkte an die zeitgenössische poetische Tradition in den gegensätzlichen Erscheinungsformen der Anakreontik und der Dichtung des Erhabenen auf.

Für diese Begriffsbildung stütze ich mich auf die Thesen Giulio Baionis, die wiederum auf Karl Viëtors Exkurs über das Erhabene in der deutschen Literatur zurückgreifen.[5] In nuce Baionis Thesen: Die Poetik ab der Mitte des 18. Jahrhunderts, von Klopstocks *Gedanken über die Natur der Poesie* (1759) bis zu Sulzers *Allgemeine Theorie der schönen Künste* (1771-1774) sah eine strenge

Trennung zwischen zwei Stilhöhen vor: zwischen einem »hohen« bzw. »gro-ßen« Stil, der in Klopstocks Dichtung seinen reifen Ausdruck findet, und einem »kleinen Stil«, der die Anakreontik, die Rokokolyrik, die höfische und die bür-gerliche Gebrauchslyrik subsumiert. Der so genannte »mittlere Stil« der klassi-schen Rhetorik fand in dieser Systematik keinen Platz. Dieses System der Op-position zwischen »großer« und »kleiner« Manier, die in der antiken Rhetorik wurzelt, hatte in der französischen Klassik eine neue Aktualisierung gefunden.[6] Da wurde der »große Stil«, Ausdruck des *grand goût*, mit dem Begriff des »Er-habenen« gepaart und dessen voluntarische Aspekte wurden hervorgehoben.[7] In Deutschland gewann die Aufnahme dieser Opposition eine besondere Relevanz, da sie zum Mittel zur Deutung der künstlerischen Praxis einer Epoche und de-ren Ambivalenzen wurde. Mit der kleinen Schrift *Beobachtungen über das Gefühl des Schönen und des Erhabenen* (1764) führte Kant den Begriff des Erhabenen als Fundamentalbegriff gleichwertig neben dem des Schönen in die deutsche kunstphilosophische Reflexion ein. Kant griff unmittelbar sowohl die in Frank-reich aufflammende philosophisch-psychologische Debatte als auch die philoso-phische Diskussion in England auf. Den unmittelbaren Bezugspunkt stellte Edmund Burkes Reflexion in *Enquiry on the Origin of our Ideas of Sublime and Beautiful* (1756)[8] dar. In Anlehnung an den englischen Empirismus hatte Burke die Begriffe des Schönen und des Erhabenen von jeglicher Bindung an aprioris-tische Kategorien losgelöst und sie als *pleasure* und *delight* in der Empfindungs-fähigkeit fundiert. Damit wandelte er diese Kategorien, die bis dahin als rhetori-sche Kategorien in breitem Sinne galten, in wirkungspsychologische Kategorien um. »Schön« ist nach Burkes Auffassung das, was unmittelbar Lust und Befrie-digung gewährt (I, 8). Das Schöne bezeichnet den Bereich des Genusses und der unmittelbaren ästhetischen Erfüllung. Das »Erhabene« dagegen ist der Bereich des mittelbaren bzw. vermittelten Genusses. Es ruft jenen symbolischen und dargestellten Genuss hervor, der keine Wollust ist, sondern »delightful horror«, der von Burke als eine gewisse Gelassenheit, die sich mit Schrecken paart, defi-niert wird (I, 149). Hier erfolgt eine Kontamination des rhetorischen und des psychologischen Verständnisses des Begriffs: Das »Erhabene« ist das Ergebnis einer »Erhebung«. Es setzt sich in eine agonale Ästhetik um, in der sich der – bürgerliche – Mensch schreckliche, seine Fassungs- und Widerstandskraft über-steigende Naturbilder in der Kunst konstruiert aus dem Bedürfnis heraus, seine Seelenkräfte in Übung zu halten und sein Arbeitsethos zu sublimieren. Das Schöne ist dagegen der Bereich des Eros, in dem die Lust erlaubt ist. Es wird durch die rokokohaften Attribute des Sanften, Kleinen, Niedlichen und Anmu-tigen gekennzeichnet, die in genau symmetrischer Opposition zu den – neoklas-sizistischen – Attributen des Erhabenen stehen, das durch das Große, Geradli-nige, Raue, Herbe, plötzlich und schroff Hervorragende charakterisiert wird. Die Opposition Schönes/Erhabenes wird zu weiteren Begriffspaaren ausgebaut: Neigung/Pflicht, Liebe/Autorität, mütterliches Prinzip/väterliches Prinzip, die wiederum das ambivalente Wesen der Dichtung der zweiten Hälfte des 18. Jahrhunderts in ihren gegensätzlichen Formen des »kleinen« und des »hohen« Stils zu erfassen vermögen. Diese Stilhöhen, die jeweils Ausdruck einer besonderen Weltauffassung sind, waren um die Mitte des Jahrhunderts streng getrennt. Mit dem jungen Goethe und mit den Stürmern und Drängern findet zum ersten Mal eine Vermischung, eine »Kontamination« der beiden Stilhöhen statt, die dann zur Aufhebung ihrer jeweiligen Grenzen führt.[9]

Diese Prämisse deutet hin auf die Frage nach der besonderen Beschaffenheit der Verbundenheit Lenzens mit der dichterischen Tradition der »kleinen Manier«. Wenn man in der Dichtung Lenzens nach Merkmalen der »kleinen Manier« sucht, gerät man in große Schwierigkeiten. Zunächst herrscht eine gewisse Unsicherheit in der Einordnung der Motive: sind sie anakreontisch, rokokohaft, entstammen sie der Schäferdichtung oder der elegischen frühempfindsamen Dichtung? Es setzt sich allmählich der Eindruck durch, dass die dichterische Tradition, mit der sich Lenz bewusst auseinander setzt, als ein Ganzes empfunden wird, dessen einzelne Tendenzen miteinander verquickt werden.

Eine weitere ungeklärte Frage betrifft die Modi der Rezeption dieser Tradition, die in der Zeit von Lenzens dichterischen Anfängen als »modern« und »städtisch« galt. Bis zu seiner Übersiedlung nach Königsberg hatte Lenz in der baltischen Provinz kaum eine Möglichkeit, die weltliche zeitgenössische Dichtung aufzunehmen. Der Vater, der in seiner Härte unerbittliche und im katechetischen Eifer unbeirrbare Pas-tor Christian David Lenz, übte eine sehr strenge Kontrolle über die Lektüre und über die geistigen Interessen seiner Kinder aus. Die einzelnen Möglichkeiten des Kontaktes mit der »weltlichen« Literatur waren Schullektüren, private Bibliotheken von Bekannten der Familie, Leserunden, verlegerische Initiativen. Friedrich Konrad Gadebusch, ein Mitglied der väterlichen Tischrunde und Förderer der dichterischen Anfänge des jungen Lenz, besaß eine sehr gut ausgestattete Bibliothek, zu der der Knabe Zugang hatte. Gadebuschs Frau war Französin. Lenz übte mit ihr praktisch die französische Sprache und vielleicht erschloss er sich durch sie die französische Literatur.[10] Im Baltikum fand die »moderne« Literatur aus Leipzig eine verhältnismäßig breite Verbreitung dank der Initiative von aktiven Verlegern wie beispielsweise Johann Friedrich Hartknoch in Riga.

Auf Grund der Rekurrenz bestimmter Themen und Motive wird im Folgenden die These geprüft, ob der Dichter Ewald Christian von Kleist eine wichtige Rolle in der Vermittlung der »modernen« Literatur gespielt haben kann. Auf Kleists Einfluss verweist beinahe einstimmig die Sekundärliteratur, allerdings ohne eine textuelle Grundlage dafür zu liefern.

Die einzigen direkten Belege dafür, dass sich Lenz für die Dichtung und die Persönlichkeit Ewald von Kleists interessierte, stammen aus dem Jahr 1777. Lenz hatte von Salomon Geßner erfahren, dass sich eine Sammlung von Briefen des Dichters Ewald von Kleist in den Händen des schweizerischen Aufklärungsphilosophen Isaak Iselin befand. Am 28. September 1777 schrieb Lenz an Iselin und an Sarasin und bat um Einsicht in die Briefe des Dichters:

Nicht um die Beziehungen die diese Briefe auf die Schweiz haben können, sondern nur um des Persönlichen willen, das von dem Charakter und Meinungen dieses mir aus hundert Ursachen doppelt wichtigen Dichters darinne durchscheinen muss, wünschte ich sie zu sehen und zu studieren. (WB 3, S. 549)[11]

Die Absicht wozu ich diese Briefe brauche können Sie sich beide [Sarasin und Iselin] nicht vorstellen, könnt ich Ihnen beiden auch nicht begreiflich machen, da ich sie mir selber nicht in Worte fassen kann, genug mir liegt *unbegreiflich* viel daran. (WB 3, S. 557f.)

In einem Brief an Sarasin vom 10. Oktober 1777 nennt Lenz einen weiteren Grund für sein Interesse für Kleist:

Herrn Ratschreiber Iselin bitte doch gelegentlich zu sagen, die Briefe die Herr von Kleist empfangen haben könnte, würden mich eben so sehr interessieren, da überhaupt sein Leben selbst unter seinen Verwandten mit denen ich in Verbindung stehe viel zu wenig bekannt ist. (WB 3, S. 560)

Noch in der Moskauer Zeit wird Kleist in Lenzens Gedicht *Was ist Satire?* (um 1784 datiert) als »Vater Kleist« erwähnt, wie schon Gleim als »Vater Gleim« für eine ganze Generation von Dichtern galt. Wer allerdings nach eindeutigen intertextuellen Entsprechungen in den Gedichten Kleists und Lenzens sucht, der wird wohl enttäuscht sein. Es lassen sich nur Parallelen feststellen, die die Grundlage einer konfrontierenden Untersuchung liefern können.

I

Der erste Vergleich, den ich vorschlagen möchte, hat Lenzens Gelegenheitsgedicht *Ich seh euch schon im Geiste, ihr liebenswerthen Beyde*[12] und Kleists *Geburtslied*[13] (1758) zum Gegenstand. Die Kritik hat schon auf die Gemeinsamkeiten beider Texte hingewiesen.[14] Das Gedicht Lenzens wurde 1767 anlässlich der Verlobung seines Bruders Friedrich David geschrieben. Aus dem Brief, dem dieses Gedicht beigefügt wurde, spricht eine empfindsame Stilisierung, die auch dem Gedicht eigen ist: »jeder Eurer Tage müsse mit neuem Entzücken für Euch geschmückt sein, jedes Eurer Jahre müsse so heiter hinfließen, wie ein Bach, der durch Rosen fließt.« (WB 3, S. 244). Die Schilderung des künftigen Glücks des jungen Ehepaars steht ganz im Zeichen der empfindsamen bzw. frühempfindsamen Utopie der »zärtlichen Gemeinschaft« (vv.2-39) der Herzen. Sie wird vom locus conclusus, der fern von den Zerstreuungen der Welt und der Zivilisation liegenden ländlichen Idylle geschützt. Klassische Themen der elegischen

empfindsamen Dichtung werden durch das Naturgefühl, das Glück der Liebenden, ihre Glut, die das Unbehagliche und das Raue des Winters besiegt, indi-
ziert. Das eigentliche Thema des Gedichts ist die Freude der Geliebten, die
vorweggenommen wird. Die Schilderung der Natur und der Liebenden weist
empfindsame bzw. frühempfindsame Züge auf: »frohe Flur« (v.2), »Freude«
(v.3), »Lust«, »Liebe« und »Unschuld« (v.4), der »Lenz« (v.5), die »Blicke der
Liebenden« (v.6), die Opposition Stadt/Flur, »Träne« (v.23), der Themenkreis
Wehmut/Zärtlichkeit und Wonne/Dankbarkeit (v.32). Dennoch ist m.E. kein
eindeutiger Rückschluss auf Kleist möglich. Die Gegenüberstellung von Zeiten
des Glücks und Zeiten der Härte ist zwar das Hauptthema in Kleists *Geburtslied*, aber es ist zugleich ein anhaltendes Motiv von der Barockliteratur bis zu
Hölderlins *Hälfte des Lebens*. Man sollte nicht vergessen, dass *Ich seh euch schon
im Geiste, ihr liebenswerthen Beyde* ein Gelegenheitsgedicht ist, wofür es auch
viele Vorbilder in der Mündlichkeit gegeben haben kann.

II

Das *Fragment eines Gedichts über das Begräbnis Christi* (WB 3, S. 21-26) wurde,
zusammen mit dem Gedicht *Gemälde eines Erschlagenen* (WB 3, S. 30-31), 1769
als Anhang des Epos in Versen *Die Landplagen* veröffentlicht. Gegenstand des
Gedichts ist die Klage Marias, die ihren Sohn sterben sieht. Es ist ein Thema,
das in der Malerei mehrmals aufgegriffen wurde – man denke etwa an Lukas
Cranach d.A. oder an Albrecht Dürer. Mit der Thematisierung der mütterli-
chen Klage stellt das Gedicht das Gegenstück zum religiösen Gedicht *Der Ver-
söhnungstod Jesu Christi* dar, das um die Vaterfigur, also um Gott als Vater Jesus,
kreist. Der epische Ablauf des Gedichts lässt sich in wenigen Szenen zusammenfassen: in der ersten Szene befindet sich Maria unter dem Kreuz Jesus, sie wird
von einem unsagbaren Schmerz überwältigt. Sie sucht Zuflucht in einem Tal,
um in der Natur Linderung für ihr Leiden zu finden. Die Erleichterung ist aber
nur von kurzer Dauer: im Tal trifft Maria Petrus, den Jüngling, der ihren Sohn
verraten hat. Petrus schläft dann ein; im Traum hat er furchtbare Visionen, die
seine überwältigenden Schuldgefühle materialisieren. Schließlich wohnt Maria
dem Begräbnis des Sohnes bei. Heinrichsdorff hat auf die Verwandschaft des
Gedichts mit Klopstocks Dichtung hingewiesen.[15] Hans-Gerd Winter verweist
dagegen auf den Einfluss Ewald von Kleists.[16] Beide Thesen sind durchaus legi-
tim: denn in diesem Gedicht spielt sich ein Prozess der Gegenüberstellung der
poetischen Modi ab, die am Anfang dieser Ausführungen als »große« und »kleine« Manier definiert wurden.
   In der Beschreibung des holden Tals knüpft Lenz an Motive der Schäferlyrik
an. Das Naturgefühl überwältigt für kurze Zeit die Trauer:

[...] Eine schlängelnde Quelle
Tränkte die lieblichen Blumen, die hier den Boden durchkreuzten;
Deren melancholisches Rieseln klang harmonisch in ihr
Abgebrochenes Stöhnen. Außer sich sank sie am bunten
Ufer nieder. Zirkelnd empfing das trübe Gewässer
Ihre einzelnen Tränen. Und sieh! die frommen Schafe,
die hier weideten, nahten furchtsam zu ihr; blickten
Starr mitleidig sie an, und blökten und weideten nicht ferner.
(vv.21-28)

Man kann einige Ähnlichkeiten mit Kleists Dichtung *Der Frühling* feststellen:

Ihr holde Thäler voll Rosen, von lauten Bächen durchirret
Mit euren Düften will ich in mich Zufriedenheit ziehen
(vv.6-7) [17]

Es sind daktylische, strophenfreie Verse, die an den frei hinströmenden Hexameter anklingen und dem sprechenden Ich Bewegung ermöglichen. Man hat schon auf die Ersatzfunktion der Naturschilderung in *Der Frühling* hingewiesen: Die Natur biete den Freiheitsraum an, den die Gesellschaft dem Individuum verweigert.[18] Die Natur hat eine spezifische schützende Funktion:

Empfang mich, schattiger Hayn, voll hoher grüner Gewölbe!
Empfang mich! fülle mit Ruh und holder Wehmut die Seele!
(vv.1-2)

Die Idealisierung der Natur entspricht dem Wunsch des Dichters nach Harmonie. Das gleiche lässt sich bei Lenz feststellen. Die Beschreibung des holden Tals stellt nur eine kurze Ruhepause in Lenzens Gedicht dar, das sich dann mit Petrus Visionen im Zeichen des Modus des Schrecklich-Erhabenen weiterentwickelt. Mächtige, überwältigende Visionen werden evoziert. Es liegt die Vermutung nahe, dass Lenz mit dieser Gegenüberstellung der Modi des Schönen und der Modi des Erhabenen – die Sphäre des Religiösen wird explizit als dem Erhabenen zugehörig charakterisiert, v.33 und v.47 – die Unmöglichkeit der Verdrängung des Schmerzes (der Ängste) durch das Schöne bzw. eine idealisierte Naturdarstellung zeigen wollte.

III

Das religiöse Gedicht *Die Landplagen* (WB 3, S. 32-82) führt dieses Schema weiter. Das Gedicht hat eine besondere Stellung in Lenzens dichterischer Entwicklung. Es wurde zwar in Dorpat verfasst und trägt viele Merkmale der Dorpater Dichtung, seine endgültige Bearbeitung fiel aber in die frühe Königsberger Zeit, als Lenz breitere literarische Einflüsse aufnahm. *Die Landplagen* verwirklichen exemplarisch die Leitsätze des »Erhabenen«. Das Bedürfnis, erschreckt und erstaunt zu werden durch kolossale, alle menschliche Vorstellungskraft übersteigende Bilder der Natur, wie etwa einen Orkan, einen Schwindel erregenden Abgrund, einen verheerenden Brand, und der Schrecken selbst, die Attraktion der Gewalt gehören zu einem ästhetischen Ritual, bei dem die bedrohten Werte wieder bestätigt werden, als erster vor allem die Güte Gottes. Es ist ein ästhetisches Spiel, wo Erniedrigung und Erhebung, Unterwerfung und Begeisterung, Entsetzen und Dankbarkeit zusammengehören. Die »Plagen«, d.h. die Naturgewalten, die Gott entfesselt, um die sündigen Menschen zu bestrafen, und die durch Modi des Schrecklich-Erhabenen zum Ausdruck gebracht werden, zerrütten das menschliche Leben, d.h. die Welt des Schönen im Sinne Burkes. Man kann also nicht von einer »anekdotenhaften Häufung der einzelnen Leidensschilderungen«[19] sprechen, sondern von einer bewussten Gegenüberstellung zweier dichterischer Modi. Es liegt die Vermutung nahe, dass in den *Landplagen* zwei entgegengesetzte Poesieauffassungen, die des Schönen und des Erhabenen, konfrontiert werden.

Das Thema der *Landplagen* ist die absolute Abhängigkeit der Menschen und ihres Schicksals von Gottes Willen. In sechs Büchern werden die Landplagen geschildert, die Gott den Menschen auferlegt: Krieg, Hungersnot, Pest, Feuersnot, Wassersnot, Erdbeben. Ausgangspunkt ist ein Passus aus dem Lukas Evangelium – allerdings ist das ganze Gedicht mit biblischen Zitaten angefüllt:

Dann sagte er zu ihnen: Ein Volk wird sich gegen das andere erheben und ein Reich gegen das andere. Es wird gewaltige Erdbeben und an vielen Orten Seuchen und Hungersnöte geben; schreckliche Dinge werden geschehen, und am Himmel wird man gewaltige Zeichen sehen. (Lukas 21, 10-11).

Die Vermutung liegt nahe, dass dieser Passus der Ausgangspunkt von Kleists *Geburtslied* ist:

> Nichts, nichts als Thorheit wirst du sehn
> Und Unglück. Ganze Länder fliehn,
> Gejagt vom Feuermeer des Kriegs,
> Vom bleichen Hunger und der Pest,
> Des Kriegs Gesellen. Und die See
> Ergießt sich wild; Verderben schwimmt
> Auf ihren Wogen, und der Tod.
> Ein unterirdischer Donner brüllt.
>
> Die Erd eröffnet ihren Schlund,
> Begräbt in Flammen Feld und Wald,
> Und was im Feld und Walde wohnt. –
> (Geburtslied, vv.35-45)

So bahnt sich ein komplexes Spiel der Wechselbeziehungen an, die die Bibel, Kleists Dichtung und Lenzens Gedicht erfassen. In den *Landplagen* kehren weitere Entlehnungen aus Werken Kleists wieder. Nun gilt es zu bestimmen, welche Funktion die Entlehnungen aus Kleists Werken und aus der anakreontischen Poesie in diesem Rahmen erfüllen.

Im vierten Buch, das die Feuersnot beschreibt, wird erzählt, wie Damon mit seiner geliebten Lesbia während des Brandes stirbt. Die Namen verweisen auf die poetische Tradition. Man kann u.a. Ewald von Kleists *Damoet und Lesbia*, eine Nachdichtung der Ode III, 9 des Horaz, heranziehen. Kleists *Damoet und Lesbia* ist aber ein galanter Scherz. Im Gegensatz zu dieser Vorlage erregt die Szene in den *Landplagen* Schrecken, Furcht und Respekt vor den Gefühlen, die zum Ausdruck kommen:

> Damon, ein zärtlicher Gatte fährt, vom Schauder ergriffen,
> Plötzlich im Arm seiner Lesbia auf und lauschet und höret
> Das Geprassel der Flammen. Er rennt entkleidet, halb träumend
> Sprenget die Tür und sieht sich schon mitten im Feuer. Schnell stürzt er
> Die verbrannten Stiegen der steilen Treppe hinunter.
> Aber ein grauser Gedanke fliegt wie ein Blitz in die Seele.
> ›Lesbia!‹ – und nun will er zurück den Trost seines Lebens
> Seine treuste Geliebte zu retten. Zu langsamer Retter!
> Schon ist die Decke des Zimmers in welchem sie ruht, eingesunken.
> Tötendes Unglück! er steht erstarrt, versteinert, noch zweifelnd
> Ob kein scheußlicher Traum ihn schrecke: ach! da entdeckt sich
> Ihm die sterbende Stimme seiner gemarterten Gattin
> Und ihn dünckt seinen Namen zu hören: jetzt ruft sie matter
> Bis sie nicht rufen mehr kann. ›O Lesbia!‹ brüllt er, die Hände
> Und das verwilderte Auge gen Himmel, aus dem eine kalte
> Langsame Träne herabirrt; ›Lesbia! Lesbia!‹ Plötzlich
> Stürzt er ihr nach in die grausame Glut.
> (Die Landplagen, vv.862-878)

Damon wird am Anfang als ein »zärtlicher Gatte« bezeichnet: Es ist ein klarer Hinweis für die Qualität der Dichtung, die hier von Lenz bewusst ausgehöhlt wird: »Der zärtliche Mann« ist der Titel einer berühmten Fabel Gellerts.

Im fünften Buch der *Landplagen* wird die Wassersnot beschrieben. Die Gewalt des Wassers überwältigt alles, ein Orkan überrascht auf hohem Meer die Geliebten Thirsis und Selinde. Ihr mastloses Schiff wird von einer Welle mitgerissen. Thirsis kämpft verzweifelt um das Leben der Geliebten, aber am Ende erliegen beide der Gewalt des Wassers. Auch die Namen Thirsis und Selinde sind typisch für die anakreontische Dichtung (vgl. *An Thirsis* Ewald von Kleists). Der Name Selinde (vgl. auch Gellerts *Selinde*) verweist auf Kleists Erzählung in Versen *Die Freundschafft*.[20] Die Handlung im kurzen Überblick:

Zwei Freunde, Leander und Selin, befinden sich auf einem Schiff. Sie sehen
schon das Ufer, aber plötzlich werden sie vom Wind ins offene Meer getrieben,
wo sie von einem Orkan überrascht werden. Das Schiff zerbricht und die
Schiffbrüchigen halten sich an den kleinen Schiffstrümmern über Wasser. Die
zwei Freunde retten sich auf das gleiche Brett, das sie aber nicht länger tragen
kann. Deswegen entscheidet sich Selin das Brett zu verlassen, damit der Freund
nicht ertrinkt. Selin wäre bestimmt ertrunken, wenn nicht die Vorsehung (angesichts der bewiesenen Großmut) ihn unversehrt zum Ufer hingetragen hätte.
Die beiden Freunde treffen sich am Ufer wieder und ihre Freundschaft wird
mit der Bereitschaft füreinander zu sterben noch stärker besiegelt.[21] Der Passus
in den *Landplagen* ist m.E. der Verserzählung Kleists entnommen:

> Ein reißender Orcan erwacht und schlug
> Das Schiff von seiner Bahn. Es scheiterte
> Am Felsen. Jeder sucht den Tod zu fliehn;
> Das kleinste Stück vom Schiff wird jetzt sein Schiff –
> Den beyden Freund ward ein Bret zu Theil;
> Allein, es war zu leicht für seine Last.
> Wir sincken, sprach Selin, das Bret erträgt
> Uns beyde nicht, o Freund! Leb ewig wohl!
> [...]
> Allein Selin verließ zu schnell das Bret
> Und übergab getröst dem naßen Grab
> Der Waßerwogen sich. [...]
> (Die Freundschafft, vv.13-27)

> Und itzt reißt eine fliegende Welle, gejagt vom Orkane,
> Ihr mastloses Schiff mit sich fort. Mit lautem Geschreie,
> Hocherhabenen Händen sieht die erstarrte Geliebte
> Ihren Geliebtesten von dem schwankenden Brett herabtaumeln.
> ›Rette dich! Stirbst du? Rette dich!‹ zittert die holde Stimme.
> (Die Landplagen, vv.1119-1123)

Während sich in Kleists Gedicht beide Freunde wieder unversehrt am Ufer treffen, sterben in den *Landplagen* beide Geliebte.

> [...] Die Vorsehung
> Die über alles wacht, seh seine Treu
> Und seine Großmuth an, und ließ das Meer
> Ihm nicht zum Grabe seyn. Mitleidig trugs
> Auf seinen Wellen ihn zum Ufer hin.
> Er fand Leandern schon daselbst – O, wer
> Beschreibt die Regungen der Freude, die

> Sie beyde fühlten! [...]
> (Die Freundschafft, vv.27-34)

> Ach, er sinkt! - Selinde, er sinkt! Sie schreit, sie stammelt,
> Umsonst sucht sie Worte; sie fliegt ihm nach und umschlingt ihn: –
> Lange nachher wird ein irrender Weiser auf einsamem Gange
> An den schlammigten Ufer sie finden. Er öffnet der Erde
> den mitleidigen Schoß, begräbt die treuen Geliebten,
> Pflanzet Rosen aufs Grab und singet mit ewigem Liede
> Von orpheischen Saiten die betrübte Geschichte.
> (Die Landplagen, vv.1134-1140)

Selin (Mann) ist in einem für Lenz typischen Rollenwechsel zur Selinde (Frau) geworden.

Im sechsten Buch der *Landplagen* wird das Erdbeben beschrieben. Lenz schildert das Schicksal der Geliebten Gebula und Zama, die ihre höchste Vereinigung in dem gemeinsamen Tode suchen und finden (vv.1418-1422). Der Name Zama sowie die Naturbeschreibung können möglicherweise Kleists *Lied eines Lappländers*[22] (1757) entstammen. Zama ist die Geliebte, die der Lappländer zu erreichen versucht. Das *Lied eines Lappländers* ist ein Liebesgedicht, in dem das Glück der Liebenden besungen wird:

> Du kommst, mein Licht! du kommst, mich zu umfangen;
> O, welch ein Glück!
> (Lied eines Lappländers, vv.23-24)

Auch in diesem Falle hat die Übernahme eine besondere Funktion: die Inszenierung der Zerstörung der Welt des Schönen durch die Gewalt der Plagen, sprich des Erhabenen.

Es lässt sich resümierend feststellen, dass die Annahme eines direkten Einflusses der Dichtung Ewald von Kleists auf Lenzens frühe Lyrik nur für den Zyklus *Die Landplagen* zutrifft. Da erfüllt die Nachprägung von Themen und Sprache aus Kleists Dichtung und die Wiederaufnahme anakreontischer Topoi eine besondere Funktion: bezweckt wird damit eine Gegenüberstellung von begehrter und gefürchteter Natur. Die erste wird durch die Modi des Idyllisch-Empfindsamen, die zweite als Konkretisierung der eigenen Ängste und Projektionen durch die Modi des Schrecklich-Erhabenen zum Ausdruck gebracht.

IV

Wie schon aus der Analyse der frühen Dichtung hervorgeht, ist der wichtigste Bereich für die Aufnahme der Topoi zur Schilderung des »Schönen« die Liebeslyrik. Der wohl wichtigste Bezugspunkt dafür ist die Tradition des poetischen

Petrarkismus, der schon Gegenstand einer Arbeit gewesen ist.[23] Hier gilt es, weitere Diskus-sionspunkte vorzuschlagen, insbesondere Lenzens Verquickung, die »Kontamina- tion« von empfindsamen und anakreontischen Motiven, zu thematisieren.

Das Gedicht *An W---nen* (»An Wilhelminen«)[24] Ewald von Kleists bettet sich in die Tradition der petrarkisierenden Lyrik ein. Es schildert das Erwachen der Natur im Frühling. Nur das lyrische Ich ist von diesem kosmischen Erwachensprozess ausgeschlossen, denn die Geliebte ist von ihm entfernt. Der Dichter besingt sein entwichenes Glück:

> Ich bin der Qual, ich bin des Unglücks Sohn;
> Der Tod allein kann meinen Kummer lindern;
> Denn Doris bleibt, o Schmerz! von mir entfernt,
> Von der ich noch die Lust zur Welt gelernt.
> (An W---nen, vv.21-24)

Zugleich fühlt sich das lyrische Ich des Glücks unwürdig. Nur die Geliebte, die als Doris angeredet wird, hat das Recht auf Glück:

> Zwar, Doris, du verdienst ein großer Glück;
> Ich bin zu schlecht, die Tugend zu belohnen.
> (vv.55-56)

Die Liebespein kulminiert im Todeswunsch:

> So höre du, o Tod, nimm deinen Zoll!
> So soll nur dein Pfeil die Glücklichen entleiben?
> Hier ist die Brust, eröffnet mir das Herz,
> Ich halte Stand, ich fürchte keinen Schmerz.
> (vv.81-84)

Diese Themen (Abwesenheit der Geliebten, entwichenes Glück, Selbstschuldzuweisung wegen des Misslingens der Liebesbeziehung, Todeswunsch) sind zentral auch in Lenzens *Wo bist du itzt, mein unvergeßlich Mädchen?* (WB 3, S. 95), *Ach bist du fort? Aus welchen güldnen Träumen* (WB 3, S. 96), *Balde seh ich Rickgen wieder* (um 1772). Die biografische Situation ist ähnlich: die Abreise eines der Liebenden, die erzwungene Entfernung von der Geliebten – Wilhelmine wurde gezwungen, einen anderen zu heiraten – präsentiert die klassische Konstellation, die in Lenzens Lyrik immer wiederkehrt.[25]

In *An W---nen* sowie in *Amint* redet der Dichter die Geliebte in dritter Person oder durch Appellative (»Doris«, »Galathee«) an, die in der Anakreontik für die Bezeichnung der Geliebten häufige Verwendung fanden. In *Wo bist Du itzt* wird die Geliebte mit »Du« angeredet, der Dichter wendet sich direkt an sie, als ein wirkliches Du, das begehrt wird, ohne jegliche mythologische Verkleidung.

Charakteristisch ist, dass sich Motive aus dem Gedicht *An W---nen* auch in der späteren Liebeslyrik Lenzens finden, allerdings mit völlig verschiedenen Akzentsetzungen. Man kann den Vergleich auf die Gedichte *Auf ein Papillote* (WB 3, S. 107-109), *Mit schönen Steinen ausgeschmückt* (WB 3, 186), *Was dich umgibt, belebest du* (WB 3, S. 106), *Von dir entfernt, dir immer nah* (WB 3, 110), *Geduld und unerschrockener Mut* (WB 3, S. 111) ausweiten.

> Nur sie nur sie muss glücklich sein
> Nur sie nur sie verdients allein
> Und ging die Welt zugrunde
> Ich selber mit - o wie so schön
> Würd ich alsdann zugrunde gehn.
> Schlag bald, du schöne Stunde!
> (Geduld und unerschrockener Mut, vv.37-42)

> Was dich umgibt, belebest du
> Dein Auge gießt wie Saft der Reben
> In tote Adern Geist und Leben
> Und führt dem Herzen Feuer zu.
> (Was dich umgibt, belebest du, vv.1-4)

> Alles sind mir deine Augen
> Was der Erde Sonnenschein,
> Wo die Trauben ihren Wein,
> Die Geschöpfe Leben saugen.
> (An mein Herz, vv.21-24)[26]

In diesen Gedichten ist die Anknüpfung an anakreontische Motive offenkundig. Nun lassen sich bei Lenz bedeutende Verschiebungen feststellen. Der etwas konventionelle Todeswunsch bei Kleist, der durch die Modi der petrarkistischen Tradition artikuliert wird:

> Soll nur dein Pfeil die Glücklichen entleiben?
> Hier ist die Brust, eröffne mir das Herz,
> Ich halte Stand, ich fürchte keinen Schmerz.
> (An W---nen, vv.81-84)

wird bei Lenz durch eine ausgeprägte Erotisierung radikalisiert. Die Radikalisierung und Erotisierung des Todeswunsches ist in dem Gedicht *Auf ein Papillote* (um 1774) besonders auffällig:

> Ach welch Süßigkeit! von Lieb und Wollust trunken
> Schläft dann mein mattes Haupt von seiner Unruh' ein
> Auf deinen süßen Schoß verliebt herabgesunken
> Und küsset sterbend die Ursach' seiner Pein

> Ja tu's! Von deiner Hand wie kann der Tod mich schröcken
> Es ist das größte Glück das ich erhalten kann
> Ein Stoß so ists geschehen: wie süß wird er mir schmecken
> Ein kleiner Stoß und dann geht erst mein Leben an
> (vv.17-24)

Die gleiche Erotisierung von anakreontischen Motiven findet sich in *Auf eine Quelle* (WB 3, S. 168) – wiederum ein typisches petrarkistisches Motiv, das von Lenz umfunktionalisiert wird.

> Ach trocknetest du nicht für Glut
> Als sie sich legt in deine Flut
> Ach hast du nicht mit geistigem Verlangen
> Den schönen Leib umfangen.
> Warf nicht der Baum sein blühend Haar
> All hin auf ihrer Augen Paar
> Und deckte dass sie es verstund
> Mit Liljen den Rubinenmund
> Mit Liljen sie um und um
> (Auf eine Quelle, vv.11-19)

Auch in *Ich suche sie umsonst die heilige Stelle* (WB 3, S. 122-123) werden Motive der petrarkisierenden Lyrik: »wo die Bäume sich küssen« (v.5), »wo die unermüdete Quelle / sanft nach ihr weint« (v.7-8), »wo der grausame Himmel / Hinter dem freundlichern Laube verschwindt« (v.9-10) zum Schauplatz der erotischen Begegnung.

In *Auf eine Quelle* dienen die barocken Metaphern (der Mund als Rubinenmund) und der Anthropomorphisierungsprozess (der Baum wirft sein blühend Haar, d.h. sein Laub, seine blühenden Äste) dem Ausdruck tabuisierter Triebe und Begierden.

Ein weiteres Element, das in Lenzens Liebeslyrik wiederkehrt, ist das Bewusstsein des sozialen Abstandes, der den Dichter von seiner Geliebten trennt und der die Geliebte einem Anderen ausliefert:

> Ein andrer, der mit langen Titeln prahlt
> Und dessen Leib von Gold und Demant strahlt.
> (An W---nen, vv.47-48)

Bei Lenz erlangt diese Erkenntnis eine ungleich schärfere soziale Dimension:

> Colonna war der Freund und der Beschützer
> Von unserm Helden und dabei Besitzer
> Von Titeln, Rang und Gütern. Und sein Freund

> Arm wie der Mond, der nur von fremder Güte scheint.
> (Petrarch, WB 3, S. 128, vv.122-125)

Das gleiche Bewusstsein des sozialen Abstandes mündet in *Mit schönen Steinen ausgeschmückt* in eine offene Anklage (WB 3, S. 186f.):

> Mit schönen Steinen ausgeschmückt
> Von frohen Lichtern angeblickt
> Da sitzest du vielleicht anitzt
> Wo doch ein Auge heller blitzt.
> (Mit schönen Steinen ausgeschmückt, vv.1-4)

Es lässt sich schließen, dass Lenz sich die Mittel der poetischen Tradition aneignet, um sie bewusst zu forcieren und zu brechen. Die poetische Tradition liefert die Sprache, Themen und Motive, die aber eine bisher unbekannte Intensität erlangen. Die Anakreontik stellt für Lenz die Möglichkeit der Erschließung eines neuen Welt- und Gefühlerlebnisses dar, zugleich die Verheißung eines irdischen Glücks, das von der Sünde nicht belastet ist. Der Erotisierungsprozess ist Ausdruck der Entdeckung des Eros als einer grundlegenden vitalen ununterdrückbaren Kraft des Individuums.[27]

V

Eine direkte Aufnahme eines Kleistschen Gedichtes lässt sich m.E. in Lenzens kurzem Gedicht *Placet* (WB 3, S. 187) feststellen. Lenz ließ nach seiner Ankunft in Weimar Anfang April 1776 dem Herzog Karl August die Verse zukommen. In dem Gedicht stellt sich der Dichter als ein verwundeter, gelähmter Kranich vor und bittet den Herzog, ihm die Erlaubnis zu erteilen (ein »placet«), sein Häuptlein, dem »der Witz geronnen ist«, aufzusonnen. Der Dichter rechtfertigt sein Gesuch damit, dass auch andere Zugvögel nach Weimar gekommen sind und dort gütige Aufnahme gefunden haben. Der Vergleich des Reisenden mit einem Kranich findet sich schon in einem Brief von Ende August 1772 an Salzmann: »Auf einem Fuß, wie ein reisefertiger Kranich, steh ich jetzt und schmiere Ihnen mit dem anderen mein Adieu aufs Papier« (WB 3, S. 265). Der unmittelbare Bezug ist die Verserzählung *Der gelähmte Kranich*[28] Ewald von Kleists (1758). Angeregt durch Lessing, bettet sich Kleists Vers-erzählung in die aufklärerische Tradition der Gedankendichtung ein. Sie erzählt von einem Kranich, der am Fuß vom Pfeil eines Jägers getroffen wurde und deswegen den Flug mit seiner Schar nicht fortsetzen kann. Wegen seiner Wunde wird er von den anderen Vögeln verspottet und missachtet. Während sich die anderen Vögel schon in die Luft erheben, bleibt der gelähmte Kranich auf einem Lotusblatt ruhen und wird vom Wasser getrieben. Er denkt schon an den Tod. Als er schon jede

Hoffnung verloren hat, erblickt er ein »beßeres Land«. Die Fabel endet mit einem Leitsatz, der eigentlich weniger Schlussfolgerung als Ausgangspunkt der eben beendeten Erzählung ist, nie die Hoffnung zu verlieren und auch bei großer Behinderung die Reise durch das Leben zu wagen, denn auf dem jenseitigen Ufer erwarten einen Gefilde voller Lust:

> Ihr, die die schwere Hand des Unglücks drückt,
>
> Ihr Redlichen, die Ihr mit Harm erfüllt,
>
> Das Leben oft verwünscht, verzaget nicht,
>
> Und wagt die Reise durch das Leben nur!
>
> Jenseit dem Ufer giebts ein beßer Land,
>
> Gefilde voller Lust erwarten euch!
>
> (Der gelähmte Kranich. Eine Fabel, vv.29-34)

Die gleiche Situation charakterisiert das Gedicht Lenzens.[29] Er ist es, der »Kranich lahm, zugleich Poet«, der sich eine bessere Zukunft am Weimarer Hof erhofft. Er fühlt sich bedroht und bittet, »ihn nicht in das Geschütz zu laden« (v.9). Lenz deutet poetologisch Kleists Verserzählung: der gelähmte Kranich wird zum prägnanten Sinnbild für den Dichter. Der Dichter als großer und prächtiger Vogel, der nun unfähig ist zu fliegen, ist eine Vorwegnahme ante litteram des Albatros Baudelaires und wird zum Sinnbild eines Dichtungsbegriffs, der dem Dichter ein Opferschicksal auferlegt. Dieses Gedicht drückt ein Gefühl der äußersten Unsicherheit aus, zugleich aber auch die Zuversicht eines möglichen Neuanfangs am Weimarer Hof. Der Ton ist für Lenz ungewöhnlich souverän, scherzhaft.

VI

Die letzten Gedichte, die sich zum Vergleich anbieten, sind Lenzens *Willkommen kleine Bürgerin* (WB 3, S. 213) und Kleists *Geburtslied*. Die Parallelen sind allerdings ziemlich allgemein, so dass von einer direkten Entlehnung die Rede wohl nicht sein kann. Tatsache ist aber, dass Lenz Kleists Gedicht kannte, wie die anderen Vergleiche aus der frühen Dichtung belegen, und es ist durchaus vorstellbar, dass dieses Gedicht noch einmal als Vorbild galt. Das Gedicht *Geburtslied* Ewald von Kleists bettet sich in die Tradition der barocken Dichtung über die Vanitas der menschlichen Existenz ein. Es setzt sich aus zwei Teilen zusammen: im ersten Teil wird das menschliche Leben als eine Folge von Leiden und Täuschungen dargestellt; der zweite Teil bildet das Gegenstück zum ersten Teil. Mit der Vision des Glücks und der Freuden des Lebens wird der erste, pessimistische Teil ausgeglichen. Das Gedicht wird mit einer Lebensbejahung abgeschlossen, insofern ist es Ausdruck des aufklärerischen Optimismus:

> Das Leben ist mehr Lust als Schmerz.
>
> Wohl dir, dass du gebohren bist
>
> (Geburtslied, vv.94-95)

Lenzens Gedicht *Willkommen kleine Bürgerin* wurde anlässlich der Geburt der Tochter von Cornelia Schlosser niedergeschrieben. Der Tod Cornelias einige Wochen nach der Geburt erschütterte Lenz zutiefst. Auf den ersten Blick scheint das Gedicht eine Reflexion über die Vergänglichkeit des Lebens, über den sinnlosen Kreislauf von Geburt und Tod zu sein. Mit der Aufnahme eines barocken Themenkreises durch Kleists Vermittlung will Lenz den aufklärerischen Optimismus anfechten. Seine Kritik richtet sich gegen das Vertrauen in die Perfektibilität der Menschheit und der Welt, sowie gegen das Ideal der Tüchtigkeit. Die ersten zwei Strophen von Lenzens Gedicht thematisieren das Motiv der Vanitas Vanitatis: die Welt ist »das bunte Tal der Lügen« (v.2) (vgl. die Welt als »das grosse Narrenhaus« [v.2] in Kleists Gedicht), unbeständig (v.6), aber vergeblich ist das Weinen (vv.7-8). In der dritten Strophe setzt der Dichter dem Weinen, das unterdrückt werden muss, um in der Welt zu leben, ein Weinen »mit süßerem Schmerzen« (vv.7-8) entgegen. Bis hierher haben wir eine Entsprechung zum ersten Teil von Kleists *Geburtslied*, in dem die Verkennung der Welt und die Isolierung des Individuums thematisiert werden. In der vierten Strophe findet das Thema der Isolierung des Individuums in der Gesellschaft eine weitere Vertiefung. Der Neugeborenen wird gewünscht, »auf ihren Wert zu stehen« (v.13), und zu »blicken, wie die Sonne/Von der ein jeder weg sich kehrt/Zu blind für ihre Wonne« (vv.14-16) – hier finden wir die für den Sturm und Drang charakteristische Sprache und die gängigen Motive. Dem so befreiten Individuum – es handelt sich um ein weibliches Individuum – wird aber dann gewünscht, einen »Adler« zu treffen, der sich aus »fürchterlichen Büschen in die Luft erhebt«, »der Welten ohne Trost durchirret«. Der Adler als Symbol von Kraft und Freiheit war auch in Kleists *Geburtslied* zu finden:

> Laß Neid und niedre Raben schreyn,
>
> Und trinke du der Sonne Glut,
>
> Gleich einem Adler. [...]
>
> (Geburtslied, vv.89-91)

Der Adler ist der einzige Vogel, der der Glut der Sonne standhalten kann. Er ist das Sinnbild der freien und genialen Individualität, die, unbekümmert um das Krakeel der Vögel, die unten fliegen, sich direkt an der »Glut der Sonne« ernährt. Die Aufgabe der freien weiblichen Individualität ist, den »Adler« zu »erfrischen«. Die tiefe Ambivalenz des Gedichts liegt nahe: der Anspruch auf Selbsterfüllung bleibt der männlichen Individualität bewahrt. Die Frau soll den Mann auf seinem Weg zur Selbstverwirklichung lediglich unterstützen.

VII

Für Lenz stellt das »Schöne« im Sinne Burkes, das in der anakreontischen und in der Rokokodichtung seinen Ausdruck findet, schon »erstarrte Fiktion« dar, die es neu zu vitalisieren gilt. In diesem Sinn wird sie, ex negativo definiert, als »verloren« oder »unerreichbar« anerkannt und schließlich als letzter volitiver Akt eines Ich entlarvt, das schon zu einer ganz anderen Ernüchterung gelangt ist. Vorbildlich dafür war die Dichtung von Ewald von Kleist, der schon in seinen Werken die Ambivalenz der Welt der »güldnen Träume« thematisierte. Die poetische Welt der ersten Hälfte des 18. Jahrhunderts bleibt in Lenzens Werk z.T. erhalten, allerdings wird sie umfunktionalisiert und bewusst gebrochen, so dass ihre Züge am Ende bis zur Unkenntlichkeit verzerrt sind.

Anmerkungen

1 Kaiser, Gerhard: Aufklärung Empfindsamkeit Sturm und Drang. Tübingen, ⁵1996, S. 225.

2 Kindermann, Heinz: J.M.R. Lenz und die Romantik. Wien, 1925; Heinrichsdorff, Paul: J.M.R. Lenzens religiöse Haltung, Berlin, 1932 (Nachdruck Nendeln/Liechtenstein 1967); vgl. Dwenger, Heinz. Der Lyriker Lenz: Seine Stellung zwischen petrarkistischer Formensprache und goethescher Erlebniskunst. Diss. Hamburg, 1961; Winter, Hans-Gerd: Jakob Michael Reinhold Lenz, Stuttgart, 1987.

3 Vgl. u.a. Rosanov, Matjev: J.M.R. Lenz: Der Dichter der Sturm- und Drangperiode. Leipzig, 1909, S. 39-40; Heinrichsdorff, Paul: J.M.R. Lenzens religiöse Haltung, S. 8f.; Vonhoff, Gert: Subjektkonstitution in der Lyrik von J.M.R. Lenz. Frankfurt/Main, 1990, S. 22.

4 Heinrichsdorff, Paul: J.M.R. Lenzens religiöse Haltung, S. 10-12; Vonhoff, Gert: Subjektkonstitution in der Lyrik von J.M.R. Lenz, S. 26.

5 Viëtor, Karl: Die Idee des Erhabenen in der deutschen Literatur, in: Geist und Form. Aufsätze zur deutschen Literaturgeschichte, Bern, 1952, S. 234-266; Baioni, Giulio: Naturlyrik, in: Glaser, Horst Albert (Hg.): Deutsche Literatur. Eine Sozialgeschichte. Zwischen Absolutismus und Aufklärung. Rationalismus, Empfindsamkeit, Sturm und Drang. 1740-1768, Reinbeck, 1980, Bd. 4, S. 234-253; Baioni, Giulio: Il giovane Goethe, Turin, 1996.

6 Viëtor, Karl: Die Idee des Erhabenen in der deutschen Literatur, S. 236-237.

7 Ebd., S. 237.

8 Zitiert im folgenden in der Übersetzung von Grave, Chr.: Burkes philosophische Untersuchungen über den Ursprung unserer Begriffe vom Erhabenen und Schönen, Riga, 1773.

9 Vgl. dazu Sauder, Gerhard: Empfindsamkeit. Band 1: Voraussetzungen und Elemente, Stuttgart, 1974, S. 230-234.

10 Rosanov, Matjev: J.M.R. Lenz: Der Dichter der Sturm- und Drangperiode, S. 38.

11 Die Briefe und Werke Lenzens werden nach der folgenden Ausgabe zitiert: Damm, Sigrid (Hg.): Jakob Michael Reinhold Lenz: Werke und Briefe in drei Bänden, Frankfurt/Main, 1992 (abgekürzt: WB, Bandangabe, Seitenangabe).

12 Für den Text des Gedichtes vgl. Vonhoff, Gert: Subjektkonstitution in der Lyrik von J.M.R. Lenz, S. 182-183.

13 Stenzel, Jürgen (Hg.): Ewald Christian von Kleist: Sämtliche Werke, Stuttgart, 1971, S. 171-173.

14 Darauf wurde schon mehrmals verwiesen: Heinrichsdorff, Paul: J.M.R. Lenzens religiöse Haltung, S. 10-11; Winter, Hans-Gerd: Jakob Michael Reinhold Lenz, S. 29; Vonhoff, Gert: Subjektkonstitution in der Lyrik von J.M.R. Lenz, S. 28, S. 31-32. Kindermann hat diesbezüglich von der »Überwindung der der Anakreontik anhaftenden Unwahrheiten« gesprochen, vgl. Kindermann, Heinz: J.M.R. Lenz und die Romantik, S. 13.

15 Heinrichsdorff, Paul: J.M.R. Lenzens religiöse Haltung, S. 12f.

16 Winter, Hans-Gerd: Jakob Michael Reinhold Lenz, S. 29.

17 von Kleist, Ewald Christian: Sämtliche Werke, S.11.

18 Kaiser, Gerhard: Aufklärung Empfindsamkeit Sturm und Drang, S. 95.

19 Heinrichsdorff, Paul: J.M.R. Lenzens religiöse Haltung, S. 16.

20 von Kleist, Ewald Christian: Sämtliche Werke, S. 100-101.

21 Die gleiche Situation finden wir in Lenzens Ballade *Die Geschichte auf der Aar* (1777 verfasst). Hier ertränkt sich der Mann für seine Frau und seine Kinder: der Eingriff der Vorsehung bleibt aus.

22 von Kleist, Ewald Christian: Sämtliche Werke, S. 95-96.

23 Dwenger, Heinz: Der Lyriker Lenz. Es ist eine etwas ältere Arbeit, die noch unter dem Vorurteil von Lenz als Epigone im Schatten des großen Goethe leidet, aber die textuellen Entsprechungen, die Dwenger herauskristallisiert, können weiterhin als gültig betrachtet werden.

24 von Kleist, Ewald Christian: Sämtliche Werke, S. 156-159.

25 Man kann den Vergleich auch auf Gleims Gedicht *Bitte um eine Stunde*, Kleists *Amint*, *Lied eines Lappländers* ausweiten, aber für eine detaillierte Analyse verweise ich auf die einschlägige Literatur (Ballof, Rudolf: Über die Echtheit des Sesenheimer Liedes *Balde seh ich Rickgen wieder*, in: Archiv für das Studium der neueren Sprachen und Literaturen 140 (1920), S. 247-251, hier S. 248).

26 Vgl. Weinhold, Karl (Hg.): Gedichte von J.M.R. Lenz, Berlin, 1891, S. 108-110.

27 Eine theoretische Auslegung dieses Prinzips finden wir in Lenzens Schrift *Philosophischen Vorlesungen für empfindsame Seelen*. Für eine vorzügliche Auslegung vgl. Sautermeister, Gerhard: Unsre Begier wie eine elastische Feder beständig gespannt. Der »Geschlechtertrieb« in Lenzens Theorie, Lyrik und Dramatik. In: Etudes Germaniques 52 (1997), S. 79-98; Luserke, Matthias / Marx, Reiner: Die Anti-Läuffer. Thesen zur SuD-Forschung oder Gedanken neben dem Totenkopf auf der Toilette des Denkers, in: Lenz-Jahrbuch 2 (1992), S. 127-150, hier S. 138-145. Für weitere Implikationen vgl. Luserke, Matthias: Der junge Goethe, Göttingen, 1999, S.60-66.

28 Vgl. von Kleist, Ewald Christian: Sämtliche Werke, S.104-105.

29 Eine ähnliche Charakterisierung des gelähmten Kranichs konnte sonst nirgendwo ausfindig gemacht werden. Lenzens Schilderung weicht von den klassischen Emblemata des Kranichs deutlich ab.

Carsten Zelle

Zwischen Gelehrtendichtung und Originalgenie

Barrieren der Ramler-Rezeption in der Germanistik

Nähert man sich dem umfangreichen, jedoch auf unterschiedliche akademische Disziplinen (u.a. Literatur-, Musik-, Kunst-, Altertums- und Übersetzungswissenschaft) verteilten Werk Karl Wilhelm Ramlers bibliografisch, wird man bald feststellen müssen, dass sich die Germanistik seiner Erforschung seit ihrem ›scientific turn‹[1] um 1965 entschieden enthalten hat. Seit Alfred Angers »Nachwort« zum Faksimiledruck von Ramlers *Lieder der Deutschen* hat es von literaturwissenschaftlicher Seite keinen eigenständigen Beitrag mehr zu Ramler gegeben.[2] Unsere biobibliografischen Handbücher nähren sich vom Faktenreichtum, den der Positivismus des späten 19. Jahrhunderts eingefahren hat. Neuere Literaturgeschichten, sofern in ihnen Ramler überhaupt noch namentlich erwähnt wird,[3] tradieren ältere, unterdessen topisch erhärtete Wertungen. Neuere Methodenansätze (Empfindsamkeit/Jakobinismus/Feminismus) gingen an Ramler vorbei. In der Musikwissenschaft blieb Ramler, der »gefeiertste Oratorienpoet« seiner Zeit, dagegen stets als Librettist bedeutender deutscher Kirchen- und Konzertmusiken präsent.[4] Was also blockiert die Ramler-Rezeption in der Germanistik?

Zwei Gründe sollen im Folgenden angeführt werden, um den offensichtlichen Gegensatz zwischen der Hochschätzung Ramlers durch seine Zeitgenossen und seiner Geringschätzung durch die heutige Literaturwissenschaft erklären zu helfen: 1. Ramlers klassizistischer Normenhorizont, den die goethezeitliche Genie-Poetik und ihr verpflichtete Wertungskriterien der Germanistik negierten, und 2. die daraus folgenden sprichwörtlich gewordenen Ramlerschen ›Verbesserungen‹, d.h. das ›Ramlerisieren‹ eigener und fremder Texte bei noch fehlendem Urheberrecht und Autorbegriff.

Zu 1. – Um den Abstand zu ermessen, der das damalige vom heutigen Urteil trennt, seien einige Zeugnisse angeführt. Gegen Skeptiker, die Ramlers Antikenübersetzungen als Indiz mangelnder Originalität werten, beharrt etwa Friedrich Schulz in seiner *Litterarischen Reise durch Deutschland* darauf, Ramler »wahres dichterisches Genie« zuzusprechen. Man solle daher nicht in den »Fehler« verfallen zu glauben, dass sich seine Kunst auf Grund der Tatsache, dass er dem Horaz folge, »nur im Aeusserlichen« erschöpfe.

Ihr Inneres ist selbstständig [...]; der Genius ist Ramlers und nicht Horazens, und selbst da, wo es scheint, als wenn er die eigensten Worte und Wendungen des Lateiners brauchte, sehe man nur recht zu, so wird man finden, daß Ramler singt und nicht Horaz.[5]

Zur gleichen Zeit heißt es bei Johann Kaspar Riesbeck bewundernd: »Ramler ist einer der liebenswürdigsten Dichter Deutschlands. Keiner hat es in der Ausfeilung seiner Verse so weit gebracht als er. Seine Sprache ist klassisch«.[6] Riesbecks Bemerkung, dass Ramlers Sprache ›klassisch‹ sei, darf nicht als Hinweis auf den bloßen Antikenbezug seiner Übersetzungen missverstanden werden. Vielmehr ist mit dem Adjektiv eine auszeichnende Absicht verbunden. In Alteuropa war das Wort ›klassisch‹ seit der Renaissance, im deutschsprachigen Raum seit Mitte des 18. Jahrhunderts auf nichtantike Autoren ausgeweitet worden und bezeichnete seither auch vorbildliche Autoren des je eigenen volkssprachlichen Bereichs. Als »classische Schriftsteller unserer Nation« galten Gellert 1769 die Aufklärer Gottsched, Johann Elias Schlegel, Gärtner und Rabener. Sulzer nannte 1771 diejenigen Schriftsteller einer Nation »Claßisch [...], bey denen die Vernunft sich auf einen hohen Grad entwickelt« habe. Einer hochentwickelten »Kultur des Verstandes« spricht Sulzer schließlich »Claßicität« zu.[7] Ramlers Sprache wird von einem Zeitgenossen wie Riesbeck mithin als Vorbild herausgestellt, das anderen Dichtern zum Muster dienen soll.

Die heutige Germanistik vermag dagegen in einer solchen ›ausgefeilten‹ Sprache nurmehr eine »metrische und formale Korrektheit« zu erkennen, die Ramlers Zeitgenossen über seine »dürftige dichterische Begabung« hinwegtäuschen sollte.[8] Die neueren Literaturgeschichten von Kaiser (1976), Zmegac (1978), Grimminger (1980), Glaser (1980), Jörgensen/Bohnen/Ohrgaard (1990), aber auch von dem Autorenkollektiv aus der DDR (1979) begnügen sich mit punktueller Namensnennung und – auf Grund des Fehlens neuerer germanistischer Forschungen – der Wiederholung der älteren Topoi. Ramlers Karriere in der germanistischen Literaturgeschichtsschreibung ist 1991 dahingehend zusammengefasst worden, dass er zwar zu Lebzeiten einigen Ruhm genossen habe und sein Werk noch zu Beginn des 19. Jahrhunderts geschätzt worden sei. In der Folgezeit sei der Autor jedoch, heißt es in Killys Literaturlexikon weiter,

ins Vergessen [geraten] und überlebte nur noch in gelehrten Abhandlungen. Von Gervinus und Hettner wurde Ramler noch historisch in Betracht gezogen; später drückte ihm die Literaturgeschichte das Etikett auf, das er bis heute nicht mehr losgeworden ist: kaltsinniger Verfasser von Oden, verkappter Gottschedianer, glück- und geschmackloser Herausgeber von Liedersammlungen.[9]

Tatsächlich jedoch gehen die zuletzt genannten Topoi bis in die Formationsphase der Germanistik im 19. Jahrhundert, auf die Anfänge der deutschen

Nationalliteraturgeschichtsschreibung und das sie organisierende goethezeitliche Literaturverständnis zurück. Kanondebatte und Klassiker-Legende der siebziger Jahre mögen Goethe und Schiller als vorzügliche Gegenstände der deutschen Literaturgeschichte erledigt haben, hinter dem Rücken der Literaturwissenschaftler lenken deren Rezeptionsvorgaben gleichwohl weiterhin die germanistische Literaturgeschichtsschreibung, ihre literarischen Selektionskriterien und Epochendramatisierungen. Gervinus, hierin der 1811/12 entstandenen Darlegung Goethes in *Dichtung und Wahrheit* (II. Teil, 7. Buch)[10] folgend, erkannte zwar im Siebenjährigen Krieg eine Ursache für die Erneuerung der deutschsprachigen Literatur, doch gegenüber dem neuen Ton der Stürmer und Dränger lehnte er das »patriotische Getöse«[11] der preußischen Dichtergruppe ab. Gleims »Unterthanen-Schwärmerei« war Gervinus ebenso zuwider wie die durch die Karschin »erneuerte Hofpoesie«. Ramler gilt Gervinus als »Fürstendichter«, der seine »poetische Unfruchtbarkeit« durch die Herausgabe von Gedichtsammlungen kompensiert habe. Kurz: »platteste Gelegenheitspoesie ist überall das weite Gemeinsame der damaligen preußischen Poesie«.[12]

Die Taxonomie der literarischen Wertung, in deren Rahmen die Dichtungen Ramlers dem Verdikt verfallen, ist besonders aufschlussreich bei Hettner zu verfolgen. Während doch Goethe, dessen Ramlerbild insgesamt von Ambivalenz geprägt ist, den ›deutschen Horaz‹ gemeinsam und gleichrangig mit seinem Halberstädter Freund Gleim in der literarischen Aufschwungphase des protestantischen Deutschlands nach 1760 verortet, dissoziiert Hettner die Dichtungen Ramlers und Gleims in spezifischer Weise, um sie unterschiedlichen Dichtungsverständnissen zuordnen und hierarchisieren zu können.

Erst Hettner, und zwar ausdrücklich gegen Goethes Gleichordnung gerichtet,[13] verteilt in seiner *Geschichte der deutschen Literatur im 18. Jahrhundert*[14] die Gewichte so, dass er Gleim gegen Ramler ausspielen kann. Die Auseinandersetzung findet sich im Zusammenhang einer Darstellung der deutschen Lyrik Mitte des 18. Jahrhunderts. Insgesamt bot sich Hettner ein Bild »anspruchsvolle[r] Ungeheuerlichkeit«, die die »natürliche Empfindung und Tonweise Gellerts« zurückgedrängt habe. Namentlich werden drei Richtungen in der Odendichtung herausgearbeitet und abgekanzelt: Die horazisch-antikisierende, die hohl und künstlich sei, die ungesunde seraphische und die widrige bardische Stilrichtung.[15] Der Negativierung Ramlers, der für die erste Richtung steht, stellt Hettner ein Zeugnis Georg Forsters, in dem jener charakterlich angeschwärzt wird, voran. Während etwa der junge Boie von dem Dichter immer »groß«, von dem Menschen aber »noch höher« dachte,[16] überliefert Forster ein desillusioniertes Bild, und zwar sowohl von der Berliner Aufklärungsgesellschaft im allgemeinen als auch von Ramler im Besonderen: »Ramler, die Zisererei, die Eigenliebe, die *Eitelkeit* in Person«.[17] Der persönlichen Abwertung durch Forster folgt die literarische durch Hettner. Zwar konzediert er »Wohlklang« und »fein erwägende Verskunst«, insgesamt handle es sich bei Ramlers Oden jedoch um eine »leere

Kunst«, gelehrt, künstlich zusammengesetzt und herausgedrechselt, um ein unbeseeltes, totes und willkürliches Formenideal, um abstoßende Larve, kurz: um ein »künstliches Strohfeuer« und nicht um »Fülle des Herzens« in einer »von innen heraus geborenen Form«.[18]

Derart vorbereitet, kann Hettner gegen die negativ gezeichneten Richtungen der Odendichtung seinen Trumpf ausspielen: »Zum Glück stand diesen albernen Phantastereien eine wirksame volkstümliche Gegenströmung gegenüber«. Gemeint sind Gleims *Kriegslieder*, die gegenüber der gelehrten Odendichtung den Anstoß zu einer neuen »volkstümlichen Richtung« geben. Es gelingt Hettner, das Wort ›volkstümlich‹ in fünf Zeilen dreimal anzubringen.

Hettners Wertungen werden durch die Unterscheidungen äußerlich/innerlich, tot/lebendig, leer/voll, kalt/heiß, künstlich/lebendig, ungesund/gesund, schwach/kräftig, gelehrt/volkstümlich u.ä. organisiert, um das bei Goethe zusammengehörende Dichtergespann Gleim/Ramler nun auseinanderzureißen, in Wertungsoppositionen entgegenzusetzen und temporal zu dissoziieren. Ramlers »Odengerassel« biete »alte[n] Gottschedianismus in veränderter Form«, während Gleims »schlichter und inniger Volkston« auf Goethe vorausweise.[19] Dabei ist in den Wertsetzungen unschwer der Einfluss der Geniepoetik des Sturm und Drang zu erkennen, insofern mit dem semantischen Pluspol, der durch »Fülle des Herzens« besetzt wird, eine einschlägige Schrift des Hainbündlers Fritz Stolberg[20] zitiert und die literarische Kategorie der Volkstümlichkeit samt der sie konstituierenden Unterscheidungen vom frühen Herder[21] übernommen wird.

Das Wertungsschema Hettners, das Ramler aus dem lyrischen Kanon der Germanistik hinausdrängt und als Dichter marginalisiert, wird von der Generation der Sturm-und-Drang-Dichter souffliert. Was im 18. Jahrhundert literarische Kampfbegriffe waren, wird im 19. Jahrhundert zum Begriffsrepertoire germanistischer Wertung. Sie bestimmt seither im Wesentlichen das Bild Ramlers in der Germanistik, und zwar auch nach ihrer literatur*wissenschaftlichen* Wende.[22] Die von Hettner präparierte Dichotomie wird von Franz Muncker aufgegriffen. Er charakterisiert Ramler als einen »prosaischen Geist. Alles ist Verstandeswerk; das Herz spricht niemals unmittelbar«.[23] Munckers Wertung ist seither in das germanistische Basiswissen eingegangen. Wenn etwa Fritz Martini Ramler dahingehend abbürstet, dass seinen Oden der »dichterische Funken« abgehe, formuliert er in den Spuren jener Wertungsstrukturen, deren Ursprung eben dargelegt wurde. Das Negativ wird auch hier durch ein Positiv, d.h. die unterstellte Normativität eines bestimmten Dichtungsverständnisses, determiniert. Bei Martini heißt es »echte seelische Ergriffenheit«, die (wie im Falle Ewald von Kleists), bloße »metrische Virtuosität« und »rhetorische Übung« abgelöst habe.[24]

Zu 2. – Auch das zweite Hindernis der germanistischen Ramler-Rezeption wird von einer goethezeitlichen Rezeptionsvorgabe gesteuert. Sie betrifft Ramlers Eingriffe bei der Edition von Anthologien und von ihm betreuter Werkausgaben. Schon die auf Ramler folgende Generation seiner Zeitgenossen hat sich an »dieser Verbesserungskritik« gestoßen und sie für einen »Mißgriff«, der »die Rechte des Autors kränke«,[25] angesehen:

> Geht mir dem Krebs in B*** aus dem Weg, manch lyrisches Blümchen,
> Schwellend in üppigem Wuchs, kneipte die Schere zu Tod.[26]

So dichteten Goethe und Schiller in den *Xenien,* um die lästige literarische Konkurrenz in Berlin kleinzuhalten. Bereits die zeitgenössischen Würdigungen Ramlers erwähnen im Blick auf seine »Umarbeiten« eine Karikatur Daniel Chodowieckis, »die Kleist im Sarge liegend vorstellt, und Ramler darneben, der ihn rassirt, mit der Unterschrift: Lasset die Todten ungeschoren!«[27] Ramlers »Besserungssucht«,[28] seine »Verbesserungsmanie«,[29] weswegen Goedeke seinen Sammlungen jeden »persönlichen oder geschichtlichen Wert« abgesprochen hat, »da sie, ein Mischmasch von fremden Gedanken und Ramlerischen Flickereien, weder ihm noch anderen gehören«,[30] ist von der Germanistik seit je mit Unverständnis quittiert und noch jüngst als eine »seltsame Methode«[31] qualifiziert worden.

Tatsächlich handelt es sich meist um Eingriffe, die entweder formaler Natur sind, d.h. um Korrektur und Vereinheitlichung der Schreibung oder der Zeichensetzung sowie der Anpassung an den hochdeutschen Sprachgebrauch und die Vermeidung von Wiederholungen, oder sie gelten dem Wohllaut, der Reinheit des Reimes, dem Metrum, der Prosodie, der Logik der Gedankenverbindung sowie einem anständigen Ausdruck. Insbesondere bei den Liedersammlungen führte, so ist festgestellt worden, Ramlers »›ausbesserndes‹ Verfahren«[32] zu einer größeren ›Kantabilität‹ der Texte: »singability and lightness of tone were chef criteria in selecting the verse«.[33] Vor allem Alfred Anger hat die Rolle von Ramlers Sammlungen bei der Ausbildung der Anthologie als eines Mediums zur Verbreitung von Lyrik seit Mitte des 18. Jahrhunderts herausgehoben und namentlich die *Lieder der Deutschen* (1766) »als beste zeitgenössische Sammlung deutscher Rokokolyrik«[34] ausgezeichnet. Dabei hat Anger einerseits die Editionspraktiken Ramlers als tatsächliche Verbesserungen, die von vielen Autoren, etwa Mendelssohn oder Lessing, ausdrücklich gebilligt wurden, verteidigt und andererseits auf die historische Bedingtheit von Ramlers Dichtungsverständnis, das die editorischen Eingriffe legitimierte, sowie auf dessen notwendige Ablehnung durch die nachfolgende Generation verwiesen: Subjektiver Erlebnisausdruck, historische Einmaligkeit und individuelle Originalität,[35] d.h. autorkonstituierende Kategorien, die die Vertreter der Sturm-und-Drang-Kohorte ab 1770 geltend machten, waren dem aufklärerischen Dichtungsverständnis des »berlinischen Klassizismus«[36] fremd.

Krass hat Uwe-K. Ketelsen kürzlich im Blick auf das ältere Rollenverständnis des Schriftstellers pointiert, dass der Hersteller rhetorisch gebundener Dichtung damals so wenig interessierte »wie heute der Mann, der die Bremse in unser Auto montiert hat«. Solange der Dichter »Experte für rhetorische Textarrangements« war, verstand sich ihr Verfasser noch nicht als Urheber im emphatischen Sinne, dichtete in seinen poetischen Nebenstunden, blieb zumeist anonym und trat allenfalls als Herausgeber seiner Texte hervor. Da sie gültigen Normen und etablierten Vorbildern folgten, galten solche Texte weder als Ausdruck von Individualität noch erhoben deren Verfasser einen derartigen Anspruch. Besonders aber lagen auch alle Produktionsschritte einer solchen rhetorischen Textverarbeitung, wie Ketelsen nicht zuletzt im Blick auf Ramler hervorhebt,

dem korrigierenden Zugriff zweiter, dritter Hände offen. [...] Kein Rollenverständnis, allenfalls der gesellschaftliche Status ihres Verfassers, schützte die Texte vor solchen Zugriffen. Diese waren gängige literarische Praxis, über die man im Einzelfall klagen, gegen die man sich aber nicht prinzipiell verwahren konnte.[37]

Namentlich – das ist gegenüber Hinweisen auf kollegiale Akzeptanz einerseits und historische Bedingtheit von Ramlers Editionspraktiken andererseits entscheidend! – existierte um 1760 kein Rechtsinstitut geistigen Eigentums. Man konnte sich gegebenenfalls über Ramlers Verbesserungen auf den unterschiedlichen Foren der entstehenden Öffentlichkeit beklagen (und tat es auch, wie der Fall Lichtwer belegt), aber es existierte keine Institution, vor der man Ramler im juristischen Sinne hätte an- oder verklagen können. Von einem »Eingriff in den geistigen Besitz anderer«[38] kann im Blick auf Ramlers Editionspraxis also keine Rede sein. Eine solche anachronistische Redeweise setzt für die Zeit kurz nach der Jahrhundertmitte als gegeben voraus, was sich eben erst im Zusammenhang mit einem Bündel unterschiedlicher Kontroversen, zu dem neben der Nach- bzw. Raubdruckdebatte, verschiedenen Subskriptions- oder Selbstverlagsinitiativen bzw. -projekten eben auch die Debatte um Ramlers Editionspraktiken gehörte, herauszubilden begann. Der Begriff »litterarische[s] Eigenthum«[39] wurde zwar seit 1778 im Kontext der Nachdruckdebatte gebraucht, doch diese Diskussion zielte nicht auf die Frage nach dem geistigen Eigentum eines Autors, den Wert eines Manuskripts und die Unversehrtheit eines literarischen Textes, sondern vielmehr auf die Sicherung des Verlegergewinns. Der Verleger, nicht der Schriftsteller sollte vor dem Nachdruck geschützt werden. Die Frage nach der Legitimität ›unautorisierter‹ Herausgebereingriffe in fremde Texte stand in dieser Diskussion nicht zur Debatte. Doch selbst über die ›Unrechtmäßigkeit des Büchernachdrucks‹ bestand keine Einigkeit unter den Aufklärern. Die Auseinandersetzung wurde noch bis zum Ende des 18. Jahrhunderts durchaus kontrovers geführt. Fixiert wurde ein Recht auf geistiges Eigentum und dessen Schutz im deutschsprachigen Raum erst in Kodifikationen des frühen 19. Jahrhunderts. Ein dem Hogarth's Act von 1734 vergleichbares Rechtsinstitut, das – wie im englischen Fall – neben dem Raubdruck auch die Integrität einer Grafik bzw. die Unverletzlichkeit eines Textes schützen sollte, ist für Deutschland nicht bekannt.[40]

Nachdruckfreiheit wurde im übrigen nicht nur von süddeutschen Raubdruckern, sondern gerade auch von exponierten Aufklärern, z.B. von Knigge, mit dem Argument vertreten, dass ›Schriftstellerey‹ eine öffentliche Angelegenheit sei, an jeden im Publikum gerichtet, der sie lesen wolle. Ideen verdankten sich einer ›universellen‹ Kompetenz und waren daher, wie ein englischer Jurist 1762 festhält, »not susceptible of property«.[41] Waren Weisheit, Wahrheit und Witz, wie Knigge in seiner Schrift *Ueber den Bücher-Nachdruck* noch 1792 festhielt, *res communes* wie Meer oder Luft,[42] ließ sich darauf kein Eigentumstitel bauen.

Solange ein Text als bloßes Resultat vorgängiger Grammatik, d.h. als Produkt irgendeines Textverarbeitungsprogramms, das wir alteuropäisch als Rhetorik bzw. Poetik zu bezeichnen gewohnt sind, galt, war ein Eingriff in ihn nicht justiziabel. Dieser juristische Kontext bzw. genauer: sein Fehlen sollte mitbedacht werden, wenn man die unterschiedlichen Ansichten von Lessing und Mendelssohn über Ramlers ›Umarbeitungen‹, namentlich in der Ausgabe von Lichtwers *Auserlesene verbesserte Fabeln und Erzählungen* (1761) erwägt, auf die ich abschließend eingehen möchte. Die »gelehrte Uneinigkeit«[43] zwischen Lessing und Mendelssohn über Ramlers Ausgabe, die weder als Plagiat (der Autor Lichtwer wird genannt) noch als Nachdruck (der Text ist von Ramler verändert), aber auch nicht als eine Kritik (eine solche hätte separat erscheinen müssen) einzuorden ist, findet sich im 233. bis 236. *Brief, die neueste Litteratur betreffend* von 1762. Lessings Parteinahme für Ramler ist stets nur im Blick auf die gemeinsame Logau-Ausgabe sowie die Tatsache, dass Lessing selbst sich zeitlebens Ramlers Herausgeberkompetenz zunutze zu machen wusste,[44] und darüber hinaus psychologisch motiviert worden. Es kommt jedoch darauf an, stattdessen Lessings juristisches Argument von seinem poetologischen Voraussetzungssystem her zu erfassen.

Gegenüber der abwägenden Argumentation Mendelssohns zielt Lessing – Knigges späterer Position in der Nachdruckdebatte nicht unähnlich – auf den Sachverhalt, dass der »Autor« eine Schrift durch ihre Veröffentlichung »*publici juris*«, d.h. zu einer Sache öffentlichen Rechts, mache, wodurch es jedem frei stehe, »dieselbe nach seiner Einsicht zum Gebrauch des Publikums bequemer einzurichten«.[45] Lessing spricht näherhin von »vorgeschlagenen Verbesserungen«[46] bzw. davon, dass der Herausgeber mit seiner Ausgabe einen Vorschlag gemacht habe, wie das »Werk vollkommener gemacht werden könnte«.[47] In dieser finalen Perspektive gewinnt das Werk eine autorunabhängige Eigendynamik. Es erhält den Status eines Gebildes, das sich gemäß einer inneren Gesetzmäßigkeit mittels der unterschiedlichen Hände seiner Bearbeiter selbst vervollkommnet. Dieser poetologischen Entelechie entspricht es, wenn Ramler die gewöhnliche Unterscheidung zwischen »Verfasser« und »Herausgeber«[48] nivelliert und stattdessen von unterschiedlichen Herausgebern spricht: »Ob man einzelne Verse, Halbverse und Wörter dem ersten oder dem zweiten Herausgeber zuzuschreiben hat, ist eigentlich eine sehr gleichgültige Sache«.[49] Vorausgesetzt wird ein gemeinsamer Normenhorizont, d.h. ein Fonds verbindlicher Regeln, Gattungsvorgaben und anerkannter Muster, dem sich Verfasser und Herausgeber bzw. der erste, zweite und alle nachfolgenden Herausgeber verpflichtet fühlen. Solange z.B. Lessing davon spricht, dass er die Poetik des Aristoteles »für ein ebenso unfehlbares Werke halte, als die Elemente des Euklides nur immer sind«,[50] ist eine solche Voraussetzung erfüllt. Lessings Rechtfertigung von Ramlers Editionspraktik ist kein bloßer Freundschaftsdienst, sondern Ausdruck eines gemeinsamen klassizistischen Normenhorizonts, mögen Lessings Ausfälle gegenüber einzelnen Vertretern der *französischen* Klassik darüber gelegentlich auch hinwegtäuschen.

Ramler geht vor, wie heutige Herausgeber, wenn sie Texte vereinheitlichen und modernisieren (oder, handelt es sich nicht um literarische, sondern um gegebenenfalls auch wissenschaftliche Gebrauchstexte, redigieren – und der neuen Rechtschreibung ›anpassen‹), nur dass der Normenhorizont sich heute auf die Orthografie verengt hat, während er damals noch weit über Metrik, Prosodie und Stilistik hinausging. Was Ramler tut, ist erweiterte Lektorentätigkeit am fremden Text unter Bedingungen eines noch inexistenten Autorenrechts. Dass er es tut, deutet auf dessen Inexistenz hin. Dass es darüber zu ›gelehrter Uneinigkeit‹ kommt (aber eben nicht zu gerichtlicher Auseinandersetzung!), signalisiert, dass die Dinge in Fluss geraten waren.

Auf Letzteres weisen die sorgfältig abwägenden Überlegungen Mendelssohns. Sie divergieren von denjenigen Lessings entscheidend in der Eigentumsfrage. (Ob die unterschiedliche Stellung Lessings und Mendelssohns gegenüber der ›Unverletzlichkeit‹ literarischer Texte überdies motiviert ist durch eine divergierende Position des Protestanten bzw. Juden gegenüber dem *Heiligen* Text, muss hier offen bleiben.) Die publizierten Fabeln Lichtwers hält Mendelssohn nicht für Gemein-, sondern für Privateigentum, weswegen die Veränderungen Ramlers, so gerechtfertigt sie unter literaturkritischem Gesichtspunkt auch sein mögen, aus juristischer Sicht als »unbillig« und »unerhört« verurteilt werden.[51] Ein vorsichtig eingeschobenes »meines Erachtens«[52] vor dieser Passage verweist freilich darauf, dass Mendelssohns Ansicht in Fragen geistigen Eigentums sich nicht auf einen durchgehenden Konsens unter Dichtern, Schriftstellern oder Gelehrten hätte berufen können.

Wie Lessings Votum steht auch Mendelssohns Ansicht im Kontext eines poetologischen Voraussetzungssystems, das bei ihm in einer eingeschalteten Reflexion, die die ausführliche Prüfung der Ramlerschen Eingriffe unterbricht, expliziert wird (und nicht, wie bei Lessing, erst interpretativ erschlossen werden muss). Gegenüber dem klassizistischen Normenhorizont, den Lessings Verteidigung des künstlerischen Gemeineigentums implizierte, scheint Mendelssohns Votum für geistiges Privateigentum mit einer Stärkung der individuellen Dynamik des Kunstwerks einherzugehen. Die Ausbildung des juristischen Begriffs des geistigen Eigentums und die Entfaltung der ästhetischen Kategorie der Eigentümlichkeit, so ist nachgewiesen worden, stehen in engem Zusammenhang.[53] Das individuelle Moment, dass jedem Werk auf Grund des ›Genies‹ seines Autors innewohnt, bezeichnet Mendelssohn mit dem Begriff vom »Charakter des Künstlers«.[54] Er wird verändert oder zerstört, wenn eine »fremde Hand [...] dem Werke zu nahe«[55] kommt. Von einem Begriff des »Charakteristischen«, wie Friedrich Schlegel ihn ausprägen wird,[56] ist Mendelssohn freilich noch weit entfernt. Erst jedoch, wenn das Werk als »Darstellung des Individuellen« aufgefasst wird, kann das Konzept geistigen Eigentums greifen.

Friedrich Nicolai überliefert, dass Lessing sich bei den Manuskripten, die er Ramler »zu reinigen und zu läutern«[57] übergab, »[...] sich so sehr auf seinen Freund [verließ], daß er sich die Handschrift nicht erst zurückschicken, sondern sie in Berlin bey Voß drucken ließ«.[58] Mendelssohn dagegen versah seine Psalmenübersetzung zwar mit einer »Zuschrift an Ramler« – an seine Handschrift heran jedoch ließ er ihn nicht.[59]

Anmerkungen

1 Baasner, Rainer: Methoden und Modelle der Literaturwissenschaft. Eine Einführung. Berlin 1996, S. 81ff. Die folgenden Ausführungen bieten eine gekürzte Fassung eines Vortrags auf dem Kolloquium: Urbanität als Aufklärung. Karl Wilhelm Ramler (1725-1798) und die Kultur des 18. Jahrhunderts, das vom 22. bis 25. September 1999 unter der Leitung von Laurenz Lütteken (Marburg), Ute Pott (Halberstadt) und Carsten Zelle (Siegen) im Gleimhaus zu Halberstadt stattfand. Eine ausführliche Fassung wird in den Tagungsakten erscheinen.

2 Anger, Alfred: Nachwort, in: Karl Wilhelm Ramler: Lieder der Deutschen. Faksimiledruck nach der Ausgabe von 1766, Stuttgart, 1965, S. 1*-37 (im Folgenden: Anger, Nachwort, Seitenzahl). Vgl. jetzt: Lee, David: Karl Wilhelm Ramler, in: Sie sind ein ungestümer Freund, Bd. 1, hg. v. Gerlinde Wappler, Oschersleben, 1998, S. 152-165, sowie: Fromm, Eberhard: Der poetische Exerziermeister. Karl Wilhem Ramler, in: Berlinische Monatschrift 1998, April-Heft, S. 58-64 (auch via Internet: http://www.luise.de/bms/bmstext/9804deua.htm. Zum Ramler-Forschungsstand in den Musik- bzw. Kunstwissenschaften siehe: Lölkes, Herbert: Der Tod Jesu von Karl Wilhelm Ramler in den Vertonungen Carl Heinrich Grauns und Georg Philipp Telemanns. Kontext, Werkgestalt, Rezeption, Kassel, 1999, bzw. Badstübner-Gröger, Sibylle: Zu Karl Wilhelm Ramlers Schrift »Allegorische Personen zum Gebrauch der Bildenden Künste«, in: Über Texte. Fs. Karl-Ludwig Selig, hg. v. Peter Eckhard Knabe und Johannes Thiele, Tübingen 1997, S. 31-38.

3 Fehlanzeige z.B. bei Peter J. Brenner: Neue deutsche Literaturgeschichte. Vom Ackermann zu Günter Grass, Tübingen, 1996. Auch das ansonsten solide und verdienstvolle Lehrbuch von Peter-André Alt: Aufklärung, Stuttgart, 1996, S. 129, nennt Ramler nur als Mitherausgeber Lessings von Friedrich von Logaus Sinngedichten (Berlin, 1759).

4 Vgl. Reipsch, Ralph-Jügen: Nachwort zu: Karl Wilhelm Ramler: Geistliche Kantaten. Reprint der Originalausgabe, Berlin, 1760, hg. v. Wolf Hobohm und Ralph-Jürgen Reipsch, Magdeburg, 1992, I-XIII. Die zitierte Wertung bei Arnold Schering: Geschichte des Oratoriums, Leipzig, 1911, S. 363.

5 Schulz, Friedrich: Litterarische Reise durch Deutschland (Leipzig, 1786), St. Ingbert, 1996, 4. Brief, S. 18.

6 Riesbeck, Johann Kaspar: Briefe eines reisenden Franzosen über Berlin (1783), 53. Brief; zit. nach: Friedrich II., König von Preußen, und die deutsche Literatur des 18. Jahrhunderts. Texte und Dokumente, hg. v. Horst Steinmetz, Stuttgart, 1985, S. 171-181, hier: S. 179.

7 Siehe: Schlobach, Jochen/Zelle, Carsten: Classicisme/Classicismes', in: Dictionnaire européen des Lumières. Dir. Michel Delon, Paris, 1997, S. 224-227.

8 Wilpert, Gero von: Deutsche Literatur in Bildern, Stuttgart, ²1965, S. 137, zu Abb. 373/374. Über Ramlers »poetische Unfruchtbarkeit« hatte schon Gervinus (s.u.) geschimpft.

9 Fischer, Peter: Ramler, Karl Wilhelm, in: Literaturlexikon. Autoren und Werke deutscher Sprache, hg. v. Walther Killy, Bd. 9, Gütersloh, 1991, S. 287-289 (im Folgenden: Fischer: Ramler, Seitenzahl).

10 DuW II, 7 (Berliner Ausgabe, Bd. 13, S. 303f.)

11 So die sympathisierende Zusammenfassung von Gervinus' Ramler-Wertung bei Horn, Peter: Epoche in der Literaturgeschichtsschreibung, in: Deutsche Literatur. Eine Sozialgeschichte. Von den Anfängen bis zur Gegenwart, hg. v. Horst Albert Glaser, Bd. 4, Reinbek, 1980, S. 330-345, hier: S. 331.

12 Gervinus, Georg Gottfried: Geschichte der poetischen National-Literatur der Deutschen. Vierter Teil: Von Gottsched's Zeiten bis zu Göthe's Jugend [!], Leipzig, ²1843, S. 221. Gervinus' Wort von der »poetischen Unfruchtbarkeit« Ramlers ist dem 4. Teil der 4., verb. Aufl., Leipzig, 1853, S. 192, entnommen.

13 Hettner, Hermann: Geschichte der deutschen Literatur im 18. Jahrhundert, ³1879, hg. v. Gotthard Erler, Bd. I, Berlin, ²1979, S. 656 (im Folgenden: Hettner: Geschichte, Seitenzahl): »So achtungsvoll Goethe merkwürdigerweise immer von Ramler spricht [...]«.

14 Ebd., S. 1856 ff.

15 Ebd., S. 655 ff.

16 Boie an Jessen, Berlin, 14. Jan. 1770; abgedr. v. L. L. Schücking: Sechs Briefe Heinrich Christian Boies, in: Euphorion 8 (1901), S. 659ff., hier: S. 672.

17 Georg Forster an Friedrich Heinrich Jacobi, Kassel, 23. April 1779; abgedr. in: Georg Forster: Werke, Bd. 13: Briefe bis 1783. Berlin, 1978, Nr. 103, S. 197-202, hier: S. 198. Als Dichter scheint Forster Ramler dagegen geschätzt zu haben, insofern sich dessen Name auf einer Liste »unsere[r] Klassiker« (Werke Bd. 14, S. 28) findet, deren Werke Forster sich von Spener ausbat.

18 Hettner: Geschichte, S. 655-659, zu Ramler bes.: S. 655f.

19 Ebd., S. 663, S. 656 und S. 663.

20 Friedrich Leopold Graf zu Stolberg: Über die Fülle des Herzens (1777); abgedr. in: Sturm und Drang und Empfindsamkeit, hg. v. Ulrich Karthaus, Stuttgart, 1976, S. 76-90.

21 »Je entfernter von künstlicher, wissenschaftlicher Denkart, Sprache und Letternart das Volk ist: desto weniger müssen auch seine Lieder fürs Papier gemacht, und tote Lettern Verse sein [...]«. Johann Gottfried Herder: Auszug aus einem Briefwechsel über Ossian und die Lieder alter Völker (1773). Zit. nach: Sturm und Drang. Dichtungen und theoretische Texte, 2 Bde., hg. v. Heinz Nicolai, München, 1971, Bd. 1, S. 257-300, hier: S. 262.

22 Das Urteil von Baasner, Rainer/ Reichard, Georg: Epochen der deutschen Literatur: Aufklärung und Empfindsamkeit. Ein Hypertext-Informationssystem, Stuttgart, 1998, fällt dagegen günstig aus: Zwar sei Ramler »vielfach [...] nur als zweitrangiger preußisch-patriotischer Oden-Dichter in Erinnerung«, er stelle jedoch »im Literatursystem als Übersetzer und Herausgeber eine bedeutende Gestalt« dar.

23 Muncker, Franz: Einleitung [zu Karl Wilhelm Ramler], in: Anakreontiker und preußisch-patriotische Lyriker. Zwei Teile in einem Bande. Hagedorn. Gleim Uz. Kleist. Ramler. Karschin, hg. v. Franz Muncker, Stuttgart, 1894, S. 201-220, hier: S. 209.

24 Martini, Fritz: Deutsche Literaturgeschichte von den Anfängen bis zur Gegenwart (1949, Stuttgart, [15]1968, S. 185.

25 Jördens, Karl Heinrich: Lexikon deutscher Dichter und Prosaisten. 5 Bde., 1 Suppl.-Bd., Leipzig, 1806-1811 (Ndr. 1970), s.v. ›Karl Wilhelm Ramler‹, Bd. 4 (1809), S. 262-307, hier: S. 272f.

26 Schiller, Friedrich: Sämtl. Werke, hg. v. Gerhard Fricke und Herbert G. Göpfert, München, [7]1984, S. 257-302, hier: S. 265.

27 Goecking, L. F. G. von: Ramlers Leben, in: Karl Wilhelm Ramler: Poëtische Werke, Wien, 1801 [Reprint 1979], Teil 2, S. 365-404, hier: S. 379. Chodowieckis Blatt gilt als »verloren« (Eggebrecht, Wilhelm: Karl Wilhelm Ramler, in: Pommersche Lebensbilder, Bd. IV, Köln, 1966, S. 152-167, hier: S. 163 – der Artikel bietet einen kriegsbedingt liegen gebliebenen Text von 1942!), doch ist undeutlich, ob nach ihm *gesucht* worden ist.

28 Sauer, August: Ueber die Ramlerische Bearbeitung der Gedichte E. C. v. Kleists. Eine textkritische Untersuchung, in: Sitzungsberichte der Philosophisch-historischen Classe der kaiserlichen Akademie der Wissenschaften, Bd. 97, Jg. 1880, Heft IV-VI, Wien, 1881, S. 69-101, hier: S. 100.

29 Muncker: Einleitung, S. 215.

30 Goedeke, Karl: Grundriß zur Geschichte der deutschen Dichtung. Aus den Quellen, Dresden, 1884-1966, Bd. 4.1 (1914), s.v. ›Karl Wilhelm Ramler‹, S. 178-183, hier: S. 183.

31 Fischer: Ramler, S. 287.

32 Anger: Nachwort, a.a.O., 10*.

33 Capua, A. G. de: Karl Wilhelm Ramler: Anthologist and Editor, in: JEGP 55 (1956), S. 355-372, hier: S. 358.

34 Anger: Nachwort, S. 11*.

35 Vgl. ebd., S. 6* und S. 11*.

36 So die Bezeichnung von Hermsdorf, Klaus: Literarisches Leben in Berlin. Aufklärer und Romantiker, Berlin, 1987, S. 122.

37 Ketelsen, Uwe-K.: Nur kein Spaßmacher und Schmarutzer! Zum Verständnis der Rolle des Schriftstellers bei Barthold Heinrich Brockes und seinen Zeitgenossen, in: Metamorphosen des Dichters. Das Selbstverständnis deutscher Schrifftsteller von der Aufklärung bis zur Gegenwart, hg. v. Gunter E. Grimm, Frankfurt/Main, 1992, S. 16-34, hier: S. 20, S. 29 und S. 30.

38 Muncker: Einleitung, S. 214.

39 Linguet, Nicolas Simon H.: Betrachtungen über die Rechte des Schriftstellers und seines Verlegers, Frankfurt/Main, 1778, S. 28.

40 Vgl. Zelle, Carsten: Der Autor-Begriff im 18. Jahrhundert im Kräftefeld von Ästhetik, Medienentwicklung und Literatursystem. Vortrag am Zentrum für Literaturforschung, Berlin, 13. Juli 1998 (im Druck).

41 Zit. bei Plumpe, Gerhard: Kunst und juridischer Diskurs, in: Diskurstheorien und Literaturwissenschaft, hg. v. Jürgen Fohrmann und Harro Müller. Frankfurt/Main, 1988, S. 330-345, hier: S. 335.

42 Zit. bei Bosse, Heinrich: Autorschaft ist Werkherrschaft. Über die Entstehung des Urheberrechts aus dem Geist der Goethezeit, Paderborn, 1981, S. 50.

43 Mendelssohn, Moses: Gesammelte Schriften, hg. v. Ismar Elbogen u.a., Berlin, 1929-1932/Breslau, 1938/Stuttgart, 1971ff. [noch nicht abgeschlossen], Bd. 5.1 (1991), S. 508-537 (im Folgenden: Mendelssohn: Schriften, Bandnummer, Seitenzahl), hier: S. 514. Im Rahmen seiner ausführlichen Besprechung referiert Mendelssohn die abweichende Meinung von Lessing: »›Nein! sagt unser Freund Hr. G. Man kann die Sache zur Entschuldigung des Ungenannten aus einem ganz andern Augenpunkte betrachten. [...]‹ – So weit Herr G«. (S. 510-511). Vgl. Lessing, Gotthold Ephraim: Werke, hg. v. Herbert G. Göpfert, Bd. V, München, 1973 (im Folgenden: Lessing: Werke, Bandnummer, Seitenzahl), S. 321-323 (= 233. Brief).

44 Vgl. Lessings Briefe an Ramler vom 20. August 1764 (Minna von Barnhelm), 16. Dez. 1770 (Sinngedichte), 21. April 1772 (Emilia Galotti), 18. Dez. 1778 (Nathan der Weise).

45 Lessing: Werke, Bd. V, S. 322 (vgl. Mendelssohn: Schriften, Bd. 5.1, S. 510). Während Lessing hier ›Autor‹ im modernen Sinne eines Urhebers (von literarischen Werken) verwendet, hält sich bei Ramler bezeichnenderweise die ältere Bedeutung im Sinne von ›autores classici‹. In einem Brief an den Verleger Friedrich Nicolai, der sich Ramlers Kompetenz durch dessen Beschäftigung als freier Lektor zu versichern wusste, heißt es u.a.: »Sie werden einige Stellen finden, die ich mir die Freyheit genommen habe ein wenig zu ändern. [...] Imgleichen stand Cybele, welches Cybele heißen müßte, und wofür ich Cybelle gesetzt habe, welches auch bey den Autoren [!] vorkömmt«. (Ramler an Nicolai, 19. März 1793) Für die freundliche Überlassung seiner Transkription der noch ungedruckten Nicolai/Ramler-Korrespondenz, die in den in Anm. 1. genannten Tagungsakten publiziert werden soll, danke ich Alexander Košenina, Berlin.

46 Ebd., S. 323.

47 Ebd., S. 322.

48 Ramler, Karl Wilhelm: Lyrischen Bluhmenlese. VI, VII, VIII, IX Buch, Leipzig, 1778, IV (»Was die Ænderungen selbst betrifft, welche theils die Verfasser theils der Herausgeber mit diesen Liedern vorgenommen haben [...]«.)

49 Ramler, Karl Wilhelm: Lyrischen Bluhmenlese, Leipzig, 1774, V.

50 Vgl. Lessings Hamburgische Dramaturgie, 101.-104. Stück.

51 Mendelssohn: Schriften, Bd. 5.1, S. 509. Ausdrücklich stellt Mendelssohn im weiteren Verlauf der Besprechung unter literaturkritischem Gesichtspunkt die »Verdienste des ungenannten Verbesserers [d.i. Ramler; C.Z.]« heraus: S. 514.

52 Ebd., S. 509.

53 Plumpe, Gerhard: Eigentum – Eigentümlichkeit. Über den Zusammenhang ästhetischer und juristischer Begriffe im 18. Jahrhundert, in: Archiv für Begriffsgeschichte 23 (1979), S. 175-198.

54 Mendelssohn: Schriften, Bd. 5.1, S. 513.

55 Ebd.

56 Friedrich Schlegel, *Über das Studium der Griechischen Poesie* (1795/97, Paderborn, 1982, S. 135-146, hier: S. 142) definiert das »Charakteristische« als »Darstellung des Individuellen«.

57 So Lessing an Ramler, Breslau, 20. August, 1764.

58 Gotthold Ephraim Lessing: Briefwechsel mit Karl Wilhelm Ramler, Johann Joachim Eschenburg und Friedrich Nicolai, hg. v. Friedrich Nicolai, Berlin, 1794; zit. nach dem Kommentar der Frankfurter Lessing-Ausgabe, 11/2, Briefe von und an Lessing 1770-1776, hg. v. Helmut Kiesel, S. 913 (Kommentar zu S. 124, *13f.*).

59 Goecking: Ramlers Leben, S. 380: »Auch Moses Mendelssohn würde seine Uebersetzung der Psalmen Ramlern vor dem Drucke zur Verbesserung zugestellt haben, wenn ihn nicht Beweggründe, die seiner [...] Denkart überhaupt Ehre machen, nach der voran gedruckten Zuschrift an Ramler, davon abgehalten hätten«.

York-Gothart Mix

Das Ende des Rokoko und die Formierung
eines autonomen Lyrikmarktes in Deutschland

(J. G. Herder, J. W. L. Gleim, G. A. Bürger)

Auf »dem Markt, oder in Privat-Häusern«?
J. G. Herders Frage nach dem zukünftigen Publikum

Bereits vor seinen ersten literarischen Erfolgen, als Kollaborator der Rigaer Domschule, rückte Johann Gottfried Herder in der 1765 veröffentlichten und ein Jahr später nachgedruckten Festschrift *Haben wir noch jetzt das Publikum und Vaterland der Alten?* den gravierenden Wandel der Struktur, Rezeptivität und Erwartungshaltung einer ästhetisch interessierten Öffentlichkeit in das Blickfeld und analysierte damit einen zentralen Aspekt der von ihm anvisierten schriftstellerischen Karriere. Die Tatsache, dass er die Abhandlung entgegen allen Gepflogenheiten in der frühen Phase seines Schaffens namentlich zeichnete und das Problem 1795 erneut aufgriff, offenbarte ein ausgeprägtes und lebenslanges Interesse des Aufklärers an der Frage, wie das breite Publikum, dieser undefinierbare »Haufe«,[1] zu charakterisieren sei.

Die Varietät der literarischen Themen und Interessen, das Risiko, dass ein Autor sein Publikum verfehlen oder verlieren kann, beleuchtete der auf praktische Wirkung bedachte Rigaer Theologe mit ironischer Distanz:

Wenn ich in eine Bibliothek eintrete, wo die Spinnen sammtne Bände um die Bücher gezogen haben: so hat mein Autorauge oft so einen wehmütigen Anblick, als Darius, da er sein Kriegsheer übersah: arme, weise Folianten, ihr seid alle für das Publikum geschrieben, erschwitzt, geschmieret: Wer ist euer Publikum? Die stillen, gelehrigen, kunstrichterischen Motten! Ist es nicht bloß ein Kompliment zum Spaß, daß jeder Autor seinen Geist in sein Buch einschließet, – vielleicht wie jener Zauberer den *hinkenden Teufel* des *le Sage* in eine Spiritusflasche einschloß. – Ist es wahr: so muß jeder Verfasser seinem Buch zu guter letzt noch nach seufzen, was *Hadrian* seiner Seele zurief: animula, vagula, blandula, quae nunc abibis in loca?[2]

In seiner Festschrift thematisierte Herder nicht allein die unterschiedlichen literarischen Kommunikationsbedingungen in der Antike und der Aufklärung. Die auf klassisches und aktuelles Bildungsgut rekurrierenden rhetorischen Figuren des suggestiven Rede- und Antwortspiels zwischen Autor und Publikum offenbarten, dass es ihm neben dem gestellten Thema auch ganz wesentlich um die zeitgenössische Rolle des Verfassers und seiner Leser ging. Herders Schrift sollte das von ihm erworbene kulturelle Kapital vor Augen führen, sein Renommee mehren und das Interesse potentieller Förderer wecken. Neben diesen traditionellen Modi gelehrter Selbstdarstellung wurde die lapidare Frage, *wo* der Schriftsteller seine Erfolge suchen solle, auf »dem Markt, oder in Privat-Häusern«,[3] zum zentralen Problem seiner Schrift erhoben. Das Wort Publikum sei ein »rätselhafter Name« resümierte Herder und fragte: »Aber der große Haufe dieses vielköpfichten Geschöpfes; wo hat der seinen Sitz und Stimme?«[4]

Da Herder den von ihm anvisierten Leserkreis vom Publikum bei allen öffentlich »bestimmten Geschäften«, etwa dem Personenkreis einer Kirchengemeinde oder akademischen Hörerschaft, abgegrenzt wissen wollte und die Variabilität des Verhältnisses zwischen Autor, Werk und Publikum fokussierte, kam er zu der lapidaren Schlussfolgerung, dass kein »geistlicher Cicero« auferstehen könne, weil ihm dieses »Publikum des Cicero«[5] fehle. Die antiken und zeitgenössischen Verhältnisse seien eben, so Herder, gänzlich inkompatibel. Diese lakonische Feststellung zeigte, dass nach den Jahren unbekümmerter Antikebegeisterung, in denen Ehrentitel wie *deutsche Sappho, deutscher Horaz* oder *deutscher Anakreon* Konjunktur hatten, sich der Blick für das Problem der Medialisierung und einer wirkungsästhetischen Differenzqualität geschärft hatte. Im Kontext einer im Rokoko kultivierten Geselligkeitskultur, fünf Jahre vor der Publikation der ersten deutschen Musenalmanache und der Begegnung Herders mit Johann Wolfgang Goethe veröffentlicht, antizipierte die Festschrift *Haben wir noch jetzt das Publikum und Vaterland der Alten?* einen Werte- und Normenwandel, der sich in der literarischen Praxis und Positionssuche der Stürmer und Dränger manifestierte und mit einer ungewöhnlichen Dynamisierung und Differenzierung des Buchmarktes korrelierte.

Mit der Publikation des Göttinger *Musenalmanachs* und des Leipziger *Almanachs der deutschen Musen* etablierten sich 1770 epochemachende Medien, an denen ältere Dichter des Rokoko wie Johann Wilhelm Ludwig Gleim, Johann Nikolaus Götz oder Christian Felix Weiße zwar noch partizipierten, die aber auf Grund ihrer buchhändlerischen Konkurrenz, anonymen Leserschaft, Vorbildfunktion und Resonanz diesseits und jenseits der Grenzen des Alten Reiches für die Formierung eines autonomen Lyrikmarktes im deutschen Sprachraum und die Durchsetzung neuer ästhetischer Normen standen. Richtete der Nestor des literarischen Rokoko, der Halberstädter Gleim, seine Poesien noch im Zeichen eines funktionalisierten Freundschaftskultes an den überschaubaren Kreis der Kenner und Liebhaber, so wandte sich der erfolgreichste Lyriker des Sturm und Drang, Gottfried August Bürger, mit seinem Konzept der Volkspoesie an das personell nicht mehr überschaubare Massenpublikum der überregional beachteten Musenalmanache. Bürger wollte seine Dichtungen nicht mehr nur im Zirkel der Freunde, Kenner und Liebhaber, sondern vom breiten Publikum,

»in den Spinnstuben gesungen«[6] sehen. Diese Neubestimmung der eigenen Positionen im literarischen Feld korrespondierte nicht nur mit einer Umorientierung der ästhetischen Prämissen, sondern wurde auch von einem ökonomisch motivierten Konkurrenzverhalten begleitet, das den Dichtern des Rokoko fremd war.

Dieser paradigmatische Wandel soll anhand einer für Gleim und Bürger charakteristischen Freundschafts- und Kriegsrhetorik sowie den für ihre konträren Konzeptionen exemplarischen Stichworten *Dichterschule* und *Musenalmanach* konkretisiert werden.

J. W. L. Gleims literarische Praxis im »kleinen auserlesenen Cirkel von MusenFreunden«

1973 merkte Heinrich Mohr kritisch an, das von der Literaturgeschichte vermittelte Bild Gleims sei »blass und klischeehaft«: »ein guter Mensch, wenn auch ein bisschen trottelhaft, und ein schlechter Dichter«.[7] Dieses Wertungsstereotyp, das den rezeptionsästhetisch relevanten Aspekt der nachhaltigen Wirkung Gleims negiert, findet sich im Ansatz bereits in Wolfdietrich Raschs 1936 publizierter Studie *Freundschaftskult und Freundschaftsdichtung im deutschen Schrifttum des 18. Jahrhunderts*. Hier heißt es lapidar, Gleim habe an einem »Mangel an dichterischer Kraft« gelitten, seine Freundschaftsdichtung stehe »überwiegend im leeren Raum« und gleiche einer »von der Lebenswirklichkeit scharf getrennten Kunstübung«.[8] Gleim habe es versäumt, so urteilt Rasch vom Standpunkt einer auf den Kategorien dichterischer Individualität und Originalität basierenden Autonomieästhetik, »um einen neuen Begriff weihevoller Dichtung« zu ringen, und habe stattdessen unermüdlich »seine leichten Lieder«[9] zu Papier gebracht.

Ähnlich wie die Briefästhetik Gleims gilt ein Großteil seiner Lyrik als Quantité negligeable der Literaturhistorik, bestenfalls als eine Art Vorstufe späterer Entwicklungen. Diese teleologische, ahistorische Sichtweise, die der Eigenständigkeit des literarischen Rokoko und der anakreontischen Dichtung ebensowenig gerecht wurde wie ihrer rezeptionsästhetischen Relevanz, ignorierte die für Gleims literarische Praxis symptomatische Korrelation »interner und externer«[10] Momente und reduzierte seine Bedeutung letztlich auf die mäzenatischen Aktivitäten. Gerade beim Nestor des Halberstädter Dichterkreises ist aber der enge Konnex zwischen freundschaftlicher Briefkultur und Dichtkunst nicht nur evident, sondern auch epochentypisch. »Seine (Brief-) Freundschaften«, so Ute Pott in ihrem Beitrag *Die Freundschaft und die Musen*,

waren häufig literarische ›Produktionsgemeinschaften‹, Briefeschreiben und Dichten gingen – nicht zuletzt in der Verwendung des genre mêlé – eine Allianz ein, die Publikation von Briefen (und Gedichten) im halböffentlichen Bereich durch Weiterreichen und Vortragen wie auch die Veröffentlichung auf dem literarischen Markt lassen die Briefe Gleims als facettenreiche Bestandteile der literarischen Kommunikation im 18. Jahrhundert erscheinen.[11]

Gleims ungewöhnlich weitläufige Korrespondenz, die als Tempel apostrophierte, reich bestückte Portraitgalerie, seine nicht als Ausdruck von Passionen, sondern als Ästhetisierung des Alltags verstandene sympathetische Korres-pondenz und Dichtung lassen erkennen, dass der Halberstädter Kanonikus Freundschaft nicht unbedingt als eine »aus eigenständigen Gefühlen emporwachsende und im anderen die Erfüllung der eigenen Individualität suchende und findende und deshalb auch dem anderen wiederum die Erfüllung seiner Individualität«[12] schenkende unverwechselbare Beziehung ansah. Freundschaft realisierte sich für Gleim nicht primär als exklusive Bindung zwischen zwei Individuen, sondern, so Eckhardt Meyer-Krentler, als *sozialethisches Programm*.[13] Wie andere Dichter seiner Epoche empfand Gleim seine Vereinzelung als bedrückend und begegnete diesem Manko mit rastloser Korrespondenz und der Konstituierung einer ihn permanent umgebenden, virtuellen Künstlergemeinde, der Freundschaftsgalerie.

Seine provinzielle Isolation in der im Entstehen begriffenen literarischen Öffentlichkeit brachte er gegenüber Karl Wilhelm Ramler 1749 lapidar zum Ausdruck: »Zehn tausend Leser können wir wohl rechnen in Deutschland und darunter nur 50 Kenner!«[14] Da er seine literarische Praxis als Chance zur »Ausbildung umgreifender sozialer Identifikationen«[15] begriff, versah er seine Gedichte häufig mit Widmungen und richtete seine Briefe auch an mehrere Adressaten. An diesem zwischen Privatheit und Publizität oszillierenden Modus der Produktion und Rezeption festhaltend, verbreitete er in späteren Jahren zahlreiche Werke als Privatdrucke für Freunde, die er auf eigene Kosten drucken ließ und dann verteilte. In dem »Tempo, mit dem sich innigste Freundschaften« entwikkelten, wurde augenfällig, dass es bei diesen Beziehungen primär um Ini-tiativen sozialethischer Identitätsfindung und die »Negation der ständischen Konditi-on«[16] ging. Diese zur Konvention gewordene soziale Funktionalisierung der Freundschaft wurde jedoch bald von einer Differenzierung der Kommunikationsformen begleitet, die das propagierte ethische Ideal und Modell unterminierte.

Eine kontraproduktive Dynamik entwickelte sich auch dadurch, dass »die Briefwechsel teils offen neben- bzw. gegeneinander liefen, dass jedoch auch heimlich«[17] korrespondiert wurde und sämtliche Kommunikationsmodi, verdeckt oder offen, auf die öffentliche Sphäre rückwirkten. Zum Schutz vor Intrigen, Querelen und Kritik publizierte Gleim deshalb in den sechziger Jahren mehrere Werke unter dem Deckmantel der Anonymität, eine Praxis, die der ursprünglichen Intention des Freundschaftskonzeptes, sozialethisch zu wirken, tendenziell widersprach. Gerade das Faktum, dass Gleim sich bemüßigt fühlte, eine naive Gleichsetzung seiner eudämonistischen Idealen verpflichteten Anakreontik mit seiner privilegierten Lage als arrivierter Kanonikus des Stiftes Walbeck zurückzuweisen, demonstrierte, dass seine Lyrik nicht als belangloses und beliebiges Tändeln mit einer poetischen Tradition der Antike, sondern als glaubwürdige Verschlüsselung eines die Wirklichkeit negierenden Wertsystems begriffen wurde.

In der lockeren, assoziativen Struktur seiner Anakreontik und Freundschaftsdichtung manifestierte sich sein ästhetisches und sozialethisches Programm – es ist obsolet, hier, wie Rasch, »wirklich gültige Formungsmöglichkeiten«[18] zu vermissen. Die Beschränkung auf poetische Kleinformen, die häufige Verwendung des reimlosen Kurzverses, der Verzicht auf strikte strophische Gliederung, das mit dem Faible für Parataxe korrespondierende Stilmittel der Wiederholung, die Negation des Dunklen, Genialischen aber auch Gelehrten fügt sich ebenso wie die ironisch-heitere, die Möglichkeit der direkten Rede und verschiedene rhetorische Spielformen nutzende, auf Andeutungen rekurrierende Schreibweise in eine literarische Praxis, die von den eigenwilligen Medialisierungskonzepten und der eigenen Standortbestimmung Gleims bestimmt wurde und sich nicht am literarischen Markt orientierte.

Im erstmals 1770 im Göttinger *Musenalmanach* publizierten, auf die bereits 1768 herausgebrachten freundschaftlichen *Briefe von den Herren Gleim und Jacobi* anspielenden Beitrag *An Johann Georg Jacobi* hieß es einem programmatischen Bekenntnis gleich:

> Die großen Verse, welche man
> Auf einem großen Amboß schmiedet,
> Warum ich *die* nicht leiden kann? –
> Man lies't sie nicht, man wird ermüdet!
> *Die* aber, die von Deiner Art,
> Die keine große Räume füllen,
> In welchem Dir um meinetwillen,
> Mir einen kleinen Wunsch zu stillen,
> Die Muse Lieder offenbart; –
> Die *kleinen* Verse, welche sich
> Gefällig zu Gedanken schmiegen,
> Zwar nicht bis an den Himmel fliegen,
> Jedoch auch nicht dahin verstiegen,
> Und dann, gestürzt, so jämmerlich
> Zerschmettert auf der Erde liegen,
> Hingegen oft recht brüderlich
> Mit Amor, Dir und dem Vergnügen,
> Cytheren in den Armen liegen,
> Die kleinen Dingerchen lieb' ich![19]

Gleims freundschaftliche Verse und ihre Veröffentlichung im Göttinger *Musen-almanach* markierten eine signifikante Koinzidenz. Während der Beitrag *An Johann Georg Jacobi* noch ganz der Ästhetik und den Kommunikationsmodi des literarischen Rokoko verbunden war, manifestierte sich im neuen Medium des Musenalmanachs die Formierung des von einem anonymen Publikum getragenen autonomen Lyrikmarkts im deutschen Sprachraum.

Anders als der von ihm finanziell unterstützte Bürger ignorierte Gleim den Warencharakter der Ästhetik und die Dynamik des literarischen Marktes. Er registrierte zwar, dass es eine Vielzahl jüngerer Autoren gab, die an die Öffentlichkeit drängten, wollte aber, fest verwurzelt in den traditionellen Kommunikationsformen, die Exponenten dieser neuen Generation unter seiner Obhut in einer Halberstädter *Dichterschule* zusammenführen. Dieses Projekt scheiterte weniger, wie Gleim meinte, an widrigen Umständen als am veränderten Selbstverständnis der jungen Autorengeneration und den Möglichkeiten, die der Lyrikmarkt mit der sich entfaltenden Almanachkultur verhieß. Johann Heinrich Voß, der 1775 den Göttinger *Musenalmanach* von Heinrich Christian Boie übernahm und sich in der Hoffnung auf ein festes Herausgeberhonorar kurze Zeit später sogar zur Heirat entschloss, versuchte als erster eine Existenzform zu realisieren, die auch Ludwig Christoph Heinrich Hölty und Bürger intensiv beschäftigte: die Lebensperspektive »des freien Literatenthums«.[20]

Die Vermutung Gleims, Bürger habe aus persönlichen Motiven das Angebot einer Übersiedlung nach Halberstadt abgelehnt, verfehlte deshalb ebenso die Realität wie sein Lamento über die Missgunst des Schicksals, mit dem er jetzt häufig haderte:

Hätte nicht ein böser Geist über Halberstadt geherscht, so wäre freylich hier ein auserlesener Zirkel von Musenkindern, leider aber machte der böse Genius, daß Michaelis und Jähns in die andre Welt wandern, daß Sangerhausen von den Theologen verfolgt werden, daß Jacobi Hang nach Düßeldorf bekommen, und heinsen [...] dahin entführen mußte; Göcking mußte nach Ellrich verwiesen werden, Bürger muste / sich verlieben, und dadurch den Plan, ihn hier zum Kriegsrath zu machen, vereiteln, Goldhagen, der Übersetzer des Sophocles, muste - doch genug, ich könte noch sieben solcher Exempel anführen, dies bewiesen, daß wir einen kleinen auserlesenen Cirkel von MusenFreunden hier hätten, wenn nicht der Oberste der Dews der bösen Geister (in der bibel der Parsen) allen meinen guten Absichten zuwieder gewesen wäre.[21]

Für die jüngeren Autoren war Gleims Idee, sich und den Halberstädter Dichterfreunden 1775 mit einer lyrischen Blumenlese ein Monument zu setzen, obsolet und unattraktiv.

Obwohl vom Titel her eher an einen Musenalmanach erinnernd, war Gleims Projekt einer Blumenlese in Anlehnung an Ramlers 1774 erstmals erschienene Anthologie als ein Museum für kleine, aus einem »Anlaß« zu Papier gebrachte »liebliche Lieder«[22] konzipiert. Weit entfernt davon, eine repräsentative, auch den Sturm und Drang berücksichtigende Sammlung zu sein, ging Bürger auch dieses Mal nicht auf Gleims Wünsche ein. Wohlwissend, dass die Musenalmanache von Voß und Leopold Friedrich Günther von Goeckingk die bedeutendsten Entreprisen auf dem zeitgenössischen Lyrikmarkt waren und den Beiträgern überregionale Resonanz garantierten, schützte er gegenüber Gleim, seinem Gläubiger, dichterische Unproduktivität vor:

> Läge mein Gärtchen nicht in einer dürren Sandwüste, unbebaut und ungedünget, weder von Thau noch Regen befeüchtet, so könnte mir nichts willkommener sein, als die angebotne Ehre zu den Blumen der lieblichsten Dichter auch die meinigen binden zu dürfen. Aber seit einigen Frühlingen ist kaum eine und die andere hervorgesprossen, die ich bereits Herrn Voß oder Göckingk geschenkt habe.[23]

Im Gegensatz zu Gleim, der »mit einem Verleger [...] nichts zu / schaffen haben«[24] wollte, war Bürger seit der aufsehenerregenden Publikation der *Lenore* 1774 im Göttinger Almanach mit den Möglichkeiten und Risiken des Lyrikmarkts vertraut. Ähnlich wie die als eine »Illusion kinomäßigen Dramas«[25] für ein breites Publikum konzipierte Ballade *Lenore* musste auch das 1776 im Vossischen *Musenalmanach* erschienene, ungewöhnlich breit rezipierte und diskutierte Gedicht *Der Bauer an seinen Fürsten*[26] als ein Beleg für die innovative, wirkungsästhetisch gänzlich anders orientierte Produktivität Bürgers zu dieser Zeit gesehen werden.

Ein »Kaufmann weiß nichts von Freundschaft und freundschafftl. Gekose« – G.A. Bürgers Medialisierungsstrategie

Bediente sich Bürger gegenüber seinem Förderer Gleim wiederholt einer blumigen Metaphorik, so verzichtete er bei literarästhetischen Rivalitäten oder bei der Durchsetzung seiner Position im Geflecht der Macht- und Einflussmöglichkeiten auf dem Lyrikmarkt auf alle dezenten Umschreibungen. Unverblümt erläuterte er 1777 gegenüber einem Subskribentenwerber die Mehrfachkodierung literarischer Texte als Kunstwerk *und* Ware: »Aber ich bin dir alle-weil viel zu merkantilisch, um zu längern freundschaftlichem Gekose aufgelegt zu sein. Alle Welt handelt und wuchert; warum also nicht auch ich mit meinen Versen. [...] Die Waare, wie du weißt, ist extrafein.«[27] Mit der gleichen geschäftsmäßigen Argumentation wandte er sich auch an den Hainbündler Johann Martin Miller:

> Mit Recht, mein liebster Miller, erwarten Sie wohl jezt von mir ein mehreres, als blos dies gedruckte merkantilische Brieflein. Aber ein Kaufmann weiß nichts von Freundschaft und freundschafftl. Gekose. [...] Alle Welt treibt heüt zu Tage Handel und Wandel; warum also nicht auch

ich mit meinen Versen? Sie sind der Einzige im ganzen Schwabenlande, der meine Waare, die wie Sie wissen, extrafein ist, absezen kann. Also schicke ich Ihnen einen ganzen Ballen Anzeigen, die sie umherstreüen wollen. Zugleich erhalten Sie auch einige unterschriebene Briefe, Wenn Sie nur unter jedem mit eigener werther Hand hinzufügen wollten, etwa:

> *Obige Bitte wird auch empfohlen*
> *von mir*
> *dem berühmten Joh. Martin Miller*
> Verfasser des Siegwart etc.etc.etc.etc.

So könnten Sie die Anzeigen hier und dorthin weiter adressiren – Aber – Postfrey.[28]

Ähnliche Schreiben gingen auch an Boie und Anton Matthias Sprickmann. Gegenüber dem Gründer des Göttinger *Musenalmanachs*, Boie, erläuterte Bürger sogar das dubiose Preiskalkül für die 1778 erschienene Ausgabe seiner Gedichte:

Du wirst nicht mit mir zufrieden seyn, daß ich meine Sammlung mit Kupfern verzieren ließ. Ich bin selbst nicht damit zufrieden, allein die Nothwendigkeit erforderte dies Mittel, damit mir die Leüte *den Preis nicht überschlagen und berechnen können*. Ein Rthler. sollte nun einmal, der runden Zahl wegen, der Preis seyn, der Chodowieckyschen Kupfer halber subscribirt auch vielleicht mancher mehr. Die Kupfer sollen Scenen aus meinen beträchtlichsten Balladen enthalten.[29]

Gleims sozialethisch motiviertes Postulat, die Kenner und Liebhaber der Literatur in ein sympathetisches Verhältnis zu setzen, war für Bürger unter diesen Vorzeichen eine ideologische Chimäre. Der perspektivelosen, von ihm als freundschaftliches Gekose abgetanen Programmatik des Halberstädter Rokokopoeten setzte Bürger sein auf Popularität berechnetes ästhetisches Konzept entgegen, das dem Leser vor allem die Rolle des Käufers auf dem Lyrikmarkt zuwies.

Bei seinem Versuch, sich durch eine unverwechselbare Differenzqualität im Literaturbetrieb dauerhaft zu etablieren, distanzierte sich Bürger nicht nur von der als überlebt erachteten Rokokolyrik, sondern spekulierte zeitweilig auch damit, besonders publikumswirksame Epik und Dramatik zu Papier zu bringen. In einem Brief an Boie erklärte er:

Das artige Tireliren von Kleinigkeiten mishagt mir von Tage zu Tage immer mehr. Mir deücht beynahe, daß der den Nahmen eines Dichters nicht verdiene, der nicht ein Werk aufweisen kann, worinn sich das Dichtertalent in vollern Maaße gezeiget. Epische und dramatische Werke scheinen mir beynahe allein *Gedichte*, das übrige nur *Verse* zu seyn. Dieser haben wir nun schon so viel, daß sie, wenn wir auch gute machen, dennoch schwehrlich so hervorstechen werden, daß uns das nächste *Decennium* unter dem Schwarme leicht und allgemein bemerken wird. Epische Gedichte, m. l. Boie, werden unsers Nahmens Gedächtniß eher verlängern.[30]

Wähnte Bürger eine von ihm reklamierte oder bereits besetzte Position im literarischen Feld von einem Konkurrenten oder einer parallel angelegten Medialisierungsstrategie bedroht, so ließ er keinen Zweifel daran, dass er freundschaftliche Diskussionen von nun an für unangemessen hielt. Enragiert nahm er zur Kenntnis, dass der Absatz des von ihm übernommenen Göttinger *Musenalmanachs* beim literarästhetisch konservativen Berliner Publikum durch den Erfolg von Ramlers mehrbändiger Anthologie *Lyrische Bluhmenlese* auf Grenzen stieß. In seiner Philippika bediente er sich einer Metaphorik, deren divergente Bildlichkeit die Gegenüberstellung von jung und alt, Zögling und Meister sowie Angriff und Verteidigung auf provozierende Weise durchspielte. Bürgers Brief an Boie ließ jede sympathetische Zurückhaltung vermissen und demonstrierte offen kriegerische Aggressivität:

Schulmeister Ramler mag der Volkspoesie was anders thun. Die Präceptorruthe soll zu seiner Zeit schmerzlich auf seinen eigenen, und aller Schulmeister Ärse fallen. Entweder will ich der poetischen Pedanterie ein Ende und neüe Epoke machen, oder mitsamt meinem Ansehen zu Grunde gehen. Die alten übermütigen Starrnacken mus man *par force* beugen. Und dazu sol mir Gott und mein Genius helfen. Aber ich wil nicht wieder wie bisher nur einzelne Kanonenschüsse thun, sondern warten bis alles vol geladen ist, und dann sey der Sturm ein Hauptsturm. In Berlin hält man, wie mir versichert worden ist, Ramlern für den einzigen teütschen Dichter, der Respect verdiente. Aber ich wil dich dressiren, lustiges Halbmannsgesindel![31]

Bürgers Intention, sich auf dem Lyrikmarkt dauerhaft zu etablieren, war eng mit seinem Konzept der Popularität verknüpft. Seine Absage an das »Prachtgeklingel«, das »artige Tireliren« und den »Klingklang«[32] des Rokoko resultierte aus der Einsicht, dass der standesgemäße Habitus des Rokokodichters mit seinen Wirkungsintentionen und seinem Ideal einer populären Dichterpersönlichkeit nicht in Einklang zu bringen war. Er beabsichtigte, »was größeres zu umfassen« und sich »auf dem vollen Markt des menschlichen Lebens«[33] umzusehen. Bei seinem Plädoyer für ästhetische Innovationen bediente er sich in auffälliger Weise einer Metaphorik des Geldes, die Funktionalisierung kultureller Kompetenz zur bloßen Demonstration berufsständischer Distinktion sah er als überlebt und ineffektiv an: »Das Schlimmste ist, daß wir das alles lernen, bloß um es zu wissen und dadurch zünftig zu sein. Es bleibt meistens totes Kapital; und wie kann auch Münze kursieren, die oft gar keinen innerlichen Wert hat, und deren Gepräge längst aus der Mode gekommen ist?«[34]

Es entsprach ganz den Usancen des literarischen Marktes, dass Bürgers vermeintlich auf »Spontaneität und Volkstümlichkeit«[35] basierendes, gattungstheoretisch wenig spezifiziertes Konzept der Popularität von den zeitgenössischen »Theoristen« nicht als Schreibart, sondern als »Gattung«, als »Gegenstand«[36] angesehen wurde. Seine Distanzierung von den poetischen Konventionen des Halberstädter Kreises und seine Bemühungen um einen unverwechselbaren lyrischen Stil korrelierten unübersehbar mit der Formierung eines autonomen Lyrikmarktes im deutschen Sprachraum. Erstmals versuchten die Göttinger Hainbündler und die ihnen nahe stehenden Autoren, die Differenzqualität ästhetischer Innovation und das ihnen eigene symbolische Kapital unabhängig vom Mäzenatenwesen auf dem literarischen Markt zu maximalen Bedingungen in ökonomisches Kapital zu konvertieren. Während die von Gleim und Ramler aus sicherer Distanz poetisch inszenierte bellizistische Rollenfiktion in den Jahren der Schlesischen Kriege auf »Fürstenlob, preußischem Patriotismus«[37] und einer naiv-unreflektierten Begeisterung für die horazische Sentenz *Dulce et decorum est pro patria mori*[38] beruhte, war die kriegerische Rhetorik Bürgers in seinen Briefen Ausdruck eines die sozialethische Fundierung der Freundschaftsdichtung negierenden schriftstellerischen Konkurrenzbewusstseins.

Der Freundschaftskult, der literarische Markt und die Doppelkodierung lyrischer Texte – Resümee

Die poetische Praxis im Jahrzehnt des Übergangs vom Rokoko zum Sturm und Drang stellt sich nicht als Epiphanie einer substantialisierten sozialen Klasse im Medium des Textes oder als schöpferisches Ringen in propyläischer Einsamkeit dar, sondern als Korrelation von Dispositionen, Akteuren und den für das literarische Feld charakteristischen Vorgaben, die Herder in seiner Festschrift *Haben wir noch jetzt das Publikum und Vaterland der Alten?* zu umreißen versuchte. Implizit und explizit, je nach der durch die Ökonomie kultureller Phänomene definierten Feldposition und den damit korrelierenden Medien, formulierten Gleim und Bürger eine präzise Vorstellung von ihren potentiellen Lesern, Kritikern und Distributoren und versuchten, deren Reaktionen zu antizipieren und literarästhetisch einzulösen. In der von Bürger unmissverständlich angesprochenen *Doppelkodierung*[39] seiner Werke manifestierte sich die fortschreitende Konstituierung eines autonomen Lyrikmarktes, die Gleim mit seinem Festhalten an den sozialethischen Postulaten und den zwischen Privatheit und Öffentlichkeit oszillierenden Kommunikationsmodi des Rokoko hartnäckig negierte.

Anmerkungen

1 Herder, Johann Gottfried: Haben wir noch jetzt das Publikum und Vaterland der Alten? Eine Abhandlung, zur Feier der Beziehung des neuen Gerichtshauses, in: Ders.: Werke in zehn Bänden, Bd. I, Frühe Schriften 1764-1772, hg. v. Ulrich Gaier, Frankfurt/Main, 1985, S. 47.

2 Herder I, S. 47.

3 Herder I, S. 47.

4 Herder I, S. 47.

5 Herder I, S. 46f.

6 Gottfried August Bürger an Heinrich Christian Boie, 10.5.1773, in: Briefe von und an Gottfried August Bürger. Ein Beitrag zur Literaturgeschichte seiner Zeit, hg. v. Adolf Strodtmann, Bd. I, Berlin, 1874, S. 115.

7 Mohr, Heinrich: Freundschaftliche Briefe – Literatur oder Privatsache? Der Streit um Wilhelm Gleims Nachlaß, in: Jahrbuch des Freien Deutschen Hochstifts, N.F. 12 (1973), S. 15.

8 Rasch, Wolfdietrich: Freundschaftskult und Freundschaftsdichtung im deutschen Schrifttum des 18. Jahrhunderts. Vom Ausgang des Barock bis zu Klopstock, Halle/Saale, 1936, S. 181f.

9 Rasch, S. 182.

10 Schwingel, Markus: Kunst, Kultur und Kampf um Anerkennung. Die Literatur- und Kunstsoziologie Pierre Bourdieus in ihrem Verhältnis zur Erkenntnis- und Kultursoziologie, in: IASL 22, 2 (1997), S. 117.

11 Pott, Ute: Die Freundschaft und die Musen. Gleim in seinen Briefen an die Dichterin Anna Louisa Karsch und ihre Tochter Caroline Luise von Klencke, in: G. A. Bürger und J. W. L. Gleim, hg. v. Hans-Joachim Kertscher, Tübingen, 1996, S. 43.

12 Tenbruck, Friedrich H.: Die kulturellen Grundlagen der Gesellschaft. Der Fall der Moderne, Opladen, 1989, S. 232.

13 Johann Wilhelm Ludwig Gleim an Karl Wilhelm Ramler, 28.12.1749, in: Briefwechsel zwischen Gleim und Ramler, hg. v. Carl Schüddekopf, Bd. I, Tübingen, 1906, S. 201.

14 Ebd.

15 Tenbruck, S. 240.

16 Luhmann, Niklas: Liebe als Passion. Zur Codierung von Intimität, Frankfurt/Main, [2]1983, S. 166f.

17 Pott, S. 53.

18 Rasch, S. 182.

19 Gleim, Johann Wilhelm Ludwig: An Johann Georg Jacobi, damals Professor zu Halle, in: Dichtungen des Rokoko, hg. v. Alfred Anger, Tübingen, 1969, S. 6f.

20 Herbst, Wilhelm: Johann Heinrich Voß, Bd. I, Leipzig, 1872, S. 74. – Vgl. Mix, York-Gothart: Die Säue im Blumenbeet und die Beiträger des Hamburger Musen-Almanachs. Mediengeschichtliche Recherchen zum Lyrikmarkt der Spätaufklärung und zum sozialen Profil seiner Trägerschicht, in: Johann Heinrich Voß (1751-1826), hg. v. Frank Baudach u. Günter Häntzschel, Eutin, 1997, S. 240ff.

21 Johann Wilhelm Ludwig Gleim an Anna Louisa Karsch, 21.11.1777, in: Mein Bruder in Apoll. Briefwechsel zwischen Anna Louisa Karsch und Johann Wilhelm Ludwig Gleim. Bd. II. Briefwechsel 1769-1791, hg. v. Ute Pott, Göttingen, 1996, S. 114, 116. – Vgl. Kertscher, Hans-Joachim: Unser Bürger ist ein Halberstädter. Johann Wilhelm Ludwig Gleim und Gottfried August Bürger, in: G. A. Bürger und J. W. L. Gleim, 1996, S. 9f.

22 Johann Wilhelm Ludwig Gleim, 21.6.1775, in: Briefe von und an Gottfried August Bürger I, S. 228.

23 Gottfried August Bürger an Johann Wilhelm Ludwig Gleim, 6.7.1775, in: Briefe von und

an Gottfried August Bürger I, S. 232. Vgl. in diesem Zusammenhang auch: Martens, Wolfgang: Zur Metaphorik schriftstellerischer Konkurrenz 1770-1800 (Voss, Bürger, Schiller), in: Kalender? Ey, wie viel Kalender! Literarische Almanache zwischen Rokoko und Klassizismus, hg. v. York-Gothart Mix, Wolfenbüttel, 1986, S. 159.

24 Johann Wilhelm Ludwig Gleim an Anna Louisa Karsch, 11.11.1777, in: Mein Bruder in Apoll, S. 116.

25 Promies, Wolfgang: Lyrik in der zweiten Hälfte des 18. Jahrhunderts, in: Deutsche Aufklärung bis zur Französischen Revolution. 1680-1789, hg. v. Rolf Grimminger, München, 1980, S. 581.

26 Vgl. Kalender? Ey, wie viel Kalender!, Nr. 216-220.

27 Gottfried August Bürger an ? Tesdorpf, ? 8.1777, in: Briefe von und an Gottfried August Bürger. Ein Beitrag zur Literaturgeschichte seiner Zeit, hg. v. Adolf Strodtmann, Bd. II, Berlin, 1874, S. 119f.

28 Gottfried August Bürger an Johann Martin Miller, ? 8.1777, in: Briefe von und an Gottfried August Bürger II, S. 119.

29 Gottfried August Bürger an Heinrich Christian Boie, 28.8.1777, in: Briefe von und an Gottfried August Bürger II, S. 118 [Hervorhebungen vom Verfasser, Y.-G. M.].

30 Gottfried August Bürger an Heinrich Christian Boie, 2.11.1772, in: Briefe von und an Gottfried August Bürger I, S. 75.

31 Gottfried August Bürger an Heinrich Christian Boie, 7.11.1778, in: Briefe von und an Gottfried August Bürger I, S. 319.

32 Gottfried August Bürger an Heinrich Christian Boie, 15.9.1776 u. 2.11.1772, in: Briefe von und an Gottfried August Bürger I, S. 339 u. 75.

33 Gottfried August Bürger an Heinrich Christian Boie, 15.9.1776, in: Briefe von und an Gottfried August Bürger I, S. 339.

34 Gottfried August Bürger: Aus Daniel Wunderlichs Buch, in: Ders.: Sämtliche Werke, hg. v. Günter u. Hiltrud Häntzschel, München, 1987, S. 688.

35 Häntzschel, Günter: Gottfried August Bürger, München, 1988, S. 37.

36 Bürger, Gottfried August: Von der Popularität der Poesie, in: Bürger, S. 730.

37 Schönert, Jörg: Schlachtgesänge vom Kanapee. Oder: Gott donnerte bei Lowositz. Zu den Preußischen Kriegsliedern in den Feldzügen 1756 und 1757 des Kanonikus Gleim, in: Gedichte und Interpretationen, Bd. 2. Aufklärung und Sturm und Drang, hg. v. Karl Richter, Stuttgart, 1983, S. 137.

38 Vgl. Kalender? Ey, wie viel Kalender!, Nr. 276, 280.

39 Georg Jäger: Keine Kulturtheorie ohne Geldtheorie. Grundlegung einer Theorie des Buchverlags, in: Empirische Literatur- und Medienforschung, hg. v. Siegfried J. Schmidt, Siegen, 1995, S. 31.

Ulrike Leuschner

Anmerkungen zu Maler Müllers Rokokolyrik

Der junge Friedrich Müller gilt als typischer Vertreter des Sturm und Drang. In der germanistischen Forschung zum deutschen Rokoko kommt er deshalb nur am Rande vor – als Idylliker, nicht als Lyriker. Dass Müller auch einen beachtenswerten Beitrag zur deutschen Rokokolyrik geleistet hat, wurde erstmals 1990 in der Nachlassedition *Kleine Gedichte zugeeignet dem Herrn Canonicus Gleim* sichtbar.[1] Die Sammlung enthält in Reinschriften 96 Gedichte und Gedichtentwürfe aus dem bekannten Motivreservoir des Rokoko.[2] Müller hat das Heft als einen Vorrat für künftige Publikationen angelegt, auf den er sechzehn Mal zurückgriff. Daneben sind im Nachlassbestand zahlreiche weitere Gedichthandschriften erhalten.[3] Über den Umfang seiner Rokokoproduktion insgesamt kann man nur spekulieren: Einem Autodafé im Oktober 1776 dürften neben Zeichnungen auch Handschriften zum Opfer gefallen sein – Müller berichtet von »Stanzen und Blätter[n]«.[4]

Müllers Rokoko-Lyrik entstand vor allem in den siebziger Jahren des 18. Jahrhunderts; die *Kleinen Gedichte* datiert Gerhard Sauder auf 1773. Auf generelle Abgrenzungsprobleme zu den empfindsamen und geniepoetischen Tendenzen der Zeit hat Rolf Paulus, der den ersten Überblick über Müllers lyrisches Werk erarbeitet hat, aufmerksam gemacht.[5]

Die Veröffentlichungen von Gedichten, die sich stilistisch und stofflich überwiegend dem Rokoko annähern, konzentrieren sich weitgehend auf die Jahre 1775 und 1776: Zwölf Gedichte erscheinen als autorisierte Einzeldrucke im *Göttinger Musenalmanach* und der *Schreibtafel*,[6] die Versprosadichtung *An Herrn K... in Mannheim* integriert sechs kurze Proben,[7] die ›antike‹ Idylle *Bacchidon und Milon* liefert als Dreingabe den Gesang auf die *Geburt des Bacchus*,[8] zwei – sehr disparate – Gedichte stehen in der pfälzischen Idylle *Die Schaaf-Schur*,[9] das Lied *Verlangen und Sehnsucht* im dritten Jahrgang der *Teutschen Chronik* 1776 spielt durch die »schlanken Ulmen«, die das geliebte Mädchen verstecken, deutlich auf Anakreon an,[10] und Müllers Lyriksammlung mit dem irreführenden Gattungstitel *Balladen* bringt zwei lyrische Szenen mit Amor als Helden.[11]

Einige Gedichte schlagen parodistische Töne an, vielen verschaffen empfindsame und Sturm-und-Drang-Elemente, über den galanten Tändelton hinausgehend, größere Eindringlichkeit. Im Nachwort zu den *Kleinen Gedichten* arbeitet Gerhard Sauder die so entstehende »Radikalisierung des Gefühls« heraus. Als der *Göttinger Musenalmanach* fünfzehn Jahre nach den frühen Veröffentlichungen im Jahrgang 1792 noch einmal zwei Gedichte mit Rokoko-Motiven bringt, lesen diese sich wie ein Abgesang auf das Genre: tränenreich der Zweizeiler *Amynt an Mirons Grabe*, epigrammatisch hart gefügt das Gedicht *Auf Amors Köcher*.[12]

Als Forschungsinteresse bleibt festzuhalten: Müllers späte Realisierungen ergänzen und bereichern, nicht zuletzt durch zahlreiche intertextuelle Bezüge, die Literatur des deutschen Rokoko; ihre empfindsamen, Sturm-und-Drang-haltigen und parodistischen Gestaltungen verweisen auf stilistische und inhaltliche Krisensymptome, die ihren Grund in der wachsenden Tugendideologie des Bürgertums haben.

Präludium – Lebensgefühl

Den Einstieg zu meinen Überlegungen zu Müllers Rokokolyrik bildet ein kleiner Exkurs zu einem Schlüsselbegriff der Erforschung des ausgehenden 18. Jahrhunderts:

Für das Wort *Lebensgefühl* liefert das *Deutsche Wörterbuch* der Brüder Jacob und Wilhelm Grimm als frühesten Beleg eine Stelle aus Müllers ›biblischer‹ Idylle *Adams erstes Erwachen und erste seelige Nächte*,[13] die 1778, dem Jahr der Abreise Müllers nach Rom, bei Schwan in Mannheim erschienen war. In Wahrheit taucht das Wort bereits zehn Jahre früher auf. Es ist, wie Karl August Schleiden festgestellt hat, eine »Wortschöpfung« Klopstocks[14] und steht im 850. Vers des XII. Gesangs von Klopstocks *Messias*,[15] »[...] und schon entflammet des Jüngers [d.i. Johannes] / Lautes Herz ein Traum mit neuem Lebensgefühle«.

Müller verliert damit die Urheberschaft, doch zeigt sich, wie genau und fruchtbar seine Klopstock-Lektüre war – ein erster Hinweis darauf, wie genial Müller zu adaptieren verstand. Er benutzt den Neologismus ganz Klopstock-konform; es ist Gott, der Lebensgefühl verleiht und hier zu Adam spricht: »ich [...] habe lebensgefühl verliehen der Pflanze«. Im *Deutschen Wörterbuch* folgen der Müller-Stelle zwei Einträge von Goethe[16] und Bürger,[17] schon ganz im säkularisierten Wortgebrauch.[18] Das Wort *Lebensgefühl* wird so beliebt, dass es zu einem »Lieblingsausdruck der Geisteswissenschaften«[19] werden konnte.

Für die Ätiologie der deutschen Rokokodichtung scheint das Wort in der Tat unverzichtbar,[20] wobei seine analytische Defizienz für die Erschließung der Epoche natürlich nicht unbemerkt geblieben ist.[21] Im personenzentrierten Kontext mag es – zumal Müller an der Entdeckung und Verbreitung des Wortes unmittelbar beteiligt war – immerhin als Einstieg taugen. Zu fragen ist nach der kreativen Funktion von Müllers Lebensgefühl.

Lebensgefühl und Dichtung

Das persönliche Lebensgefühl des jungen Malers wird vor allem in zwei programmatischen Dichtungen deutlich. Die eine ist die Widmungsvorrede zu *Fausts Leben. Erster Theil*, erschienen 1778 bei Schwan in Mannheim. Sie gilt als zentrales Dokument der Sturm-und-Drang-Poetik. Einen Rest Rokoko bewahrt die Formulierung vom »honetten Ausstaffiren«, das der kraftgenialische Produzent seinen poetischen Kindern angedeihen lassen will. Gerhard Sauder hat darauf aufmerksam gemacht, wie sich über die ›Opus-Phantasie‹ der Verfasser als Genie konstituiert – Scheitern inbegriffen.[22]

Der andere, in unserem Zusammenhang wichtigere Text erschien drei Jahre vor dem Faust-Fragment in der Schwanschen Literaturzeitschrift *Die Schreibtafel*. Müllers *An Herrn K... in Mannheim*[23] ist ein Kunstbrief in der Art des *genre mêlé*. Mit betonter Lässigkeit spielt Müller den späten Rokoko-Poeten. Er reizt gewissermaßen das Reizende aus, indem er das Tabu der *linea posterior* witzig als doppelte Leerstelle inszeniert:

> Ich komm zu meiner Schönen
> Mit meiner Leyer,
> Und lock mit süßen Tönen
> Sie in die Scheuer –

Eyja! da können Sie wohl was Schönes schließen – Nein, nein; es gilt nicht. Ich wollte sagen:

> Dann seuf' ich unter Thränen,
> Von meinem Feuer;
> Gerührt von meinen Küssen,
> Und meiner Pein,
> Will sie sich jetzt entschließen –

Schon wieder – Nun bin ich wirklich bös.[24]

Die derbe »Leyer« als Requisit, die gewöhnliche »Scheuer« als Ort des Geschehens, der simple Reim betonen die niedere Stilebene fast in Übererfüllung der Gattungsnorm erotischer Dichtung.[25]

Zugleich wird das Spiel mit den vorgefundenen Spielregeln ironisch reflektiert, wenn der Briefschreiber sich selbst als »manierlich« bezeichnet.

In eigenartigem Widerspruch zu den reizenden Motiven steht die hinter allem Übermut spürbare Gereiztheit des Produzenten. »Bei Tage mahle ich; und des Nachts mach' ich mich auf einem Bogen Papier lustig«, heißt es in *An Herrn K....* Aus dem unverbindlich tändelnden Scherz wird zielgerichteter Spott.

Von einer »spöttische[n] Figur«, dem »Herr[n] Widerhall« spricht der Text dann auch ausdrücklich. An dieser Stelle verrät er seinen dunklen Untergrund: Wenn Ovids »Jungfer Echo« gegen einen »hämischen schwarzblütigen Moralisten« ausgetauscht werden soll, klingt das Melancholie-Thema an, das schon bald die Heiterkeit erfolgreich aus der Literatur verdrängen wird – Detlev Schöttker hat das jüngst überzeugend dargelegt.[26] Auch ist die Leichtigkeit der nächtlichen Hervorbringungen bloße Behauptung, die Handschriften verraten inständige Arbeit.

Das genre mêlé täuscht Beiläufigkeit vor, mit gutem Grund: Sich als Poet zu enttarnen, war für den Maler Müller nicht ohne Risiko, suchte er doch dringend nach einer auskömmlichen Stellung in seinem erlernten Beruf. Die Briefform mildert die Aussage denn auch ab, verweist die poetische Selbstaussage in den privaten Bereich. Der Zusatz des Herausgebers Schwan, der mit einschlägigen Vokabeln wie »zieren«, »angenehm«, »glücklicher Zufall«, »Vergnügen« und »Freund« die Rezeptionserwartung ›Rokokodichtung‹ vorbereitet, tut ein übriges.

Wahrhaft nicht beiläufig aber ist das Programm, das der Dichter sich vorgesetzt hat: »Ich arbeite Lieder, Comödien, Tragödien und kleine Heldengedichte aus.« Die Versprosadichtung *An Herrn K...* verpackt geschickt einen ehrgeizigen literarischen Karriereplan und artikuliert wie kaum ein anderer Text der Epoche das *Lebensgefühl* zwischen Rokoko und Sturm und Drang.

1774 hatte Müller seinen Durchbruch als Dichter erlebt, durch glückliche Umstände ausgerechnet in jenem Jahrgang des *Göttinger Musenalmanach*, in dem die jungen Genies des *Göttinger Hain* den Ertrag ihres ›annus mirabilis‹ zusammenstellten. Das *Lied eines bluttrunknen Wodanadlers* verschaffte der gerade abflauenden Bardenlyrik noch einen kräftigen Akzent. Unter seine dichterische Talentprobe setzt Müller demonstrativ die Information »Der Verfasser ist ein Maler«: In der Literatur hat er locker dilettierend die Anerkennung gefunden, um die er in seinem Beruf mühsam ringen muss.

Die prekäre Lage des Malers

Der *Maler* Müller befindet sich zu dieser Zeit in einer prekären Situation. Am Zweibrücker Hof sind ihm enge Grenzen gesetzt. Er steht auf der Lohnliste der Diener, mehr ein Lieferant von Bildern, ein Handwerker, denn ein Künstler, dem man eigene Vorstellungen zugesteht. In der Arbeit des Tages, der Malerei, enthält Müller sich auffallend aller rokokohaften Motive, aller illusionistischen Spiegeleien, der so beliebten mythologischen Figurenstaffagen, der Szenen der Verführung und der erotischen Anspielungen. Am Zweibrücker Hof liebt man dergleichen nicht; hier gilt der Realismus der Holländer. Müller passt sich an, setzt die Vorgaben der Roos'schen Verwandtschaft in direkter Linie fort, wenn auch mit der ihm eigenen Gestaltungskraft. Er wiederholt die Tierdarstellungen, mit denen er Erfolg hat, variiert auch nach bewährter Manier die Landschaften und die Szenen aus dem ländlichen Leben. Die zeittypisch befriedete Vorstellung von Natur liefern seine Porträts der ›einfachen Leute‹ – des pfälzischen Bauern mit der phrygischen Mütze, die wenige Jahre später zum Markenzeichen der Revolution werden wird, der Bäuerin mit dem Kind am Busen.

Wie eine negative Folie zum Kunstbrief *An Herrn K... in Mannheim* liest sich der Entwurf eines echten Briefes an Ferdinand Kobell – eben jenen »Herrn K...«:

mann leßt mich verschimlen – wenn Sie wüßten wie mann mit mir hier umgeht guter Kobell das Hertz müßte Ihnen brechen glauben Sie wohl daß mann nun anfängt mir zu disputhirn ob ich wohl auch talenten zur Mahlerey besitze, ob auch je was aus mir werden würde, Sie würden erstaunen über meine Zunahm wenn Sie meine Arbeith betrachteten Sie würden auf meine Ehre erstaunen, und doch will man es nicht sehen hier –[27]

Er entwirft einen Ausweg, will mit oder ohne Genehmigung des Herzogs mit Kobell auf Reisen gehen. Die Stationen sind Paris, Italien und England. Das Lebensende denkt er sich »auf einem landguth«. Der Plan projiziert im topografischen Muster einen in der europäischen Kunstszene sinnvollen Bildungs- und Karriereweg vom Rokoko zum Klassizismus. Verwirklicht wurde er nicht.

Der Umzug 1775 nach Mannheim, wo Müller schon in den Jahren zuvor mehrmals für längere Zeit bei Verschaffelt im Antikensaal Studien getrieben hatte, bahnte vielmehr seinen Weg in die Literatur. Im Haus des Buchhändlers und Verlegers Christian Friedrich Schwan, wo er wohnte, saß er an der Quelle. »Ich bin jetzt ein Poet«, resümiert er im Kunstbrief. Das hatte Konsequenzen auch für den Maler.

Denn das nächtliche literarische Treiben begründete nicht nur generell die Entdeckung kreativer Freiheit, sondern erweiterte unmittelbar Müllers bildkünstlerisches Repertoire. Die Rokoko-Motive, die nun in seinem grafischen Werk auftauchen, sind Illustrationen: Die für die Schreibtafel radierten Vignetten zitieren Rocaillen und, mit echten kleinen Schlangen, die seit William Hogarths Schrift *The Analysis of Beauty* (1753) stilbildende Schlangenlinie;[28] rokokohaft sind seine Genreszenen mit Faunen,[29] deren gemütvolle Auffassung in den ›antiken‹ Idyllen *Der Faun*,[30] *Bacchidon und Milon*[31] oder *Der Satyr Mopsus*[32] bestätigt wird. Müllers Rokoko-Illustrationen bilden die erste stilistische und thematische Weiterentwicklung seines bildkünstlerischen Werks. In dem Capriccio *Ruhender Hirte in Ruinenlandschaft*[33] von 1775 setzt er das neue Können erstmals auch zweckfrei um.

Müllers Taktik bewährte sich; als Kobell sich für Müllers Reisestipendium verwendet, begründet er seine Empfehlung mit dem ausdrücklichen Hinweis auf die außerordentliche Qualität der Dichtungen.[34] Umgekehrt lässt es sich kaum ein Rezensent der frühen Schriften entgehen, Müller als Maler zu würdigen.

Der Rokokolyriker Müller

Im gleichen Zeitraum wie die ersten Rokokogedichte entstehen biblische, anti-ke und pfälzische Idyllen, Bardiete, Oden im Stile Klopstocks, Balladen, Lieder im Volksliedton, die ersten Proben des großen Dramas *Golo und Genovefa*, die beiden Fragmente zur Faustdichtung und die beiden Prosahymnen *Das Heidel-berger Schloß* und *Creutznach*, mit denen Müller eine neue Spielart der Gattung erfindet. Die galanten Gedichte seiner Rokokolyrik gebrauchen den mythologi-schen Apparat ausgiebig und oft in kühnen Kombinationen. Animierende Trinklieder bis hin zur schon stark Sturm-und-Drang-lastigen *Dithyrambe* feh-len nicht. Besondere Aufmerksamkeit widmet Müller dem Freundschafts-Motiv: Dem Freund Kobell, Adressat des Kunstbriefs, eignet er empfindsam – »An meinen lieben Kobel.« – das rundum heitere Gedicht *Der schöne Tag* zu. Der Göttervater selber, sonst ein seltener Gast in Anakreontik und Rokokoly-rik, stellt sich am Ende ein. Im Gedicht *An die Liebesgötter*, das unmittelbar auf den Kunstbrief in der zweiten Lieferung der *Schreibtafel* folgt, feiert Müller das Talent des Freundes:

> Was brauch ich ihn zu nennen,
> Ihn kennt die ganze Welt.
> Den K ... müßt ihr kennen,
> Sonst Knaben wärs gefehlt!
>
> O! der hat hohe Gaben!
> Der mahlt euch eine Fluhr
> Ein Wasserfall, ihr Knaben,
> So schön als die Natur![35]

An Maler Müllers *dichterischer* Tätigkeit verblüfft die Synchronität der Formen und Themen ebenso wie die Bandbreite seiner bildungsreichen Anspielungen. So steht nach einem Hinweis von Herbert Cysarz auch die notte bruna, die »braune Nacht«, die Gerhard Sauder im Nachwort zu den *Kleinen Gedichten* als »differenziertere Personifikations-Metaphorik« hervorhebt,[36] in einer langen Tradition von Opitz, Fleming, Klaj, Harsdörffer, Schirmer, Hofmannswaldau und Uz bis zu Wieland und Bürger.[37]

Auch weiterhin signiert Müller als Dichter mit seiner Berufsbezeichnung: »vom Mahler Müller« oder auch »Von einem jungen Mahler« – so das *Gemälde aus dem Sommer*, das er 1775 in der *Schreibtafel* veröffentlicht und das in seiner rätselhaften Bild-Erfindung und -Montage dem *Thron der Liebe* aus der *Schaaf-Schur* nicht nachsteht.[38]

Die Rokokolyrik ist eine Schule des Schreibens für seine frühen dichteri-schen Versuche, ein »Zugewinn ästhetischer Möglichkeiten«.[39] Die stilistische Leichtigkeit, die Geschmeidigkeit des Satzbaus, der zierliche und zierende Gebrauch der Adjektive, die Sorglosigkeit der variablen Vers- und Reimformen befreien die Lyrik vom schweren Erbe des Barock ebenso wie vom gedankenbeladenen Vorbild Klopstock.[40] Um die formale Regelhaftigkeit der anakreontischen Muster, die ihre erste Bereitstellung durch Gottsched verraten, ist es Müller denn auch weniger zu tun.

Wenig vom Leidensdruck eigenen Naturerlebens ist in Müllers frühe Lyrik eingegangen – Gerhard Sauder weist im Nachwort zu den *Kleinen Gedichten* darauf hin. Das bestätigt die Rokoko-Gattungsmuster einer elaborierten Artifizialität. Deren hoher Abstraktionsgehalt war Müllers Chance auf dem Weg zum Dichter. Ein vergleichbarer Vorgang findet sich in seinen Idyllen, von deren angeblichem Realismus bei näherem Hinsehen nichts übrig bleibt.[41]

Die Widmung der *Kleinen Gedichte* an Gleim ist zugleich Einordnung und Absicherung in Form einer virtuellen Patronage. Eine ähnliche Position nimmt am anderen Ende der lyrischen Skala Klopstock ein. In der Terminologie Pierre Bourdieus symbolisieren beide Vorgänge Müllers Projektion einer Anerkennung durch die ›pairs‹ innerhalb des literarischen Feldes.

Ein kleiner Exkurs soll Klopstocks Rolle verdeutlichen und den Forschungsstand berichtigen:

Die Umstände der Publikation von *Lied eines bluttrunknen Wodanadlers* im *Göttinger Musenalmanach* 1774 sind mit der optativen Widmung der *Kleinen Gedichte* an Gleim vergleichbar. Dabei ist der immer wieder kolportierte Hinweis, Klopstock habe Müllers *Wodanadler* ausgewählt und eigenhändig verbessert, nach jüngsten Untersuchungen hinfällig.[42] Dass Klopstock redaktionell in die Texte der Göttinger eingegriffen hat, ist nur für wenige Beispiele, und auch dort nur in spärlichem Umfang und nachlässig durchgeführt, belegt.

»Zürnen Sie über die kleinen Aendrungen nicht, sie sind von Klopstocks eigner Hand. Ich hatt' es ihm zugeschickt, es hat ihm ungemein gefallen« – Hahns Bemerkung zum *Lied eines bluttrunknen Wodanadlers* im Brief an Müller vom 23. Dezember 1773 darf in ihrer faktischen Aussage bezweifelt werden. Der erste im Klopstock-Nachlass erhaltene Brief Hahns stammt vom 21. Juli 1774,[43] geschrieben gut sieben Monate nach dem Brief an Müller, und der einzige nachweisbare Brief Klopstocks an Hahn erst vom Anfang Dezember 1774.[44] Auch wenn man miteinbezieht, dass Hahn als Schriftführer des Hains bereits am 27. Dezember 1773 mit Klopstock korrespondierte, lässt dieses Datum dessen Einflussnahme auf die Drucklegung nicht mehr zu.

Müller fragte nicht genauer nach. Vielmehr inszenierte er, wie so häufig in seinen Briefen, seinerseits einen pathetischen Moment:

Auch er rief ich, auch er der unsterbliche hat dich nicht verschmäht als ich die Stelle laß wo sie mir von Klopstock schrieben daß er mein adler lied selbst verbeßert – gewiß bester Hahn der gedancke hat mir tränen gekostet gewiß wie von selbst gingen Sie aufs papier über hier haben Sie es –[45]

Bereits mit der Möglichkeit einer Anerkennung gab er sich offenbar zufrieden.

Auch mit der Widmung an Gleim verfolgte Müller noch keine praktische Absicht, etwa die nahe liegende, sich Zugang zum literarischen Markt zu verschaffen. (Schon bald danach wird er taktische Widmungen zu diesem Zwecke verteilen.) In dem reizenden kleinen Dialog *Amor und Venus* begründet er die Konsekration Gleims innerliterarisch. Das Stückchen wurde aus dem Manuskript der *Kleinen Gedichte* in den *Göttinger Musenalmanach* 1775 übernommen:

> Was schlägst du mich mit diesem Veilchen
> Ach liebe Mutter! ach! halt ein! –
> Was gabst du Gleimen deine Pfeilchen
> Du mußt, du mußt bestrafet seyn!

Nach einigem Hin und Her folgt die Pointe:

> [...] Liebes Mütterlein!
> Ach! hättest du ihn nur gehöret,
> Gewiß wär' auch dein Gürtel sein!

Zwischen den beiden Exponenten Klopstock und Gleim erwirbt Müller einen Zuwachs an kulturellem Kapital, indem er der Ausbildung zum Maler die poetische Ausbildung nach dem Muster bewährter Vorbilder hinzufügt. Gelehrigkeit beweist der Schüler Gleims im Detail – so durch das Register der Namen, auf dessen ungewöhnliche Länge Sauder hinweist – und im originellen Zugriff auf den Motiv- und Gattungsfundus.

Für sein dichterisches Schaffen insgesamt lernt er von der Rokokodichtung die Selbstbezüglichkeit, das Integrieren der Reflexion über Dichtung in die Dichtung selbst. In der *Schaaf-Schur* fechten der biedere Bauer Walter und der gezierte Schulmeister einen poetologischen Disput um die ›natürliche‹ und die ›erhabene‹ Stilhöhe aus, die sie auch gleich mit einschlägigen Beispielen belegen. In *Eine Schilderung*, der Langfassung des 18-zeiligen Fragments *Wie im lermenden Getümmel* aus dem Kunstbrief *An Herrn K...*, schafft Müller Distanz, indem er das Gedicht als Bildbeschreibung präsentiert. Es beginnt nun mit der Aufforderung »Sieh auf dies Gemälde hin«, führt dann das Treiben der »Fäuncher und Nymphcher« in den Wäldern, Büschen und Hainen genussreich und nicht ohne Seitenhiebe auf moralinsaure Tugend vor, um am Ende, Poesie und Malerei verschränkend, den Rahmen wieder aufzugreifen:

> Glaubst du nicht, *Boucher* habe hier gemahlt
> Und *Wieland* ihm dictirt?[46]

Das schlicht *Lied* betitelte Gedicht aus der dritten Lieferung der *Schreibtafel* von 1775 stellt bereits mit den Eingangsversen den poetischen Diskurs her:

> Amors, wie die Dichter sagen,
> Dichter, jung und alter Zeit,
> Amors güldnen Wagen tragen
> Götterchen voll Freundlichkeit.

Dem Wagen hinterdrein »wallen« melancholische Personifikationen, und insgesamt berichtet das Gedicht einen außergewöhnlichen Vorgang: Der Dichter verwandelt sich in die »schöne Dorilis«, eine jener arbiträren Mädchengestalten, die es doch eigentlich zu verführen gilt. Entworfen wird eine Parodie ganz eigener Art: Die Verführung selbst wird besiegt, indem sich das Mädchen nun Amor in Person gefügig macht. Erreicht wird ein heiterer Schwebezustand, der hinter die Bedingungen erotischer Lyrik blickt, deren Thema eben nicht ungeschminktes Begehren ist: »Amor liebet Neckerei« heißt es zweimal im Gedicht, das ein kleines zärtliches Kompendium der Verlockung ist.

Dem Rezensenten Schubart gefiel das gar nicht. »Seh nicht gern einen Herkules am Spinnrocken«, knurrte er in der *Teutschen Chronik*.[47] Von Müller erwartete man Genie und Empfindsamkeit.

Erwartungen zu durchbrechen war aber gerade die Eigenart des jungen Genies Müller. In den *Kleinen Gedichten* tut er das gerne mit umgekehrten Vorzeichen, indem er Intensität vorführt, wo nach der Gleim'schen Konvention heitere Tändelei angebracht wäre:

> und zählet jene Stunden
> und Augenblick
> die uns ohn lust verschwunden
> wiedrum zurück
>
> und schenckt uns jugend kräffte
> und frohen muth
> und frische lebens Säffte
> und junges bluth.[48]

Anmerkungen

1 Maler Müller: Kleine Gedichte zugeeignet dem Herrn Canonicus Gleim. Nach der Handschrift im Freien Deutschen Hochstift / Frankfurter Goethe-Museum, hg. v. Rolf Paulus und Christoph Weiß. Mit einem Nachwort von Gerhard Sauder, St. Ingbert, 1990.

2 Anger, Alfred: Literarisches Rokoko, Stuttgart, ²1968, S. 58.

3 Paulus, Rolf: Die Lyrik Maler Müllers. Kurze Gesamtdarstellung und Dokumentation, in: Maler Müller Almanach 1987, Bad Kreuznach, 1987, S. 17-39, hier: S. 31.

4 An Christoph Kaufmann, 23. 10. 1776, in: Friedrich Müller, genannt Maler Müller: Brief-

wechsel. Kritische Ausgabe, hg. v. Rolf Paulus und Gerhard Sauder, 4 Bde., Heidelberg, 1998, hier: Bd. 1, Brief 34, S. 36-38, hier: S. 37.

5 Paulus: Die Lyrik Maler Müllers (wie Anm. 3), bes. S. 19.

6 An das Täubchen der Venus. Amor und Venus, in: Musenalmanach MDCCLXXV Goettingen. Poetische Blumenlese Auf das Jahr 1775, Göttingen [1774], S. 96f. und 218; An die Liebesgötter, in: Die Schreibtafel. Zweyte Lieferung. Mannheim, 1775, S. 75-77; An meine Schatten-Quelle. An den Frühling, in: Die Schreibtafel. Dritte Lieferung. Mannheim, 1775, S. 33-38 und 57-60; Der Wirth und die Gäste. Gemälde aus dem Sommer, in: Die Schreibtafel. Vierte Lieferung. Mannheim, 1775, S. 9-11 und 28-37; Amor und Bachus. Freudenlied. Jägerlied, in: Musenalmanach für das Jahr 1776. Von den Verfassern des bish. Götting. Musenalm., hg. v. Johann Heinrich Voß, Lauenburg, [1775], S. 102-104, 197, 216; Der schöne Tag. Lied, in: Die Schreibtafel. Fünfte Lieferung. Mannheim, 1776, S. 60-62 und 75-78.

7 Bald seufz ich wie die Nachtigall; Wie im lermenden Getümmel; Ich komm zu meiner Schönen; Dann seufz ich unter Thränen; An Doris. Ich könnt ja niemals frieren, in: Die Schreibtafel. Zweyte Lieferung 1775, S. 68-74.

8 Bacchidon und Milon, eine Idylle; nebst einem Gesang auf die Geburt des Bacchus. Frankfurt und Leipzig [recte: Mannheim], 1775, S. 33-36.

9 Der Thron der Liebe; Kom schöne Galathee..., in: Die Schaaf-Schur, eine Pfälzische Idylle, Mannheim, 1775, S. 18-23 und 43-44.

10 Verlangen und Sehnsucht, in: Teutsche Chronik 3 (1776), 47. Stück, S. 768.

11 Amor und seine Taube; Amors Schlafstund, in: Balladen vom Maler Müller, Mannheim, 1776, S. 20-28 und 54-64.

12 Musen Almanach 1792, Göttingen [1791], S. 166 und 168.

13 Deutsches Wörterbuch von Jacob und Wilhelm Grimm. 6. Bd., Leipzig, 1885, Sp. 441 (Reprint: München, 1991, Bd. 12).

14 Klopstock, Friedrich Gottlieb: Ausgewählte Werke, hg. v. Karl August Schleiden. Nachwort von Friedrich Georg Jünger, Darmstadt, 1969, S. 1284.

15 Klopstock, Friedrich Gottlieb: Der Messias. Bd. 3, Gesänge XI-XV, Kopenhagen, 1768. Nachdruck: Halle, 1769.

16 »Ja, hat es nicht sogar Menschen gegeben, die von allem Lebensgefühl so ganz verlassen waren, daß sie das ganze Leben und Wesen der Sterblichen für ein Nichts, für ein kummervolles und staubgleiches Dasein erklärt haben?«, in: Johann Wolfgang Goethe: Wilhelm Meisters Lehrjahre, in: Sämtliche Werke, Bd. 5, hg. v. Hans-Jürgen Schings (Münchner Ausgabe), München, 1988, S. 55. – Das Deutsche Wörterbuch zitiert unter Bezug auf die Weimarer Ausgabe: 18, 81; richtig ist 21, 81. Der Erstdruck der Lehrjahre erschien 1795/96, die Stelle findet sich aber fast wortgetreu bereits in Wilhelm Meisters Theatralische Sendung, entstanden 1777-85 (2. Buch: 1782), Erstdruck 1911; vgl. Sämtliche Werke, Bd. 2.2., hg. v. Hannelore Schlaffer u.a. (Münchner Ausgabe), München, 1987, S. 105 u. 803f.

17 »Das bracht in seinen umflorten Blick / Den Tag zurück / Und Lebensgefühl in die Glieder.« – Das Lied von Treue, in: Bürger's sämmtliche Werke, hg. v. August Wilhelm Bohtz, Göttingen, 1835, S. 82 Sp. a.

18 Johann Christoph Adelungs *Versuch eines vollständigen grammatisch-kritischen Wörterbuches der Hochdeutschen Mundart, mit beständiger Vergleichung der übrigen Mundarten, besonders aber des Oberdeutschen* (2. erweiterte Auflage in 4 Bdn., Leipzig, 1793-1801, hier: Bd. 2, Leipzig, 1796) kennt ›Lebensgefühl‹ noch nicht. – Joachim Heinrich Campes *Wörterbuch der deutschen Sprache* (vier Teile, Braunschweig, 1807-1812, hier: Bd. 3, 1809) definiert das mit Sigle O für Neologismen gekennzeichnete Wort als »Gefühl des Lebens oder der Lebenskraft, der mit Bewußtsein verbundene Genuß des Lebens«, fügt als Beispiel ein »hohes Lebensgefühl« an und als Belegstelle »Die Glut des Lebensgefühls, die zu neuen Thaten mit auftreibt«, einen nicht näher ausgewiesenen Vers des Freiherrn von Sonnenberg. – Wilhelm Feldmann: Modewörter des 18. Jahrhunderts II, in: Zeitschrift für Deutsche Wortforschung 6 (1904/05), S. 299-353, hier: S. 322, bringt zusätzlich eine Belegstelle von Moritz August Thümmel.

19 Wie Anm. 14.

20 Einige Beispiele: Anger: Literarisches Rokoko (wie Anm. 2), S. 11. – Zeman, Herbert: Die deutsche anakreontische Dichtung. Ein Versuch zur Erfassung ihrer ästhetischen und literarhistorischen Erscheinungsformen im 18. Jahrhundert, Stuttgart, 1972, S. 147. – Schüsseler, Matti: Unbeschwert aufgeklärt. Scherzhafte Literatur im 18. Jahrhundert, Tübingen, 1990, S. 131. – Gebhardt, Armin: Das Phänomen Rokoko. Poesie – Musik – Malerei – Raumaustattung – Kleinplastik – Architektur, Marburg, 1995, S. 10.

21 Bohnen, Klaus: »Literarisches Rokoko«. Aspekte und Problematik eines literaturwissenschaftlichen Perodisierungsbegriffs, in: Text und Kontext 1 (1973) H. 1, S. 3-30, hier: S. 6.

22 Sauder, Gerhard: Maler Müllers dramatische Welt, in: Lenz-Jahrbuch. Sturm-und-Drang-Studien, St. Ingbert, 6 (1996), S. 182-197.

23 Die Schreibtafel. Zweite Lieferung 1775, S. 67-74.

24 An Herrn K... in Mannheim, in: Müller-Briefwechsel (wie Anm. 4), Bd. 1, Brief 6, S. 10-13, hier: S. 11.

25 Schlaffer, Heinz: Musa iocosa. Gattungspoetik und Gattungsgeschichte der erotischen Dichtung in Deutschland, Stuttgart, 1971, S. 128.

26 Schöttker, Detlev: Metamorphosen der Freude. Darstellung und Reflexion der Heiterkeit in der Literatur des 18. Jahrhunderts, in: Deutsche Vierteljahrsschrift für Literaturwissenschaft und Geistesgeschichte 3 (1998), S. 354-375.

27 Müller-Briefwechsel (wie Anm. 4), Bd. 1, S. 2. – Zur Datierung Bd. 3, S. 1238.

28 Sattel Bernardini, Ingrid: Werkverzeichnis, in: Dies., Schlegel, Wolfgang: Friedrich Müller (1749-1825). Der Maler, Landau/Pfalz, 1986, hier: S. 235-237.

29 Ebd., S. 153, 227-231.

30 Der Faun eine Idylle, in: Die Schreibtafel. Zweite Lieferung. Mannheim, 1775, S. 8-16. (Unterzeichnet »Von einem jungen Mahler«. – Mit eigenhändiger Vignette »Flöteblasender Faun«.)

31 Bacchidon und Milon, eine Idylle; nebst einem Gesang auf die Geburt des Bacchus. Von einem jungen Mahler. Frankfurt und Leipzig [recte: Mannheim], 1775 (Mit eigenhändiger Vignette »Knabe mit Satyr«).

32 Der Satyr Mopsus eine Idylle in drey Gesängen. Von einem jungen Mahler. Frankfurt

und Leipzig [recte: Mannheim], 1775. (Mit eigenhändiger Vignette »Amor auf einer Schalmei blasend«.)

33 Sattel Bernardini, Ingrid: Werkverzeichnis (wie Anm. 28), Z 24, S. 153.

34 Vgl. das Zitat bei Siegmund Thös-Kössel: Ansichten des Malers Friedrich Müller (1749-1825). Zur Kunst des Scheiterns vor 1800, St. Ingbert, 1993, S. 47.

35 An die Liebesgötter, in: Die Schreibtafel. Zweyte Lieferung. Mannheim, 1775, S. 75-77, hier: S. 76.

36 Sauder: Nachwort zu Kleine Gedichte (wie Anm. 1), S. 85-97, hier: S. 92.

37 Cysarz, Herbert: Deutsche Barockdichtung, Leipzig, 1924, S. 151 Anm. 2. – Cysarz führt unter Hinweis auf die »Wiener Doktorarbeit von Erik Bauer« die Linie bis zu Brentano und Nietzsche weiter.

38 Die Schreibtafel. Vierte Lieferung. Mannheim, 1775, S. 28-37. – Das Gedicht in unterschiedlich langen Strophen und wechselnden Reimen schildert ein mittägliches Gewitter an einem glühendheißen Sommertag mit mythologischen und kosmologischen Anspielungen.

39 Schüsseler: Unbeschwert aufgeklärt (wie Anm. 20), S. 138.

40 Vgl. Gebhardt: Das Phänomen des Rokoko (wie Anm. 20), S. 28.

41 Mix, York-Gothart: »Komm schöne Galatee! Die Lämmer ruhn im Klee...«. Zum Problem des Realismus in Friedrich (Maler) Müllers Idylle »Die Schafschur«, in: Sauder, Gerhard / Paulus, Rolf / Weiß, Christoph (Hg.): Maler Müller in neuer Sicht. Studien zum Werk des Schriftstellers und Malers Friedrich Müller (1749-1825), St. Ingbert, 1990, S. 49-63. – Häntzschel, Günter: Die geschorene Schäferei. Zu den pfälzischen Idyllen Friedrich Müllers, in: Hirschstraße 10 (1998), Maler Müller zum 250. Geburtstag, S. 59-67.

42 Lüchow, Annette: Klopstock und der Göttinger Hain. 2 Bde., Hamburg, 1995, S. 205. – Korrekturen Klopstocks finden sich lediglich in zwei Oden von Friedrich Leopold Graf zu Stolberg-Stolberg und drei Oden von Johann Heinrich Voß. – Vgl. auch Lüchow, Annette: ›Die heilige Cohorte‹. Klopstock und der Göttinger Hainbund, in: Hilliard, Kevin / Kohl, Katrin (Hg.): Klopstock an der Grenze der Epochen. Mit Klopstock-Bibliographie 1972-1992 von Helmut Riege, Berlin, 1995, S. 152-220, hier: S. 167-169.

43 Lüchow: Klopstock und der Göttinger Hain (wie Anm. 42), Brief 47. – Im April/Mai 1774 hatte Hahn Klopstock in Hamburg besucht.

44 Ebd., Brief 52.

45 Müller an Hahn, Zweibrücken, 2. Januar 1774, in: Müller-Briefwechsel (wie Anm. 4), Brief 5, S. 8.

46 Eine Schilderung (datiert 1773), in: Weinhold, Karl: Beiträge zu Maler Müllers Leben und Schriften, in: Archiv für Litteraturgeschichte, hg. v. Dr. Franz von Carolsfeld, Bd. 3, Leipzig, 1874, S. 515-517.

47 Teutsche Chronik 3 (1776), 38. Stück, S. 303.

48 Müller: Kleine Gedichte (wie Anm. 1), S. 32.

Sascha Kiefer

»Gesellige Bildung«

Ein Ideal des Rokoko und seine Fortschreibung in Goethes *Unterhaltungen deutscher Ausgewanderten* (1795)

I

Als Friedrich Schiller im Juni 1794 seine Monatsschrift *Die Horen* ins Leben rief, tat er dies in der dezidierten Absicht, der Literatur und den schönen Künsten allgemein diejenige Öffentlichkeitswirkung zurückzugeben, die sie seiner Ansicht nach im Strudel der von Frankreich ausgehenden revolutionären politischen Ereignisse verloren hatten. Während der folgenden Monate gelang es ihm, eine stattliche Anzahl potentieller Beiträger – darunter Goethe, Herder, Fichte und die Humboldts – für sein Unternehmen zu gewinnen. In der berühmten *Ankündigung* der *Horen* betonte Schiller noch einmal mit allem Nachdruck die Intentionen der neugegründeten Zeitschrift:

> Einer heitern und leidenschaftfreien Unterhaltung soll sie gewidmet sein, und dem Geist und Herzen des Lesers, den der Anblick der Zeitbegebenheiten bald entrüstet, bald niederschlägt, eine fröhliche Zerstreuung gewähren. Mitten in diesem politischen Tumult soll sie für Musen und Charitinnen einen engen vertraulichen Zirkel schließen, aus welchem alles verbannt sein wird, was mit einem unreinen Parteigeist gestempelt ist.[1]

Die Zeitschrift erscheint damit als allegorischer Ort, der Raum bietet für eine ideale Gemeinschaft und zugleich einen Gegenpol zur politisch-gesellschaftlichen Realität markiert. Die Zentralbegriffe entstammen überwiegend der elaborierten Topik, in der das Geselligkeitsideal des Rokoko seit den 1740er Jahren kultiviert worden war. ›Heiter‹, ›fröhlich‹ und – eine Kant-Reminiszenz – ›leidenschaftfrei‹ sollen »Unterhaltung« und »Zerstreuung« im Zeichen der Kunst sein; zudem wird die imaginierte Geselligkeit im »vertraulichen Kreis« mythologisch überhöht: Die titelgebenden Horen eingerechnet, sind es mit den Musen und Charitinnen nicht weniger als fünfzehn Töchter des Zeus, die sich der Neugründung annehmen sollen. Vor allem die Letztgenannten gehören unter ihrer lateinischen Bezeichnung Grazien zu den programmatischen, immer wieder beschworenen Sinnbildern des Rokoko.[2]

Obwohl Schillers Gegenentwurf zum »politischen Tumult« damit an tradierte Vorstellungen anknüpft, ist er nicht restaurativ. Das Geselligkeitsideal des

Rokoko enthielt durchaus eine zeitkritische Komponente, indem die wahre, nicht durch Zwänge und Konventionen deformierte Geselligkeit – deren Ort meist eine idealisierte Landschaftsszenerie bildet – den tatsächlichen Erfahrungswelten Hof und Stadt gegenübergestellt wird.[3] Angesichts der zunehmenden Politisierung des öffentlichen Lebens allerdings wurde diese indirekte Gesellschaftskritik in den 1790er Jahren vielfach als zu diskret empfunden oder gar nicht mehr wahrgenommen: In einem radikalisierten politischen Spektrum gerieten einst gemäßigte (und zudem in literarischen Texten camouflierte) Positionen leicht in Gefahr, der Reaktion zugeschlagen zu werden. So beschränkt sich Schiller in seinem *Horen*-Projekt denn auch nicht darauf, das hergebrachte Geselligkeitsideal zu evozieren; vielmehr unterstreicht er dessen zeitkritischen Gehalt, indem er nachdrücklich auf die Notwendigkeit verweist, den einzelnen Menschen durch »ästhetische Erziehung« zu verändern und zu veredeln.[4] Eine »wahre Verbesserung des gesellschaftlichen Zustandes« kann für ihn nur »unter der Fahne der Wahrheit und Schönheit«[5] erfolgen, durch ästhetische Erfahrung. Die vorgeblich unpolitischen *Horen* verfolgen damit einen latenten politischen Zweck, in dessen Zentrum die Frage nach der sozialen Funktion der Kunst steht.[6]

Goethes Verhältnis zur programmatischen Ankündigung der *Horen* wie auch zu Schillers Briefen *Über die ästhetische Erziehung des Menschen* war von Anfang an ambivalent. Zwar bedeuteten Erziehung und Bildung auch für Goethe zentrale Anliegen – schließlich arbeitete er in dieser Zeit an seinem Roman *Wilhelm Meisters Lehrjahre* (aus dem Schiller zu gerne etwas in den *Horen* veröffentlicht hätte). Skeptisch jedoch betrachtete er die pädagogische Spitzenstellung, die Schiller der Kunst oder gar der Kunstphilosophie zumaß. So heißt es in der *Ersten Epistel*, die Goethe am 28. Oktober 1794 an Schiller schickte:

> Soll ich sagen wie ich es denke? so scheint mir es bildet
> Nur das Leben den Mann und wenig bedeuten die Worte.
> Denn zwar hören wir gern was unsre Meinung bestätigt,
> Aber das Hören macht nicht meinen, denn was uns zuwider
> Wäre glaubten wir wohl dem künstlichen Redner doch eilet
> Unser befreites Gemüt gewohnte Bahnen zu suchen.[7]

Es spricht für die Toleranz des Herausgebers Schiller, dass er diese »ironische Infragestellung des Horenprogramms«[8] in der ersten Ausgabe seiner Zeitschrift abdruckte. Für Goethe war die kritische Auseinandersetzung mit Schillers hochgesteckten Zielen damit allerdings noch nicht beendet: Sie durchzieht fast alle seine *Horen*-Beiträge, insbesondere die *Unterhaltungen deutscher Ausgewanderten*.

Dieses zyklische Erzählwerk, das oft als Beginn der deutschsprachigen Novellendichtung betrachtet wird, war keineswegs fertig konzipiert, als Goethe den ersten Teil an Schiller zur Veröffentlichung in den *Horen* sandte – wohl mit

Absicht so spät, dass Herausgeberkorrekturen kaum noch möglich waren.[9] Denn dem Älteren war durchaus bewusst, dass die Rahmenhandlung seiner *Unterhaltungen* dem Horenprogramm in einem zentralen Punkt widersprach: der Abstinenz gegenüber der Tagespolitik. Schon die einleitende Hypotaxe evozierte die Schrecken der Revolution und sparte, ganz die Perspektive einer »edle[n] Familie« einnehmend, nicht mit entsprechenden Bewertungen:

In jenen unglücklichen Tagen, welche für Deutschland, für Europa, ja für die übrige Welt die traurigsten Folgen hatten, als das Heer der Franken durch eine übelverwahrte Lücke in unser Vaterland einbrach, verließ eine edle Familie ihre Besitzungen in jenen Gegenden und entfloh über den Rhein, um den Bedrängnissen zu entgehen, womit alle ausgezeichnete Personen bedrohet waren, denen man zum Verbrechen machte, daß sie sich ihrer Väter mit Freuden und Ehren erinnerten, und mancher Vorteile genossen, die ein wohldenkender Vater seinen Kindern und Nachkommen so gern zu verschaffen wünschte.[10]

Schiller war entsetzt. Er selbst – obwohl als Historiker auf Rebellionen und Revolutionen spezialisiert – hat niemals ein poetisches Werk geschrieben, das die Französische Revolution direkt thematisiert hätte; und Goethe tat dies in eben jener Zeitschrift, die erklärtermaßen das öffentliche Interesse von den Tagesereignissen auf ästhetische Fragen umlenken wollte!

Beim Weiterlesen konnte Schiller allerdings auch Gemeinsamkeiten mit seinen Positionen entdecken: Goethe war gleichfalls der Ansicht, dass der ›unreine Parteigeist‹ die Geselligkeit der Menschen zerstöre, ein friedliches Zusammenleben unmöglich mache.

Illustriert wird diese Anschauung an dem jungen Adligen Karl, der sich als Anhänger der Revolution geriert, und an dem Geheimerat von S., einem Vertreter der Reaktion. Anfängliche Sticheleien zwischen den beiden Männern führen schließlich zum Eklat, zum leidenschaftlichen politischen Streit, der in der erzürnten Abreise des Geheimerats gipfelt. Die gemeinsame Notlage der Flüchtlinge hat sich als nicht hinreichend erwiesen, um politische Gegensätze und Spannungen im Interesse des Zusammenlebens auszubalancieren. Am überschaubaren Modell des kleinen Zirkels, der sich bei der Baronesse von C. versammelt hat, demonstriert Goethe nun Strategien, die zur Lösung des gesamtgesellschaftlichen Problems führen sollen. Als Leitfiguren dürfen dabei die Baronesse selbst und der alte Geistliche gelten. Beide entsprechen weitgehend Goethes Ideal des allseitig gebildeten, weltgewandten und mit sich in Einklang stehenden Individuums, das eigene Neigungen beherrschen kann und sich in der Gemeinschaft als »entschlossen und tätig«[11] erweist. »In einer weiten Sphäre erzogen und durch mancherlei Schicksale ausgebildet, war sie als eine treffliche Hausmutter bekannt, und jede Art von Geschäft erschien ihrem durchdringenden Geiste willkommen«[12], heißt es ganz zu Beginn über die Baronesse. Nicht zufällig wird auch erwähnt, dass die Baronesse und der Geistliche die meiste

Zeit ihres Lebens »in Einem Kreise zugebracht«[13] haben, sich also aneinander und am Umgang mit der gleichen Gesellschaft bilden konnten.

Nachdem der politische Streit den kleinen Zirkel gesprengt hat, formuliert die Baronesse – schon als Hausherrin und damit Oberhaupt des gesellschaftlichen Mikrokosmos dazu prädestiniert – ihre Forderungen an ein künftiges Zusammenleben. Ausgangspunkt ist ihre Klage über die Unbeherrschtheit und Rücksichtslosigkeit der Individuen (insbesondere der Männer!), die angesichts der revolutionären Bedrohung und der allgemeinen Notlage ihrer Gesellschaftsschicht nicht etwa gezügelt, sondern im Gegenteil erst recht zum Vorschein gebracht würden:

O ihr Menschen, wird die Not, die euch unter Ein Dach, in Eine enge Hütte zusammen drängt, euch nicht duldsam gegen einander machen? Ist es an den ungeheuren Begebenheiten nicht genug, die auf euch und die eurigen unaufhaltsam losdringen? könnt ihr an euch selbst nicht so arbeiten, und ihr euch mäßig und vernünftig gegen diejenigen betragen, die euch im Grunde nichts nehmen, nichts rauben wollen? Müssen denn eure Gemüter nur so blind und unaufhaltsam wirken und drein schlagen, wie die Weltbegebenheiten, ein Gewitter oder ein ander Naturphänomen?[14]

Gegen Blindheit und Unbeherrschtheit helfen Aufklärung und Erziehung. Die Baronesse fordert die Fähigkeit zur »Entsagung«[15], moderner gesprochen, zur Selbstbeherrschung ein, die sie als zentrale Voraussetzung jeder Form menschlichen Zusammenlebens begreift. Schon bevor der politische Diskurs »jede gesellige Bildung« habe vergessen lassen, sei klar gewesen, dass der Einzelne, »um gesellig zu sein [...] Eigenheiten aufopfern«, sich »wenigstens äußerlich [...] beherrschen« müsse.[16] Die politischen Fronten allerdings betrachtet sie als dermaßen radikalisiert und verhärtet, dass sie keine Möglichkeit sieht, entsprechenden Streitsituationen im Rahmen ihres Geselligkeitsideals kommunikativ zu steuern. So findet sich der politische Diskurs, ganz im Sinn von Schillers *Horen*-Ankündigung, ausgegrenzt aus der geselligen Unterhaltung: »Über das Politikum der Revolution und ihrer Folgen wird [...] nur gesprochen, um sogleich die Notwendigkeit zu vermitteln, von nun an nicht mehr darüber zu sprechen«.[17]

Nachdem die Baronesse gewissermaßen die Lernziele der Gesellschaft formuliert hat, bietet der alte Geistliche[18] die Lehrmittel: in Gestalt einer »Sammlung«[19] von Erzählungen. Es handelt sich um »Privatgeschichten«, die dem Geistlichen, wie er sagt, bei jeder neuen Betrachtung »einen Augenblick reiner und ruhiger Heiterkeit gewährten«[20] – Worte, die direkt an Schillers Horenprogramm und an seine Idee der ästhetischen Erziehung erinnern. Die inhaltliche Nähe darf hier allerdings nicht über den charakteristischen Unterschied zwischen Schiller und Goethe hinwegtäuschen, der sich in der jeweils gewählten Vermittlungsform manifestiert: Wo Schiller in den *Briefen über die ästhetische Erziehung* das philosophische Substrat seiner Überlegungen liefert, will Goethe veranschaulichen und dichterisch gestalten. »Schiller spricht über Erziehung,

Goethe zeigt Erziehung und erzieht; Schiller spricht allein, zu abstrakten Individuen; Goethe zeigt fehlerhafte und erfolgreiche Rede in einem kleinen Kreis und bezieht durch seine Erzählstrategie den Leser ein«.[21]

Entsprechend stärker gewichtet Goethe den Einfluss der Gesellschaft, des kommunikativen Umgangs miteinander in konkreten Lebenssituationen, auf die (Aus-) Bildung des Individuums. Die Polyvalenz des literarischen Kunstwerks ermöglicht es Goethe zudem, die Idee der ästhetischen Erziehung implizit zu kritisieren. Während die von der Baronesse formulierten Zielvorgaben weitgehend mit Goethes Gesellschafts- und Geselligkeitsideal übereinstimmen dürften, scheint er die Effektivität einer ästhetischen Erziehung – im Falle der *Unterhaltungen*: durch den Umgang mit Erzähltexten – zu bezweifeln. Die Kommentare der versammelten Gesellschaft zu den einzelnen Binnengeschichten lassen jedenfalls nicht darauf schließen, dass hier ein Lernprozess in Gang gesetzt worden wäre[22]; das *Märchen*, die Erzählung mit dem höchsten Anspruch und dem größten moralisch-didaktischen Potential, bleibt unkommentiert, da der Rahmen danach nicht geschlossen wird. Dass der Zyklus überhaupt in einem Märchen und damit in der Übersteigung der Realität gipfelt, mag schon darauf hindeuten, dass in Goethes Sicht »alles philosophische Bemühen Schillers um Veredelung und Erneuerung der Menschheit [...] *Utopie* bleiben«[23] muss. Die verständnislose, fast durchweg ablehnende Rezeption der *Unterhaltungen* durch die Zeitgenossen[24] dürfte Goethe in seiner grundsätzlichen Skepsis gegenüber der Bildbarkeit des Lesepublikums bestätigt haben. Es mag etwas überzogen sein, in Goethes *Unterhaltungen deutscher Ausgewanderten* gleich eine »satirische Antithese«[25] zu Schillers *Ästhetischen Briefen* und damit auch zum Horenprogramm zu sehen; eine Relativierung des schillerschen Bildungsenthusiasmus allerdings enthält der Text auf jeden Fall.

Davon abgesehen jedoch betonen die *Unterhaltungen* vorbehaltlos die Notwendigkeit geselligen Umgangs miteinander auch in Zeiten politisch bedingter Polarisierung. Mit seinem Geselligkeitsideal reagiert Goethe auf das Paradox, dass ausgerechnet die Franzosen – die mit ihrer Salon- und Konversationskultur, ihrem Académie- und Sociétéwesen Maßstäbe für geselligen Umgang gesetzt hatten – mit der Revolution das denkbar ungeselligste Ereignis hervorbrachten. Da sich in den neunziger Jahren eine zunehmende literarische und politische Isolation Goethes abzeichnet[26], ist die Propagierung des Geselligkeitsideals sicher auch ein Reflex der eigenen biografischen Situation, in der die Annäherung an Schiller fast als einzige Möglichkeit erscheint, der immer stärker werdenden Vereinsamung entgegenzusteuern. So gesehen beschränken sich die *Unterhaltungen* nicht auf eine Ironisierung von Schillers Absichten, sondern signalisieren auch Goethes Bereitschaft, sich mit dem Jüngeren in eine offene Kommunikationsgemeinschaft zu begeben – ganz im Sinn der berühmten Neujahrswünsche, die Goethe am 3. Januar 1795 nach Jena übermittelte: »Wenn sich die gleichgesinnten nicht anfassen was soll aus der Gesellschaft und der Geselligkeit werden. Ich freue mich in der Hoffnung daß Einwirkung und Vertrauen sich zwischen uns immer vermehren werden«.[27] Goethes Wunsch nach »wechselseitiger Teilnahme an dem was wir lieben und treiben«[28] ging für die Dauer eines Jahrzehnts in Erfüllung und bildete einen Grundpfeiler der Weimarer Klassik.

II

Schon vor der Revolution dürfte eine beträchtliche Kluft bestanden haben zwischen der imaginierten, in anakreontischen Versen überhöhten und von der Aufklärung früh zum pädagogischen Leitbild erhobenen Geselligkeit und der gesellschaftlichen Realität. 1748 definierte eine deutsche moralische Wochenschrift mit dem symptomatischen Titel *Der Gesellige* den geselligen Menschen als

einen solchen, der sich in seiner innern und äußern Einrichtung nicht als einen einzelen Menschen, sondern in beständigem Zusammenhange mit seinen Nebenmenschen betrachtet, und sich daher in seinen Handlungen so zu verhalten bestrebt, daß er zu dem allgemeinen Wohl so viel möglich beytrage, um des allgemeinen Wohls insbesondere theilhaftig zu werden.[29]

Damit war zweifellos ein Ideal im Verhältnis von Individuum und Gesellschaft formuliert; die Herausgeber der Zeitschrift hegten allerdings keinerlei Zweifel an dessen Realisierbarkeit.[30] Geselligkeit wurde als Grundtrieb und natürliche Regung des Menschen verstanden, die allenfalls kulturell überformt und gefördert werden müsse, um zu einer Verbesserung der Gesellschaft zu führen.

Diesem aufklärerischen Optimismus, der in zahlreichen naturrechtlich gestützten Theorien vom Menschen als geselligem, friedfertigem Wesen fortwirkte,[31] setzte die Revolution ein Ende. Geselligkeit und Gesellschaft traten jäh auseinander; die Gesellschaft erschien als heillos zerrissen und zerstört, durch die revolutionären Ereignisse im Innersten erschüttert. Angesichts der allgemeinen Auflösung gesellschaftlicher Ordnungen wird das gesellige Beisammensein im kleinen Kreis als Möglichkeit zur Restitution zwischenmenschlicher Beziehungen propagiert – in der Hoffnung, »die Gesellschaft in einer neuen, bewußten Weise wieder zu sich selbst zu führen«.[32] In diesem Kontext ist auch Goethes Ideal ›geselliger Bildung‹ zu sehen. Wahre Geselligkeit stellt sich nicht mehr von selbst ein, sondern nur als Ergebnis eines intensiven Bildungsprozesses, der vom Individuum Opfer und Selbstbeherrschung verlangt. Die ideale Geselligkeit wird – wie es schon in der aufklärerischen Geselligkeitstheorie und in der Rokokoliteratur angelegt, aber nicht voll entfaltet war – endgültig zum Gegenbild einer als defizient erfahrenen gesellschaftlichen Realität.

Über die praktische Realisierbarkeit seines Gegenentwurfs gab sich Goethe, wie seine Gesellschaft deutscher Ausgewanderten zeigt, nicht allzu vielen Illusionen hin. Für seine eigene Person und für seine schriftstellerische Entwicklung allerdings hat er die Bedeutung geselligen Umgangs stets betont. Der Verfasser der *Ästhetischen Briefe* gesteht, seine Ideen »mehr aus dem einförmigen Umgange mit mir selbst als aus einer reichen Welterfahrung geschöpft«[33] zu haben; der Autor der *Unterhaltungen* hebt zeitlebens die inspirierende und bildende Wirkung interpersonaler Kommunikation hervor: »Was wäre ich denn, wenn ich nicht immer mit klugen Leuten umgegangen wäre und von ihnen gelernt hätte? Nichts aus Büchern, sondern durch lebendigen Ideenaustausch, durch heitere Geselligkeit müßt ihr lernen«[34], riet Goethe etwa der jungen Gräfin Julie von Egloffstein am 6. März 1818. In dieser autobiografischen Reflexion konnte der Achtundsechzigjährige konkreten Bezug auf seine vorrevolutionären geselligen Erfahrungen nehmen, die noch als spontane Begegnung mit der jeweiligen Gesellschaft in Frankfurt, Leipzig, Straßburg und Weimar verlaufen waren – bevor ›Geselligkeit‹ angesichts der als ungeheuer destruktiv empfundenen Französischen Revolution zum »bewußt gesetzten Wert«[35] avancierte.

Diese geselligen Kontakte Goethes haben sich an den diversen Stationen seines Lebens in unterschiedlicher Form vollzogen: Das studentische Leben in Leipzig und Straßburg bot andere Möglichkeiten als die Weimarer Residenz. In Weimar selbst reicht das Spektrum der geselligen Angebote, die Goethe mehr oder weniger intensiv genutzt hat, von den Sommeraufenthalten mit Anna Amalias Hofgesellschaft in Tiefurt, den dazugehörigen Liebhaberaufführungen und der Mitarbeit am dort erstellten *Journal*[36] bis zum bürgerlichen Salon Johanna Schopenhauers.[37]

Um nachzuvollziehen, welche biografischen Grundlagen das Konzept einer ›geselligen Bildung‹ haben könnte, ist es jedoch sinnvoll, bis zum Leipziger Aufenthalt Goethes während der Jahre 1765 bis 1768 zurückzugehen. Denn in dieser Zeit war Goethe nicht nur besonders empfänglich für die Lehren, die er aus geselligem Umgang ziehen konnte – schließlich war er bei seiner Ankunft in Leipzig gerade 16 Jahre alt und erstmals der väterlichen Aufsicht entronnen –, sondern fand in den weit verbreiteten Mustern der Rokokoliteratur auch ein Geselligkeitsideal vorgeformt, das er für seine eigenen frühen Gedichte adaptierte. Goethes Initiation ins Erwachsenenleben vollzog sich im Spannungsfeld von real erfahrenem Gesellschaftskontakt und literarisch vermitteltem Geselligkeitsideal.

Die geringste Schnittmenge zwischen beiden Polen dürfte dabei auf erotischem Gebiet bestanden haben. Goethes Leipziger Gedichte stehen in der Tradition jener heiteren Lyrik, die Autoren wie Friedrich von Hagedorn, Johann Wilhelm Gleim, Heinrich Wilhelm Gerstenberg, Johann Nikolaus Götz, Johann Peter Uz oder Christian Felix Weiße seit der Mitte des 18. Jahrhunderts populär gemacht hatten. Das Buch *Annette* mit seinen 19 Gedichten aus der

Leipziger Zeit stellt »geradezu eine Anthologie der Möglichkeiten scherzhafter weltlicher Lyrik im Jahrzehnt 1760/70«[38] dar. Im Mittelpunkt stehen häufig Situationen der Verführung, die Überwindung der Scham durch das Begehren, die Überlistung wachsamer Eltern, der Triumph Amors. Der erotisch-sexuelle Genuss, in der realen Gesellschaft weitgehend tabuisiert und strengen Restriktionen unterworfen, wird in der Dichtung vorbehaltlos und als selbstverständliches Ziel gepriesen. Obwohl sich hinter der Widmungsträgerin Annette keine mythologisch verklärte Figur, sondern die real umworbene Gastwirtstochter Anna Catharina Schönkopf verbirgt, hat Goethe hier vor allem aus den erotischen Topoi der deutschen Anakreontik geschöpft. Wichtig jedoch ist, dass die geschilderten Liebesempfindungen nicht zur Isolation, zur Abgrenzung der Liebenden von ihren Mitmenschen führen, sondern sozial vermittelbar bleiben. Die meisten Gedichte sind an ein bestimmtes Publikum gerichtet: »Der oft anwesende Erzähler liebt es, den Texten eine gesellschaftliche und gesellige Dimension zu geben. Man muss ihn sich als scherzhaften Rezitator, gelegentlich sogar als Bänkelsänger, in fröhlicher Runde denken«.[39] In weniger stilisierter Form dürfte Erotisches freilich auch in den Alltagsgesprächen Goethes mit seinen Leipziger Studienkollegen und vor allem mit dem zehn Jahre älteren Freund Ernst Wolfgang Behrisch eine Rolle gespielt haben.

Mit Behrisch ist zugleich eine Zentralfigur für Goethes geselliges Leben in Leipzig genannt; dass er sich deutlich ältere Mentoren suchte, blieb lange Zeit charakteristisch für Goethe[40] und passt gut in die Vorstellung eines fördernden und ›bildenden‹ geselligen Umgangs. Der spätere Schwager Johann Georg Schlosser und der wie Behrisch als Hofmeister tätige Ernst Theodor Langer zählten ebenfalls zu Goethes engstem Umgang. Ihnen verdankte er nicht nur anregende und lehrreiche Gespräche, sondern auch viele Lektüreempfehlungen, die seine Kenntnis der zeitgenössischen wie der vergangenen Literatur abrunden halfen.[41]

Während er vom alternden Gottsched genauso wenig beeindruckt war wie von den meisten anderen Professoren, fand Goethe im Direktor der Zeichenakademie, Adam Friedrich Oeser, seinen wichtigsten Leipziger Lehrer. Oeser öffnete nicht nur seine Wohnung für lebhaften geselligen Umgang, sondern machte seinen Schülern auch die wichtigsten privaten Kunstsammlungen Leipzigs zugänglich. Goethes Kunstanschauung wurde durch Oeser nachhaltig geprägt. Über den Zeichenunterricht hinaus lernte er zudem Radieren.

Für die ungeliebte Juristerei blieb darüber wenig Zeit. »Ich brauche Kunst um fleißig zu sein. In Gesellschaften, Conzert, Comödie, bey Gastereyen, Abendessen, Spazierfahrten so viel es um diese Zeit angehet«[42], schrieb Goethe am 21. Oktober 1765 an den Frankfurter Freund Johann Jacob Riese. In den Familienzirkeln der Schönkopfs und Breitkopfs fand er freundliche Aufnahme. Es gab festliche Soiréen mit künstlerischen Darbietungen – so war Goethe etwa im Winter 1767 an einer Privataufführung von Lessings *Minna von Barnhelm* im Haus des Kaufmanns Johann Wilhelm Obermann beteiligt[43]– und auch die Pflege der Hausmusik hatte (vor allem bei Breitkopfs) ihren festen Platz: »Goethe spielt Klavier und Flöte, singt, dichtet Lieder für die Komposition«.[44]

Seinen musikalischen Horizont konnte er darüber hinaus in öffentlichem Rahmen erweitern. Leipzig durfte durchaus als eine Art Theaterhauptstadt gelten[45]– die Eröffnung der ersten stehenden Bühne an der Ranstädter Bastei fiel in die Zeit von Goethes Aufenthalt. Neben dem Sprechtheater spielte vor allem das musikalische Theater eine wichtige Rolle im Leipziger Kulturleben. Die Truppe von Gottfried Heinrich Koch hatte die Leipziger seit den fünfziger Jahren für die neue Gattung des Singspiels begeistert, die in der Zusammenarbeit des Textdichters Christian Felix Weiße und des Komponisten Adam Hiller einen ersten Höhepunkt erlebte. Goethe besuchte häufig die Aufführungen der Kochschen Truppe, machte persönliche Bekanntschaft mit Weiße und Hiller und konnte bei seinen Besuchen im Hause Breitkopf sicher noch vieles über die neuen musikdramatischen Bestrebungen erfahren.[46] Von den Leipziger Eindrücken nahm Goethes lebenslange Beschäftigung mit Singspiel und Oper ihren Ausgang.

Für das Niveau der Leipziger Musikaufführungen spricht nicht zuletzt, dass Goethe häufig Gelegenheit bekam, zwei Künstlerinnen zu hören, die seinen Lebensweg noch mehrmals kreuzen sollten. Die eine war Gertrud Elisabeth Schmeling, die später unter dem Namen Mara als erste deutsche (freilich italienisch geschulte) Sängerin europaweit reüssierte. Noch nach fünfzig Jahren erinnerte sich Goethe, »als ein erregbares Studentchen [...] der Mselle. Schmehling wütend applaudiert«[47] zu haben, und schrieb der 80jährigen ein Geburtstagsgedicht.[48] Verse zu ihren Ehren hatte er schon in Leipzig gemacht, gern auch auf Bestellung von Verehrern, und nicht nur für die Schmeling, sondern auch für deren heftigste Konkurrentin in der Gunst des Publikums. Diese konnte es zwar auf musikalischem Gebiet »nicht an Stimme und Talent« mit der späteren Mara »aufnehmen«, beeindruckte aber »wegen ihrer schönen Gestalt, ihres vollkommen sittlichen Betragens und ihres ernsten anmutigen Vortrags«.[49] 1776 holte Goethe sie nach Weimar – es war Corona Schröter, die erste Iphigenie.

Die vielfältigen Leipziger Eindrücke wirkten ein Leben lang nach: Im weltläufigen ›Klein-Paris‹ hatte Goethe Erfahrungen gemacht, die ihm in Frankfurt verwehrt geblieben wären. Der von Privatlehrern erzogene junge Mann war erstmals auf sich allein gestellt und musste sich, fern von der Familie, in der Gesellschaft behaupten. Neue literarische, künstlerische, musikalische und auch die ersten naturwissenschaftlichen[50] Anregungen waren eingebettet in einen sozialen Lernprozess; noch der reife Goethe erinnert sich in *Dichtung und Wahrheit* sehr genau daran, wie er zunächst lernen musste, sich in Kleidung und Ausdrucksweise der galanten Leipziger Welt anzupassen, um nicht als provinzieller Sonderling zu gelten.[51]

Im gleichen Zusammenhang wird die Universitätsstadt Leipzig – in ausdrücklichem Gegensatz zu Jena und Halle – geradezu als ein Zentrum *geselliger Bildung* charakterisiert:

Jedermann, der hier vernimmt, welchen Einfluß auf einen jungen Studierenden gebildete Männer und Frauen, Gelehrte und sonst in einer feinen Sozietät sich gefallende Personen so entschieden ausüben, würde, wenn es auch nicht ausgesprochen wäre, sich sogleich überzeugt halten, daß wir uns in Leipzig befinden.[52]

Auch wenn Goethe keineswegs auf alle derartigen Erziehungsversuche positiv reagierte[53]: In Leipzig hatte er gelernt, sich in Gesellschaft zu bewegen, und einen Großteil dessen erfahren, was sein Geselligkeitsideal und sein späteres Konzept einer ›geselligen Bildung‹ ausmachen sollte.

III

Bei aller Bedeutung, die Goethe selbst dem geselligen Umgang für seine schriftstellerische und menschliche Entwicklung zugemessen hat und die auch in seiner Biografie konkret zu fixieren ist, sollte man den Hiatus nicht übersehen, der zwischen dem Lob der Geselligkeit einerseits und dem Bedürfnis nach der zur dichterischen Arbeit unerlässlichen »absolute[n] Einsamkeit«[54] andererseits klafft. Goethe hat diesen für seine Künstlerexistenz charakteristischen Zwiespalt auch mehrfach literarisch verarbeitet, am eindrucksvollsten (und stilisiertesten) in *Torquato Tasso*; der Protagonist, der nach den Worten seines Fürsten »mehr/Die Einsamkeit als die Gesellschaft sucht« (V. 243) und, so ein Vorwurf Antonios, durch »Selbstigkeit« den »schönen Kreis gesellgen Vertrauns« (V. 2109) zerstört, weist in seinem problematischen Verhältnis zur höfischen Gesellschaft zweifellos autobiografische Züge auf – wobei Tassos berühmte Schlussallegorie vom Schiffer, der sich »am Felsen fest[klammert], an dem er scheitern sollte« (V. 3453), sowohl die zerstörerische als auch die rettende Komponente umfasst, die der Kontakt des Dichters mit der Welt beinhaltet. Der unauflösbare Konflikt zwischen Innen- und Außenwelt verhindert zwar die Ausbildung einer harmonisch-ganzheitlichen Persönlichkeit; zugleich aber – auch das macht der *Torquato Tasso* deutlich – entsteht erst aus der Spannung dieser aufrechterhaltenen Gegensätze Kunst. Für den Dichter, der sein Selbstbild aus der Genie- und Autonomieästhetik bezieht, kann sich die vom Herzog entworfene Alternative »Der Mensch gewinnt, was der Poet verliert« (V. 3078) allenfalls mit umgekehrten Prioritäten stellen.

Auf der biografischen Ebene ergibt sich daraus folgende Konsequenz: Zur Anregung und Inspiration brauchte Goethe geselligen Umgang; gingen aber die Ansprüche, die ein vertrauter Zirkel oder einzelne Freunde an ihn stellten, nach seiner persönlichen Einschätzung zu weit, so zog er sich oft genug rasch und abrupt zurück. »Verdorrte Freundschaften«[55] gab es viele in Goethes Leben. Vor allem in späteren Jahren galt der Lobredner der Geselligkeit vielen Zeitgenossen als kalt, ich-bezogen und abweisend im geselligen Verkehr. Eine späte Vision Goethes zu seinem Ideal geselligen Umgangs bringt diesen Widerspruch unfreiwillig, aber desto deutlicher zum Ausdruck. Dem Kanzler von Müller gegenüber entwarf er im Herbst 1823 folgenden Plan:

Sollte es nicht möglich sein, daß eine ein für alle mal gebetene Gesellschaft sich täglich, bald in größerer, bald in kleinerer Zahl, in meinem Hause zusammenfände. Jeder käme und bliebe nach Belieben, könnte nach Herzenslust Gäste mitbringen. Die Zimmer sollten von sieben Uhr an immer geöffnet, erleuchtet, Tee und Zubehör reichlich bereit sein. Man triebe Musik, spielte, läse vor, schwatzte, alles nach Neigung und Gutfinden. Ich selbst erschiene und verschwände wieder, wie der Geist es mir eingäbe. Und bliebe ich auch mitunter ganz weg, so dürfte dies keine Störung machen. Es kommt nur darauf an, daß eine unserer angesehensten Frauen gleichsam als Patronin dieses geselligen Vereins aufträte... So wäre denn ein ewiger Tee organisiert, wie die ewige Lampe in gewissen Kapellen brennt. Helft mir, ich bitte euch, diese vorläufigen Ideen und Pläne fördern und ausbilden.[56]

Geselligkeit als allzeit verfügbares Gut, das der Dichter dann genießen kann, wenn er seiner bedarf, für dessen Pflege und Aufrechterhaltung er aber keinerlei Verantwortung trägt; ein ›geselliger Verein‹, der eindeutig um ihn zentriert ist, der aber auch funktionieren soll, wenn der Mittelpunkt fehlt. Goethe verweigert sich hier gerade der »Entsagung«[57], die in den *Unterhaltungen deutscher Ausgewanderten* als grundlegende Voraussetzung von Geselligkeit gepredigt wird: Der gesellige Kreis seiner Phantasie wäre ausschließlich auf seine Bedürfnisse zugeschnitten, ohne ihm einengende Verpflichtungen aufzuerlegen. Ein solches Verhältnis wäre dann allerdings keines der gleichberechtigten Geselligkeit mehr, sondern letztlich – wie der Vergleich des ›ewigen Tees‹ mit der ›ewigen Lampe‹ trotz des ironischen Untertons schon suggeriert – ein fast sakrales, bei dem sich ein Kreis von Jüngern um den geistigen Mittelpunkt versammelt.[58] Optimale Produktionsbedingungen sieht der Dichter dann gegeben, wenn seine Sozialkontakte gerade so intensiv sind, dass sie seine schöpferischen Fähigkeiten stimulieren, ihm aber zugleich soviel Freiraum lassen, dass die gewonnenen Energien ohne Verlust ins Werk einfließen können. Diese Konstellation aufrecht zu erhalten, macht eine Gratwanderung erforderlich, die zweifellos eine der menschlich fragwürdigen Seiten Goethes zum Ausdruck bringt.

Anmerkungen

1 Schiller, Friedrich: Ankündigung. Die Horen, eine Monatschrift, von einer Gesellschaft verfaßt und herausgegeben von Schiller, in: Ders.: Sämtliche Werke, hg. v. Gerhard Fricke und Herbert G. Göpfert, Bd. 5, München, ⁹1993 (im Folgenden: Schiller: Sämtliche Werke, Bandnummer, Seitenzahl), S. 870-873, hier: S. 870.

2 Vgl. z.B. Wieland, Christoph Martin: Musarion oder die Philosophie der Grazien (1768), ders.: Die Grazien (1770), Jacobi, Johann Georg: Charmides und Theone oder die sittliche Grazie (1773) oder als spätes, in den Horen gedrucktes Beispiel: Herder, Johann Gottfried: Fest der Grazien (1795).

3 Vgl. Richter, Karl: Geselligkeit und Gesellschaft in Gedichten des Rokoko, in: Jahrbuch der deutschen Schillergesellschaft 18 (1974), S. 245-267.

4 Vgl. Schiller, Friedrich: Über die ästhetische Erziehung des Menschen, in einer Reihe von Briefen, die im 1., 2. und 6. Stück der Horen erstveröffentlicht wurden.

5 Schiller: Ankündigung (wie Anm. 1), S. 870f.

6 Zum Konzept der ästhetischen Erziehung vgl.: Borchmeyer, Dieter: Aufklärung und praktische Kultur. Schillers Idee der ästhetischen Erziehung, in: Naturplan und Verfallskritik. Zu Begriff und Geschichte der Kultur, hg. v. Helmut Brackert und Fritz Wefelmeyer, Frankfurt/Main, 1984, S. 122-147.

7 Goethe, Johann Wolfgang: Erste Epistel, in: Ders.: Sämtliche Werke nach Epochen seines Schaffens. Münchner Ausgabe. Bd. 4. 1, hg. v. Reiner Wild, München, 1988 (im Folgenden: MA, Bandnummer, Seitenzahl), S. 660-663, hier: S. 661.

8 Gaier, Ulrich: Soziale Bildung gegen ästhetische Erziehung. Goethes Rahmen der ›Unterhaltungen‹ als satirische Antithese zu Schillers ›Ästhetischen Briefen‹ I-IX, in: Poetische Autonomie? Zur Wechselwirkung von Dichtung und Philosophie in der Epoche Goethes und Hölderlins, hg. v. Helmut Bachmaier und Thomas Rentsch, Stuttgart, 1987 (im Folgenden: Gaier: Soziale Bildung, Seitenzahl), S. 207-272, hier: S. 207.

9 Vgl. ebd., S. 225.

10 MA, Bd. 4.1, S. 436-550, hier: S. 436.

11 Ebd., S. 436.

12 Ebd.

13 Ebd., S. 455.

14 Ebd., S. 446.

15 Ebd., S. 447.

16 Ebd., S. 448.

17 Bräutigam, Bernd: Die ästhetische Erziehung der deutschen Ausgewanderten, in: Zeitschrift für deutsche Philologie 96 (1977) (im Folgenden: Bräutigam: Die ästhetische Erziehung, Seitenzahl) S. 508-539, hier: S. 513.

18 Bezeichnenderweise war der Geistliche, der als Erzähler der meisten Binnengeschichten und insbesondere des bedeutungsschweren Märchens eine zentrale Stellung innerhalb der Gesellschaft einnehmen wird, während des Streits zwischen Karl und dem Geheimerat auf einem

»langen Spaziergange« (MA, Bd. 4.1, S. 451). Damit wird zumindest die Möglichkeit offengelassen, dass seine Anwesenheit und sein diplomatisches Geschick den Eklat verhindert hätten.

19 MA, Bd. 4.1, S. 453.

20 Ebd., S. 453f.

21 Gaier: Soziale Bildung, S. 234.

22 Vgl. Bräutigam: Die ästhetische Erziehung, bes. S. 533-537. Wulf Segebrechts Auffassung, vor allem der Revolutionsanhänger Karl mache eine tiefgreifende innere Wandlung durch, ist nicht überzeugend. Vgl. Segebrecht, Wulf: Geselligkeit und Gesellschaft. Überlegungen zur Situation des Erzählens im geselligen Rahmen, in: GRM 25 (1975), S. 306-322, bes. S. 316f.

23 Mommsen, Katharina: Märchen des Utopien. Goethes *Märchen* und Schillers *Ästhetische Briefe*, in: Literaturwissenschaft und Geistesgeschichte. Festschrift für Richard Brinkmann, hg. v. Jürgen Brummack u.a., Tübingen, 1981, S. 244-257, hier: S. 250 (Hervorhebung im Original).

24 Vgl. die Rezeptionszeugnisse in MA, Bd. 4.1, S. 1055-1067.

25 So Gaiers schon im Untertitel ablesbare Grundthese in: Soziale Bildung gegen ästhetische Erziehung.

26 Vgl. zu Goethes unzeitgemäßen Positionen in den neunziger Jahren: Keller, Werner: Der klassische Goethe und sein nicht-klassischer Faust, in: Goethe-Jahrbuch 95 (1978), S. 9-28, v.a. S. 10-12.

27 Goethe an Schiller, 3. 1. 1795, in: Briefwechsel zwischen Schiller und Goethe in den Jahren 1794 bis 1805, hg. v. Manfred Beetz, München, 1990 (= MA, Bd. 8.1), S. 54.

28 Ebd.

29 Der Gesellige, eine moralische Wochenschrift. T. 1-5, Halle, 1748-1750, Teil I, 1. Stück, S. 2.

30 Vgl. ebd., S. 6.

31 Vgl. Fauser, Markus: Das Gespräch im 18. Jahrhundert. Rhetorik und Geselligkeit in Deutschland, Stuttgart, 1991, S. 41-75.

32 Henckmann, Gisela: Gespräch und Geselligkeit in Goethes *West-östlichem Divan*, Stuttgart, 1975 (im Folgenden: Henckmann: Gespräch und Geselligkeit, Seitenzahl), S. 16.

33 Schiller: Sämtliche Werke, Bd. 5, S. 570.

34 Goethes Gespräche. Gesamtausgabe. Begründet von Woldemar Frhr. von Biedermann. Neu hg. v. Flodoard Frhr. von Biedermann, Bd. 2 (November 1808–September 1823), Leipzig, 1909, S. 412.

35 Henckmann: Gespräch und Geselligkeit, S. 16.

36 Vgl. Göres, Jörn: Goethes Ideal und die Realität einer geselligen Kultur während des ersten Weimarer Jahrzehnts, in: Goethe Jahrbuch 93 (1976), S. 84-96.

37 Vgl. Köhler, Astrid: Salonkultur im klassischen Weimar. Geselligkeit als Lebensform und literarisches Konzept, Stuttgart, 1996.

38 Sauder, Gerhard: Der junge Goethe und Leipzig, in: Leipzig. Aufklärung und Bürgerlichkeit, hg. v. Wolfgang Martens, Heidelberg, 1990, S. 233-246 (im Folgenden: Sauder: Der junge Goethe und Leipzig, Seitenzahl), hier: S. 243.

39 Sauder, Gerhard: Kommentar, in: Ders. (Hg): Der junge Goethe. 1757-1775, München, 1985 (= MA, Bd. 1.1), S. 800.

40 In Straßburg etwa übernahm diese Rolle Johann Daniel Salzmann (1722-1812), in Darmstadt Johann Heinrich Merck (1741-1796).

41 Vgl. Sauder: Der junge Goethe und Leipzig, S. 238f.

42 Goethe an Johann Jacob Riese, 21.10.1765, in: Goethes Briefe, hg. v. Karl Robert Mandelkow, Bd. 1, Hamburg, 1962, S. 13-15, hier: S. 14.

43 Markert, Karl: Goethe und Leipzig. 6 Studienabende, veranstaltet von der Leipziger Goethe-Gesellschaft 1943 (masch.), S. 35.

44 Sauder: Der junge Goethe und Leipzig, S. 242.

45 Vgl. Münz, Rudolf: Theater im Leipzig der Aufklärung, in: Leipzig. Aufklärung und Bürgerlichkeit. Hg. von Wolfgang Martens, Heidelberg, 1990, S. 169-178.

46 Vgl. Koch, Hans-Albrecht: Die Singspiele, in: Goethes Dramen. Neue Interpretationen, hg. v. Walter Hinderer, Stuttgart, 1980, S. 42-64, hier: S. 43.

47 Goethe an Zelter, 3. Februar 1831, in: Briefwechsel zwischen Goethe und Zelter in den Jahren 1799 bis 1832, hg. v. Edith Zehm und Sabine Schäfer unter Mitwirkung von Jürgen Gruß und Wolfgang Ritschel, München, 1998 (= MA, Bd. 20.2), S. 1440.

48 Vgl. An Madame Mara zum frohen Jahresfeste, in: Letzte Jahre 1827-1832, hg. v. Gisela Henckmann und Dorothea Hölscher-Lohmeyer, München, 1997 (= MA, Bd. 18.1), S. 45.

49 Goethe: Leipziger Theater, in: Epoche der Wahlverwandtschaften 1807-1814, hg. v. Christoph Siegrist u.a., München, 1987 (= MA, Bd. 9), S. 939f., hier: S. 940.

50 Sein Mittagstisch bei dem Arzt und Botaniker Ludwig brachte Goethe mit zahlreichen Medizinern in Verbindung und weckte seine naturwissenschaftlichen Interessen: »Ich hörte nun in diesen Stunden gar kein ander Gespräch als von Medizin oder Naturhistorie, und meine Einbildungskraft wurde in ein ganz ander Feld hinüber gezogen«. (Goethe: Aus meinem Leben. Dichtung und Wahrheit, hg. v. Peter Sprengel, München, 1985 (= MA, Bd. 16), S. 280).

51 Vgl. ebd., S. 272-275.

52 Ebd., S. 275.

53 Über den Umgang mit Maria Rosine Böhme, der Gattin des Hofrats Johann Gottlob Böhme, heißt es etwa in den Lebenserinnerungen: »Sie lud mich manchen Abend zu sich und wußte mich, der ich zwar gesittet war, aber doch eigentlich, was man Lebensart nennt, nicht besaß, in manchen kleinen Äußerlichkeiten zurecht zu führen und zu verbessern. Nur eine einzige Freundin brachte die Abende bei ihr zu; diese war aber schon herrischer und schulmeisterlicher, deswegen sie mir äußerst mißfiel und ich ihr zum Trutz öfters jene Unarten wieder annahm, welche mir die andere schon abgewöhnt hatte. Sie übten unterdessen noch immer Geduld genug an mir, lehrten mich Piquet, l'Hombre und was andere dergleichen Spiele sind, deren Kenntnis und Ausübung in der Gesellschaft für unerläßlich gehalten wird«. (ebd., S. 277f.).

54 Goethe an Schiller, 7. August 1799: »[...] da ich nicht nach Jena entweichen konnte, so mußten die Meinigen weichen, denn dabei bleibt es nun einmal: daß ich ohne absolute Einsamkeit nicht das mindeste hervorbringen kann«, in: MA, Bd. 8.1, S. 735.

55 Mayer, Hans: Goethe. Ein Versuch über den Erfolg, Frankfurt/Main, 1973, S. 13.

56 Goethes Gespräche. Gesamtausgabe. Begründet von Woldemar Frhr. von Biedermann. Neu hg. v. Flodoard Frhr. v. Biedermann, Bd. 3 (September 1823–Juni 1828), Leipzig, 1909, S. 20.

57 MA, Bd. 4.1, S. 447.

58 Einen ähnlichen Eindruck hat Schiller einmal formuliert, wenn er – fünf Jahre vor dem epochalen Freundschaftsbund – schreibt, Goethe sei »ein Egoist in ungewöhnlichem Grade«, der »seine Existenz wohlthätig kund [mache], aber nur wie ein Gott, ohne sich selbst zu geben« (Schiller an Körner, 2.2.1789, in: Ders.: Briefwechsel. Briefe 1788-1790, hg. v. Eberhard Haufe, Weimar, 1979 (= NA, Bd. 25), S. 191-195, hier: S. 193).

Sabina Becker

Romantischer Aufbruch im Zeichen des Rokoko

Rokokorezeption im Werk Ludwig Tiecks

Unter dem Terminus *Rokoko* hat man, darüber dürfte weitgehend Einigkeit herrschen, weniger einen Epochen- als einen Stilbegriff zu verstehen.[1] Alfred Anger hat in seinen zahlreichen Studien zum Rokoko wiederholt darauf aufmerksam gemacht, dass das Rokoko keine abgeschlossene literarische Bewegung, sondern eine Stilrichtung bzw. Stilhaltung darstellt; selbst die Werke der Rokokodichter können seiner Meinung nach nicht »völlig für das Rokoko in Anspruch genommen werden«.[2] Folgerichtig sprach Anger von einem »Zeitstil«,[3] der bis zum Ende des 18. Jahrhunderts seine Anwendung gefunden und über den Sturm und Drang hinaus bis ans Jahrhundertende seine Wirkung entfaltet habe. Seine Prämissen relativieren zugleich die These, nach der die deutsche Anakreontik wie die Rokokodichtung überhaupt mit dem Sturm und Drang und dem Göttinger Hainbund endgültig ihre Bedeutung für die Literatur jener Jahre eingebüßt hätten. Und tatsächlich lassen sich Rokokoelemente bei der Mehrheit der Dichter des Hainbundes,[4] insbesondere bei den Stolbergs und bei Johann Heinrich Voß, aber auch bei Gottfried August Bürger, beim frühen Goethe und bei Schiller finden. Alle beginnen sie ihre literarische Karriere mit anakreontischen Gedichten, Schiller nimmt sie in die *Horen* auf und durch Autoren wie Bürger, Johann Wilhelm Gleim, Friedrich W. Gotter, Johann Georg Jacobi und Moritz August Thümmel wird die Rokokolyrik bis weit »an und über die Schwelle der Jahrhundertwende getragen«.[5] Diese lange Wirkungsphase verdankt das literarische Rokoko nicht zuletzt der frühromantischen Bewegung, die spätestens ab 1790 neben der Spätaufklärung und Weimarer Klassik die literarische Szene beherrscht. Denn es ist insbesondere die junge Romantikergeneration, die die Rokokotradition noch gegen Ende des Jahrhunderts lebendig hält. Überhaupt zehrt die Frühromantik vom Formenarsenal des Rokoko, die Parallelen zwischen Frühromantik und Rokoko sind, obwohl bislang wenig beachtet, mitunter bemerkenswert; die Verbindungslinie dürfte dabei zum einen über die Empfindsamkeit und zum anderen über Christoph Martin Wieland gelaufen sein. Vom jungen Novalis ist Rokokolyrik überliefert, auch plante er die Vollendung von Christoph Martin Wielands *Idris und Zenide* (1768). In der Lyrik des jungen Eichendorff sind Rokokotöne ebenfalls nicht zu überhören.[6]

In Almanachen, Taschenbüchern und Anthologien der Romantik leben »alte und neue Anakreontik munter fort«.[7] Nun ließen sich derartige Kontinuitäten zwar mit der These von der Rokokolyrik als Initiation für Autoren des 18. Jahrhunderts begründen.[8] Doch ein solches Erklärungsmuster bleibt im Hinblick auf die romantische Bewegung insofern unzureichend, als die Bezüge zwischen Rokoko und Romantik sich z.B. noch in Ludwigs Tiecks *William Lovell* (1793-1796) und *Franz Sternbalds Wanderungen* (1798), zwei programmatischen Romanen der Frühromantik, im Spätwerk Joseph von Eichendorffs und nicht zuletzt auch in wesentlichen Bestandteilen der romantischen Ästhetik finden: Die »Kunst des Rokoko ist in der Romantik gegenwärtig«, ja man darf von einem Rokoko der Romantik sprechen. Um 1790 setzt die Romantisierung des Rokoko ein, das »Rokoko romantisiert sich«.[9] Teile des tieckschen und eichendorffschen Werks stehen für eine solche Kontinuität. Eichendorff verbinde, so heißt es in Lothar Pikuliks Untersuchung *Das Ungenügen an der Normalität*, »die Anmut des Rokoko mit dem Zauber und der Tiefe der Romantik, eine der glücklichsten Verbindungen, die in der deutschen Literatur je zustande gekommen sind«,[10] er sei der Erbe des vom Rokoko entwickelten »Grazienideals«.[11]

Alfred Anger hat in der überarbeiteten Auflage seiner Studie zum *Literarischen Rokoko* aus dem Jahr 1968 darauf aufmerksam gemacht, dass innerhalb der Romantikforschung der Einfluss des Rokoko und insbesondere Wielands auf die deutsche Romantik hartnäckig ignoriert, wenn nicht sogar geleugnet wird.[12] Daran hat sich bis heute nichts Wesentliches geändert. Nur vereinzelt findet man innerhalb der Romantikforschung Hinweise auf den Bezug der romantischen Bewegung zum literarischen Rokoko, lediglich für Joseph von Eichendorff liegen entsprechende Untersuchungen vor.[13] Indem man sich an die um 1800 von Ludwig Tieck und den Schlegel-Brüdern vorgebrachte polemische Kritik an Wieland hielt, die zweifelsohne einen scharfen und kompromisslosen Ton anschlug, schien eine weitere Bearbeitung der Verbindung von Rokoko und Romantik kaum mehr von Belang. Lediglich innerhalb der Forschung zum literarischen Rokoko wurde die Kompatibilität zwischen Rokoko und Romantik benannt, die romantischen Elemente des Rokoko ebenso wie jene Impulse, die die romantische Bewegung dem Rokoko verdankt, zumindest angedeutet. In vielen Darstellungen findet der Zusammenhang Erwähnung, weiterverfolgt hat man ihn indes nicht. Das Rokoko wurde der Romantikergeneration vor allem über Wieland vermittelt und es war insbesondere Tieck, der dessen Rokokoliteratur rezipierte. Die Tatsache, dass die literarische Sozialisation des Mitbegründers, wenn nicht sogar *des* Begründers der romantischen Bewegung zu gleichen Teilen über Aufklärung, Empfindsamkeit und Rokoko verlief und dass das Frühwerk des »Königs der Romantik«[14] im Zeichen des Rokoko stand, hätte jedoch aufmerksam machen müssen.

Gänzlich unbemerkt blieb die Verbindungslinie vom Rokoko zur Romantik zumindest innerhalb der Forschung zum literarischen Rokoko allerdings nicht.

Vor allem literaturgeschichtliche Untersuchungen der zwanziger Jahre machten auf den Einfluss des Rokoko auf die Romantik aufmerksam. So lässt Julius Wiegand in seiner 1922 erschienenen *Geschichte der deutschen Dichtung* das Rokoko um 1785 enden, sah aber dessen Nachklänge bis ins 19. Jahrhundert.[15] Auch Oskar Walzel wies in seiner Literaturgeschichte *Deutsche Dichtung von Gottsched bis zur Gegenwart* dezidiert auf die Verbindungslinie zwischen Rokoko und Romantik hin.[16] Es war jedoch vor allem Herbert Cysarz' Untersuchung *Deutsche Barockdichtung* aus dem Jahr 1924, die die Wirkungszeit des Rokoko explizit auf die Zeit zwischen 1740 bis 1800 festlegte und damit zugleich von einem Zusammenhang zwischen Rokoko und Romantik ausging. Cysarz betonte die für beide Bewegungen paradigmatische Verwendung der Ironie und zog eine direkte Verbindung von Wielands Romanen *Don Sylvio von Rosalva* (1764) und *Agathon* (1766f.) zu den Erzählungen Ludwig Tiecks und Clemens Brentanos.[17] Noch in seiner breiter angelegten, 1948 erschienenen Studie *Literarischer Rokoko*[18] hielt Cysarz an der Festlegung der Wirkungsphase des Rokoko auf die Zeit zwischen 1740 bis 1800 fest, auch hob er wiederum die Parallelen zwischen Rokoko und Romantik hervor.

Gemeinsamkeiten zwischen Rokoko und Romantik lassen sich im motivlichthematischen ebenso wie im ästhetischen Bereich ausmachen. Auch die Bedeutung, die beide Bewegungen der Geselligkeit zuschreiben, verbindet sie.[19] Die Geselligkeitskonzeptionen mögen im Detail verschieden sein – literarische Schilderungen ausgelassener Geselligkeit im Rahmen aufwändiger Festivitäten und des Freundschaftskults kennt die Romantik nicht; und sicherlich gehen die Romantiker mit ihrem Versuch der Poetisierung von Geselligkeit, ihrem Bemühen, Geselligkeit nicht nur als literarisches Motiv zu gestalten, sondern als ein poetisches Strukturprinzip nutzbar zu machen und darüber hinaus auch zu leben, weit über das Rokoko hinaus. Dennoch strebt auch das Rokoko nach einem »Leben, das immer auch in Kunstübung und ästhetischer Geselligkeit beruht«,[20] die Konzepte für eine Geselligkeitskultur beider Richtungen, einschließlich der ästhetischen Implikationen, sind dementsprechend in vielem vergleichbar. Und auch im romantischen Roman trifft man auf Schilderungen geselligen Beisammenseins in der Art des Rokoko, so z.B. in Ludwig Tiecks *William Lovell* und *Franz Sternbalds Wanderungen*. Weiterhin entstammen wesentliche Programmpunkte der Frühromantik dem geselligen Humanismus und der antihöfischen Grundhaltung des literarischen Rokoko. Daran anschließend weisen auch die Präferenz der Romantiker für eine ›Volksdichtung‹, die Rezeption und Sammlung deutscher Volkslieder, ihr Einsatz für die Volksliedtradition auf die Bemühungen der Anakreontiker um die Erneuerung des Volkstümlichen in der Dichtung zurück. Gleims *Grenadierlieder* (1758), seine 1772 erschienenen *Lieder fürs Volk*, die Aufnahme von Elementen des Bänkel- und Minnesangs in die Rokokolyrik wie die Hochschätzung der Minnesänger und des Minnegesangs im Rokoko überhaupt stehen für diese Bemühungen.[21] Die romantische Wiederentdeckung des deutschen mittelalterlichen Minnesangs war von den Anakreontikern vorbereitet, auch diese erklärten die Minnelyrik des Mittelalters zu einem ihrer Vorbilder. Die Rezeption des *Don Quijote* ist durch die Rokokodichter angeregt, sie waren es, die Cervantes für die deutsche Literatur fruchtbar zu machen suchten. Ebenso hatte bereits Laurence Sterne, einer »der höchstangesehensten Vorbilder Jean Pauls und der Romantiker« – Tieck legte mit seinem *Peter Lebrecht. Eine Geschichte ohne Abentheuerlichkeiten* noch 1795/96 einen Roman in der Sterne-Nachfolge vor – unter den Rokokoautoren begeisterte Aufnahme und Nachfolge gefunden. Nicht zu Unrecht hat Friedrich Sengle daher das Rokoko als »Vorklang der Romantik« bezeichnet und von einem »Rokokoromantizismus« gesprochen: »Die Lust an Phantasie und Märchen, überhaupt das ästhetische und reflektierte Verhältnis zum Mythos verbindet Rokoko und Romantik aufs innigste.«[22]

Tatsächlich weisen die Präferenz der Romantik für die Welt der Einbildungskraft, das von ihr geliebte Spiel mit dem Phantastischen und Imaginären, die Bedeutung der Phantasie und Märchenphantasie insgesamt, ihre Vorliebe für Märchenform und Märchenwelt, mit der sie über weite Strecken in Konfrontation zum rationalen Geist und Vernunftdenken ebenso wie zur klassischen Epoche bzw. zum klassischen Stil geriet, aber auch die Entscheidung für Arabeske und Ironie auf das Rokoko der vierziger und fünfziger Jahre des 18. Jahrhunderts zurück. Das romantische Kunstmärchen, als dessen Begründer und Hauptvertreter Tieck gelten darf, dürfte einen unmittelbaren Vorläufer im Rokokomärchen haben, ist doch die Märchen- und Feendichtung fester Bestandteil deutscher Rokokodichtung. Wielands Märchen bzw. Märchensatiren[23] und sein Märchenstil haben sicherlich sowohl auf Brentano als auch auf Tieck wesentlichen Einfluss gehabt; Anger zieht gar eine direkte Verbindung von Wielands *Abderiten* (1774f.) zu den romantischen Märchensatiren, vor allem zu Tiecks *Denkwürdige[r] Geschichtschronik der Schildbürger*.[24]

Dem Rokoko ebenso wie der Romantik sind der Aufbau einer imaginären Welt und damit ein »Ungenügen an der Normalität«[25] eigen; dieses »Ungenügen« ist zugleich der Ursprung ihrer gemeinsamen ironischen, das Spiel zwischen Leser und Autor einschließenden Grundhaltung. Wie das Rokoko entwirft auch die Romantik eine zweite, ideale Welt; man lebt in ihr, ohne die erste, reale Welt gänzlich zu negieren oder zu leugnen. Es geht um den Entwurf von Gegenwelten, keineswegs jedoch, so ein für die Rokoko- wie für die Romantikforschung gleichermaßen lange vertretenes Erklärungsmuster,[26] um Flucht vor bzw. aus der Realität. Bezeichnenderweise haben beide Strömungen kein konfliktfreies, naives Verhältnis zu der entworfenen Idealwelt, es ist vielmehr ein sentimental-melancholisches im Rokoko und ein zutiefst ambivalentes, ja skeptisches in der Romantik. Das Rokoko »träumt und tändelt«[27] und es ist sich dessen bewusst: Eine gewisse Skepsis und Resignation sind die Folge, aber auch eine spöttisch-satirische Grundhaltung, aus der sich nicht zuletzt auch die Ironie der Rokokodichtung ableitet. Cysarz zufolge handelt es sich dabei um eine »lose Ironie, unmelancholisch und unzerrissen«,[28] eine Ironie, »in der nicht der Abgrund zwischen Bild und Welt tragisch auf[breche], vielmehr überlegen und nachgiebig überspielt und überwunden«[29] werde. Mit ähnlichen Worten ließe sich die romantische Ironie umschreiben, auch sie ist nicht ausschließlich als ein ästhetisches Phänomen zu begründen, sondern muss als das Resultat der ambivalenten Haltung der Romantiker der real-alltäglichen wie der dazu gleichberechtigten phantastisch-idealen Welt gegenüber gedeutet, als das Ergebnis ihrer keineswegs eindeutigen Position im Hinblick auf die reale und imaginäre Welt also umschrieben werden. Ohne Zweifel ist die metaphysische Dimension der romantischen Ironie ausgeprägter, den Romantikern geht es um die gegenseitige Durchdringung von Realem und Imaginärem, um die Vermischung von realer und idealer Welt. Dabei wird letztere bei weitem nicht so konkret entworfen wie jene pastorale Welt innerhalb der Rokokodichtung, die das erträumte Arkadien oder das ersehnte zweite *Goldene Zeitalter* plastisch vor den Augen des Lesers entstehen lässt. Die Romantik möchte die ideale Welt mit dem steten Verweis auf deren metaphysische Dimension, durch den Hinweis auf das *Unendliche* und *Universale* in einem Schwebezustand halten. Doch insofern das Rokoko den »Unterschied zwischen dem Wunderbaren als subjektiver Vorstellung und dem Wunderbaren als objektiver Wirklichkeit«[30] kennt, antizipiert es auch diese Dimension der Romantik. Das Wunderbare wird als eine subjektive Wirklichkeit anerkannt, wie die Romantik akzeptiert auch das Rokoko die subjektiv-phantastische Welt als eine eigene, eigenständige Wirklichkeit. Umgekehrt kennt die Romantik den Hang zur Illusion und das Spiel mit der subjektiven Einbildungskraft, denn auch die Romantiker träumen den Traum vom *Goldenen Zeitalter*: Eine rokokohafte Skepsis gegenüber der Wirklichkeit zeichnet die Romantikergeneration aus, auch sie betreibt eine Idealisierung der tatsächlichen historischen Verhältnisse und Gegebenheiten, die von ihr entworfenen Reiche liegen jenseits von zeitgenössischer Lebenswelt und realer Gegenwart.

Aus diesem Changieren zwischen realer und erträumter, imaginärer Welt, aus dem spielerischen Umgang mit der Ambivalenz zwischen Wirklichkeit und Märchenwelt, zwischen Alltag und Märchentraum, aber auch zwischen Illusion und Desillusion lassen sich die Ironie des Rokoko ebenso wie die der Romantik erklären. Das Rokoko kultiviert das ironische Moment – Wielands *Comische Erzählungen* (1765) sind ein beredtes Beispiel dafür. Das Bedürfnis nach dem (literarischen) Entwurf einer der realen Welt zur Seite gestellten zweiten imaginären Welt hat im Rokoko seinen Ursprung nicht zuletzt in einem gesteigerten Wirklichkeitssinn, in dem Bedürfnis nach Natürlichkeit und wachsender Naturnähe; bezeichnenderweise werden innerhalb der Rokokoliteratur »aus Automaten [...] immerhin Typen«.[31] Von diesem gesteigerten Wirklichkeitssinn leitet sich die Ironie des Rokoko ab: Wie die Romantik empfindet auch das Rokoko ein »Ungenügen an der Normalität«, von Lothar Pikulik überzeugend als Ursprung romantischer Ironie nachgewiesen. Sicherlich ist die romantische Ironie in stärkerem Maße gesellschaftlich bedingt, es ist die Generation der Romantiker, die erstmals die Erfahrung einer dissonanten, fragmentarischen Lebenswelt durchzustehen hat – mit ihr beginnt dementsprechend die »literarische Moderne«.[32] Auch fassen August Wilhelm und Friedrich Schlegel die romantische Ironie als eine ästhetische Forderung, doch letztlich können sie die Parallelen ihres Konzepts zur Rokokodichtung nicht leugnen: die Umschreibung der im Rokoko erhobenen Forderung nach dem »Abstand des Dichters von und Erhebung über seinen Gegenstand«[33] fasst auch den Kern der romantischen Ironie-Konzeption; überhaupt darf die »sokratische Ironie des Rokoko [als] eine der Hauptquellen und Vorstufen der romantischen Ironie«[34] gelten: »So verebbt und versandet das Rokoko neben und hinter den klassischen und romantischen Gipfeln.«[35]

In diesem Zusammenhang muss das spezifische Verhältnis zwischen Leben und Dichtung, das Rokoko und Romantik gleichermaßen auszeichnet und beide Bewegungen miteinander verbindet, Erwähnung finden. Cysarz hat für das Rokoko die Wechselwirkung beider Sphären, die gegenseitige Durchdringung von Kunst und Leben herausgearbeitet und damit indirekt auf den Bezug des Rokoko zur Romantik aufmerksam gemacht: Die Romantik vollendet, worauf die Anstrengungen des Rokoko maßgeblich zielten; die Einheit von Kunst und Leben, von Dichtung und Wirklichkeit. Rokoko und Romantik sind nicht nur literarische Stilhaltungen und ästhetische Konzepte, das sind sie sicher auch; doch darüber hinaus handelt es sich bei beiden Bewegungen um eine Lebenshaltung, der es stets auch um ein Zusammengehen von Kunst und Leben, mithin um die Poetisierung der Welt zu tun ist.[36] Zwar stellt das Rokoko nicht jene Annäherung des Lebens an die Kunst her, die die Frühromantik zumindest partiell über die Identifikation von Leben und Kunst innerhalb ihres ästhetisch-geselligen *Athenäum*-Projekts umsetzen konnte; dennoch bedarf auch im Rokoko »die imaginäre Kunstform der reellen Lebensform und umgekehrt«, das Rokoko behalte, so heißt es in Cysarz' Rokokostudie aus dem Jahr 1948, »Kunst- und Lebensform stets zugleich im Auge«.[37] Nicht zuletzt resultiert daraus die »illusionäre Überhöhung des Lebens und zugleich die Desillusionierung der Schwärmerei, das stetige Schweben zwischen Traum und Erwachen«.[38] Ähnliches ließe sich auch über die Frühromantik sagen. Weder im Rokoko noch in der Romantik darf mithin der literarische Entwurf einer zweiten Welt als eine Flucht vor der Realität in imaginäre Reiche gedeutet werden. Vielmehr muss die Konzeption der Phantasiewelt, sei es in Form von Arkadien oder des *Goldenen Zeitalters*, einer fiktiven Märchenwelt oder einer der Realität des Alltags enthobenen idyllischen, pastoralen Schäferwelt, als Ausdruck jenes »Ungenügen[s] an der Normalität« und damit als eine spezifische Form der Kritik an einer verstandesdiktierten, zumeist nach pädagogisch-moralischen Aspekten entworfenen Lebenswelt gedeutet werden. Letztlich geht es beiden Bewegungen, so hält Fritz Martini fest, um eine »Spielmöglichkeit der Phantasie über der Wirklichkeit, dieses schwebende Ergötzen an den bunten Arabesken der Imagination war ein bedeutender Schritt zur poetischen Freiheit des Ich, das in solchen Spielen seine ästhetische Unabhängigkeit, seine Weltüberlegenheit genießt«.[39]

Das Schweben zwischen realer und idealer Welt, zwischen Realität und Traum impliziert die antipädagogische Zielsetzung von Rokoko und Romantik. Dabei ist in beiden Bewegungen die Verbindung zwischen Innen- und Außenwelt, wie bei Sengle angedeutet, die Arabeske. Hermann Bauer hat das für das Rocaille-Ornament typische, aber auch dem deutschen Rokoko eigene Changieren zwischen dem inhaltsleeren Ornament und eigentlichem Bildmodus, zwischen Bedeutung und Bedeutungslosigkeit, zwischen Sinn und Sinnlosigkeit als ein »Übergangsstadium zur Romantik« bezeichnet.[40] Und auch Winfried Menninghaus würdigt in seiner Studie *Lob des Unsinns* diese für die Kunstgeschichte formulierte Überlegung als eine »in der Literaturwissenschaft noch viel zu wenig zur Geltung« gelangte Erkenntnis. Die Rokoko-Arabeske ebenso wie die romantische Arabeske zielen auf die Suspendierung von Sinn durch die Produktion von »semantische[r] Leere«, auf die Verweigerung von Bedeutung durch »Nicht-Repräsentation und die scheinbare Haltlosigkeit des Spiels«.[41] Damit sind sie beide der rationalistischen Aufklärungskritik ausgesetzt, die nachhaltig Sinn einfordert, ja diesen pädagogisch-didaktisch aufbereitet haben möchte. Der Klassizismus versucht, die Arabeske-Kritik der Aufklärung durch die Bezugnahme auf die Allegorie, durch ihre Allegorisierung zu umgehen, um so die arabeske Stilform zumindest partiell nutzbar zu machen, wenn nicht sogar zu rehabilitieren. Die romantische Arabeske indes braucht diese Umwege nicht, steht sie doch der Aufklärung in vielem weitaus kompromissloser gegenüber als der Klassizismus. Das romantische Spiel mit dem Sinn, das die radikale Hinterfragung von Sinn impliziert, findet in der Rokoko-Arabeske eine adäquate Denk- und Stilform. Was die Aufklärung an der Arabeske kritisierte – man lehnt sie als ein »wahres Ungeheuer der zügellosesten Einbildungskraft«, als etwas »Sinnloses«[42] ab, – erlangt zentrale Bedeutung für eine Bewegung, der es, jedenfalls in ihrer frühen Phase, um die Abstraktion von einem ausschließlich rational herleitbaren Sinn, wenn nicht sogar von Sinn überhaupt, um eben dieses »Sinnlose« ging.[43] Gerade das, was die Aufklärung bekämpfte, ja fürchtete, die Leere, das semantisch Nicht-Besetzte, die Gegenstands- und Sinn-Losigkeit, also all das, wofür die Rokoko-Arabeske stand, greift die Frühromantik auf. Sie entwickelt daraus zum einen die für die frühromantische Theorie bedeutende Form der »Hieroglyphe«[44] und zum anderen das gesamte romantische Konzept der Autonomie von Kunst und Ästhetik. Ohne die Vorarbeit Karl Philipp Moritz' ausblenden zu wollen,[45] dürfte es insbesondere Ludwig Tieck gewesen sein, der die Möglichkeiten der Rokoko-Arabeske wie des Rokoko insgesamt für die

Entwicklung einer genuin romantischen Kunst nutzbar machte; einer Kunst also, die ihre Ziele in der Entgrenzung sieht und ihre Inhalte auf das Unendliche und Ferne, auf »Universalität«[46] und damit auf eben jenen das Rokoko kennzeichnenden »Flug der Einbildungskraft« und jenes rokokohafte »Vergnügen in Labyrinthe« festlegt.[47] Eine solche »Entgrenzung der Arabeske«, vor der Moritz noch gewarnt hatte, wird nun »Teil des frühromantischen Projekts«.[48] Der Romantik geht es um die Dimension des Unendlichen und »Universalen« des Kunstwerks und sie glaubt dies über die Nicht-Bedeutung bzw. über das Nichts-Bedeuten, was letztlich das Uneindeutige, Offene, das Entgrenzte und somit Universale garantiert, einlösen zu können. In der Rokoko-Arabeske findet man ein (erstes) ästhetisches Element für die Umsetzung der romantischen »Universalpoesie«,[49] ermöglicht sie doch die Konstruktion eines Schwebezustands; auch vermag sie das Schweben zwischen Außen und Innen, zwischen Bedeutung und Bedeutungslosigkeit bzw. Sinn und Sinn-Losigkeit, und das heißt letztlich ja auch zwischen Realem und Imaginärem, einzulösen, ist sie doch als ornamentale Beigabe ein Verbindungsglied zwischen dem Kern des Kunstwerks und seinem Rahmen, seiner Hülle, sie ist ein »Zwitter von Innen und Außen«: »Die Rokokoarabeske hatte ein solches textuelles Delirium von innen und außen, Rahmen und Gerahmtem bereits wirkungsvoll im Medium von Malerei und Architektur präfiguriert.«[50] Damit ist sie für die Romantiker »die älteste und ursprüngliche Form der menschlichen Fantasie«,[51] so eine Formulierung Friedrich Schlegels, die nochmals das Interesse der Romantiker an der Rokoko-Arabeske wie am Rokoko überhaupt demonstriert.

Das literarische Rokoko betreibt ein sich selbst genügendes Spiel, die Rokoko-Arabeske ist leeres Spiel und gedankliche Leere. Die Forschung zum literarischen Rokoko hat diesen Spielcharakter lange Zeit negativ bewertet; eine solche Abwertung wird aber den eigentlichen inhaltlichen Dimensionen des Rokoko nicht gerecht: Betrachtet man das spielerische Moment vom Standpunkt der Romantik und mithin aus romantischer Perspektive, werden die programmatische Intention sowie die Bedeutung der vermeintlich inhaltsleeren Spielerei des Rokoko erkennbar. Denn mit Hilfe des Rokoko bzw. unter Bezugnahme auf das Rokoko befreit sich die Romantik aus dem Korsett der Aufklärung, löst sich von deren Sinn-Paradigma und Zweck-Diktat, um für sich die *phantastischen* Möglichkeiten der Unendlichkeit von Sinn, und das heißt von konkreter Sinn-Losigkeit nutzbar zu machen. Das Rokoko-Spiel mit und um Leere, Beliebigkeit und Bedeutungslosigkeit wird der Romantik ein Spiel mit der Konkretheit von Bedeutung sowie der Fixierbarkeit von Sinn und damit auch ein Spielen mit Phantasie und Einbildungskraft. Romantische Theorie und romantisches Erzählen, und zwar nicht nur das Erzählen von Märchenwelten, zielen auf die Aufhebung der Eindeutigkeit von Sinn und der Konkretheit von Bedeutung, auf Polyvalenz statt auf Monokausalität also; das Rokoko hat für diesen Teil der Romantik mehr als nur Vorarbeit geleistet, immerhin handelt es sich z.B. im

Falle der *Lucinde* (1799), wie ihr Autor angibt, um ein »Gedicht aus Nichts« bzw. um eine »Naturarabeske«.[52] Schlegel gesteht der Arabeske das Potential der unendlichen ironischen Reflexion und damit des romantischen »Symphilosophierens« und »Sympoetisierens«[53] zu. Die Urform der ironischen Struktur romantischer Werke, die sich in den steten Digressionen und Abschweifungen, in der Diskontinuität des Erzählens und in der Sprengung des narrativen Gerüsts niederschlägt, ist demnach in der Arabeske zu suchen.

Für die Ausformulierung ihres Begriffs der literarischen Arabeske zwischen 1797 und 1801 konnten Tieck und Schlegel vor allem auf die Feenmärchen des Rokoko und deren Poetik zurückgreifen, denn auch das Rokoko hatte die Verwandtschaft zwischen ornamentaler Arabeske und Feenmärchen insbesondere in ihrer beider Distanz von Zweckgebundenheit und Rationalität und in ihrem Rekurrieren auf Imagination und Phantasie erkannt. Das Zusammenspiel arabesker Erzählstrukturen und märchenhafter Feenwelt im literarischen Rokoko dürfte wohl das Interesse der Romantiker geweckt und den romantischen Rekurs auf dasselbe ausgelöst haben. Letztlich sind auch die zentralen Kategorien romantischer Theorie und Erzählkunst, die des Zufalls und des Unzusammenhangs bzw. Fragmentarischen auf Labyrinth- und Kreisstrukturen und damit auf die Rokoko-Arabeske zurückzuführen. Die Romantik entwickelt eine Poetik der Arabeske, die ihren Ausgangspunkt im literarischen Rokoko, genauer im Feenmärchen des Rokoko kaum verbergen kann. Tieck hat aus diesen Bezügen keinen Hehl gemacht; und wenn Schlegel auf die »poetischen Arabesken« zu sprechen kommt, die Tieck aus »alten Märchen gebildet«[54] habe, so spricht auch der bedeutendste Theoretiker der romantischen Arabeske wie der romantischen Theorie überhaupt diese Verbindung an.

Zu Recht werden bereits für Tiecks Beiträge zu Nicolais Zeitschrift *Straußfedern* Bezüge zum französischen Rokoko benannt, so z.B. in dem 1797 entstandenen Märchen *Die sieben Weiber des Blaubart* (1797), das, darauf wies bereits Roger Paulin hin,[55] an die Erzähltechnik der auf Elemente der Rocaille und der Arabeske zurückgreifenden Rokoko-Conte erinnert. Tieck arbeitet mit *dem* Stilmittel des Rokoko, dem Rocaille-Ornament bzw. der Arabeske, und seine Erzählung gilt zugleich als Ausdruck der »reinsten«[56] und damit der romantischen Ironie. In Band 9 der von Tieck selbst zusammengestellten Ausgabe seiner *Schriften* fasst er vier frühe Erzählungen, darunter auch *Die sieben Weiber des Blaubart*, unter der Gattungsbezeichnung »Arabesken« zusammen.[57]

Die Romantik kündigt das Sinn-Diktat der Aufklärung primär über die Zusammenhanglosigkeit der Märchenform bzw. der Märchenwelt auf; dem Märchen ist eine »Poetik des Unzusammenhangs«[58] immanent, es gibt in ihm keinen gesetzlichen, rational erklärbaren Zusammenhang, Tieck schreibt Märchen »ohne allen Sinn und Zusammenhang«.[59] Die Kritik der Aufklärung an der Form des Märchens, die insbesondere auf deren inhaltliche Zusammenhanglosigkeit zielte, weist die Romantik zurück. Sie schließt damit, unter Umgehung der Aufklärung, an das Rokoko, genauer an das Feenmärchen des Rokoko an. Stört sich die Aufklärung an der Sinn- und Zusammenhanglosigkeit der Märchenhandlung, so ist es gerade diese Möglichkeit der Aufhebung von Kausalität und monokausalen Erklärungsmustern, was die Romantik an diesem Genre interessiert; demzufolge werden das Nichtzusammenhängende und nicht logisch Herleitbare innerhalb der romantischen Ästhetik zentrale poetologische Maximen: Nicht nur ihre Erzählstrukturen und Inhalte sind arabesk, sondern die Romantik erklärt die Literatur insgesamt zur Arabeske. Das Rokoko ist ihr hierin vorausgegangen.

Aus diesen inhaltlich-programmatischen Übereinstimmungen resultieren die ästhetischen und stilistischen Gemeinsamkeiten zwischen Rokoko und Romantik. In der Tendenz zur Auflösung der Gattungen bzw. Gattungsgrenzen,[60] im Hang zur Gattungsmischung, in der Verschmelzung von Epik und Dramatik oder von Epik und Lyrik sowie in den fließenden Übergängen zwischen Vers und Prosa, in der Neigung zum Fragmentarischen und zu einem epischen Fragmentarismus – Sengle sprach von »Rokokofragmentarismus«[61] – beerbt die Romantik das Rokoko. Alfred Anger hat die »Auflösung der strengen Gattungsformen«[62] als eines der wesentlichsten Kennzeichen der Rokokoliteratur herausgearbeitet, wobei durch die Gattungsmischung und die Auflösung der festen Gattungsgrenzen neue Genres, Formen und Erzählweisen entstehen, etwa die komische Romanze, das Singspiel oder die Verserzählung. Die Grenze zwischen Prosa und Vers bzw. Versdichtung wird aufgehoben, so entsteht die Versprosadichtung, eine im Rokoko verbreitete Modeform. Gerstenbergs *Tändeleyen* (1759), Johann Georg Jacobis *Winterreise* (1769) und *Die Sommerreise* (1770) sowie seine *Nachtgedanken* (1769), auch sein *Charmides und Theone oder die Sittliche Grazie* (1774) zehren von dieser Neuerung; über Wielands *Grazien* (1770) und Thümmels Roman *Reise in die mittäglichen Provinzen* (1791ff.) werden sie der Romantik übermittelt, bezeichnenderweise schreibt der junge Tieck Verserzählungen bzw. Versprosadichtung.[63] Die Parallelen zur Romantik, der Gattungsauflösung und -mischung zum Programm werden – man denke an Schlegels theoretische Schriften, aber auch an die literarische Umsetzung der Theorie, an seine *Lucinde* –, liegen auf der Hand. In diesem Zusammenhang muss auch das polyperspektivische Erzählen erwähnt werden; es findet sich sowohl in der romantischen Romanliteratur – zu nennen wäre hier neben Schlegels *Lucinde* Clemens Brentanos *Godwi. Ein verwilderter Roman* (1801) – als auch in der rokokohaften Briefliteratur der Romantik, und erfährt in Tiecks *William Lovell* seinen gewichtigsten Ausdruck. Denn es war die Rokokodichtung, die »das vieldeutige und vielperspektivische Erzählen zu einer eindrucksvollen Kunst gestaltete«.[64] Wieland praktizierte es in seinem Roman *Don Sylvio von Rosalva* (1764), aber auch schon die Verserzählungen Johann Fürchtegott Gellerts, Gleims, Friedrich von Hagedorns und Johann Christian Rosts kannten eine Multiperspektivität des Erzählens.

Der Vermittler: Christoph Martin Wieland

Ebenso spannend wie die Übereinstimmungen und Gemeinsamkeiten zwischen Rokoko und Romantik dürfte sich die Frage nach der trennenden Grenze zwischen beiden Bewegungen, nach dem Umschlagen von Rokoko in Romantik gestalten. Sengle erklärte den Übergang vom Rokoko zur Romantik mit Hilfe der Verbürgerlichung der Rokokokultur: »Die Rokokokultur in Deutschland mußte in dem Augenblick, da sie verbürgert, d.h. aus den höfisch-politischen Zusammenhängen herausgelöst wurde, anfangen, in Romantik umzuschlagen [...].«[65] Im Hinblick auf diesen Übergang von Rokoko zu Romantik kommt Wieland eine zentrale Bedeutung zu, gilt er doch zum einen als einer der wichtigen Vertreter des deutschen Rokoko und zum anderen als der »Wegbereiter und Vorläufer der Romantik«.[66]

In Deutschland werden im Gegensatz zu Frankreich das Rokoko und die Rokokoliteratur statt vom Adel vom Bürgertum getragen. Das deutsche Bürgertum lehnte den unmoralischen Lebenswandel des Adels und mithin die französische Rokokokultur ab. Wieland gelingt es, Rokoko und Bürgerlichkeit in Einklang zu bringen: Ist es richtig, dass das Rokoko in Deutschland als Ausdruck des anwachsenden bürgerlichen Selbstbewusstseins im Zeitalter des Absolutismus zu werten ist,[67] als eine antiaristokratische Literatur, die mit dem kulturellen Verfall des Ancien régime einhergeht, so gebührt insbesondere Wieland das Verdienst, den Übergang vom Rokoko zur Romantik eingeleitet zu haben. Keineswegs soll die Entstehung der Romantik singulär auf die Verbürgerlichung des Rokoko zurückgeführt werden; dennoch dürfte diese Linie keine unwichtige Rolle bei der Entwicklung der romantischen Bewegung und Programmatik gespielt haben. Die Tatsache, dass die Verbindung zwischen Rokoko und Romantik primär über Wieland läuft, konkretisiert diese Beobachtung. Ungeachtet der Angriffe der Romantiker auf ihn, ihrer Hervorhebung der grundsätzlichen Unvereinbarkeit seiner Werke mit den Positionen der romantischen Bewegung, sind die Unterschiede zwischen ihm und den Romantikern weniger gravierend als von den Frühromantikern lautstark behauptet.[68] Die romantische Welt und die Wielands überschneiden sich, diese ist partiell eine romantische. In seinen Werken findet das romantische Element Eingang, z.B. wenn er den Begriff »romantisch« zur Beschreibung von Natur- und Landschaftsszenarien oder landschaftlichen Gegenständen gebraucht. Wieland ist der erste Autor, der den Begriff des Romantischen im Zusammenhang seiner Rokokoliteratur einführt. Seine 1784 erschienene Verserzählung *Idris und Zenide* – mit Wieland ist der »Höhepunkt der Verserzählung wie des deutschen Rokoko«[69] erreicht – trägt in der ersten Ausgabe noch den Untertitel: »Romantisches Gedicht«; und in Bezug auf seinen *Neuen Amadis* von 1771 spricht Wieland im Vorbericht gleichfalls von dessen »romantische[m] Klang«, auch redet er dort von »romantischen Helden« und vom »romantischen Hain«.[70] Im *Goldenen Spiegel* (1772) verwendet er den Begriff romantisch im Sinne von schwärmerisch.[71] Wieland ist damit der erste Autor, bei dem der Begriff des Romantischen im Sinne der romantischen Bewegung und Lebensanschauung, zur Bezeichnung der Abkehr vom Nur-Rationalen und zur Hervorhebung des Unendlichen Verwendung findet. Friedrich Sengle machte zudem darauf aufmerksam, dass der »zersetzende Humor« des Spätrokoko, verkörpert durch Chris-toph Martin Wieland, der Romantik eines Ludwig Tieck korrespondiert.[72] Und auch Teile der schlegelschen Theorie einer romantischen Ironie und des Witzes führt er auf Wielands Überlegungen zum notwendig komischen Element der Dichtung zurück.

Überhaupt dürfte Wieland eine zentrale Vermittlerrolle hinsichtlich der Verbindung von Rokoko und Romantik zukommen: Ungeachtet der scharfen Kritik und Polemik der Frühromantiker gegen Wieland wird das Rokoko der Frühromantik primär über Wieland vermittelt. Die Polemik der Schlegel-Brüder z.B. wird heute eher als »Sohneshaß«[73] denn als inhaltlich begründete Kritik gewertet. Die Wirkung von Wielands *Don Sylvio von Rosalva* auf den jungen Novalis, auf Schlegels *Lucinde*, ja selbst noch auf E.T.A. Hoffmanns *Goldnen Topf* (1814) verweisen darauf. Und auch die Gemeinsamkeiten der schwärmerischen Protagonisten romantischer Romane mit den wielandschen Helden aus *Don Sylvio von Rosalva, Idris und Zenide* und dem *Neuen Amadis* indizieren diesen Einfluss; wie sie sind die romantischen Helden auf der Suche nach einem Idealbild von Welt, Natur, Gesellschaft und Kunst. Auch war es Wieland, der die italienische Renaissance und ihre Literatur, die Ritterromantik, entdeckte und als zeitlichen bzw. historischen Hintergrund in seine Werke einbezog. Und letztlich lenkt er auch seinen Blick auf jene Autoren, denen die Romantiker einen hohen Stellenwert zuschreiben sollten, vor allem auf Ariost und Shakespeare. Tieck, der sich seit Anfang der 1790er Jahre intensiv um die Übersetzung der shakespeareschen Werke bemühte, hatte in Wieland einen Vorläufer: Auch dieser übertrug mehrere Werke des Engländers ins Deutsche, unter anderem das Drama *Sommernachtstraum*, erklärtermaßen Wielands Lieblingsdrama, aber auch ein von den Romantikern favorisiertes Stück des englischen Dramatikers.

Rokokorezeption im Frühwerk Ludwig Tiecks

Ludwig Tieck ist in jener Stadt geboren und aufgewachsen, in der sich bis zum Ende des 18. Jahrhunderts Rokokozirkel gehalten haben. Noch in den siebziger und achtziger Jahren des Jahrhunderts, in denen Tieck zu schreiben beginnt, sind Rokokoliteratur und Rokokotradition präsent. Salomon Geßners letztes Idyllenbuch erscheint 1772 und erfährt in der Folge mehrere Auflagen, zudem werden gegen Ende des Jahrhunderts viele Rokokowerke in Ausgaben zusammengestellt. Auch in Zeitschriften und Musenalmanachen findet sich um 1800 Rokokoliteratur. Wilhelm Heinse, dessen literarisches Frühwerk ganz im Zeichen des Rokoko steht, wird in den siebziger und achtziger Jahren noch gelesen; Heinse selbst stellt 1775 eine Anthologie deutscher Rokokoerzählungen mit dem Titel *Erzählungen für junge Damen und Dichter* zusammen. Wielands frühe Schriften, die gänzlich dem Rokoko zugerechnet werden müssen, sind ebenfalls auf dem Buchmarkt und innerhalb des literarischen Lebens Berlins präsent. Das Spätwerk der Rokokodichter ist ohnehin nicht vergessen: Gleim, Jacobi und Thümmel werden am Jahrhundertende noch gelesen. Tieck zumindest kannte offenbar ihre Werke: »Göckingk, Weisse, Kleist, Wieland, Gleim, alles Schriftsteller, die unserer Nation Ehre machen«, äußert Tieck noch um 1780 über Autoren des Rokoko.[74]

Berlin ist zudem die Stadt des Rokoko-Komponisten Johann Friedrich Reichardt.[75] Tieck verkehrt, eingeführt durch seinen Schulfreund Wilhelm Hensler, Reichardts Stiefsohn, in den rokoko-empfindsamen Kreisen um den königlichen Musikdirektor. Überhaupt verläuft Tiecks literarische Sozialisation zu großen Teilen über Rokoko und Empfindsamkeit, wohingegen die Sturm und Drang-Bewegung in Berlin, im Zentrum der Berliner Aufklärung um Friedrich Nicolai, von nicht allzu großer Bedeutung war; jedenfalls war die Wirkung der Sturm und Drang-Autoren in der preußischen Hauptstadt bei weitem nicht so intensiv wie in ihren eigentlichen Zentren Straßburg, Göttingen und Frankfurt. Die empfindsame Tendenz bzw. die Dominanz der Empfindsamkeit in dieser Stadt dürfte sie zumindest kaum durchbrochen haben.

Auch Tiecks Äußerungen zu Watteau, einem der wichtigen französischen Rokokomaler, belegen die Selbstverständlichkeit, mit der dieser Autor dem Rokoko bzw. der Rokokokultur und -tradition begegnete. Zusammen mit Wackenroder bewunderte Tieck die Gemälde Watteaus, sie beschrieben sie als »gemahlte, leichte Tanzmusik«, welche die »heitern Stunden des frischen, sinnlichen Genusses« verschönere, fanden Gefallen an den »zierliche[n], leichte[n] Gestalten«, dem »Begegnen der glänzenden Augen« und den »angenehmen Abentheuer[n]«, begeisterten sich für »bunte flatternde Gewänder, tolle und possierliche Masken [...] in allgemeiner Fröhlichkeit«: »Tänzer drehen sich herum, eine angenehme Verwirrung nimmt den Blick gefangen.«[76]

Die kulturelle Szene Berlins, in der Tiecks literarische Laufbahn ihren Anfang nahm, wurde maßgeblich von Friedrich Nicolai und Karl W. Ramler, einem fredericianischen Anakreontiker, bestimmt. Von daher überrascht es nicht, dass Tiecks frühe Schriften, seine Idyllen und Verserzählungen wie auch jene Werke, die die Frühromantik begründen, seine beiden Romane *William Lovell* und *Franz Sternbalds Wanderungen* sowie seine Kunstmärchen also, über die sich konstituierende Romantik hinaus zwischen Rokoko, Empfindsamkeit und Aufklärung zu verorten sind.

Tiecks literarische Anfänge – sie liegen um 1789 – dürfen als symptomatisch für die literarhistorische Situation am Ende des 18. Jahrhunderts gelten: Seine frühen Werke vereinen empfindsame und aufklärerische Momente mit den Elementen einer frühromantischen Kunst; doch sie stehen darüber hinaus in der Tradition Wielands und des literarischen Rokoko. Tieck bedient sich in seinem Jugend- und Frühwerk nahezu aller typischen Genres, Motivkomplexe und ästhetischer Verfahrensweisen des Rokoko: Er schreibt anakreontische Lyrik, die nicht zuletzt von der Lyrik Reichardts und Matthissons beeinflusst sein dürfte, und Verserzählungen; er verfasst ein pastorales Schäferspiel sowie ein Singspiel und mit seinem *Almansur* legt er eine Idylle in bestem Rokokostil vor. Seine Beschäftigung mit dem Rokoko läuft dabei über Wieland, ungeachtet der späteren Polemik Tiecks, die auch die Haltung der Schlegel-Brüder Wieland gegenüber nicht unbeeinflusst ließ.[77]

Der alte Tieck wird sich abwertend über das Rokoko äußern; in seinem letzten Roman, in *Der junge Tischlermeister* (1836), spricht er abwertend vom »Muschel- und Schnörkelwesen«[78] des Rokoko. Doch diese spätere Abneigung ändert nichts an der Tatsache, dass Tiecks literarische Anfänge im Zeichen des literarischen Rokoko stehen und sein frühromantisches Werk vom Rokoko im Sinne der oben beschriebenen Bezüge zwischen Rokoko und Romantik profitiert. Seinem Jugendwerk ist die Gestaltung des Heiteren, Idyllischen und Unbedrohten in der Tradition des literarischen Rokoko eigen. Im *William Lovell* erfährt diese Tendenz durch die nihilistische Grundhaltung eine deutliche Konturierung und Problematisierung, wobei sich gerade in letzterer die Frühromantik ankündigt. Hatte Wieland mit seinem *Don Sylvio von Rosalva* und seinen *Comischen Erzählungen* eine empfindsame Elemente einbeziehende Dichtung verfasst, in der Sinnen- und Verstandeswelt in Einklang gebracht werden, so kündigt Tieck gerade diese Harmonie auf. Im *William Lovell* z.B. werden Verstandeswelt und Ratiokultur des Adels problematisiert, doch zu einem Leben in Harmonie durch ein Ausleben von Sinnlichkeit und Genuss lässt Tieck seinen Helden nicht finden. Hierin liegt ein gewichtiger Unterschied zwischen Tieck und dem literarischen Rokoko, wie es durch Gleim, Ewald von Kleist, Johann Peter Uz, Wieland und andere bis in die siebziger Jahre des 18. Jahrhunderts entworfen wurde. Tieck rezipiert wesentliche Bestandteile des Rokoko, doch diese werden radikalisiert. Insofern ist Tieck beerbter Ahne und Schlusslicht des Rokoko zugleich.

Zunächst jedoch verlief Tiecks literarische Sozialisation, einmal abgesehen von den Einflüssen und der Bedeutung Shakespeares, über das Rokoko. Seine Beschäftigung mit dem literarischen Rokoko und sein Interesse an dieser Bewegung sind den frühen Werken abzulesen und haben in der Wahl der Genres und Motive ihren vielfältigen Niederschlag gefunden. Ewald von Kleists erfolgreiches Werk, die in Hexametern verfasste Versdichtung *Der Frühling* (1749, umgearbeitet 1756), hat Tieck, da er offenbar das deutschsprachige Original nicht kannte, aus dem Französischen rückübertragen.[79] Auch in seinem um 1792 entstandenen Aufsatz *Über das Erhabene* kommt er auf Kleist und dessen *Frühling* zu sprechen.[80]

Von Kleist übernimmt Tieck eine tänzerisch-idyllische Lyrik im Stil des Rokoko, eine für ihn bis 1798 maßgebende Form und Stiltradition. Bereits seine 1790 entstandene *Friedensfeier* kann Kleists Vorbild nicht verleugnen. Noch im gleichen Jahr macht er sich an die Bearbeitung von Shakespeares *Sturm* für das Theater.[81] Wiederum hat er sich mit dem Rokoko auseinanderzusetzen, auch die Rokokoautoren, insbesondere Christian Felix Weiße, dessen *Mustapha und Zeangir* (1763) für Tiecks um 1792 entstandenes »Schauspiel« *Roxane* die Vorlage lieferte, und, wie bereits erwähnt, Wieland haben sich mit dem englischen Dramatiker beschäftigt. In Zusammenhang mit seiner Shakespeare-Bearbeitung entsteht Tiecks *Abhandlung über Shakspears Behandlung des Wunderbaren*, in der Weißes Adaption von Shakespeares Drama *Richard III* aus dem Jahr 1759 Erwähnung findet. Innerhalb der Romantik-Forschung wird Tiecks Aufsatz als ein Dokument gewertet, dem sich bereits das »Programm einer romantischen Kunst« ablesen lässt;[82] die Vermutung liegt nahe, dass der romantische Umgang mit den Elementen des Phantastischen und »Wunderbaren«, deren Stellenwert für Tiecks Werk im speziellen wie für die Romantik insgesamt wohl kaum zu überschätzen ist, Tieck nicht zuletzt über das Rokoko vermittelt wurde. Eine solche These wird zudem durch Tiecks Rezeption traditioneller Rokokogenres, im Besonderen der Idylle und des Singspiels, und das heißt auch durch die Rezeption der Werke Salomon Geßners gestützt.[83]

Und tatsächlich ist die Idylle für die Romantiker kein unbekanntes Genre. Zwar bezieht Tieck gemeinsam mit den Schlegel-Brüdern gegen Ende des Jahrhunderts Stellung gegen die Idyllentradition des Rokoko, die bis zu diesem Zeitpunkt für ihn nahezu stilbildend wirkte, und gemeinsam füllen sie den Begriff der Idylle mit neuen Inhalten: So z.B. Friedrich Schlegel, der sich bereits in seiner Besprechung von Gotthard Ludwig Kosegartens *Ekloge* über das Genre der Idylle geäußert hatte,[84] in der *Idylle vom Müßiggang*, dem an zentraler Stelle platzierten Text seiner *Lucinde*; Tieck selbst in seinen Kunstmärchen, in *Der blonde Eckbert* (1797), im *Runenberg* (1797) und in *Die Elfen* (1797), aber auch im *William Lovell* und in *Franz Sternbalds Wanderungen*.[85] Sicherlich bestehen zwischen der spezifisch romantischen Verwendung der Idylle in diesen Werken und der Rokokoidylle Unterschiede, dennoch verdankt Tieck ihr entscheidende

Impulse. Sowohl im *Zerbino* als auch in seinem Drama *Die verkehrte Welt* lässt sich der Einfluss Geßners belegen.

Die Bedeutung des Idyllendichters Gessner für Tiecks literarische Anfänge verweist auf die Verbindung von Tiecks Frühwerk zum Rokoko ebenso wie auf die zwischen Rokoko und Romantik überhaupt. Tiecks um 1790 entstandene *Paramythien und Fabeln*, ein Produkt der tieckschen Mythenrezeption, enthalten zahlreiche Reminiszenzen an das Rokoko. Achim Hölter zufolge erinnert z.B. das in *Die Leier* entworfene Muster der Aitiologie an Geßners *Der erste Schiffer*, aber auch an Gleim[86] und das Rokoko insgesamt: »Es ruhte Amor müde / Im Schatten einer Myrte / Im kühlen Lindenhaine; / Es schlüpfte weicher Schlummer / Auf seine Augenlieder [...]«. Die »Paramythie« *Die Rose* weist Parallelen zu Gleims *An die Schönen* und insbesondere zu dessen *Amor und Venus* auf (vgl. auch Gleims *Amor im Garten*), wo das Motiv der Rose ebenfalls eine zentrale Stellung einnimmt; die Schlusspassagen des Textes evozieren »das auf Anakreon zurückgehende Motiv des verwundeten Eros«.[87] Das Stück *Luna*, im Untertitel ebenfalls als *Paramythe* bezeichnet, erinnert an den Beginn von Geßners Idyll *Mirtil* (*Idyllen. Von dem Verfasser des Daphnis*, 1756); Tieck entwirft darin eine rokokohafte Szenerie:

Endymion, der schönste Schäfer der Flur, weidete im thesalischen Tempe seine Herden; die Sonne war schon untergesunken, Luna erleuchtete schon die grünen Büsche, die Quellen, die Wälder umher, er spielte sich auf seiner Flöte ein ländliches Lied und das Echo sang seine Töne nach. [...] Da rollte *Luna's* Wagen über den duftenden Myrtenhain [...].[88]

Auch Tiecks 1798 erschienene Erzählung *Almansur*, die er in der Ausgabe von 1828 im Untertitel als *Idyll* bezeichnete,[89] wurde maßgeblich durch Geßners 1756 erschienene Hirtengeschichten beeinflusst; zudem hat die Idyllendichtung Ewald von Kleists (insbesondere dessen bereits erwähnte Versdichtung *Der Frühling*) Pate gestanden. Geßners Abwesenheit von Gesellschaft und Gesellschaftlichkeit, seine Zivilisationsferne und Naturverbundenheit geben auch den rokokohaften Stimmungshintergrund der Tieckschen Erzählung ab. Wieland folgend verlegt Tieck jedoch das *Idyll* in den Orient, auch nutzt er die Idylle in der vom Rokoko eingesetzten Weise zur Darstellung menschlicher Vorgänge innerhalb einer Landschaft. Doch damit, wie mit dem Motiv des Einsiedlers überhaupt, steht er zugleich am Beginn romantischer Naturdarstellung und Natursehnsucht; nicht zufällig hat Tieck das Einsiedler-Motiv auch in seinen die Romantik begründenden Romanen *William Lovell* und *Franz Sternbalds Wanderungen* sowie in seinen Kunstmärchen, vor allem in *Der Runenberg* und in *Der blonde Eckbert*, wieder aufgenommen; über die Konstituierungsphase hinaus erlangt es für die gesamte Romantik zentrale Bedeutung, u.a. hat es Novalis in seinem *Heinrich von Ofterdingen* aus dem Jahr 1802 gestaltet. Nachhaltiger als andere frühe Texte von Tieck verweist mithin der *Almansur* auf die programmatische Verbundenheit der Romantik mit dem Rokoko. Die geschilderten

Vorgänge und Rokokoszenerien um Almansurs Flucht aus der Zivilisation in Natur und Einsamkeit sind zugleich dezidiert romantische Motive, sie sind Ausdruck der romantischen Sehnsucht nach Ferne und Unendlichkeit. Über den Traum vom *Goldenen Zeitalter* scheinen Rokoko und Romantik mithin auf das engste miteinander verbunden: Tiecks Landschaftsdarstellungen stehen, wenn er auf den literarischen Mythos des *Goldenen Zeitalters* zurückgreift, im Zeichen des Rokoko; es kündigen sich in ihnen jedoch bereits der spezifisch romantische Traum von Natur und die Idee einer romantisierten Lebenswelt an:

O Almansur, bewohne mit mir diese Hütte, trinke mit mir von meiner Milch, laß uns beide in den Schatten eines Baumes ruhn. [...] beide bewundern wir nun den Aufgang der Sonne, wir beide sehn ihrem Scheiden nach [...].[90]

Sowohl das Rokoko als auch die Romantik entwerfen Gegenwelten und rekurrieren dabei auf das *Goldene Zeitalter*. Die Romantik reaktiviert diesen in der pastoralen Dichtung des Rokoko entworfenen Mythos, auch in diesem Punkt kommt Tieck sicherlich die Rolle des Vermittlers zu.[91] Das Rokoko imaginiert ein vergangenes Zeitalter der ländlichen, bedürfnis- und mangellosen Lebensformen in Absetzung von einer urbanen Zivilisation; die Ausbildung der Schäferidylle steht in engem Bezug zu diesem Rekurs auf die Welt des *Goldenen Zeitalters*; durch Attribute wie Einfachheit, Natürlichkeit und Unschuld wird dieses untergegangene Reich ausschließlich positiv besetzt. Geßner sieht sein Ideal des Natürlichen in der Schäferwelt verkörpert, seine Idyllen sind Ausdruck des bukolischen Rokokotraums. Auch Wieland findet sein Arkadien außerhalb von Raum und Zeit im *Goldenen Zeitalter*, auch er träumt jenen »romantisch-märchenhafte[n] Traum des Rokoko«.[92] Dabei inszeniert er diesen Traum zumeist in orientalischer Umgebung; Tieck ist ihm hierin sowohl im *Almansur* als auch in seinem *Abdallah* (1791/92) gefolgt.

In seinen in den folgenden Jahren entstandenen Werken, in *Das Märchen vom Rosstrapp*, *Das Reh* und insbesondere in *Das Lamm*, hat Tieck weitere Versuche der Gestaltung einer pastoralen Welt des *Goldenen Zeitalters* unternommen. Mit seinem *Märchen vom Rosstrapp*, eingeleitet durch den »Gesang eines Minnesängers«,[93] legte Tieck ein Versepos mit Elementen des Singspiels vor. Die elegischbukolische Grundhaltung des Epos ebenso wie die Bukolik der entworfenen Dorfszenerie lassen das Märchen zum Nachruf auf eine harmonische Vergangenheit werden; dabei verweist der »Gesang« des »Minnesängers« – er trägt das Märchen vor[94] – auf Tiecks Vertrautheit mit den Anakreontikern. Das Versepos entwirft die rokokohafte Szenerie eines *Goldenen Zeitalters*, eines Arkadiens, in dem Milch und Honig fließen; der Minnesänger – in seiner »Seele glänzt ein goldner Traum« – trägt einen Gesang über die »goldnen Tage« vor, in bester Rokokotradition entwirft er ein Arkadien, in dem die Menschen in »kleinen Hütten unter Linden schön versteckt« leben:

In stiller Einsamkeit, und mit dem Glück im Bunde / Das jeden Morgen sie mit liebevollem Munde / Zur Arbeit und zur Freude weckt. / So leben sie in ewgen Frieden / Durch Felsen von der Welt geschieden / Der ganzen Welt noch unbekannt / [...] Hier blühte noch ein Sproß der goldnen Zeit.[95]

Die Gegenwart des Minnesängers jedoch – »O Vergangenheit! Steige in meiner Seele auf!« fleht der Sänger – sind die sagenumwobenen, wild zerklüfteten, bewaldeten Gebirgsformationen um den »Rosstrapp«, eine, so wird in einer Anmerkung erklärt, »sehr romantische Gegend des Harzes«, die zum Inbegriff einer romantischen Landschaft und romantischer Natursehnsucht werden sollte. Bekanntlich wird sie noch Heinrich Heine in seiner *Harzreise* (1824) zu romantischen Rekursen anregen. Überhaupt entwirft Tieck für die Gegenwart des Sängers, zumindest was das Landschaftsbild betrifft, eine romantische Szenerie:

Der Abend wird immer kühler, immer düstrer hängen die Wolken über den Gipfeln der Bäume, immer lauter und lauter rauscht der schwarze Wald. – Ein bleicher Strahl schießt durch die dunkelgrüne Nacht, über die fernen Gebirge hallt ein einsamer Glockenton, ich wandle durch dichtverwachsene Gebüsche, die hinter mir rauschend zusammenschlagen. Klingend schlägt meine Laute an meine Schulter, das Laub der Büsche verschlingt sich in die Saiten, sie tönen losgerissen. Der Wind bläst durch das Tal und jagt die Wolken über den Abhang des Hügels.[96]

In der entworfenen Szenerie kündigt sich bereits die romantische Welt der tieckschen Märchen an, gleichzeitig sind die Reminiszenzen an das Rokoko kaum zu überlesen. Das für Tiecks romantische Kunstmärchen, aber auch für die gesamte Romantik bedeutsame Motiv der *Waldeinsamkeit* ist hier bereits gestaltet.[97] So gibt es Parallelen zwischen dieser vom Minnesänger besungenen vergangenen »romantischen Welt« und der »romantischen Gegend«, in der er sich aufhält: Am Ende seiner Einleitungsrede spricht der Sänger bezeichnenderweise von der »Einsamkeit« inmitten der »öden Wildnis«, auch wird jene Traumwelt evoziert, die im *Blonden Eckbert* und im *Runenberg* die Szenerie beherrscht. Denn einerseits bieten die bizarren Felsformationen den »Eingang zum Reich der Nacht« und andererseits »schläft hier in tiefen Felsengrotten die Vergangenheit« des *Goldenen Zeitalters*, von der der Minnesänger sodann berichten wird: Diese Vergangenheit spricht er zum einen, wie oben zitiert, als die »goldne Zeit«, zum anderen aber auch als die »romantische Zeit« an: »Ha! Seid mir gegrüßt ihr romantischen Zeiten«,[98] heißt es gleich zu Anfang der Verserzählung. Indem Tieck den Mythos vom *Goldenen Zeitalter* wie auch den Verlust desselben evoziert, rekurriert er auf die Versepos- und Feenmärchentradition des Rokoko und Wielands; zugleich aber bereitet Tieck das romantische Kunstmärchen vor.

Auch das »Feenmärchen« *Das Reh* nimmt auf das Rokoko Bezug; sowohl der Rückgriff auf das die Rokokoliteratur kennzeichnende Genre des Feenmärchens als auch motivliche Übereinstimmungen bezeugen die Nähe zum Rokoko und zu Wieland. In Rokokomanier zitiert Tieck das Bild von Artemis mit dem Reh und von Eva mit dem Hirsch vor dem Sündenfall.[99] Es war insbesondere Wieland, der sich um die Gattung des Feenmärchens verdient gemacht hatte; mit seinem *Don Sylvio*, einem »parodierende[n] Feenmärchenrapport«,[100] hält das Wunderbare, Entgrenzte, Imaginäre in die epische Welt Einzug und nimmt romantisches Erzählen vorweg. Es ist diese über Wieland vermittelte Tradition des Rokoko, in die sich Tieck mit seinem zweiten Märchen stellt.

Nach der Niederschrift seines Romans *William Lovell* wendet sich Tieck mit seinen *Volksmährchen herausgegeben von Peter Leberecht*, der Hauptfigur seines ein Jahr zuvor erschienenen Romans *Peter Lebrecht* (1797), wiederum der Gattung des Märchens zu. Er bedient sich des Genres in der Art der deutschen und französischen Rokokoerzähler, als Unterhaltung für die Salongesellschaft also. Er gibt seiner Sammlung eine »scherzhafte Vorrede« bei und stellt damit selbst den Bezug zum Rokoko her, da ein solcher Titel an jene im Rokoko beliebten »scherzhaften Lieder«, z.B. an Gleims *Versuch in scherzhaften Liedern* von 1744/1745, denken lässt. Und tatsächlich spricht er dann in seiner Vorrede von »Grotten und Labyrinthen«, die Märchen führen den Leser in eine Welt der Grazien und Zephyre, in ein »fernes, wunderliches Land«. Und wenn Tieck von »Poesie und romantisch liebenswürdiger Albernheit«[101] spricht, so rekurriert er damit zum einen auf Wielands Werke. Zum anderen signalisieren solche Wendungen, dass auch er dem ironischen Ton der Rokokoliteratur verpflichtet war.

Als letztes soll noch auf das zwischen 1790 und 1792 entstandene Singspiel *Das Lamm* hingewiesen werden. Dieses dürfte Tiecks umfassendste Reminiszenz an das Rokoko sein, greift er doch mit der Form des Singspiels bzw. pastoralen Schäferspiels auf eines der wichtigsten Genre des Rokoko zurück. Roger Paulin hat darauf hingewiesen, dass die Entstehung dieses Singspiels mit Blick auf Tiecks Eingebundenheit in den musikalischen Kreis um Reichardt gesehen werden muss, in jenen Berliner Zirkel also, in dem die Rokokotradition in den achtziger und neunziger Jahren ungebrochen fortlebte und die Gattung des Sing- bzw. Liederspiels, des musikalischen Dramas, sich großer Popularität erfreute.

In Motivik und Stilistik folgt Tiecks Werk Johann Christoph Gottscheds *Atalanta*[102] und Gellerts *Das Band*. Schletterer hat es in seiner Untersuchung *Das deutsche Singspiel von seinen ersten Anfängen bis auf die neueste Zeit* wie folgt bestimmt: »Anmuthige Sujets, eine leichte, liebliche, weder zu tiefe und schwerfaßliche, noch zu seichte, oberflächliche Musik, ein ländlich einfacher, idyllischer Grundzug, der die Handlungen durchweg charakterisiert.«[103] Sicherlich wäre damit Tiecks Singspiel *Das Lamm* hinreichend charakterisiert, doch die Parallelen des tieckschen Stücks zum Rokoko gehen weiter: Neben der Verwendung des typischen Rokoko-Vokabulars entwirft Tieck eine weitgehend vom Arsenal der Rokoko-Motivik zehrende Natur- bzw. Landschaftsszenerie:

Schäfer.	Der Wind weht durch die Wälder,
	Und Tannen, Buchen rauschen.
Schäferinnen.	Die Nachtigall singt in Gebüschen,
	Im Schatten des rauschenden Waldes.
Schäfer.	Weiß blühen alle Büsche
	Und senden süße Düfte.
Schäferinnen.	Es pflükken die Winde die Blüthen
	Und streuen sie über die Quellen.
Schäfer.	Es hüpft mit süssem Rieseln
	Vom Berg die Silberquelle.
Schäferinnen.	Sie schlüpft zwischen blumigen Ufern,
	Und küsset die Veilchen im Grase.
Schäfer.	Der Himmel strahlt so heiter
	In helles Blau gekleidet.
Schäferinnen.	Und leichte Gewölke durchschwimmen
	Den Himmel mit Rosengewändern.[104]

Im Mai 1792 hatte Tieck über sein »Singspiel« *Das Lamm* an Wackenroder geschrieben:

Vor dem einen Fenster steht ein Baum mit allen seinen Blüten, vor dem andern mehrere Taubenschläge, im Garten hat sich eine Nachtigall eingefunden, die des Abends göttlich singt, oft liege ich im Garten unter einigen Schafen, die dort mit ihren Lämmern weiden, die guten Tiere haben sich schon so an mich gewöhnt, daß mein Anblick sie gar nicht mehr stört, sondern sie kommen oft auf mich zu. [...] Ich habe oft Lust gehabt, Idyllen zu schreiben, hast Du denn noch nicht weiter an unser Schäferspiel, das Lamm, gedacht? Wenn Du Dich noch einer Paramythie, die Leyer, erinnerst, aus dieser habe ich mir vorgenommen, eine kleine Schäfer-epopöe, der erste Dichter, zu schreiben, doch gehört dieser Vorsatz in die Zahl derer Pläne, die vielleicht nie ausgeführt werden.[105]

Wieso verspürt ein Autor wie Tieck, dem die frühromantische Bewegung und die Romantik überhaupt entscheidende Impulse verdanken, ein Autor, den man später nicht zu Unrecht als den »König der Romantik« feiern wird, das Bedürfnis, eine »Schäferepopöe« und »Idyllen« zu schreiben bzw. eine Rokokoidylle zu entwerfen? Könnte es sein, dass Tiecks im Jahr 1792 formuliertes Bedürfnis bereits ein zutiefst romantisches ist? Dass Tiecks Äußerungen auf seine Bemühungen um einen Aufbruch der romantischen Epoche im Zeichen des Rokoko verweisen?

Anmerkungen

1 Hans Heckel wies bereits 1933 darauf hin, dass Rokoko weniger ein Epochenstil denn ein Stilbegriff ist. Vgl. Heckel, Hans: Zu Begriff und Wesen des literarischen Rokoko in Deutschland, in: Festschrift für Theodor Siebs zum 70. Geburtstag, Breslau, 1933 (im Folgenden: Heckel: Zu Begriff und Wesen des literarischen Rokoko, Seitenzahl), S. 213-250.

2 Anger, Alfred: Landschaftsstil des Rokoko, in: Euphorion 51 (1957), S. 151-232, hier: S. 155.

3 Anger, Alfred: Literarisches Rokoko, Stuttgart, ²1968 (künftig: Anger: Literarisches Rokoko, Seitenzahl), S. 12; ders.: Deutsche Rokokodichtung. Ein Forschungsbericht (2 Teile), in: Deutsche Vierteljahrsschrift 36 (1962), H. 3, S. 430-479 und H. 4, S. 614-648, hier: H. 3, S. 470 (im Folgenden: Anger: Deutsche Rokokodichtung, Teil, Seitenzahl).

4 Vgl. dazu den *Göttinger Musenalmanach auf das Jahr 1774*. Faksimile-Nachdruck mit einem Nachwort von Albrecht Schöne, Göttingen, 1962; vgl. weiter den Gedichtband *Für Klopstock*, den die Hainbündler Ostern 1773 Klopstock überreichten.

5 Anger: Deutsche Rokokodichtung, 2, S. 625.

6 Vgl. Rehm, Walter: Prinz Rokoko im alten Garten. Eine Eichendorff-Studie, in: Jahrbuch des Freien Deutschen Hochstifts, 1962 (im Folgenden: Rehm: Prinz Rokoko, Seitenzahl), S. 97-207.

7 Anger: Deutsche Rokokodichtung, 2, S. 625.

8 Vgl. in diesem Band den Aufsatz von Reiner Marx.

9 Rehm: Prinz Rokoko, S. 195 und 196.

10 Pikulik, Lothar: Das Ungenügen an der Normalität, Frankfurt/Main, 1979, S. 487.

11 Zum Grazienideal vgl. Anger: Landschaftsstil des Rokoko, S. 153.

12 Anger: Literarisches Rokoko, S. 42f.

13 Vgl. Rehm: Prinz Rokoko, bes. S. 195ff.; Menhennet, Alan: Nature and Artifice, Nobility and Revolution: The Romantic and Rococo in Eichendorffs *Die Entführung*, in: German Life and Letters 42 (1989), Nr. 2, S. 269-280.

14 Hebbel, Friedrich: Erinnerung an Ludwig Tieck, in: Ders.: Sämtliche Werke, hg. v. Richard M. Weber, Berlin, 1904, Bd. 12, S. 22.

15 Wiegand, Julius: Rokoko-Dichtung, in: Ders.: Geschichte der deutschen Dichtung, Köln, 1922, S. 91ff., 101, 103 und 113ff.

16 Walzel, Oskar: Deutsche Dichtung von Gottsched bis zur Gegenwart, Wildpark Potsdam, 1930, Bd. 1, S. 123.

17 Cysarz, Herbert: Deutsche Barockdichtung. Renaissance, Barock und Rokoko, Leipzig, 1924 (Neudruck Hildesheim, 1979), S. 273-290.

18 Cysarz, Herbert: Literarischer Rokoko, in: Ders.: Welträtsel im Wort. Studien zur europäischen Dichtung und Philosophie, Wien, 1948 (im Folgenden: Cysarz, Literarischer Rokoko, Seitenzahl), S. 125-167.

19 Zur Geselligkeit im Rokoko vgl.: Richter, Karl: Geselligkeit und Gesellschaft in Gedichten des Rokoko, in: Jahrbuch der deutschen Schillergesellschaft 18 (1974), S. 245-267; zur Gesel-

ligkeitstheorie der Romantik vgl.: Hoffmann-Axthelm, Inge: Die Geisterfamilie. Studien zur Geselligkeit der Frühromantik, Frankfurt/Main, 1973.

20 Cysarz: Literarischer Rokoko, S. 155.

21 Vgl. hierzu Anger: Deutsche Rokokodichtung, 2, S. 622.

22 Sengle, Friedrich: Christoph Martin Wieland, Stuttgart, 1949 (im Folgenden: Sengle: Christoph Martin Wieland, Seitenzahl), S. 182 und 183.

23 Vgl. Wieland, Christoph Martin: Dschinnistan oder auserlesene Feen- und Geister-Märchen (3 Bde. Winterthur 1786 bis 1789), von Wieland entdeckt und gesammelt; vgl. weiterhin Wielands Originalmärchen *Die Salamandrin und die Bildsäule* aus dieser Sammlung. Anger hat darauf hingewiesen, dass sich die ersten Seiten dieses Märchens wie der Beginn eines romantischen Kunstmärchens lesen. Auch Wielands Märchen *Pervonte oder Die Wünsche* nimmt in Inhalt und Erzählstil das romantische Kunstmärchen, insbesondere die Märchen Clemens Brentanos vorweg.

24 Tieck, Ludwig: Denkwürdige Geschichtschronik der Schildbürger in zwanzig lesenswürdigen Kapiteln, in: Ders.: Volksmährchen, Bd. 3, S. 227-382. – Vgl. dazu auch Anger: Literarisches Rokoko, S. 44.

25 Pikulik: Das Ungenügen an der Normalität.

26 Vgl. Kindermann, Heinz: Einleitung zum Rokoko-Goethe (= Dt. Literatur, Reihe Irrationalismus. Bd. 2), Leipzig, 1932, S. 5-76; Sengle: Christoph Martin Wieland, S. 131. – Sengle spricht von einem Fluchtcharakter, »welcher für das deutsche Rokoko so bezeichnend ist«.

27 Cysarz: Deutsche Barockdichtung, S. 279.

28 Ebd.

29 Ebd., S. 278.

30 Sengle: Christoph Martin Wieland, S. 183.

31 Anger: Deutsche Rokokodichtung, 2, S. 456.

32 Vgl. Vietta, Silvio: Die literarische Moderne, Stuttgart, 1992.

33 Heckel: Zu Begriff und Wesen des literarischen Rokoko, S. 244.

34 Anger: Literarisches Rokoko, S. 44.

35 Cysarz: Deutsche Barockdichtung, S. 290.

36 Zum Verhältnis von Leben und Dichtung im Rokoko vgl. Cysarz: Literarisches Rokoko, S. 129 sowie Anger: Deutsche Rokokodichtung, S. 458. – In Bezug auf die Hallesche Anakreontik heißt es dort: »Es handelt sich hierbei um einen durchaus ernstzunehmenden Versuch, eine Verbindung zwischen Dichtung und Leben herzustellen, der auch gewisse Erfolge hatte.«

37 Cysarz: Literarisches Rokoko, S. 129.

38 Anger: Deutsche Rokokodichtung, 2, S. 457.

39 Martini, Fritz: Christoph Martin Wieland. Zu seiner Stellung in der deutschen Dichtungsgeschichte im 18. Jahrhundert, in: Der Deutschunterricht 8 (1956), Nr. 5, S. 95f.

40 Bauer, Hermann: Rocaille. Zur Herkunft und zum Wesen eines Ornament-Motivs, Berlin, 1962, S. 8f. und S. 19f.

41 Vgl. Menninghaus, Winfried: Lob des Unsinns. Über Kant, Tieck und Blaubart, Frankfurt/Main, 1995 (im Folgenden: Menninghaus: Lob des Unsinns, Seitenzahl), S. 96.

42 Riem, Adolf: Über die Arabeske, in: Monatsschrift der Akademie der Künste und Wissenschaften zu Berlin (1788), Teil II, S. 28. – Vgl. Menninghaus: Lob des Unsinns, S. 97f. und Oesterle, Günther: Vorbegriffe zu einer Theorie der Ornamente. Kontroverse Formprobleme zwischen Aufklärung, Klassizismus und Romantik am Beispiel der Arabeske, in: Ideal und Wirklichkeit der bildenden Kunst im späten 18. Jahrhundert, hg. v. Beck, Herbert / Bol, Peter C. / Mack-Gérad, Eva, Berlin, 1984, S. 133.

43 Vgl. dazu: Schlegel, Friedrich: Literarische Notizen 1797-1801, hg. v. Hans Eichner, Frankfurt/Main, 1980, Nr. 2086; – vgl. dazu auch: Pohlheim, Karl Konrad: Die Arabeske. Ansichten und Ideen aus Schlegels Poetik, München, 1966 .

44 Schlegel: Literarische Notizen 1797-1801, Stichwort: Hieroglyphe. – Vgl. zudem die entsprechenden Nachweise bei Pohlheim (vgl. Anmerkung 41).

45 Vgl. dazu Oesterle: Vorbegriffe zu einer Theorie der Ornamente, S. 132; Menninghaus: Lob des Unsinns, S. 99.

46 Schlegel, Friedrich: Athenäums-Fragment 139, in: Ders.: Charakteristiken und Kritiken I (1796-1801), hg. v. Hans Eichner. München, 1967 (= Kritische Friedrich-Schlegel-Gesamtausgabe, Bd. 2, 1. Abt.), S. 187.

47 Moritz, Karl Philipp: Einfachheit und Klarheit, in: Ders.: Schriften zur Ästhetik und Poetik, hg. v. H. J. Schrimpf, Tübingen, 1962, S. 150.

48 Menninghaus: Lob des Unsinns, S. 100.

49 Schlegel, Friedrich: Athenäums-Fragment 116, in: Ders.: Charakteristiken und Kritiken I (1796-1801), S. 182.

50 Menninghaus: Lob des Unsinns, S. 100 und S. 113

51 Schlegel, Friedrich: Gespräch über die Poesie. Rede über die Mythologie, in: Ders.: Charakteristiken und Kritiken I (1796-1801), S. 284-362, hier: S. 319.

52 Schlegel, Friedrich: Ideen zu Gedichten VIII, in: Ders.: Fragmente zur Poesie und Literatur, hg. v. Hans Eichner, Paderborn, 1981 (= Kritische Friedrich-Schlegel-Gesamtausgabe, Bd. 16), S. 227-252, hier: S. 247.

53 Schlegel, Friedrich: Lyceum-Fragment 112, in: Ders.: Charakteristiken und Kritiken I (1796-1801), S. 147-163, hier: S. 161.

54 Schlegel, Friedrich: Gespräch über die Poesie. Rede über die Mythologie, in: Ders.: Charakteristiken und Kritiken I (1796-1801), Athenäums-Fragment 418, S. 245.

55 Paulin, Roger: Ludwig Tieck, Stuttgart, 1987, S. 38.

56 Solger, Karl Wilhelm Ferdinand: Nachgelassene Schriften und Briefwechsel, hg. v. Ludwig Tieck und Friedrich von Raumer, Leipzig, 1826, S. 468f., hier: S. 469. – Vgl. dazu auch den Kommentarteil von Band 6 der Tieck-Ausgabe im Klassiker Verlag (Ludwig Tieck: Phantasus, hg. v. Manfred Frank, Frankfurt/Main, 1985, S. 1174-1195); u.a. sind hier Solgers Anmerkungen zu Tiecks Ironie-Begriff abgedruckt.

57 Ludwig Tieck's Schriften, Berlin, 1828-1854, 28 Bde. (Neudruck: Berlin, 1966), hier: Bd. 9 [1828].

58 Menninghaus: Lob des Unsinns, S. 46.

59 Novalis: Das Allgemeine Brouillon. Materialien zur Enzyklopädistik 1798/99 (Erste Gruppe), in: Ders.: Schriften, hg. v. Richard Samuel et al., Stuttgart, 1960ff., Bd. 3, S. 207-478, hier: S. 454; vgl. auch S. 280, wo es heißt: »In einem ächten Märchen muß alles wunderbar und geheimnisvoll und unzusammenhängend seyn [...]«.

60 Zur Auflösung der Gattungsformen vgl. Anger: Literarisches Rokoko, S. 52f.

61 Sengle: Christoph Martin Wieland, S. 214.

62 Ebd., S. 52.

63 Vgl. dazu: Sørensen, Bengt Algot: Das deutsche Rokoko und die Verserzählung im 18. Jahrhundert, in: Euphorion 48 (1954), Nr. 3, S. 125-152.

64 Anger: Literarisches Rokoko, S. 45.

65 Sengle: Christoph Martin Wieland, S. 181.

66 Ermatinger, Emil: Das Romantische bei Wieland, in: Neue Jahrbücher für das klassische Altertum, Geschichte und Literatur 11 (1908), S. 208-227, hier: S. 215.

67 Vgl. dazu: Bohnen, Klaus: Emanzipation der Sinnlichkeit im Rokoko, in: Germanistisch-Romantische Monatsschrift, NF, 25 (1975), S. 276-306.

68 Vgl. dazu Ermatinger (Anmerkung 64), S. 215f. – Vgl. dazu auch: Hirzel, Ludwig: Wielands Beziehungen zu den deutschen Romantikern, Hildesheim, 1904.

69 Heckel: Zu Begriff und Wesen des deutschen Rokoko, S. 243. – Die Romantiker ihrerseits greifen die Form der Verserzählung auf (vgl. ebd., S. 243).

70 Wieland, Christoph Martin: Der Neue Amadis. Ein Comisches Gedicht in 18 Gesängen [1771], in: Ders.: Sämmtliche Werke, 40 Bde., anonym hg. v. Heinrich Düntzer, Berlin, 1839-53, hier: Bd. XVII, S. 7. – Vgl. auch Wielands Oberon, den er im Untertitel als »Ein romantisches Heldengedicht. 12 Gesänge« (Leipzig, 1796) charakterisiert.

71 Wieland: Goldener Spiegel I, in: Ebd., Bd. 1, S. 150.

72 Sengle: Christoph Martin Wieland, S. 330.

73 Ebd., S. 510f.

74 Zitiert nach: Köpke, Rudolf: Ludwig Tieck. Erinnerungen aus dem Leben des Dichters nach dessen mündlichen und schriftlichen Mitteilungen, 2 Teile, Leipzig, 1855 (Reprint Darmstadt, 1970), hier: Bd. I, S. 20.

75 Cysarz: Literarisches Rokoko, S. 128.

76 Wackenroder / Tieck: Phantasien über die Kunst von einem kunstliebenden Klosterbruder, hg. v. Ludwig Tieck: Wateau's Gemählde, in: Wackenroder, Wilhelm Heinrich: Sämtliche Werke und Briefe. Historisch-kritische Ausgabe, 2 Bde., Heidelberg, 1991, Bd. 1, S. 181-183, hier: S. 181.

77 Vgl. Hirzel (Anmerkung 66).

78 Tieck, Ludwig: Der junge Tischlermeister [1836], in: Ders.: Schriften 1834-1836, hg. v. Uwe Schweikert, Frankfurt/Main, 1988 (= Schriften in 12 Bänden. Bd. 11), S. 59.

79 Vgl. Köpke, Rudolf: Ludwig Tieck (Anmerkung 72), Bd. I, S. 39.

80 Vgl. Tieck, Ludwig: Über das Erhabene [1792], in: Ders.: Schriften 1789-1794, hg. v. Achim Hölter, Frankfurt/Main, 1991 (= Schriften in 12 Bänden. Bd. 1), S. 637-651.

81 Tieck, Ludwig: Der Sturm. Ein Schauspiel von Shakspear, für das Theater bearbeitet von Ludwig Tieck. Nebst einer Abhandlung über Shakspears Behandlung des Wunderbaren, Berlin, 1796.

82 Klussmann, Paul Gerhard: Die Zweideutigkeit des Wirklichen in Ludwig Tiecks Märchennovellen [1964], in: Segebrecht, Wulf (Hg.): Ludwig Tieck, Darmstadt, 1976, S. 352-385, hier: S. 352.

83 Vgl. Paulin: Ludwig Tieck (Anmerkung 53), S. 15; vgl. dazu auch: Paulin, Roger: The early Ludwig Tieck and the Idyllic Tradition, in: The modern Language Review 70 (1975), S. 110-124.

84 Schlegel, Friedrich: Die Horen 7. Stück, 1796, in: Ders.: Charakteristiken und Kritiken I (1796-1801), S. 24f., hier: S. 24.

85 Vgl. dazu auch Paulin: The early Ludwig Tieck and the Idyllic Tradition (Anmerkung 81); vgl. weiter Böschenstein-Schäfer, Renate: Idylle, Stuttgart, 1967, S. 85.

86 Tiecks Erzählung *Adalbert und Emma oder das grüne Band* greift die Mode der Doppeltitel auf, so z.B. Gleims *Halladat oder Das rote Buch* von 1774. Damit ist ein Motiv des Rokoko eingeführt, es benennt dort die symbolische oder reale Bindung zwischen Liebenden. – Vgl. dazu auch: Bergengruen, Werner: Titulus, Zürich, 1960, S. 27f. und S. 112.

87 Vgl. Hölter: Kommentar, in: Tieck: Schriften 1789-1794 (Anmerkung 78), S. 837.

88 Tieck, Ludwig: Luna. Paramythie, in: Ders.: Schriften 1789-1794, S. 35f., hier: S. 35.

89 Tieck, Ludwig: Almansur. Eine Erzählung, in: Nesseln. Von Falkenhain, Berlin, 1798, S. 130-162; in *Ludwig Tieck's Schriften* (Bd. 8, Berlin, 1828, S. 259-278) unter dem Titel *Almansur. Ein Idyll. 1790* aufgenommen.

90 Tieck, Ludwig: Almansur [1798], in: Ders.: Schriften 1789-1794, S. 37-51, hier: S. 50.

91 Vgl. dazu: Mähl, Hans-Joachim: Die Idee des goldenen Zeitalters im Werk des Novalis, Heidelberg, 1965; Heiner, H.-J.: Das ›Goldene Zeitalter‹ in der deutschen Romantik, in: Zeitschrift für deutsche Philologie 91 (1972), S. 206-234. – Eine Arbeit zu Tieck steht noch aus.

92 Anger: Literarisches Rokoko, S. 68.

93 Tieck, Ludwig: Das Märchen vom Rosstrapp. Der Gesang eines Minnesängers [1793], in: Ders.: Schriften 1789-1794, S. 183-215.

94 Auch in den Schlussversen der »Rittergeschichte« *Adalbert und Emma oder Das grüne Band* sowie in seinem »Trauerspiel in fünf Aufzügen« *Karl von Berneck* tritt ein Minnesänger auf; s. dazu Achim Hölter: Ludwig Tieck – Literaturgeschichte als Poesie. Heidelberg, 1989, S. 306f.

95 Tieck: Schriften 1789-1794, S. 185 und 187.

96 Ebd., S. 183.

97 Tieck, Ludwig: Der blonde Eckbert, in: Ders.: Schriften, Bd. 6: Phantasus, hg. v. Manfred Frank, Frankfurt/Main, 1985, S. 126-148, hier: S. 132.

98 Ebd., S. 185, 184 und 185.

99 Tieck, Ludwig: Das Reh. Feenmährchen in vier Aufzügen [1790], in: Ludwig Tieck's nachgelassene Schriften. Auswahl und Nachlese, hg. v. Rudolf Köpke, Leipzig, 1844, 2 Bde. (Neudruck: Berlin, 1974). In den *Schriften 1789-1794* [hg. v. Achim Hölter] nicht aufgenommen.

100 Rath, Wolfgang: Ludwig Tieck. Das vergessene Genie. Studien zu seinem Erzählwerk, Paderborn, 1996, S. 39f.

101 »Volksmährchen herausgegeben von Peter Leberecht«, 3 Bde., Berlin, 1797, S. 5.

102 Erschienen in: Gottsched, Johann Christoph: Die Deutsche Schaubühne nach den Regeln und Exempeln der Alten, 6 Teile, Leipzig, 1741-45.

103 Schletterer, Hans M.: Das deutsche Singspiel von seinen ersten Anfängen bis auf die neueste Zeit, Augsburg, 1863, S. 136 und 144.

104 Tieck, Ludwig: Das Lamm [1790; unveröffentlicht], zitiert nach: Paulin: The early Ludwig Tieck and the Idyllic Tradition (vgl. Anmerkung 81), S. 118.

105 Tieck an Wackenroder, 1. Mai 1792, S. 278f.

Karl Richter

Rokoko-Reminiszenzen in Goethes
West-östlichem Divan

In seiner Bestandsaufnahme des literarischen Rokoko weist Alfred Anger gängige Vorstellungen, der Sturm und Drang habe der Rokoko-Literatur den Garaus gemacht, als bloßes Wunschdenken zurück. Nach seinen Ausführungen erreicht der Rokokostil die Schwelle des 19. Jahrhunderts, in »Ausläufern« und »Nachwirkungen« noch die frühen Jahrzehnte des neuen Jahrhunderts. Auch im Fall Goethes bleibe der Rokokostil keineswegs auf den jungen Goethe beschränkt, sondern Goethe habe sich »zeit seines Lebens häufig und gerne des Rokokostiles« bedient. Allerdings gebe es keine Untersuchung dieses »Goetheschen Spätrokoko«.[1]

Soweit ich sehe, hat sich daran bis heute wenig geändert. Anger selbst macht keine näheren Angaben, an welche Werke Goethes er denkt. Die Forschung hat am ehesten im Zusammenhang des *Divans* den Rokokobegriff hie und da, freilich eher beiläufig, in Anspruch genommen. Aber sie zeigt dabei in der Regel auch, wie schwer sich die angenommenen Beziehungen greifen und halten lassen. Herbert Zeman z.B. prüft in seinem Buch *Die deutsche anakreontische Dichtung* auch die Frage von Anakreontik-Elementen im *West-östlichen Divan*. Er sieht Parallelen in gelegentlichen Ausprägungen eines scherzhaften Stils.[2] Nicht viel gebe, für sich gesehen, die Thematik von Liebe und Wein her, z.B. in dem *Divan*-Gedicht *Elemente* (S. 14). Mehr Rokokoklang gewinne das Gedicht immerhin durch den vierhebigen trochäischen Vers, dessen Bevorzugung der anakreontischen Dichtung um 1750 und dem *Divan* gemeinsam sei. Aber sogleich folgen die einschränkenden Argumente. Was oberflächlich besehen ›anakreontisch‹ anmute, verdanke sich in Wahrheit weit mehr den Anregungen der orientalischen Literatur. Für den vierhebigen Trochäus als häufigsten *Divan*-Vers gebe es ganz andere Anknüpfungsmöglichkeiten, wie z.B. das Vorbild Calderons. Wie anders auch das Gepräge dieses Versmaßes in manchen *Divan*-Gedichten, wie weit überhaupt der Weg von der Übertragung der Anakreonteen zu Goethes eigenwilligem Altersstil und einer dem Werk vorausliegenden hochgradigen persönlichen Betroffenheit! Und dann das Fazit: »Hier ist nicht mehr Raum für anakreontische Reminiszenzen.«[3]

Die einschränkenden Argumente haben zweifellos Gewicht. Sie stellen sich in dieser oder jener Form ein, wo immer man auf Affinitäten von *Divan*-Versen zu den literarischen Traditionen des Rokoko aufmerksam wird. Und doch verdichten sich die einzelnen Beobachtungen in ihrer Zusammenschau zu einem Befund, der den Eindruck vermittelt, dass diese Affinitäten auch kein Zufall sind: dass es bewusste Rokoko-Reminiszenzen im *Divan* jedenfalls gibt. Wo sind sie zu greifen, wie zu verstehen und welche Funktion kommt ihnen zu?

Bereits das Eröffnungsgedicht *Hegire* ruft die Motivtrias von »Lieben, Trinken, Singen« auf:

> Unter Lieben, Trinken, Singen,
> Soll dich Chisers Quell verjüngen.
> (S. 9)

Im Gedicht *Elemente* kehrt sie wenig später in abgewandelter Form wieder: »Liebe« und der »Klang der Gläser« gehören zu den integralen Elementen der Dichtung, die der »Sänger« mischt – wie es Hafis getan habe (S. 14). Die orientalische Inspiration wird in beiden Fällen deutlich. Insofern ist die Versuchung gering, dabei an Gedichte des Rokoko zu denken. Erst in der weiteren Inszenierung der Motive und Motivverbindungen vor allem im »Buch Suleika« und im »Schenkenbuch« verdichtet und differenziert sich mitunter doch der Eindruck entsprechender Ähnlichkeiten.

Wenden wir uns zunächst dem »Schenkenbuch« zu. Da heißt es z. B. in dem Gedicht *So lang' man nüchtern ist* [...]:

> Denn meine Meinung ist
> Nicht übertrieben:
> Wenn man nicht trinken kann
> Soll man nicht lieben;
> Doch sollt ihr Trinker euch
> Nicht besser dünken,
> Wenn man nicht lieben kann
> Soll man nicht trinken.
> (S. 96f.)

Ein solcher Zusammenhang von Trinken und Lieben war Gegenstand auch zahlreicher Rokoko-Gedichte gewesen, z.B. in Lessings *Die drei Reiche der Natur*.[4] An Rokoko-Gepflogenheiten erinnert zugleich der Stil scherzhafter Verknüpfungen und Umkehrungen. Und rokokogemäß ist schließlich auch, dass es dabei nicht um individualisierte Erfahrungen geht, sondern um die eines »man«, einer Gruppe, einer typischen Rolle.

Thematische und formale Strukturen dieser Art finden sich auch sonst an mehreren Stellen dieses *Divan*-Buchs:

> Trunken müssen wir alle seyn!
> Jugend ist Trunkenheit ohne Wein;
> Trinkt sich das Alter wieder zu Jugend,

> So ist es wundervolle Tugend.
> Für Sorgen sorgt das liebe Leben
> Und Sorgenbrecher sind die Reben.
> (S. 96)

Vom Verjüngenden des Weins handeln in ähnlicher Weise z.B. Lessings Gedichte *An den Wein*[5] und *Der alte und der junge Wein*.[6] Auch das Motiv vom Wein als Sorgenbrecher ist dem Rokoko vertraut. So auch die Distanz zu »Schulen und Catheder«, die der Genießende in dem *Divan*-Gedicht *Was, in der Schenke, waren heute* [...] gegen seine Tadler ausspielt:

> Daß ich von Sitte nichts gelernt
> Darüber tadelt mich ein jeder;
> Doch bleib ich weislich weit entfernt
> Vom Streit der Schulen und Catheder.
> (S. 99)

In beiden Fällen tragen die herausgestellten Motive auch die literarische Pointierung des Gedichts, spüren wir abermals die Manifestation eines Stils, dem ›Scherz‹ und das Denken in typischen Rollen und Verhaltensmustern vertraute poetologische Kategorien sind.

Gewiss sind auch hier Einschränkungen zu machen. Das »Schenkenbuch« ist insgesamt vor allem von Hafis' »Sakinameh« (›Buch der Schenken‹) angeregt und die orientalisierenden Anspielungen durchziehen es. In einem Gedicht wie *Sommernacht* (S. 104-105) wiederum, in dem, wie gebrochen auch immer, die naturwissenschaftlich und panentheistisch geprägte Weltschau Goethes zum Thema wird, öffnet es sich für Erfahrungen, die vom orientalischen Muster wie vom Rokoko im Grunde gleich weit entfernt sind. Und doch gibt es in dem Buch, mal deutlicher, mal weiter zurücktretend, eben jene Strukturschicht einer wein- und genussfrohen geselligen Lyrik, die sich, wenn auch vermischt mit ganz anderen Elementen, wie eine Wiederbelebung des literarischen Rokoko liest.

Das »Buch Suleika«, so könnte man zunächst meinen, bietet Rokoko-Reminiszenzen kaum geeignete Ansatzflächen. Denn es erwächst in besonderem Maße doch aus lebensgeschichtlichen wie zugleich poetologischen Voraussetzungen, die denen der Rokoko-Literatur wesensgemäß entgegengesetzt sind. Die Liebesgedichte des Rokoko haben keinen biografischen Hintergrund. Sie kennen Liebe nicht als elementare Leidenschaft, sondern brechen die Empfindung stets durch Anteile geselligen Spiels. Sie verstehen darunter auch gar nicht den individualisierten Ausdruck persönlicher Zuneigung, sondern die stark typisierte Beziehung zwischen Repräsentanten der beiden Geschlechter. Das »Buch Suleika« dagegen gilt als das persönlichste des ganzen Zyklus. Seine Lyrik erwächst weit mehr, als das z.B. im »Schenkenbuch« der Fall ist,[7] aus dem engen

Kontakt zum Leben. Anders als noch im »Buch der Liebe« tritt ein bestimmtes Paar in den Vordergrund, und man weiß, dass dahinter Goethe und Marianne von Willemer stehen. Und in den Äußerungen von Lust und Leid der Liebenden erkennt man den hohen Anteil eines leidenschaftlichen Betroffenseins.

Und doch ist das alles nur die halbe Wahrheit. Indem sich die Liebenden gleich zu Anfang des Buches die Namen von Hatem und Suleika geben, stellt Goethe bewusst ein Spannungsverhältnis zwischen Persönlich-Individuellem und der aufgenommenen Rolle her. Leben und geselliges Spiel bleiben füreinander offen. Und in wechselnden Prozentsätzen kennen die Gedichte sowohl den Ausdruck leidenschaftlicher Betroffenheit wie auch eine Distanz schaffende, zu Scherz und Spiel immer wieder aufgelegte Geselligkeit. Je mehr diese Seite der Dinge akzentuiert erscheint, desto eher konnten auch in der Liebeslyrik des *West-östlichen Divans* Anklänge an das literarische Rokoko zur Geltung gelangen. Wir beobachten sie auch in Gedichten, deren orientalisierender Gestus besonders augenfällig ist, z.B. in *Wie des Goldschmieds Bazarlädchen* [...] (S. 77-79). Hatem geht darin in heiter launiger Weise auf die Wünsche einer Gruppe von »Mädchen« ein, die misstrauisch und eifersüchtig seiner Liebe zu Suleika begegnen und dichterisch »gemalt« sein wollen wie sie. Vom »Bazarlädchen« ist die Rede, von Moscheen und Minaretts, von Dschemil und Boteinah und schließlich den Huris, den Hüterinnen des islamischen Paradieses. Der literarischen Topografie und den ins Spiel gebrachten figuralen Mustern nach bietet das Gedicht orientalisches Kolorit. Aber es realisiert dabei zugleich eine Spielart geselliger Lyrik, die mit der Rokoko-Dichtung von einst strukturell verwandt erscheint: z.B. im dialogischen Austausch literarischer Rollen, in den Beigaben von Scherz und Spiel, schließlich in den Einlagerungen eines untergründigen lyrischen Humors. Freilich muss die Frage hier noch offen bleiben, wie sich solche Verwandtschaft versteht: ob sie sich gleichsam zufällig und unbeabsichtigt aus den Anregungen der orientalischen Literatur ergab oder ob Goethe dabei durchaus bewusst an literarische Äußerungsweisen seiner Frühzeit anknüpft.

Auffällig ist dann auch eine Gruppe von Gedichten, die beinahe zitathaft auf Rokoko-Kontexte zurückweist, um dann freilich zu sagen, dass für die Liebe zwischen Hatem und Suleika andere Gesetze gelten. Ein erstes Beispiel dafür bietet das Gedicht *Kenne wohl der Männer Blicke* [...]:

> Kenne wohl der Männer Blicke,
> Einer sagt: ich liebe, leide!
> Ich begehre, ja verzweifle!
> Und was sonst ist kennt ein Mädchen.
> (S. 70)

Von Lieben, Leiden, ja Verzweiflung ist hier die Rede, aber doch eben im leichten Ton eines wissenden Umgangs mit dem Phänomen Liebe: »Und was sonst ist kennt ein Mädchen.« Auch der Anteil des Generisch-Rollenhaften wird deutlich, wenn dabei »ein Mädchen« das typische Verhalten »der Männer« rekapituliert. Aber das alles wird vorangestellt, um dann zu sagen, dass für die Liebe Suleikas zu Hatem anderes gilt:

> Alles das kann mich nicht rühren;
> Aber Hatem! deine Blicke
> Geben erst dem Tage Glanz.
> (S. 70f.)

Ähnliches beobachten wir in dem lyrischen Dialog *Nicht Gelegenheit macht Diebe* [...] / *Hochbeglückt in deiner Liebe* [...] (S. 68f.). »Nicht Gelegenheit macht Diebe, / Sie ist selbst der größte Dieb«, so beginnen die Verse Hatems. Das sprichwörtliche »Gelegenheit macht Diebe« hatte Goethe bereits in dem Rokoko-Gedicht *Lyde. Eine Erzählung* aufgegriffen:

> Viel singt er von Glut und Liebe,
> Sie wird feurig, er wird kühn.
> Sie empfindet neue Triebe,
> Und Gelegenheit macht Diebe.
> Endlich – Gute Nacht, Amin.
> (Bd.1.1, S. 102)

Dass Goethe das Sprichwort in dem *Divan*-Gedicht negiert, ist für die Entfernung vom Rokoko dabei nicht einmal das Entscheidende. Im Gegenteil: der scherzende Umgang mit dem Sprichwort verbindet beide Stellen. Wichtiger für das Andere und Neue ist die Unmittelbarkeit, mit der Suleika alles an Scherz, was in Hatems Rede noch lebendig war, dann zurückweist:

> Scherze nicht! Nichts von Verarmen!
> Macht uns nicht die Liebe reich?
> Halt ich dich in meinen Armen,
> Jedem Glück ist meines gleich.
> (S. 69)

Mitunter beobachten wir das Widerspiel von Tradition und Umprägung auch in der Sprache selbst. ›Schleichen‹ beispielsweise ist eine der Rokoko-Lyrik sehr geläufige Vokabel.[8] Sie bezeichnet gern die auf Heimlichkeit bedachte, dabei aber durchaus lustvolle Fortbewegung des oder der Liebenden, z.B. von Schäfer und Schäferin in Weißes *Die Haselsträuche*.[9] Das *Divan*-Gedicht *Nachklang* stellt die Vokabel nicht nur in den Zusammenhang einer ganz anders individualisierten Liebesaussage, sondern bringt sie im Kontext eines Gedichts, das zu den düstersten des Zyklus gehört und dem Wort die Konnotation von ›traurig, niedergeschlagen einhergehen‹ überträgt:

Es klingt so prächtig, wenn der Dichter
Der Sonne bald, dem Kaiser sich vergleicht;
Doch er verbirgt die traurigen Gesichter,
Wenn er in düstren Nächten schleicht.
(S. 87)

Am Beispiel des Gedichts *Liebliches* (S. 16) aus dem »Buch des Sängers« hat Gerhard Neumann gezeigt, welchen Bedeutungswandel ein anderes erfolgreiches Wort des Rokoko im *Divan* erfährt.[10] In der Literatur des Rokoko bezeichnet ›lieblich‹ vorzugsweise die angenehme, sanfte Empfindung, aber auch das Objekt, das sie auslöst. Goethes Gedicht füllt das Wort mit neuem Bedeutungsgehalt. »Liebliches« steht nun für ein komplexes Phänomen, in dem mindestens drei Momente zusammentreten: 1. das der Anmut und Schönheit für das Auge; 2. ein Moment der Vermittlung, hier z.B. von »Himmel« und »Höhe«, aber auch von westlicher und östlicher Szenerie – Einheit in der Zweiheit als Grundgesetz des *Divans*; 3. nach beiden Seiten zugleich ein Moment spezifisch poetischer Erfahrung.

Auffällig gerade auch an der Liebeslyrik im »Buch Suleika« sind Berührungen mit dem Rokoko im Bild der aufgerufenen Landschaft. Vom Landschaftsbild aus hat Alfred Anger seinen bekannten Versuch unternommen, die Eigenart des Rokoko zu erfassen.[11] Zwei Zielrichtungen der Landschaftsdarstellung macht er darin sichtbar: Das literarische Rokoko zeigt die Natur bewegt – und zwar im Sinne einer nicht-zielgerichteten Bewegtheit, die gerade den ästhetischen Eigenwert signalisiert. Es favorisiert zum anderen Naturszenerien, die die Liebenden als bergender Raum ›umschließen‹. Gisela Henckmann verweist auf Ähnlichkeiten wie Unterschiede der Landschaftsdarstellung im Vergleich von *Divan*-Gedichten mit Gedichten des Rokoko.[12] Die Freude an der gartenhaftkultivierten Natur erkennt sie da wie dort. Die Lust an der absichtlosspielenden Bewegung dagegen bleibe im *Divan* die seltene Ausnahme – in dem Gedicht *Was bedeutet die Bewegung?* [...] z. B., wenn es über den Ostwind sagt:

Kosend spielt er mit dem Staube,
Jagt ihn auf in leichten Wölkchen,
Treibt zur sichern Rebenlaube
Der Insecten frohes Völkchen.
(S. 85)

In diesem Gedicht, das von der Hand Marianne von Willemers stammt, sieht Henckmann eine besondere Konzentration von Rokoko-Anklängen: die »Wahl der Diminutive«, die »Betonung des Leichten und Schwebenden«, die Auffassung der Insekten als Schwarm leichter und beweglicher Wesen, schließlich die Art, wie das Erotische der Natur integriert wird – der Wind spielt »kosend« mit dem Staub, er »küßt« die Reben. Auch auf einige andere Beispiele bewegter Natur könnte man hinweisen.[13] Häufiger freilich bleibt die *Divan*-Landschaft unbewegt. Und wo Rokoko-Gedichte das typische ›Umschlossensein‹ der Liebenden suchen, lokalisieren *Divan*-Gedichte die Liebenden gern umgekehrt in der Weite des Alls.

Die Beobachtungen ließen sich vermehren, mitunter auch auf andere Bücher ausdehnen, so vor allem auf das des »Paradieses«. Doch belassen wir es bei dem exemplarisch gemeinten Befund, um nun zu fragen, wie er zu deuten ist. Wie ist es zu verstehen, dass sich Goethes Altersstil da auf Früheres, ja Frühestes zurückbezieht? Ich gebe im Folgenden vier Antworten auf diese Frage, die sich wechselseitig ergänzen.

Die Erste betrifft das Verhältnis von Rokoko-Elementen und orientalischen Anregungen im *West-östlichen Divan*. Ein bekanntes Gleim-Gedicht des anakreontischen Rokoko beginnt mit den Versen: »Anakreon, mein Lehrer, / Singt nur von Wein und Liebe«, und dieser zweite Vers wird im Folgenden mehrfach wiederholt.[14] In teilweise wörtlich damit übereinstimmenden Wendungen charakterisiert der Orientalist Joseph von Hammer-Purgstall auch Hafis: »Alles athmet bey diesem nur Wein und Liebe, und Liebe und Wein«; zwar wehe hie und da in seinen Gedichten auch ein »mystischer Hauch«, doch die »Gesammtheit seiner Gedichte« sei nichts »als ein lauter Aufruf zu Liebe und Wein, und der höchste Ausdruck erotischer und bachantischer Begeisterung«.[15] In seiner für den *Divan* so wichtigen Hafis-Übersetzung spricht Hammer weite Teile dieses Werks unumwunden als »anakreontisch« an.[16] Goethe, der sonst in vielem Hammer folgt, hat sich eine solche Charakterisierung von Hafis nirgends zu eigen gemacht. In den *Tag- und Jahres-Heften* zu 1815 spricht er von der machtvollen »Einwirkung« der Hafis-Dichtung auf ihn, aber auch davon, dass sie Eigenes in ihm wachrief: »Alles was dem Stoff und dem Sinne nach bei mir Ähnliches verwahrt und gehegt worden, tat sich hervor [...]« (Bd. 14, S. 239). »Was [...] bei mir Ähnliches verwahrt und gehegt worden«: Wir dürfen interpretierend unterstellen, dass das Goethes Vertrautheit mit dem anakreontischen Rokoko mindestens mit einschließt. In jedem Fall muss Goethe, bei allem Gefühl von Nähe und Gemeinsamkeit, zwischen eigenen Überlieferungen, in denen er steht, und dem Anderen, dem er nun begegnet, unterscheiden, weil erst beides zusammen ein zentrales Strukturmuster des *Divans* konstituiert: die Zusammenführung der Überlieferungen zur west-östlichen Synthese – Einheit über der Zweiheit, Polarität und Steigerung. Dass sich Rokoko-Reminiszenzen und orientalische Anregungen in den untersuchten Beispielen meist innig vermischen, aber dabei zugleich in etwas Neuem aufgehen, hängt mit dem poetologischen Grundgesetz des *West-östlichen Divans* auf das Engste zusammen. Nicht für sich allein also findet die Rokoko-Überlieferung ihren späten Niederschlag. Erst in Verbindung mit den orientalischen Anregungen wird sie erneut literarisch produktiv.

Aber die Dinge haben noch eine andere Seite. Man kommt ihr näher, wenn man sich vergegenwärtigt, dass es im *Divan* nicht nur den Rokoko-Rekurs, sondern auch Reminiszenzen anderer Epochen der eigenen literarischen Vergangenheit gibt. Auch auf Anklänge an den Stil des Sturm und Drang ist die Forschung gelegentlich aufmerksam geworden. Die erste Strophe des Gedichts *Wiederfinden* (S. 88f.) z. B. erinnert etwa an *Willkomm und Abschied, Die schön geschriebenen* [...] (S. 75f.) an die frei-rhythmische Lyrik der Frankfurter Hymnen, obschon auch hier in beiden Fällen die veränderte Reflexionsstufe rasch deutlich wird. Dann gibt es Erinnerungen der Italienischen Reise, die die Periode der Weimarer Klassik eröffnet hatte.[17] Die vierte Strophe von *Alllleben* z.B. spielt darauf an:

> Staub den hab' ich längst entbehrt
> In dem stets umhüllten Norden,
> Aber in dem heißen Süden
> Ist er mir genugsam worden.
> (S. 20)

Die ersten beiden Strophen von *Lied und Gebilde* stellen der Kunstauffassung der Griechen, an der sich der klassische Goethe orientiert hatte, eine andere des Orients gegenüber, der das Interesse nun gilt – das eine mit dem Begriff der ›Gestalt‹, das andere mit Beweglichkeit und Entgrenzung des ›flüßgen Elements‹ verbunden:

> Mag der Grieche seinen Thon
> Zu Gestalten drücken,
> An der eignen Hände Sohn
> Steigern sein Entzücken;
>
> Aber uns ist wonnereich
> In den Euphrat greifen,
> Und im flüßgen Element
> Hin und wieder schweifen.
> (S. 18)

Doch schließlich wird im Bild des sich ballenden Wassers beides zu einer paradoxen Synthese geführt.[18] *Im Gegenwärtigen Vergangnes* (S. 17), das bekannte Gedicht aus dem »Buch des Sängers«, das seinerseits auf eine frühere Lebens- und Schaffensphase zurücksieht, gibt geradezu ein Motto vor, das man über alle diese Erscheinungen des *Divans* stellen könnte. Ein Seitenblick auf andere Werke zeigt, dass damit etwas getroffen ist, was sich auch anderwärts bestätigt. *Die Trilogie der Leidenschaft* (Bd. 13.1, S. 134-139) z.B. erinnert geradezu paradigmatisch an frühere Stufen des Dichtens: im vorangestellten Gedicht *An Werther*, dem *Tasso*-Zitat als Motto vor der *Elegie*, schließlich der späteren Anspielung auf *Pandora*. Und Werke wie *Faust II* und *Wilhelm Meisters Wanderjahre* beziehen sich, ungeachtet aller Verschiedenheit, doch in vielfältiger Weise auf Dichtungen der Vergangenheit zurück. »Tiefe Gemüter sind genötigt, in der Vergangenheit so wie in der Zukunft zu leben«, schreibt Goethe in *Dichtung und Wahrheit* (Bd.16, S. 299). Man kennt den Vorgang des Sich-historisch-Werdens Goethes in seinem Alterswerk. Den sichtbarsten Ausdruck findet er gewiss im neuen Gewicht autobiografischer und wissenschaftshistorischer Schriften. Aber er findet auch seinen produktiven Ausdruck im poetischen Werk. Die Dichtung bezieht sich in neuer Weise auf Gestaltungsstufen zurück, die der Gegenwart vorausliegen, lässt sie auf eigene Weise auch als Voraussetzung der literarischen Gegenwart erscheinen. Geschichtliches Bewusstsein bedeutet nach der einen Seite hin die Reflexion des zeitgeschichtlichen Kontexts, wie er vom ersten Gedicht *Hegire* an in den *Divan*-Gedichten präsent ist. Es bedeutet nach der anderen Seite zu aber auch die Reflexion des eigenen literarischen Wandels.

Zwei naturwissenschaftliche Orientierungen haben den Reflexionszusammenhang von Gegenwart und literarischer Vergangenheit von sich aus gefördert und theoretisch fundiert. Die eine stellt Goethes Morphologie.[19] Die Literaturwissenschaft hat ihre ästhetischen Übertragungen vorzugsweise auf den Gestaltgedanken weitergedacht. Goethes Definition der Morphologie in den Heften *Zur Morphologie* relativiert ihn eher:

Wollen wir also eine Morphologie einleiten, so dürfen wir nicht von Gestalt sprechen; sondern wenn wir das Wort brauchen, uns allenfalls dabei nur die Idee, den Begriff oder ein in der Erfahrung nur für den Augenblick Festgehaltenes denken.

Das Gebildete wird sogleich wieder umgebildet, und wir haben uns, wenn wir einigermaßen zum lebendigen Anschaun der Natur gelangen wollen, selbst so beweglich und bildsam zu erhalten, nach dem Beispiele mit dem sie uns vorgeht.

(Bd.12, S. 13)

Goethe gibt dem Bildungsbegriff den Vorzug, weil er in charakteristischer Ambivalenz sowohl das Gewordene als auch den Prozess des Werdens meint. Die Morphologie umschließt sowohl die Lehre der Gestalt wie die des Gestaltwandels, der Metamorphose. In einer Äußerung gegenüber Sulpiz Boisserée gibt Goethe der Metamorphose eine geradezu universelle Geltung: »Alles ist Metamorphose im Leben, bei den Pflanzen und bei den Tieren bis zum Menschen und bei diesem auch.«[20] Das ist 1815, in der produktivsten Zeit der *Divan*-Lyrik gesagt, in der die Idee der Verwandlung, das ständige »Stirb und werde!« (S. 21), zu einem zentralen Leitmotiv dieses Werks wird. Es gibt Anzeichen dafür, dass Goethe im Alter mit zunehmender Bewusstheit gerade auch den eigenen biografischen wie literarischen Wandel unter dem Denkbild der Metamorphose auffasst. Der Entwurf zum Vorwort für den dritten Teil von *Dichtung und Wahrheit* ist bekannt, der eine solche Übertragung ausdrücklich vornimmt.[21] Werke wie die *Trilogie der Leidenschaft* oder der *Divan* tun dies in einer versteckteren und mittelbareren Weise, wenn sie im Dichtungsverständnis der Gegenwart gleichzeitig Stufen der Vergangenheit erinnern, die, entsprechend verwandelt, darin aufgehoben und mitenthalten sind.

Eine Vergangenheit und Gegenwart vermittelnde Funktion übernimmt aber auch die Entoptik, der Goethe gerade im Umkreis der *Divan*-Jahre besonderes Interesse widmet. Goethe definiert sie als Teilbereich der Farbenlehre, erklärt die entoptischen Phänomene, deren physikalische Ursache die Doppelbrechung des Lichts ist, auch in den Grundvorstellungen seiner Farbenlehre. Zur Hervorbringung dieser Phänomene werden bestimmte Medien benötigt, die, wie z.B. der rhombische Kalkspat, die Eigenschaft haben, »Doppelbilder« hervorzubringen. Charakteristisch für Goethes Forschungen ist weiter das Experimentieren mit Apparaten, die die entoptischen Medien zwischen Spiegel bringen, sodass sich die entoptischen Phänomene in »wiederholten Spiegelungen« entfalten. In seinem Aufsatz *Wiederholte Spiegelungen* überträgt Goethe das »aus der Entoptik hergenommene Symbol« von »wiederholten Spiegelungen« auf sein Leben und Schaffen: am Beispiel der Verwandlungen, die die Sesenheim-Erfahrung von der Jugend bis ins hohe Alter erfahren hat. Er führt daran aus, »daß wiederholte sittliche Spiegelungen das Vergangene nicht allein lebendig erhalten, sondern sogar zu einem höheren Leben empor steigern«, und sieht eine Möglichkeit des Alters, sich »aus Trümmern von Dasein und Überlieferung [...] eine zweite Gegenwart zu verschaffen«. (Bd. 14, S. 568f.). Dorothea Hölscher-Lohmeyer hat solche ›wiederholte Spiegelungen‹ an *Faust II* aufgewiesen, wo Goethe sich in variierenden Wiederaufnahmen auf *Faust I* zurückbezieht.[22] Die *Trilogie der Leidenschaft* projiziert den tragischen Zusammenhang von Schönheit und Scheiden auf den *Werther*, auf *Tasso*, auf *Pandora* zurück. Im *Divan* schließlich zählen die Rokoko-Reminiszenzen jenen Elementen zu, in denen Vergangenheit ihre ›gesteigerte‹ Wiederbelebung im Horizont der Gegenwart erfährt. Noch über solche Verklammerungen von Vergangenheit und Gegenwart hinaus gehen von der Entoptik wichtige Impulse auf die Poetik von Goethes Alterswerk aus, die ihre Gegenstände gern in ein Gefüge aufeinander bezogener Spiegelungen auflöst – ein Verfahren, das zyklische Konzeptionen naturgemäß begünstigt.[23]

Ich fasse zusammen: Man kann im Bezug auf den *Divan* sicher nicht von einer ungebrochen fortwirkenden Tradition des Rokoko sprechen. Eine bewusste, wie immer gewandelte Wiederaufnahme gibt es immerhin, mit der der *Divan* einerseits in subtiler Weise Goethes Stilwandel von der Frühzeit bis ins Alter reflektiert, aber Vergangenes gleichzeitig zum integralen Bestandteil der literarischen Gegenwart des Alters macht. Wenn ich recht sehe, übernehmen Goethes naturwissenschaftliche Orientierungen in diesem Prozess wichtige Funktionen der Vermittlung.

Anmerkungen

Zitatnachweise ohne Bandangabe im Kontext der Darstellung beziehen sich auf die Divan-Ausgabe in Bd. 11.1.2 der Edition Johann Wolfgang Goethe: Sämtliche Werke nach Epochen seines Schaffens (Münchner Ausgabe), hg. v. Karl Richter in Zusammenarbeit mit Herbert G. Göpfert, Norbert Miller, Gerhard Sauder und Edith Zehm, München, 1985-1998 (Abkürzung: MA). Bei Zitaten aus anderen Bänden dieser Ausgabe und in den Anmerkungen wird stets die Bandangabe hinzugefügt.

1 Anger, Alfred: Literarisches Rokoko, Stuttgart, 1962, S. 31 f.

2 Zeman, Herbert: Die deutsche anakreontische Dichtung. Ein Versuch zur Erfassung ihrer ästhetischen und literarhistorischen Erscheinungsformen im 18. Jahrhundert, Stuttgart, 1972, S. 313.

3 Ebd. S. 311f.

4 Lessing, Gotthold Ephraim: Werke, hg. v. Herbert G. Göpfert, Bd. 1, München, 1970, S. 94.

5 Ebd. S. 82.

6 Ebd. S. 72.

7 Zwar gibt es auch da biografische Muster (s. z.B. MA, Bd. 11.1.2, S. 663f.), aber sie haben für die Genese des Buches nicht das gleiche Gewicht.

8 Dichtung des Rokoko, hg. v. Alfred Anger, Tübingen, 1958, S. 36, 38, 118, 130.

9 Ebd. S. 36.

10 Neumann, Gerhard: »Liebliches«. Ein Beispiel für Goethes Wortgebrauch, in: Lohner, Edgar (Hg.): Interpretationen zum »West-östlichen Divan« Goethes, Darmstadt, 1973, S. 147-175. Vgl. auch MA, Bd. 11.1.2, S. 454f.

11 Anger, Alfred: Landschaftsstil des Rokoko, in: Euphorion 51 (1957), S. 151-191.

12 Henckmann, Gisela: Gespräch und Geselligkeit in Goethes »West-östlichem Divan«, Stuttgart, 1975, S. 112f.

13 Z.B. MA, Bd. 11.1.2, S. 83, *An des lust'gen Brunnens Rand* [...], V. 13: »Möge Wasser springend, wallend«.

14 Gleim, Johann Wilhelm Ludwig: *Anakreon*, in: J. W. L. Gleim: Versuch in Scherzhaften Liedern und Lieder. Hg. von Richard Alewyn und Rainer Gruenter, Tübingen, 1964, S. 5.

15 Von Hammer-Purgstall, Joseph: Geschichte der schönen Redekünste Persiens, mit einer Blüthenlese aus 200 persischen Dichtern, Wien, 1818, S. 262.

16 Schemsed-din Hafis, Mohammed: Der Diwan. Aus dem Persischen zum erstenmal ganz übersetzt von Joseph von Hammer-Purgstall, Stuttgart, 1812/1813 [1814]. Reprint Hildesheim, 1973, Bd. 1, S. V.

17 Siehe dazu: Lemmel, Monika: Wechselwirkungen zwischen Goethes »West-östlichem Divan« und der »Italienischen Reise«. Überlegungen zur späten Entstehung von Goethes Reisebericht, in: Jahrbuch der Deutschen Schillergesellschaft 33 (1989), S. 281-298.

18 Vgl. auch: Lemmel, Monika: Poetologie in Goethes west-östlichem Divan, Heidelberg, 1987, S. 109-113; auch MA, Bd. 11.1.2, S. 320-322.

19 Vgl. zu diesem Abschnitt eingehender u.a. Richter, Karl: Morphologie und Stilwandel. Ein Beitrag zu Goethes Lyrik, in: Jahrbuch der Deutschen Schillergesellschaft 21 (1977), S. 192-215, und ders.: Beziehungen von Dichtung und Morphologie in Goethes literarischem Werk, in: In der Mitte zwischen Natur und Subjekt. Johann Wolfgang von Goethes »Versuch, die Metamorphose der Pflanze zu erklären« 1790-1990. Sachverhalte, Gedanken, Wirkungen, hg. v. Gunter Mann, Dieter Mollenhauer und Stefan Peters, Frankfurt/Main, 1992, S. 149-164.

20 Boisserée, Sulpiz, 3. August 1815 (Goethes Gespräche, auf Grund der Ausgabe von Flodoard Freiherr von Biedermann, erg. und hg. v. Wolfgang Herwig, Bd. 2, Zürich, 1969, S. 1033.)

21 Siehe MA, Bd. 16, S. 868f.

22 Vgl. z.B. MA, Bd. 18.1, S. 793; auch den Beitrag von Volkmar Tietz: Entoptische ›Spiegelungen‹ als ›wunderliche Symbolik‹ in »Faust II«, in: Goethe und die Wissenschaften, hg. v. Bernd Wilhelmi, Jena, 1984, S. 223-231.

23 Eingehender dazu mein Beitrag: Wiederholte Spiegelungen im »West-östlichen Divan«. Die Entoptik als poetologisches Paradigma in Goethes Alterswerk, in: Scientia Poetica Jahrbuch für Geschichte der Literatur und der Wissenschaften 4 (2000), S. 115-130.

Inge Wild / Reiner Wild

Ein köstliches Liedchen

Rokoko-Elemente in der Lyrik Eduard Mörikes

I

Zu Mörikes lyrischem Schreiben gehört von Beginn an die Bewusstheit der literarhistorischen Situation. In dem bereits 1823 entstandenen Gedicht *Der junge Dichter* wird die Möglichkeit eines naiven Dichtens reflektiert und zurückgewiesen; die vier Eingangsgedichte der Gedichtsammlung Mörikes, deren viertes *Der junge Dichter* ist, bieten eine genaue Situierung des eigenen literarhistorischen Standortes. Erst diese Reflexion ermöglicht ein eigenes und eigenständiges Schreiben.[1] Im bewussten Bezug auf die literarische Tradition, der sich im gekonnten Spiel mit intertextuellen Bezügen und im virtuosen Umgang mit den überkommenen lyrischen Aussagemodi äußert, bekundet sich die Einsicht in die eigene Spätzeitlichkeit als eine Signatur der Epoche der ›Biedermeierzeit‹; in der Reflexion auf diese Möglichkeiten gewinnt der Lyriker Mörike das Bewusstsein der eigenen Kreativität und findet so zum eigenen Schreiben. Im Eingangsgedicht der Gedichtsammlungen, in *An einem Wintermorgen. Vor Sonnenaufgang*, wird dieser Prozess der Selbstvergewisserung des Lyrikers Mörike poetisch vorgeführt.

Zu solchem Schreiben gehören die Verfügung über die literarische Tradition und die Bewusstheit der von ihr und durch sie bereitgestellten poetischen Mittel. Nicht zuletzt gilt dies für die Beziehung der eigenen Produktion zur Dichtung der Antike. Auch diese Beziehung prägt Mörikes Lyrik von Beginn an – und nicht etwa erst seit der intensiven Beschäftigung mit der antiken Lyrik im Kontext seiner Übersetzungsarbeit ab den späten dreißiger Jahren. Im kreativen Tagtraum, der in *An einem Wintermorgen* gestaltet ist, erscheint die Antike als möglicher Ort von »Bildern und Gedanken«,[2] die sich dem Dichter aufdrängen; in den *Peregrina*-Gedichten, die gerade in ihrer Darstellung der Initiation zum Dichter ein Zentrum der Lyrik Mörikes bilden, sind Elemente des antiken Mythos kombiniert.[3] Zugleich ist die Beziehung von Mörikes Lyrik zur Dichtung der Antike von Beginn an vermittelt durch die Rolle und Bedeutung, welche die antike Literatur – wie unterschiedlich auch immer – für die deutsche Literatur seit etwa der Mitte des 18. Jahrhunderts gespielt hat. Dies gilt nicht zuletzt für die Ausbildung der Lyrik bis zu Klassik und Romantik oder zu Hölderlin und damit hin zum Ausgangspunkt von Mörikes eigenem Schreiben. Antike und Moderne stehen so in einem komplexen Verhältnis, das in dem genauen Bewusstsein von der unüberbrückbaren Kluft zwischen antikem und modernem Dichten an Goethes klassische Lyrik und deren Auseinandersetzung mit der Antike anschließt. Zum komplexen Gefüge von eigener literarhistorischer Standortbestimmung, Anschluss an die unmittelbar vorausliegende Lyrik und antiker Dichtung gehört bei Mörike aber auch der Rückgriff auf poetische Tendenzen und Traditionen, die Klassik und Romantik vorangingen. So greift er auch zurück auf die Lyrik des Rokoko, gerade auch auf deren gesellige, anakreontisch geprägte Teile, und folgt in diesem Rückgriff zugleich Tendenzen, die – worauf Sengle immer wieder aufmerksam gemacht hat – für die ›Biedermeierzeit‹ kennzeichnend sind.

II

Zu den Gedichten Mörikes, die nach Sengle »in der Rokoko-Kultur, im immer noch währenden ancien régime wurzeln«,[4] zählt er auch die kleine Verserzählung *Scherz*:

Scherz

Einen Morgengruß ihr früh zu bringen,
Und mein Morgenbrot bei ihr zu holen,
Geh ich sachte an des Mädchens Türe,
Öffne rasch, da steht mein schlankes Bäumchen
Vor dem Spiegel schon und wascht sich emsig.
O wie lieblich träuft die weiße Stirne,
Träuft die Rosenwange Silbernässe!
Hangen aufgelöst die süßen Haare!
Locker spielen Tücher und Gewänder.
Aber wie sie zagt und scheucht und abwehrt!
Gleich, sogleich soll ich den Rückzug nehmen!
›Närrchen‹, rief ich, ›sei mir so kein Närrchen:
Das ist Brautrecht, ist Verlobtensitte.
Laß mich nur, ich will ja blind und lahm sein,
Will den Kopf und alle beiden Augen
In die Fülle deiner Locken stecken,
Will die Hände mit den Flechten binden –‹
›Nein, du gehst!‹ ›Im Winkel laß mich stehen,
Dir bescheidentlich den Rücken kehren!‹
›Ei, so mag's, damit ich Ruhe habe!‹

Und ich stand gehorsam in der Ecke,
Lächerlich, wie ein gestrafter Junge,
Der die Lektion nicht wohl bestanden,
Muckste nicht und kühlte mir die Lippen
An der weißen Wand mit leisem Kusse,
Eine volle, eine lange Stunde;
Ja, so wahr ich lebe. Doch, wer etwa
Einen kleinen Zweifel möchte haben
(Was ich ihm just nicht verargen dürfte),
Nun, der frage nur das Mädchen selber:
Die wird ihn – noch zierlicher belügen.[5]

Die reimlosen Zeilen des einstrophigen Gedichts mit durchgehend weiblicher Kadenz stehen im Versmaß des fünffüßigen Trochäus. Durch diese formalen Merkmale entsteht ein gleichmäßiger, epischer Sprechrhythmus; mit von Heydebrand kann von einem Erzählgedicht gesprochen werden.[6] Das Gedicht enthält typische Bilder und Sprachmuster der Rokoko-Lyrik, die stark anakreontisch vorgeprägt sind. In den Zeilen sechs bis neun werden, durch die Wendung »O wie lieblich« stimmig eingeleitet, mit »die weiße Stirn«, »Rosenwangen« und »die süßen Haare« Weiblichkeitsattribute der galanten Tradition zitiert; so lässt sich hier geradezu von einer ›Rokoko-Passage‹ sprechen. Doch auch in den anderen Verszeilen verweisen Diminutivformen wie »schlankes Bäumchen« und »Närrchen« sowie eine zärtliche sprachliche Tönung in Formulierungen wie »sachte«, »bescheidentlich«, »zierlicher« auf die Traditionslinie des Rokoko.[7] In ironischen Kontrast zu dieser um 1830 bereits leicht altertümlichen Stillage tritt der Dialog der Liebenden. Dabei gilt es jedoch zwischen männlichem und weiblichem Part zu unterscheiden. Während es von ihr nur lakonische Antworten gibt, darf er ausführlicher reden, und er ist – wichtiger noch – der Sprecher des Gedichts. Zudem ist seine Rede auf einer stilistisch höheren Ebene angesiedelt als die des Mädchens, wenngleich auch er zwischen hohem lyrischen Ton und zeitgenössischer Alltagssprache wechselt. Ein Beispiel dafür ist die Zusammenfügung der erotischen »Fülle der Locken« und der bürgerlich-gesitteten »Flechten« in den Zeilen sechzehn und siebzehn. Auch der Kuss, in der erotischen Bildersprache des Rokoko ein zentrales Motiv, wird zunächst mit »Morgenbrot« bürgerlich-behaglich umschrieben und sodann als Ersatzhandlung (»kühlte mir die Lippen/An der weißen Wand mit leisem Kusse«) ironisiert. Mörike nützt so den Rückgriff auf die erotische Formen- und Bildersprache des Rokoko als eine der literarisch sanktionierten Möglichkeiten, das zeitgenössisch tabuisierte Begehren auszusprechen.[8] Dabei bedient er sich dieses Arsenals in einer ironischen Spielhaltung, erfüllt jedoch zugleich die Gattungsmerkmale der lyrischen Tradition. Der geistreiche Scherz ist eine der zentralen Bestimmungen der Rokoko-Lyrik; bereits mit dem Signalwort des Titels wird also auf diesen literarischen Typus angespielt und damit eine bestimmte Rezeptionshaltung vorgegeben.[9] Die Stimmung, die das Gedicht evoziert, und das scherzhaft-erotische Spiel sind ebenso dem Gattungsmuster verpflichtet wie die ironische Schluss-pointe, die der Überraschung und dem Amüsement des Lesers dient. Mit dieser Pointe, die das zuvor Gesagte in eine unverbindliche Schwebehaltung zwischen Realität und Fiktion bringt, schließt das Gedicht an eine lyrische Haltung an, die sich als geistreiches Spiel versteht und deren wichtige Komponenten Liebe und Poesie häufig in ein scherzhaftes Wechselverhältnis treten. Dabei bleibt in Mörikes Gedicht offen, wer hier mit wem scherzt: der junge Mann mit dem Mädchen, das Mädchen mit dem jungen Mann, oder aber der Dichter mit dem Leser. Durchaus gattungstypisch wird nicht direkt gesagt, dass das Gedicht selbst eine ›zierliche Lüge‹ ist, und so muss die topische Gleichsetzung von Dichtung und Lüge vom Leser in einem Analogieschluss zwischen der Lüge des Mädchens und der des Sprechers erschlossen werden.

Renate von Heydebrand sieht die »eigene Nuance« von *Scherz* darin, »diesen Gedichttyp aus der Sphäre der oberen Gesellschaft in die biedermeierliche Bür-gerwelt zu transponieren und als Erzählung einer wirklichen Begebenheit, als Erlebnisgedicht erscheinen zu lassen«.[10] Sie nimmt damit die lyrische Innovati-on in den Blick, die literarhistorisch mit Goethes *Sesenheimer Liedern* verbun-den ist und die in Goethes Entwicklung als Lyriker die Leipziger Rokoko-Lyrik ablöste. Die Charakteristik von *Scherz* als »Erlebnisgedicht« erscheint freilich einigermaßen fraglich, doch zeigt sich beim Blick auf Goethe die Offenheit und Adaptionsfähigkeit gerade der Rokoko-Lyrik auch für subjektiveres Sprechen. Ein Beispiel dafür ist ein frühes Leipziger Gedicht Goethes:

Die Nacht

Gern verlaß ich diese Hütte,
Meiner Liebsten Aufenthalt,
Wandle mit verhülltem Tritte
Durch den ausgestorbnen Wald.
Luna bricht die Nacht der Eichen,
Zephirs melden ihren Lauf,
Und die Birken streun mit Neigen
Ihr den süßten Weihrauch auf.

Schauer, der das Herze fühlen,
Der die Seele schmelzen macht,
Flüstert durchs Gebüsch im Kühlen.
Welche schöne, süße Nacht!
Freude! Wollust! Kaum zu fassen!
Und doch wollt’ ich, Himmel, dir
Tausend solcher Nächte lassen,
Gäb mein Mädchen eine mir.[11]

Das Gedicht weist eine Reihe von Elementen der Rokoko-Lyrik auf, die sich mit anderen lyrischen Motiv- und Stilelementen verbinden. So wird der topische locus amoenus – mit Hütte und Wald knapp bestimmt und mit der lautmalerischen Qualität des Vokabulars atmosphärisch ausgeformt – durch das Attribut »ausgestorbnen« leicht verfremdet. Mit »Luna« und »Zephir« bedient sich das Gedicht aus dem gattungstypischen mythologischen Arsenal, das anakreontische Attribut ›süß‹ erscheint in jeder Strophe. Die noch anakreontisch kodierten Bilder werden jedoch überlagert von dem empfindsamen Leitwort »Seele«; dies wiederum markiert den Übergang von der Empfindung zur Gefühlsemphase. Völlig der Rokoko-Manier entspricht wiederum die erotische Situation des Gedichts mit der antithetischen Schlusspointe, die das zuvor Gesagte in Frage stellt.[12]

Mörikes Gedicht *Scherz* lässt eine Reihe stilistischer und motivischer Korrespondenzen zu Goethes Gedicht erkennen – so das anakreontische ›süß‹, der hohe Ton mit lautmalerischen Effekten gerade in der ›Rokoko-Passage‹, die erotische Situation, die Schlusspointe. Deutlich wird in der Gegenüberstellung beider Gedichte aber auch, dass bei Mörike die anakreontische Manier, die als immer noch wirkungsstarke Lyriktradition dem Gedicht seine thematische und stilistische Grundierung verleiht, zugleich durch Elemente des ›biedermeierlichen‹ Zeitstils überlagert wird. Das entscheidende Merkmal dieser biedermeierlichen Überformung ist die Ausfüllung mit konkreten Wirklichkeitselementen. Die Adressatin und Partnerin des Liebesdialogs wird klar bestimmt; nicht mehr eine »Schöne« oder ein »Mädchen« wird angeredet, das Mädchen ist vielmehr die Braut.[13] Im behaglichen biedermeierlichen Binnenraum und im morgendlichen Tageslicht anstelle der erotisch konnotierten Nacht sind allzu frei schweifende erotische Phantasien gebannt. Die Ausgangssituation entspricht jedoch durchaus dem traditionellen Muster; die erotische Gelegenheit, das Sträuben und schließlich das halbe Gewährenlassen des Mädchens sind typische Elemente der Rokokolyrik. Goethe hat dieses Muster etwa in der Verserzählung *Triumph der Tugend. Zwote Erzählung* im *Liederbuch Annette* gestaltet. Die ersten beiden Strophen dieser Verserzählung »mit dem Rokoko-Topos des Belauschens und Beschleichens der Geliebten«[14] weisen die gleiche Ausgangssituation wie Mörikes Gedicht auf: die erotische Gelegenheit im Zimmer des Mädchens, ähnliche Requisiten zur Kennzeichnung der erotischen Stimmung (Körperpflege, Spiegel, Haare), die Sprödigkeit des Mädchens, die Zurückweisung des Liebhabers:

> Ich fand mein Mädgen einst allein
> Am Abend so, wie ich sie selten finde.
> Entkleidet sah ich sie; dem guten Kinde
> Fiel es nicht ein,
> Daß ich so nahe bei ihr sein,
> Neugierig sie betrachten könnte.

Was sie mir nie zu sehn vergönnte,
Des Busens volle Blüten wies
Sie dem verschwiegnen kalten Spiegel, ließ
Das Haar geteilt von ihrem Scheitel fallen,
Wie Rosenzweig' um Knospen, um den Busen wallen.

Ganz außer mir vom niegefundnen Glück'
Sprang ich hervor; Jedoch wie schmollte
Sie, da ich sie umarmen wollte.
Zorn sprach ihr furchtsam wilder Blick,
Die eine Hand stieß mich zurück,
Die andre deckte das, was ich nicht sehen sollte.
Geh, rief sie, soll ich deine Kühnheit dir
Verzeihen; eile weg von hier.[15]

Während Goethe das Motiv der bedrohten Unschuld mit deutlichen Anklängen an Richardson in einer dramatischen Szenenfolge und in der pathetischen Diktion eines folgenreichen kulturellen Tabubruchs gestaltet, der nur durch die Einsicht des Liebhabers verhindert wird, löst Mörike die Situation scherzhaft auf. Die Normen für den ›tugendhaften‹ Umgang der Geschlechter haben in der sich erst formierenden bürgerlichen Gesellschaft noch eine spezifische Brisanz und Dynamik, nicht zuletzt in der Konkurrenz zu den ›freieren‹ aristokratischen Spielregeln, wie sich auch im bürgerlichen Roman und im bürgerlichen Trauerspiel zeigt. Ein halbes Jahrhundert später hat sich hingegen der bürgerliche Verhaltenskodex zur Regulierung von Sexualität etabliert. In Mörikes Gedicht zeigt sich dies an der gesellschaftlichen Bestimmung der beiden Liebenden als Brautleute. Daraus ergibt sich eine deutliche Verbürgerlichung der erotischen Situation; ›Sprödigkeit‹ gewinnt den spezifischen Charakter biedermeierlicher Sexualmoral. Mit dem Hinweis auf »Brautrecht« und »Verlobtensitte« wird die freie Erotik zu einem Spiel mit begrenzten Freiheiten, wie es die Verlobungszeit der bürgerlichen Gesellschaft kennzeichnet. Mit dem Hinweis auf ›Recht‹ und ›Sitte‹ werden diese kulturellen Vorgaben für die Beziehung der Geschlechter zwar scherzhaft, aber dennoch präzise benannt. Diese Konkretisierung wird auch durch die Fiktion mündlichen Erzählens in einem deutlich scherzhaft-unterhaltsamen Ton erreicht; wie in mündlichen Erzählsituationen häufig wird die vergangene ›Geschichte‹ zunächst im Präsens erzählt und danach im Präteritum fortgeführt. Durch diesen Erzählduktus wird ein möglicher emphatischer Gefühlsaufschwung vermieden. In späteren Überarbeitungen hat Mörike zudem das »›poetische‹ Kolorit« bewusst abgeschwächt.[16] Das gilt vor allem für die zweimalige Rede des Mädchens; während in Goethes Gedicht der hohe Ton auch die Rede des Mädchens bestimmt, repräsentiert diese in *Scherz* die Ebene der Alltagssprache und gibt dem Gedicht die Dimension einer realistischen Alltagsszenerie.[17]

Diese biedermeierliche Alltagsszene im Zimmer der Braut ähnelt derjenigen, die in den letzten drei Strophen von Mörikes frühem Gedicht *Der junge Dichter* entworfen wird. Darin jedoch erscheint die biedermeierliche Szenerie im »erwärmten Winterstübchen«, in dem die Geliebte die »Braunen Lockenhaare« schlichtet, in deutlicher Opposition zu einem hochfliegenden Dichtungspathos.[18] In *Scherz* dagegen bleiben die anakreontischen Basisthemen Liebe und Dichtung versöhnt, erscheint das Gedicht als unmittelbares und unproblematisches Protokoll einer erotischen Situation. Insofern kann es als heitere und ungebrochene Verwirklichung des biedermeiertypischen poetischen Naivitätsprogramms verstanden werden,[19] das in *Der junge Dichter* deutlich zurückgewiesen wird, weil es, wie der Sprecher und Dichter erfahren muss, die Kreativität behindert und hemmt.[20] Diese Verwirklichung wird möglich durch den Rückgriff auf die ältere Form der Rokoko-Lyrik, in der Dichtung ein unbeschwertheiteres, geselliges Spiel war; das Gedicht ist, wie es in der letzten Zeile ausgesprochen wird, eine ›zierliche Lüge‹. Zugleich bietet die Formensprache des Rokoko Mörike die Möglichkeit, den biografischen Bezug von Lyrik zugleich zu inszenieren und zu ironisieren. Er spielt damit gleichermaßen mit der älteren Form der Rokoko-Lyrik wie mit dem jüngeren Muster der Erlebnislyrik. Die ironische Distanz wird durch die deutliche Herabstimmung ins Biedermeierliche erzeugt. Was in Goethes *Triumph der Tugend* im pathetisch-hohen Ton in einer theatralischen Szenenfolge abgehandelt wird, wird bei Mörike zum scherzhaften Erzählgedicht über eine erotische Gelegenheit der Brautzeit. Das Gedicht *Scherz* ist damit ein eindrucksvolles Beispiel für die Adaption und biedermeierliche Überformung der Rokoko-Lyrik. Biedermeierlich sei, schreibt Sengle, der Sinn »für ein verbürgertes und versittlichtes Rokoko, der Sinn für Scherz, ja für grotesken ›Übermut‹, sofern er nicht unmoralisch, blasphemisch oder gesellschaftskritisch ist«.[21]

III

Seit der Mitte der dreißiger Jahre nützt Mörike in seiner Lyrik verstärkt antike Formen und Gattungen; dazu gehören nicht zuletzt erotische Epigramme.[22] Ein Beispiel dafür ist das Epigramm in Distichen, das in Mörikes erster Gedichtsammlung von 1838 unter dem Titel *Schnelle Beute* erschien und dessen genaue Entstehungszeit unbekannt ist; später erhielt es die Überschrift *Leichte Beute*:

Leichte Beute

Hat der Dichter im Geist ein köstliches Liedchen empfangen,
Ruht und rastet er nicht, bis es vollendet ihn grüßt.
Neulich so sah ich, o Schönste, dich erstmals flüchtig am Fenster,
Und ich brannte: nun liegst heute du schon mir im Arm![23]

Leichte Beute ist in seiner erotischen Aussage zweifellos deutlicher als *Scherz*; der Anklang an einen leichten Rokokoton ist in der Formulierung »ein köstliches Liedchen« gewahrt, doch geht das zweite Distichon über den erotischen Andeutungsstil des Rokoko hinaus. Der knappe und zur Zuspitzung motivierende Aussagemodus des Epigramms erlaubt gerade auch in seiner formalen Disziplinierung die kühne Aussprache und führt zu einer »Verdichtung des Erotischen«.[24] Die antike Tradition ermöglicht poetischen Spiel- und Freiraum, dient der Verhüllung privater Erotik, deren freie Aussprache im eigenen kulturellen Kontext tabuisiert ist. Für versagte Wünsche oder Ausdrucksformen der Gegenwart sucht Mörike »Ersatz in der sinnlichen Direktheit des Distichons«.[25] Die antike Form impliziert den Rückgriff auf die antike Liebeskonzeption, die als antithetisches Wunschbild zu den Geschlechterbeziehungen der Biedermeierzeit fungiert; so kann in Anlehnung an das antike Muster die Phantasie vom raschen und erotisch freien Charakter der Liebesbeziehung ausgesprochen werden. Das Gedicht nimmt die topische Analogie von Dichtung und Liebe auf und stellt die beiden Elemente in zwei Distichenpaaren einander gegenüber. Es erfolgt jedoch eine Umkehrung der üblichen Klimax, die gängigerweise von der Liebe zur Dichtung führt. Die argumentative Struktur wird umgekehrt: Im ersten Distichon steht die allgemeine Aussage über den »Dichter«, im zweiten die persönliche des »ich«. Die Argumentation geht also nicht vom Besonderen zum Allgemeinen, vielmehr steht die Sentenz der situativen Aussprache des Ich voran. Aus dieser Umkehrung einer etablierten lyrischen Erwartungshaltung bezieht das Gedicht seine besondere Spannung, durch sie intensiviert sich das Überraschungsmoment der raschen erotischen Erfüllung, die scheinbar unvermittelt der poetischen Arbeit folgt. Und trotz der antithetischen Gegenüberstellung von Poesie und Liebe erfolgt bereits im ersten Distichon eine Sexualisierung des schöpferischen Prozesses: »Hat der Dichter im Geiste ein köstliches Liedchen empfangen«. Dem passiven Charakter der Inspiration folgt der aktive Gestaltungsprozess; insofern treten hier weibliche und männliche Rollenzuweisungen in eine komplementäre Beziehung zueinander. Der schöpferische Prozess ist damit zugleich männlich und weiblich konnotiert, in den männlichen schöpferischen Akt sind weibliche Anteile integriert. Die Liebe hat im zweiten Distichon einen eigenständigen Part; der Frau wird nicht – jedenfalls nicht explizit – die Rolle der Muse zugewiesen. Dennoch sind beide Distichen eng aufeinander bezogen, und diese Komplementarität wird nicht allein durch den zu vermutenden gemeinsamen Sprecher hergestellt. Zwischen der ersten und der zweiten Versgruppe besteht vielmehr eine versteckte Verweisungsstruktur. So entspricht dem Vorstellungsbild des vollendeten Gedichts das Anschauungsbild der »Schönsten« am Fenster. Analog ist auch der Erregungszustand, in den der Dichter und der Liebende durch diese Bilder versetzt werden. Den Höhepunkt bildet jeweils die Eroberung – die des vollendeten Gedichts und die des schönen Mädchens. Jedoch erfordert Poesie Arbeit, die Eroberung der Liebsten geschieht rasch, wie es in der ersten Überschrift *Schnelle Beute* noch deutlicher zum Ausdruck kam. Die Arbeit am Gedicht steht analog zur Eroberung der Geliebten, doch ist die Beziehung der ersten zur zweiten Versgruppe nicht unmittelbar evident, sie muss vom Leser erschlossen werden. Mit der Überschrift gibt das Gedicht allerdings einige Rätsel auf und entspricht in diesem Zug wiederum dem aus der Rokokotradition bekannten geistreichen Spiel zwischen Autor und Leser. Wer ist die leichte Beute? Jedenfalls das Mädchen – aber auch das »Liedchen«? Das Gedicht suggeriert, dass die Aneignung des Kunstwerks im schöpferischen Prozess gleichermaßen ein Zustand der Überwältigung wie der sinnlichen Inbesitznahme ist. Das Gedicht hat damit eine verborgene poetologische Dimension; die antike Maske verhüllt und verschleiert die moderne Reflexion über Kreativitätsprozesse.

IV

Die anakreontischen Motive Liebe, Poesie und Weingenuss werden in Mörikes Gedichtwerk nicht mehr – wie etwa noch in Goethes *West-östlichem Divan*[26] – als Trias ausgeformt. Sie erscheinen vielmehr in unterschiedlichen Variationen, zudem in unterschiedlichen Stillagen und werden häufig ironisiert. Im Gedicht *Philomele* greift Mörike die Tradition der anakreontischen Ode auf und verbindet das Motiv eines sinnenfrohen Alkoholgenusses mit dem Topos einer empfindsamen Naturerfahrung, die im antikisierenden Titelwort Philomele allegorisiert ist, das als solches bereits auf die lyrischen Traditionslinien von Anakreontik und Empfindsamkeit anspielt. Über die Entstehungsbedingungen dieses Gedichts, eines »der gelungensten Zeugnisse für Mörikes Humor«,[27] gibt Mörike in einem Musterkärtchen, das einem Brief beilag, den er zwischen dem 4. und 23. Juni 1841 aus Cleversulzbach an den Freund Wilhelm Hartlaub schrieb, unter der Überschrift »Kuriosum« genauestens Auskunft:

Am 22. May, Abends, saß ich im Dahinfelder Wald, nicht weit vom Eingang, unter einer hohen Eiche und las eine Zeitlang in der Bibel (es war meiner lieben Mutter ihre). Ganz nah bei mir schlug eine Nachtigall. Ich machte das Buch endlich zu, hing meinen eigenen Betrachtungen nach und hörte dazwischen auf den Gesang der Vögel. Die Nachtigall wiederholte einigemal jene schöne Stufenreihe gezogener Töne welche allmählich mit Gewalt anwachsend aus der Tiefe in die Höhe gehn und mit einer Art von Schnörkel oder Sprützer schließen. Dabei fiel mir von ungefehr ein komisches Gleichniß ein, u. während des Heimgehns war ich, ganz im Gegensatz zu dem was mich jezt einzig beschäftigen sollte, durch den Geist des Widerspruchs genöthigt, den Gedanken in ein paar Strophen auszubilden, indem mir unaufhörlich das Alcäische Versmaas in den Ohren summte. Die erste Strophe hat sich sozusagen von selbst, ohne mein Zuthun zusammengefügt. Das Komische liegt theils in der poetischen Anwendung einer an sich treffenden, jedoch prosaischen Vergleichung, theils im CONtrast der feierlichen Versart. Ich sprach es auch dem Mayer vor, der sehr davon ergözt war.

An Philomele.

Tonleiterartig steiget dein Klaggesang
Vollschwellend auf, wie wenn man Bouteillen füllt:
Es steigt und steigt im Hals der Flasche
Sieh, und das liebliche Naß schäumt über.

– O Sängerin, dir möchte' ich ein Liedchen weihn,
Voll Lieb' und Sehnsucht! aber ich stocke schon.
Ach mein unselig Gleichniß regt mir
Plötzlich den Durst, und mein Gaumen lechzet.

Vergib! Im Jägerschlößchen ist frisches Bier
Und Kegel-Abend heut'; ich versprach es halb
Dem OberAmtsGerichtsVerweser,
Auch dem Notar und dem Oberförster.[28]

Mit diesem Bericht über die Entstehung des Gedichts, der als kleine Prosaerzählung eigenständige poetische Qualität hat, gibt Mörike einige Deutungsvorgaben. Die erzählte Situation enthält Versatzstücke empfindsamer Natur- und Ich-Erfahrung: der abendliche Waldrand als locus amoenus, die Bibel als Medium religiöser Besinnung, die sich mit dem Denken an die kurz zuvor verstorbene Mutter verbindet, schließlich – als empfindsamer Topos schlechthin – das Schlagen der Nachtigall. Diese literarisch vermittelten Elemente steuern die Wahrnehmung des Betrachters, bis dieser von der Besinnung zur genauen Beobachtung eines Naturphänomens, der Beschreibung des Nachtigallenrufs, übergeht. Mit der Wahrnehmungsänderung schlägt die Stimmung um: Das Komische gewinnt die Oberhand über das Elegische. Mörike beschreibt genau, wie diese Komik im Entstehungsprozess des Gedichts, bei dessen Verfertigung im Gehen, durch den Kontrast zwischen dem hohen Ton des alkäischen Odenmaßes und der »prosaischen Vergleichung« eines feierlichen Inhalts mit einem banalen erzeugt wird.[29] Das Gedicht zeigt das Ineinandergleiten zweier Bewusstseinsströme; der bewusste Impuls zu dichten wird überlagert von der Vorstellung materiellen Genusses. Mit dieser Verbindung traditionell als inadäquat empfundener Bereiche wird ein komischer Effekt erzielt, der sich durch die Art der Metaphernbildung verstärkt, die vom Hohen zum Niederen absteigt. Ausdrücklich wird der Vorgang der Entstehung eines Gedichts zu dessen Thema – es handelt sich also (wie es auch anakreontischer Manier entspricht) um einen selbstreflexiven und selbstironischen Text. Philomele ist das Signalwort einer Traditionslinie, die im reflektierten Produktionsvorgang des Gedichts in Frage gestellt wird; es ist damit Signalwort einer um 1840 durchaus unzeitgemäßen

Empfindung und Form. Aus dem Kontrast zwischen vormoderner und moderner Welterfahrung und dem Versuch ihrer Zusammenfügung in einem klassischen Maß gewinnt das Gedicht seine komische Potenz. Ironisiert wird der Versuch eines poetischen Höhenflugs, insofern er sich epigonaler Mittel bedient: »Die jeanpaulisierende Kleinheit von Kegelabend und frischem Bier ist lebendiger als der nicht mehr aufrichtig zu ›füllende‹ Anspruch klassischen Maßes«.[30]

Das Motiv des Weins als Quelle der Inspiration ist ein Topos des anakreontischen Liedes und der Rokoko-Lyrik, der in vielen lyrischen Formen stilbildend gewirkt hat. Im Gedicht *An Philomele* wird der Wein zum alltäglicheren Bier, und der Wunsch nach diesem Getränk hemmt die Neigung zu dichten, indem er den Dichter aus der poetischen Einsamkeit in die bürgerlich-gesellige Honoratiorenrunde treibt. Geselligkeit, ein zentraler Ort des anakreontischen Liedes, wird hier als un- oder antipoetischer Ort ironisiert. Vor dem Hintergrund der empfindsamen Odentradition in der Nachfolge Klopstocks und des Göttinger Hains wird der empfindsame Freundschaftskult parodistisch zur Pflege biedermeierlicher Kegelabende herabgestimmt. Immerhin war Mörike die bürgerliche Geselligkeitsform des Kegelabends seit seiner Jugend vertraut. Sein Onkel Georgii, bei dem er als Schüler in Stuttgart wohnte, unterhielt in seinem Hause eine Kegelgesellschaft. Er war Jurist und angesehener Stuttgarter Bürger, und in zeittypischer Weise mischte sich bei den Abenden Geselligkeit mit Bildungsanspruch:

Bei Georgii wurde nicht nur gekegelt, sondern auch Bildungsgeselligkeit gepflegt; so hielt beispielsweise Schelling im Sommer 1810 Privatvorlesungen im Rahmen dieser Gesellschaftsabende ab. In Friedrich Haug besaß die Gesellschaft einen Hauspoeten, an den sich Mörike noch fünfzig Jahre später als einen ›witzigen‹ Kopf erinnert. Der Ton, der bei diesen Zusammenkünften gepflegt wurde, war gelehrt-antikisch.[31]

Die Verbindung von Freundschaft, Geselligkeit und Poesie war auch für Mörike ein wesentliches Stimulans der lyrischen Produktion; mit zunehmendem Alter nahm die Gelegenheitsdichtung für bestimmte Anlässe und gerichtet an konkrete Personen kontinuierlich zu. Die Unvereinbarkeit von Kunst und bürgerlicher Geselligkeit in der Odenparodie enthält also auch ein Element von Selbstironie sowie einen versteckten Hinweis auf die Kunstautonomie des zeitgenössischen l'art pour l'art.[32] Verwandt mit der Odenparodie *An Philomele* ist ein Gedicht aus dem Nachlass, das Arbogast erstmals publiziert hat:

> Am Eichstam lehnend fühl ich, o Muse dich
> Wie Frühlingsathem, leiser Begeisterung.
> Mein Herz rührt sich wie in der Rinde
> Schrunden ein Käferchen knisternd auflebt.

299

Der Apotheker kommt mit
seinem Freund dem Präceptor,
sie botanisiren. Ich höre
in meinem nahen Versteck
von Orchideen pp reden.

Ich werde der Muse einen
Augenblick untreu und empfinde
ein Gelüste die Natur mit
den Augen dieser Feyertagspa-
zierenden Philister ansehen
zu dürfen.[33]

Der poetischen, von der Muse inspirierten Naturbetrachtung der ersten Strophe im alkäischen Odenmaß wird das gelehrte Naturgespräch zweier botanisierender Freunde, Apotheker und Präceptor, in metrisch ungebundener Rede gegenübergestellt. Die dritte Strophe formuliert den Zweifel des Dichters; das »dürfen« zeigt den Riss, der sich zwischen der bürgerlichen und der künstlerischen Naturbetrachtung seit dem 18. Jahrhundert aufgetan hat und der in Mörikes Lyrik immer wieder reflektiert wird.

Die Beschäftigung mit Naturwissenschaften, die in dem Nachlassblatt ironisiert wird, war Mörike selbst nicht fremd. Das Sammeln und Klassifizieren von Versteinerungen beschäftigte ihn zunehmend und führte in seiner Ernsthaftigkeit bis zu Briefkontakten mit Wissenschaftlern.[34] Im Entwurf eines Briefes, der am 19. April 1845 abgesandt wurde, schreibt er an Ludwig Bauer, der mit einer Gruppe von Freunden bemüht war, die materielle Zukunft Mörikes in Stuttgart zu sichern, er habe sich in den vorangegangenen zwei Jahren »viel mit Geologie u. Petrefaktenkunde« abgegeben:

Bei den in Stutg. aufgestellten wissenschaftl. Sammlungen, den Bibliotheken, dem Münz- Medaillen- Kunst u. Alterthümer und NaturalienCabinet sind zuverläßig einzelne untergeordnete Geschäfte, für welche eine weitere Hand erwünscht seyn würde. Mit Freuden könnte ich die meinige dazu anbieten.[35]

Diese Erwartung realisierte sich nicht, Mörikes naturwissenschaftliche Beschäftigung trug ihre Früchte vor allem im geselligen und brieflichen Kontakt mit dem Freundeskreis. So spricht er in einem Brief an den Freund Hartlaub vom 18. November 1844 selbstironisch von seiner »Stein-Lust«.[36] Aufschlussreich ist jedoch die Verbindung dieser Tätigkeit mit Mörikes ›Hauptgeschäft‹, dem poetischen. Das naturwissenschaftliche Interesse geht in die Lyrik ein. Dies zeigt sich in der Genauigkeit der Beobachtung, und die Verknüpfung wird zudem explizit zum Thema, so in dem am 12. März 1845 entstandenen Gedicht *Der Petrefaktensammler*. In ihm wird die perspektivische Weitsicht im Blick auf die Berge der Schwäbischen Alb zugunsten einer auf Präzision ausgehenden Nahperspektive aufgegeben, die mit den Versteinerungen das Kleine und Verborgene sucht: »Das ist auch wohl Poesie«.[37] Darin lässt sich immerhin erneut die Verwandtschaft des Biedermeier mit dem Rokoko erkennen; die poetische Belebung von kleinen Dingen ist hier wie dort ästhetisches Prinzip.

V

Mörikes Übersetzungstätigkeit, als deren erstes Ergebnis 1840 die *Classische Blumenlese* erschien, verstärkte und intensivierte seine Beschäftigung mit der antiken Literatur, wobei auch hier – wie in seinen naturwissenschaftlichen Betätigungen – Erwerb und Ausbau eines gediegenen Experten- und Gelehrtenwissens sich mit der eigenen lyrischen Produktion verbinden; die Beschäftigung mit der antiken Lyrik wird für das eigene Schreiben in antikisierender Form produktiv.[38] Die literarhistorische Tiefendimension, die schon immer zu seiner Lyrik gehörte, erfährt damit eine spezifische Erweiterung. Die antike Poesie selbst wird in verstärktem Maß zur Inspirationsquelle. Mörike geht gewissermaßen hinter die deutsche Klassik und ebenso hinter das Rokoko zurück. Jedoch bleiben der Zugang zur antiken Lyrik und zugleich die Möglichkeit, produktiv an sie anzuknüpfen, durch deren produktive Aneignung in der literarischen Tradition gerade auch des 18. Jahrhunderts vermittelt. Ein Beispiel dafür bietet ein im April 1845, damit im Übrigen kurz nach *Der Petrefaktensammler* entstandenes Gedicht über Anakreon:

> Mit einem Anakreonskopf und einem Fläschchen Rosenöl
>
> Als der Winter die Rosen geraubt, die Anakreons Scheitel
> Kränzten am fröhlichen Mahl, wo er die Saiten gerührt,
> Träufelt' ihr köstliches Öl in das Haar ihm Aphrogeneia,
> Und ein rosiger Hauch haftet an jeglichem Lied.
> Doch nur wo ein *Liebender* singt die Töne des Greisen,
> Füllet Hallen und Saal wieder der herrliche Duft. [39]

Das Gedicht begleitete wahrscheinlich zusammen mit den im Titel erwähnten Geburtstagsgeschenken einen Brief, der am 20. April 1845 an das Ehepaar Hartlaub ging. Jedenfalls antwortete Hartlaub am 22. April: »Das Epigramm auf dem Töpfchen ist herrlich«.[40] Doch geht das Gedicht in seiner poetischen Qualität und seinem ästhetischen Anspruch über die gesellige und häufig sogar konkret dekorative Gebrauchslyrik weit hinaus, die Mörike in seinen letzten Lebensjahrzehnten zunehmend pflegte.[41] Mörike schließt an die Tradition des Epigramms als nachdenkliches oder belehrendes Sinngedicht an, wie sie insbesondere dem Gattungsverständnis von Herder entspricht. Die antike Verwendung des Epigramms als Inschrift vollzieht er im Schenkungsakt des Gedichts, das wohl auf das »Töpfchen« Rosenöl geschrieben oder ihm jedenfalls beigegeben war, an Constanze Hartlaub. Im Druck wird dieser Charakter als Inschrift immerhin noch mit der Überschrift bewahrt. In dieser gestuften Verwendung zeigt sich Mörikes kongeniale Anverwandlung der Antike und ihrer Funktionalisierung in einer biedermeierlichen Geselligkeitskultur. Die Distanz des Spätgeborenen hingegen wird auf der Inhaltsebene des Epigramms markiert und hervorgehoben. Denn das Thema des Gedichts ist die mögliche Aktualisierung der Antike; der Liebende erscheint als derjenige, der antike Dichtung, in diesem Falle die Lyrik Anakreons, neu belebt und so selbst Dichter ist oder zum Dichter wird. Eines der Grundmuster der anakreontischen Poesie und ihrer Adaption im Rokoko, die Verjüngung durch Poesie und Liebe, kann jedoch nicht mehr fraglos aufrechterhalten werden. Zwar schafft der alte Dichter Anakreon Liebeslyrik, doch gelangt diese erst im Gesang des Liebenden zu ihrer vollen Wirkung; das Wort *Liebender* ist durch Kursivdruck hervorgehoben und kann wohl mit Jugendlichkeit und in einem weiteren Sinne mit Modernität assoziiert werden. Allerdings ist in Mörikes Epigramm die Identität von Greis, Dichter und Liebendem (wie sie Goethe im *West-östlichen Divan* nochmals vollgültig gestalten konnte) nicht mehr möglich; vielmehr wird diese Rollenidentität aufgelöst und aufgespalten in die drei deutlich differenzierten Vorstellungsbilder des antiken Dichters, des Liebenden und des reflektierenden und kommentierenden modernen Dichters.

Die produktionsästhetische Fiktion der Einheit von Kunst und Leben kann nur in einer adäquaten rezeptionsästhetischen Situation erneuert und damit bewahrt werden: »nur wo ein *Liebender* singt«. Damit wird zwar die Liebe wiederum mit der Poesie verbunden, doch nicht im Akt der Produktion, sondern im Akt des Nachvollzugs und der Aktualisierung in einer entsprechenden Situation. Nicht mehr die Unmittelbarkeit der Poesie, sondern ihre Vermitteltheit wird akzentuiert. Die streng antikisierende Sprache und das Versmaß des elegischen Distichons verstärken die Distanz. Doch werden in diesem Epigramm auch Effekte moderner Poesie erzielt. Mörike arbeitet mit Synästhesien und versteckten assoziativen Wirkungen. Der Duft des Öls heftet sich an das Lied, und das Adjektiv in »rosiger Hauch« bestimmt rückwirkend auf die vorhergehende Zeile das Öl als Rosenöl. Antike und Moderne treten so in eine fruchtbare Wechselwirkung. Mörike habe, so bemerkt Arbogast, in die sechs Zeilen dieses Epigramms »sein Selbstbildnis mitsamt seinem poetischen Credo eingeprägt«;[42] dem ist ebenso zuzustimmen wie der Feststellung Hötzers, der in dem Gedicht ein Beispiel für den selbstreflexiven und damit modernen Charakter von Mörikes Lyrik sieht: »In der Maske dieses quasi-anakreontischen Epigramms reflektiert Mörike dichtend über die Dichtung«.[43]

Zugleich zeigt auch dieses Gedicht, dass zur poetischen Selbstreflexion Mörikes die genaue literarhistorische Situierung des eigenen Schreibens gehört. Für

Mörike ergibt sich daraus ein komplexes Verhältnis sowohl zur unmittelbar vorausgehenden deutschen Literatur, in deren Sukzession er selbst steht, als auch zur Literatur der Antike als einer wirkungsmächtigen Bildungserfahrung, die ihren Rang und ihre Bedeutung gerade auch aus der Auseinandersetzung gewinnt, die in der Literatur des 18. Jahrhunderts bis hin zur Klassik und Romantik mit der Antike geleistet wurde. Die eigene Gegenwart, die vorausgegangene Epoche der deutschen Literatur etwa seit der Mitte des 18. Jahrhunderts und die Antike treten so in ein Verhältnis wechselseitiger Spiegelungen, aus dem heraus das eigene Schreiben als gleichermaßen bedingtes wie eigenständiges bestimmt werden kann. Die anakreontische Dichtung, als literarische Tendenz des 18. Jahrhunderts mit ihrer historischen Tiefendimension und als antike Tradition, ist Teil dieser Beziehung.

Anmerkungen

1 Vgl. dazu und zum Folgenden: Wild, Reiner: Am Horizont lüpft sich der Vorhang schon! Die Eingangsgedichte von Eduard Mörikes Gedichtsammlung als poetisches Programm, in: Wild, Reiner (Hg.): Der Sonnenblume gleich steht mein Gemüthe offen, St. Ingbert, 1997, S. 9-44.

2 So in Z. 14 des Gedichts, vgl. Mörike, Eduard: Sämtliche Werke in zwei Bänden. Bd. 1, hg. v. Helmut Koopmann, Düsseldorf, ⁶1997 (zit. als: Mörike: Sämtliche Werke, Bandnummer, Seitenzahl), hier: S. 665.

3 Vgl. dazu vor allem Gockel, Heinz: Venus Libitina. Mythologische Anmerkungen zu Mörikes Peregrina-Zyklus, in: Wirkendes Wort 24 (1974), S. 46-56.

4 Sengle, Friedrich: Biedermeierzeit. Deutsche Literatur im Spannungsfeld zwischen Restauration und Revolution 1815-1848, Stuttgart, 3 Bde., 1980. (im Folgenden: Sengle: Bandnummer, Seitenzahl), hier: III, S. 724. Als Beispiele nennt Sengle außer *Scherz* noch die Gedichte *Der Knabe und das Immlein, Lang, lang ist's her, Nimmersatte Liebe, Jedem das Seine, Maschinka, Versuchung, Zitronenfalter im April, Auf ein Kind*. Allerdings stehen lediglich *Scherz, Der Knabe und das Immlein* und *Zitronenfalter im April* eindeutig in der Tradition der Rokoko-Lyrik; die anderen Gedichte haben eher Volksliedcharakter. Auch Renate von Heydebrand betont die Nähe von *Scherz* zur Rokoko-Tradition, wobei die Verständigung zwischen Autor und Leser über Sprachkonventionen vorausgesetzt werde. Heydebrand, Renate von: Eduard Mörikes Gedichtwerk. Beschreibung und Deutung der Formenvielfalt und ihrer Entwicklung, Stuttgart, 1972 (im Folgenden: von Heydebrand: Gedichtwerk, Seitenzahl), hier: S. 66: »Hier spielt Mörike mit der Gattung des erzählenden Rokoko-Gedichtes, auf das er durch die Gesamtform wie durch einzelne auffällige Elemente des Wortschatzes verweist.«

5 Mörike: Sämtliche Werke I, S. 741f. Das Gedicht entstand 1829 und erschien zuerst 1834 in: *Deutscher Musenalmanach für das Jahr 1833*, hg. v. Adelbert von Chamisso und Gustav Schwab; Mörike nahm es erst 1867 in die vierte und letzte der von ihm veranstalteten Gedichtsammlungen auf, vgl. ebd., Komm., S. 1076.

6 Nach von Heydebrand: Gedichtwerk, S. 205, benutzte Mörike vier- oder fünffüßige Trochäen »schon in seiner ersten Periode als Erzählvers«.

7 Vgl. Anger, Alfred: Literarisches Rokoko, Stuttgart, 1962. Anger betont die besondere Affinität des Biedermeier zum Rokoko: »Auch die Sprache des Biedermeier paßt sich diesem Zug zum Kleinen an. Wie im Rokoko, so herrscht im Biedermeier eine Vorliebe für Diminutiva und Verbaldiminutiva; und alle Modewörter des Rokoko, die den Bedeutungsgehalt des Kleinen und Unpathetischen tragen (zierlich und niedlich, artig und lieblich, fein, sanft und zart), erleben ihre Wiederauferstehung.«, S. 43.

8 Vgl. Sautermeister, Gert: Die Geburt des Gedichts aus dem Geiste des Eros. Zur Liebeslyrik Mörikes, in: ›Nicht allein mit den Worten‹, hg. v. Thomas Müller u.a., Stuttgart, 1995, S. 156-166 (im Folgenden: Sautermeister: Geburt des Gedichts, Seitenzahl). Sautermeister analysiert *Scherz* im Kontext der erotischen Dichtung Mörikes: »Ein Scherzo, bei dem die Enthaltsamkeit mit spielerischer Eleganz Proben ihrer Ungeduld und ihrer Selbstbezwingung vorlegt! Die Dämpfung des Begehrens, vorgeschrieben von der Zeit, gelingt, indem das Begehren sich in poetischen Phantasien ergießt.«, hier: S. 165.

9 »Der Biedermeierzeit ist der Begriff des Scherzes und der Laune vor allem durch die Rokokotradition vertraut«, Sengle, II, S. 599, Anmerkung. Zu antiken Grundlagen des Scherzgedichts vgl. Schlaffer, Heinz: Musa iocosa. Gattungspoetik und Gattungsgeschichte der erotischen Dichtung in Deutschland, Stuttgart, 1971.

10 Von Heydebrand: Gedichtwerk, S. 66.

11 Goethe, Johann Wolfgang: Sämtliche Werke nach Epochen seines Schaffens. Münchner Ausgabe, hg. von Karl Richter in Zusammenarbeit mit Herbert G. Göpfert, Norbert Miller und Gerhard Sauder. Bd. 1.1: Der junge Goethe 1757-1775, hg. von Gerhard Sauder, München, 1985 (zit. als MA 1.1, Seitenzahl), hier: S. 142.

12 Auch Sauder betont den ›gemischten‹ lyrischen Charakter des Gedichts, MA 1.1, Komm., S. 813: »Das Gedicht gilt allgemein als eine der ersten Formulierungen von G.s neuer Erfahrung von Natur. Die empfindsame Mondscheinlyrik von Young, Hagedorn, Klopstock, Geßner, Wieland und Zachariae, die sich mit Rokokozügen verbindet, ist allerdings noch vorherrschend: Gerade die Schlußpointe mit ihrem unverhohlenen sexuellen Wunschtraum zeigt dies deutlich.«

13 Das Gedicht ist durchaus im konkreten biografischen Kontext von Mörikes Verlobungszeit mit Luise Rau zu sehen. Im Brautbrief vom 11. November 1829 erwähnt Mörike ein Vorstellungsbild der Geliebten, das der im Gedicht ausgeformten Szene entspricht: »[...] es ist in der Tat höchst nöthig, daß ich Dein liebes Gesicht wieder anschaue, denn – kannst Du' s glauben – ich kann Dein Bild mit aller Anstrengung nicht mehr genau fassen – Augenblicklich taucht mirs wohl so auf, aber, wie eigensinnig! – nur in gewissen Stellungen – z.B. wenn ich Dich, mit den Locken beschäftigt, vor den Spiegel meiner Studierstube stelle, (das soll fürwahr kein Stich seyn – ich sah Dich immer herzlich gerne in dieser Attitüde,) weder am Klavier – noch schreibend – noch küssend – noch zürnend – auf keine Weise Aug in Aug mit mir – bist Du mir vollkommen gegenwärtig.«; Mörike, Eduard: Werke und Briefe. Historisch-kritische Gesamtausgabe, hg. v. Hans-Henrik Krummacher/Herbert Meyer/Bernhard Zeller, Stuttgart, 1967ff. (im Folgenden zit. als HKA mit Bandnummer und Seitenzahl), hier: HKA, Bd. 11, Briefe 1829-1832, hg. v.

Hans-Ulrich Simon, 1985, S. 45. Die Aussage Sautermeisters: Geburt des Gedichts, S. 165, das Gedicht habe dem Brautbrief an Luise Rau vom 11. November 1829 beigelegen, stützt sich vermutlich auf eine Ausgabe der Brautbriefe, die das Gedicht nach dem Brief abdruckt und als Entstehungszeit »etwa Mitte November 1829« angibt, vgl. Luise. Briefe der Liebe, an seine Braut Luise Rau geschrieben von Eduard Mörike. Zum ersten Male vollst. hg. v. Hanns Wolfgang Rath. Ludwigsburg, 1921, S. 46ff. In der allerdings gekürzten Ausgabe: Eines Dichters Liebe. Eduard Mörikes Brautbriefe, hg. v. Walther Eggert Windegg, München, 1908, erscheint das Gedicht nicht; vgl. S. 14f. Die Angabe wird auch durch die HKA nicht bestätigt; vgl. HKA 11, S. 45f. Im Brief wird ein »Poem von Kern« erwähnt, das dem Brief beilag; nach dem Kommentar S. 434 handelt es sich dabei um ein unbekanntes Gedicht Heinrich Kerns.

14 Gerhard Sauder in: MA 1.1, Komm., S. 805.

15 MA 1.1, S. 108f.

16 Vgl. dazu von Heydebrand: Gedichtwerk, S. 64.

17 In der 4. Auflage der Gedichtsammlung von 1867 wird der realistische »Anstrich« noch verstärkt; »wäscht« wird durch das dialektnahe schwäbische »wascht« ersetzt, vgl. von Heydebrand: Gedichtwerk, S. 64; vgl. weiter S. 65: »Um so natürlicher klingen die Worte des Mädchens; wer Schwäbisch kennt, mag in der Verkürzung ›Ey so mag's‹ das schwäbische ›so magsch‹ = ›so magst du (hier bleiben)‹ hören.«

18 Vgl. Mörike: Sämtliche Werke I, S. 669ff.

19 Vgl. Sengle, Bd. III, S. 728ff.

20 Vgl. auch Wild, Reiner: Am Horizont, S. 39f.

21 Vgl. Sengle, Bd. III, S. 730.

22 Nach von Heydebrand sind Mörikes Epigramme der dreißiger Jahre, insbesondere die erotischen, deutlich stärker von Goethe als von antiken Autoren beeinflusst; vgl.: Gedichtwerk, S. 255ff.

23 Mörike: Sämtliche Werke I, S. 732.

24 Fliegner, Susanne: Der Dichter und die Dilettanten. Eduard Mörikes Lyrik und die bürgerliche Geselligkeitskultur des 19. Jahrhunderts, Stuttgart, 1991 (im Folgenden: Fliegner: Der Dichter, Seitenzahl), hier: S. 51.

25 Ebd., S. 55. Fliegner zitiert als Beispiel *Leichte Beute*.

26 Vgl. dazu den Beitrag von Karl Richter in diesem Band.

27 Mayer, Mathias: Eduard Mörike, Stuttgart, 1998, S. 66.

28 HKA, Bd. 13, Briefe 1839-1841, hg. v. Hans-Ulrich Simon, 1988, S. 183f.; Komm. S. 526-529. Vgl. dazu auch Arbogast, Hubert: »... In meinem nahen Versteck«. Über Eduard Mörikes Gedichte, in: Jahrbuch der Deutschen Schillergesellschaft 40 (1996), S. 525-540 (im Folgenden: Arbogast: »...In meinem nahen Versteck«, Seitenzahl), hier: S. 528ff. Das Gedicht An Philomele erschien zuerst in: Norddeutsches Jahrbuch für Poesie und Prosa, hg. v. Heinrich Pröhle. Jg. 1, 1847, und wurde neu in die zweite Auflage von Mörikes Gedichtsammlung von 1848 aufgenommen. In dieser sowie in der 3. und 4. Auflage erschien das Gedicht jeweils mit nur leichten Varianten der Orthografie und Interpunktion. Die beziehungsreiche Schreibweise »OberAmtsGerichtsVerweser« der Briefvariante wurde für die Drucke normalisiert.

29 Dies betont schon 1847 David Friedrich Strauß in seiner Rezension der 2. Auflage von Mörikes Gedichtsammlung: »Trefflich hilft hier das antike Versmaß durch den Contrast seiner idealen Form mit dem dickrealistischen Inhalt die komische Wirkung erhöhen«, zit. nach von Heydebrand: Gedichtwerk, S. 273.

30 Mayer: Eduard Mörike, S. 67. Mörike hat gerade die Odenform vor allem zu parodistischen Zwecken eingesetzt, vgl. Arbogast: »...In meinem nahen Versteck«, S. 529: »Fremd blieb ihm das Feierliche und das pathetisch Exzentrische der Ode, deren metrische Gestalt er, abgesehen von seinen Übersetzungen, nur selten und dann in parodierender oder ironisierender oder eben versteckender Absicht gebrauchte.« Vgl. auch von Heydebrand: Gedichtwerk, S. 102.

31 Fliegner: Der Dichter, S. 117.

32 Vgl. Wild, Inge: »Philister kommen angezogen«. Der Künstler-Bürger-Antagonismus in Gedichten Eduard Mörikes (mit einem Blick auf Heinrich Heine), in: Wild, Reiner (Hg.): »Der Sonnenblume gleich steht mein Gemüthe offen«. Neue Studien zum Werk Eduard Mörikes (mit einer Bibliografie der Forschungsliteratur 1985-1995), St. Ingbert, 1997, S. 149-176.

33 Arbogast: »...In meinem nahen Versteck«, S. 539.

34 So mit dem Stuttgarter Naturgeschichtsprofessor Johann Gottlieb Kurr, dem Mörike wohl Ende September 1844 eigene Beschreibungen und Zeichnungen von Versteinerungen zur Begutachtung schickte; vgl. die Briefe an Familie Hartlaub vom 13. und 25.9.1844. HKA, Bd. 14, Briefe 1842-1845, hg. v. Albrecht Bergold und Bernhard Zeller, 1994, S. 171f.; Komm., S. 582 und S. 173; Komm., S. 584f. Am 23.11.1844 berichtet er dem Bruder Theodor Mörike über den Erfolg dieser Initiative, HKA, Bd. 14, S. 192: »Prof. Kurr hatte die Güte mir auf meine, von Zeichnungen begleitete, Anfrage in Bezug auf die bei Hall vorkommenden ReptilienReste und einige Pflanzenversteinerungen des dortigen Keupersandsteins ziemlich befriedigende Auskunft zu ertheilen. Doch wissen diese Herren, uns zum Troste, auch nicht Alles.«

35 HKA, Bd. 14, S. 237; vgl. Komm. zu diesem Brief S. 677ff.

36 HKA, Bd. 14, S. 184.

37 Mörike: Sämtliche Werke I, S. 850.

38 Zu Mörikes Übersetzungen antiker Lyrik vgl. HKA, Bd. 8,1: Übersetzungen, hg. v. Ulrich Hötzer, 1976.

39 Mörike: Sämtliche Werke I, S. 732. Das Epigramm wurde zuerst gedruckt im *Morgenblatt für gebildete Stände* vom 17.2.1846; es wurde neu aufgenommen in die 2. Auflage der Gedichtsammlung von 1848. Jahre später hat Mörike Gedichte Anakreons übersetzt; 1864 erschien der Band *Anakreon und die sogenannten Anakreontischen Lieder.* Zeman spricht von der »kongenialen Übersetzung Eduard Mörikes«. Zeman, Herbert: Goethes anakreontische Lyrik der Weimarer Zeit, in: Zeitschrift für deutsche Philologie 94 (1975), S. 203-235, hier S. 216; vgl. weiter, insbesondere zu Mörikes Übertragung antiker Versmaße in die deutsche Sprache: Hötzer, Ulrich: Mörikes heimliche Modernität, hg. v. Eva Bannmüller, Tübingen, 1998 (im Folgenden: Hötzer: Mörikes heimliche Modernität, Seitenzahl).

40 HKA 14, Komm., S. 683.

41 Nach von Heydebrand: Gedichtwerk, S. 349, Anm. 70, handelt es sich um ein »*fingiertes* Gelegenheitsgedicht«; Geschenke dieser Art waren jedoch, so von Heydebrand weiter, »unter

Freunden nichts Ungewöhnliches, Mörike selbst fertigte einige Zeit lang Elfenbeinmalerien en miniature an, Rosenöl wurde selbst hergestellt.«

42 Arbogast: »...In meinem nahen Versteck«, S. 539. Vgl. ebd., S. 538: »Anakreon trug, wenn er sang, einen Rosenkranz im Haar; der Rosenduft vermischte sich unverwechselbar mit seinen Gedichten von Jugend und Liebe. Nun ist es Winter. Das ist nicht bloß, aber *auch* metaphorisch gemeint. Die Rosenzeit ist vorbei, und auch die Schaumgeborene kann sie nicht zurückholen.«

43 Hötzer: Mörikes heimliche Modernität, S. 297.

Eckhard Faul

Rokoko als Thema des literarischen Expressionismus

Der literarische Expressionismus war eine Epoche, die sich in hohem Maße ihres eigenen Mediums bewusst war und sich mit ihm auseinander setzte. In einer Vielzahl von Zeitschriften wurden neben literarischen Texten zahlreiche Kritiken und Aufsätze abgedruckt, in denen es nicht nur um die zeitgenössische Literatur ging: Auch gegenüber Werken länger zurückliegender Zeiten zeigte sich der Expressionismus aufgeschlossen – ein Interesse, das man bei der sich forciert jugendlich gebenden Bewegung zunächst nicht unbedingt vermuten würde. Ein Grund für diese Beschäftigung mit der Literaturgeschichte dürfte das Studienfach vieler expressionistischer Autoren gewesen sein: Nicht wenige hatten Germanistik oder verwandte philologische Fächer gewählt (u.a. Paul Boldt, Walter Hasenclever, Max Herrmann-Neisse, Oskar Kanehl, Georg Kulka, Rudolf Kurtz, Hans Leybold, Kurt Pinthus und Ernst Stadler). Dass die Wiederentdeckung von Autoren wie Georg Büchner oder Jakob Michael Reinhold Lenz in die Zeit des Expressionismus fällt, ist bekannt – deren ausgesprochene Unbürgerlichkeit oder gar revolutionäre Gesinnung ließen sie für die Generation der Expressionisten zum literarhistorischen Vorbild werden. Weniger nahe liegend ist die Beschäftigung mit literarischen Epochen wie dem Rokoko. Dennoch hat sie stattgefunden, gibt es, wenn auch nicht bei den bedeutendsten Autoren, so doch unübersehbar Spuren des Rokoko im Expressionismus.

Ohnehin existieren einige frappante Ähnlichkeiten zwischen diesen literarischen Epochen in Deutschland. Ihre wesentlichen Anregungen bezogen beide nicht von deutschen Vorläufern, sondern aus dem französischen Nachbarland. Waren es im Rokoko Namen wie Voltaire, Crebillon, Diderot, Dudos, Piron und Gentil-Bernard, so heißen die wichtigsten Anreger des Expressionismus Rimbaud, Baudelaire, Verlaine und Mallarmé. In beiden Bewegungen gab es Zentren: Halle, Leipzig und Hamburg dort, Berlin, München, Wien und Prag hier. Und selbst die Namensgebung weist Parallelen auf: Es gibt jeweils eine gleich lautende kunstgeschichtliche Epoche, von der der Begriff auf die literarhistorische transferiert wurde bzw. die bei dessen Durchsetzung wesentlich beteiligt war.

Neben diesen äußerlichen Übereinstimmungen finden sich Ähnlichkeiten in den Dichtungen selbst. Formal ist der für das Rokoko so typische »Zug zum Kleinen«,[1] die Hinwendung zu Miniaturgattungen wie Epigramm, Fabel, Epistel, Gespräch, Idylle, Posse, Einakter, die alle auf kleinstem Raum ausgearbeitet wurden, zumindest als Absicht auch beim Expressionismus zu beobachten:

Weil wir das Essentielle lieben, sind wir knapp im Ausdruck und in der Form. Ältere Bürger spähen behaglich zunächst nach dem Leitartikel vorn im Blatt; wir Jüngeren blättern heftig alsbald in jenen Glossen und kurzen Kritiken, die hinten in den Zeitschriften stehen. [...]

Zusammenfassend sei nochmals gesagt: die Glosse ersetzt die Abhandlung, den Leitartikel; der Aphorismus die philosophischen Schriften; die Anekdote längere epische Erzeugnisse. Wir gebrauchen diese knappen Formen, nicht aus Faulheit, nicht aus Unfähigkeit, Größeres zu schreiben, sondern weil sie uns Erfordernis sind. Weder wir noch andere haben Zeit zu verlieren. Wenn wir zu viel und zu lang schreiben oder lesen, rinnt draußen zu viel von dem süßen, wehen Leben vorbei, das wir fressen müssen, um weiter leben zu können.[2]

In beiden Epochen dominiert die Gattung der Lyrik, daneben sind im Expressionismus dramatische Formen noch stärker ausgeprägt, epische hingegen in beiden am schwächsten. Der Roman spielt jeweils nur eine periphere Rolle. In Anklang an den »Zug zum Kleinen« des Rokoko wäre im Expressionismus nicht zuletzt wegen seiner gedrängten Sprache, die gemeinhin als sein charakteristischstes Kennzeichen gilt, von einem »Zug zur Kürze« zu sprechen. Die zu Grunde liegende Absicht ist jedoch eine völlig andere: Strebt der Expressionismus damit eine Wesentlichkeit an, die einen stärkeren Eindruck hinterlassen soll, so geht das Rokoko gerade in die entgegengesetzte Richtung: Unverbindlichkeit, Flüchtigkeit, Anspruchslosigkeit sind hier erwünscht. Der Kleinheit der Form entspricht die Kleinheit des Inhalts. Die von Pinthus angesprochene »Nebenwirkung« des Zeitgewinns für Verfasser wie für Leser kürzerer Texte mag im Rokoko dagegen durchaus ebenfalls eine Rolle gespielt haben. Das horazische »Carpe Diem« war als Erbe des Barock noch präsent, als heiteres und gelöstes Bekenntnis zu den vor allem jugendlichen Freuden dieser Welt bestimmte es besonders die anakreontische Rokokodichtung. Die Umsetzung in wirklich gelebtes Leben gestaltete sich im 18. Jahrhundert jedoch weitaus schwieriger: Vieles dürfte hier als Kompensation in die Dichtung eingeflossen sein. Die Diskrepanz zur eigenen Existenz war zweifellos groß. So zog etwa Ewald von Kleist kriegerische Auseinandersetzungen, denen er letztlich zum Opfer fiel, einem ruhigeren Leben, in dem er auch Zeit für seine Dichtung gefunden hätte, unbedingt vor. Äußerungen dieser Art sind bei expressionistischen Schriftstellern häufiger zu hören, allerdings hatten sie es einfacher, aus einem gesicherten bürgerlichen Dasein auszubrechen. Dem Ausleben der Sexualität unter vitalistischen Voraussetzungen standen in den Großstädten des beginnenden 20. Jahrhunderts nur wenige Hindernisse entgegen. Nicht zuletzt deswegen besitzt der Expressionismus eine stark erotische Komponente; die Dimensionen des Rokoko, das teilweise geradezu mit erotischer, mit »galanter« Dichtung gleichgesetzt wird, erreicht er jedoch nicht. Für die Autoren des Expressionismus war es meist einfach nicht nötig, in die Literatur auszuweichen.

In ihr gehen sie vielmehr bereits einen Schritt weiter und problematisieren die Sexualität als nicht nur angenehme Abhängigkeit von den Forderungen des Körpers. Trotzdem führt der Expressionismus die »Emanzipation der Sinnlichkeit«,[3] die im Rokoko einsetzte, zu einem vorläufigen, drastischen Höhepunkt.

Diese Übereinstimmungen, die zum Teil eher zufällig erscheinen, sollen nicht einem Nachweis von Rokoko-Elementen im Expressionismus dienen. Das hat bereits bei dem in vielem dem Expressionismus ähnlicheren Barock nicht funktioniert,[4] und dafür sind die Unterschiede auch zu grundsätzlicher Natur: Neben der offensichtlichen sprachlichen Differenz wirken besonders das Lebensfrohe des Rokoko und das Leiden an der Welt des Expressionismus als Antagonismen. Und selbst die heitere Lebenslust des Rokoko mutiert in expressionistischer Dichtung zu nicht ganz freiwilliger, verkrampfter Lebenswut.

Die Ähnlichkeiten in manchen Bereichen können allerdings als Erklärung dafür dienen, dass sich die Generation der Expressionisten für eine fast zweihundert Jahre alte Literatur und nicht zuletzt ihre Zeit interessierte. Die Libertinage des Rokoko oder zumindest dessen entsprechender Ruf mögen hierbei das entscheidende Moment gewesen sein; das »Bild einer Kultur der Sinnlichkeit«[5] übte auch deshalb eine große Anziehungskraft aus, weil es gegen die Normen der bürgerlichen wilhelminischen Gesellschaft verstieß. Zudem wurde das Rokoko in erster Linie als eine französische Kultur rezipiert und entsprechend an das Publikum weitergegeben. In der *Aktion* etwa, die sich während des Krieges einen bewusst unpolitischen Anstrich gab, um einem Verbot zu entgehen, wurde verstärkt auf die Kultur und Literatur des deutschen »Erzfeindes« hingewiesen: »Die betonte Frankophilie der *Aktion* bildete seit 1913 einen Kontrapunkt zur anti-französischen Propaganda.«[6] So findet sich etwa in dem Heft der *Aktion*, in dem *Verse vom Schlachtfeld* von Alfred Klemm und die Todesanzeige des gefallenen *Aktions*-Autors Ernst Stadler abgedruckt sind, auch ein umfangreicher Beitrag von Paul Mayer über die Briefkunst der Marquise von Pompadour (*Rokokobriefe*).[7] Außerdem sollte nicht vergessen werden, dass die auf äußere Reize bedachte Sinnlichkeit des Rokoko in der lyrischen Umsetzung die Möglichkeit der Schaffung zahlreicher ausdrucksstarker Bilder, wie sie der Expressionismus liebte, bot. Ernst Balckes Sonett *Rokoko*, das 1912 in der *Aktion* erschien, zeigt dies:

> Das Sommerufer fällt hinab zur Seine.
> Die grünen Wasser schlanke Gondeln tragen,
> In denen Herren leis die Laute schlagen,
> Indeß die Dame kraut des Pudels Mähne.
>
> Der Laute Girren, Seufzen, Schmachten, Klagen
> Lockt aus dem roten Schilf hervor die Schwäne,
> Und aus dem Schwarm der leichten goldenen Kähne
> Die weißen Hälse stolz wie Lilien ragen.

Am Ufer kauern auf dem gelben Boden
Der blonden Mädchen lange, bunte Ketten
In seidenen Kleidern nach den letzten Moden,

Indeß sie mit Gesichtern von Grisetten
Erdichten leichte Liebesepisoden
Und ihrer Hündchen weiche Felle glätten.[8]

Wie aus diesen Versen bereits deutlich wird, war Balcke kein sehr innovativer Exponent des Expressionismus und noch mehr der Lyrik der Jahrhundertwende verpflichtet. Dass er nicht ganz in Vergessenheit geraten ist, seine Gedichte gar in Buchform erschienen sind,[9] hängt in erster Linie mit den Umständen seines Todes zusammen. Balcke verunglückte im Januar 1912, erst 24 Jahre alt, gemeinsam mit seinem ungleich berühmteren Freund Georg Heym tödlich beim Eislaufen auf dem Wannsee.

Womöglich noch weniger bekannt ist Peter Baum, obwohl ihn der Rowohlt Verlag noch 1920 mit einer zweibändigen Werkausgabe ehrte. Zu diesem Zeitpunkt lebte Baum bereits nicht mehr, er war ebenfalls gewaltsam zu Tode gekommen – als Sanitätssoldat 1916 vor Verdun gefallen. Geburtsort und -jahr Baums sind hingegen geläufig – es sind die von Else Lasker-Schüler: Elberfeld 1869. Mit Else Lasker-Schüler verband ihn denn auch eine lebenslange Freundschaft, ebenso wie mit Peter Hille, der wie er selbst einer jener Boheme-Gestalten war, die am Rande der expressionistischen Bewegung standen, von dieser aber sehr wohlwollend wahrgenommen wurden. Immerhin veröffentlichte Baum Lyrik und Prosa sowohl im *Sturm* als auch in der *Aktion*, also in den beiden bedeutendsten expressionistischen Zeitschriften. Von seinem Roman *Kammermusik*, der den Untertitel *Ein Rokokoroman* trägt und 1914 in Berlin erschien, wurde bereits 1910 *Das erste Kapitel*, das durch Sternchen in viele deutlich voneinander getrennte kleine, zusammenhanglose Teile gegliedert ist, vorabgedruckt,[10] 1913 in der frühexpressionistischen Zeitschrift *Revolution* ein weiteres Kapitel veröffentlicht[11] und die *Weißen Blätter* brachten noch 1916 *Fragmente* aus dem Roman.[12] Ihr Herausgeber René Schickele hatte bereits im Jahr zuvor eine längere Rezension von *Kammermusik* für seine Zeitschrift verfasst. Darin war u.a. zu lesen:

Geziert und zugleich gewöhnlich, unverbindlich, fast plump in seiner Vertraulichkeit – und so klingend und fern wie Gespräche in einer Laube am Ende des Gartens und so nah, als ob man mitten unter alten Kameraden säße, die dort vor sich hinsprächen. [...]

Alles war hübsch, artig: das herb-süße Geschwätz, die Schicksale der Menschen, ihre Ausschweifungen, die Leidenschaft – eine richtige tiefe Leidenschaft – artig kam selbst der Tod. [...][13]

Zwar klingt hier Kritik durch, der Grundton aber ist ebenso positiv wie in Paul Zechs Nachruf auf Baum:

Wie alle Prosa, die nur auf Innerlichkeit gestellt ist, hat auch dieser Roman eine dünne und ein Kleines umspannende Fabel. Erzählt wird wenig genug. Sollte man den Inhalt kurz aussagen, käme man in Verlegenheit. Das wenig ›Spannende‹ des äußeren Stoffkreises ist es vielleicht auch, was den Durchschnittsleser befremdet und zuletzt abstößt. Er kann nichts packen, Themen begrifflich nicht fassen, es fließt ihm, dem Denken unbequem ist, fort. Er wird physisch müde, wo der Roman unterirdisch wach ist.[14]

Einer jener »Durchschnittsleser« im Sinne Paul Zechs scheint Ernst Heilborn gewesen zu sein, der *Kammermusik* ebenfalls besprochen hat:

Hier sprechen die Menschen nur, um geistreich zu sein. Hier werden immer nur Gespräche geboten. Hier erstickt man in Geistreichigkeiten. Man heiratet elegisch; man stirbt epigrammatisch; man liebt satirisch. Literarische Tapeten überall, nur kein Haus, drin zu wohnen.

[...] [D]as Zerfließende der Schilderung wird bei ihm [Peter Baum] zugleich zu einem Zerfließen der Gestalten und Geschehnisse. Dieser Rokokoroman birgt kaum etwas, das für das Rokoko als solches innerlich charakteristisch wäre – man wollte denn annehmen, daß in dieser Zeit Metaphern die Degen gekreuzt und Sonette einander im Mondschein Stelldichein gegeben hätten. Aus diesem Roman hinterbleibt nur der eine Eindruck: eines in sich heftig verliebten Autors.[15]

In der Tat ist der Inhalt des Romans kaum in wenigen Worten wiederzugeben; von daher ist es nicht verwunderlich, dass die nicht wenigen Rezensionen allesamt auf eine Wiedergabe des dargestellten Geschehens verzichten. In dessen Mittelpunkt stehen drei Männer: Die adeligen Brüder Guilbert und Walther von Ariman sowie ihr gemeinsamer Freund Georg Verhagen, ein Dichter. Walther will Yvonne heiraten, doch zuvor muss ein Porträt Yvonnes, das Walther seiner Braut zur Hochzeit schenken will und der Maler Berton anfertigen soll, vollendet werden. Berton verzögert jedoch die Fertigstellung der Arbeit, weil er sich selbst in Yvonne verliebt hat. Ihr macht die aufgeschobene Hochzeit am meisten zu schaffen, doch schließlich kann sie stattfinden. Walther und Yvonne sind ein glückliches Paar. Überraschend befällt Walther nach einiger Zeit eine »plötzliche Schwermut« und sein »jäh darauf erfolgte[r] Tod«[16] erschüttert alle. Auch wenn darüber nichts Näheres bekannt wird, schließt man aus seinem Selbstmord, dass er »gehörnt«[17] wurde. Möglicherweise war sogar sein bester Freund Georg der unerwünschte Nebenbuhler Walthers. Georg zumindest nimmt nun nach und nach dessen Stelle bei Yvonne ein.

Das Unverbindliche, Uneindeutige dieser kaum als Handlung zu bezeichnenden Ereignisse durchzieht das gesamte Buch. Lediglich Walthers Selbstmord fällt aus dem Rahmen des spielerisch-künstlichen Lebens aller Personen. Nichts wird wirklich ernst genommen; ein Aperçu, ein geistreiches Wort ist hier allemal mehr wert als ein ehrliches, wahres. So besteht der Roman vor allem aus Gesprächen, die sich um die Liebe, die Kunst und die Poesie, aber kaum um die Wirklichkeit des Lebens drehen. Es finden sich zahllose Aphorismen und Sentenzen in dem Buch, das in viele kleine Einzelteile zerfällt. Fast wahllos lassen

313

sich Seiten herausgreifen und lesen. Der Zusammenhang, der ohnehin zumeist fehlt, wird dazu nicht benötigt.

Völlig misslungen ist Baum die Darstellung der Personen. Sie erscheinen beliebig austauschbar. Hingegen ergibt sich aus der Gesamtanlage eine zauberische Stimmung, eine Atmosphäre, die lange nachwirkt, auch wenn von den Geschehnissen des Romans nichts mehr in Erinnerung ist. Dies resultiert nicht zuletzt aus dem überaus sachlichen Stil; der Erzähler hält sich mit Wertungen zurück. Die Sätze sind knapp, präzise, beschreibend; die Dialoge werden ausformuliert und besitzen einen hohen Grad von Künstlichkeit. So wird auch keine konkrete Zeit erkennbar, ebenso wenig wie ein konkreter Ort: Die Handlung könnte in Deutschland, worauf die Namen Walther und Georg hindeuten, ebenso angesiedelt sein wie in Frankreich (Guilbert, Ariman). Baum hat dies zweifellos bewusst offen gehalten, um das Schwebende des Romans zu unterstützen. Dass ihm die Kritik laut Herwarth Walden und dem Herausgeber seiner *Gesammelten Werke*, Hans Schlieper, »gründliche Psychologie des Rokoko« bescheinigte,[18] halten beide für eine unzutreffende Charakterisierung. Nach Walden war ihm diese Psychologie »höchst gleichgültig«.[19] Auch das von einem anderen Kritiker vorgebrachte Bedauern über Baums Wahl einer »so durch Reflexion zerrissene[n] Zeit« geht für Schlieper in eine falsche Richtung: »Die Zerrissenheit kam aber in das galante Jahrhundert erst dadurch hinein, daß er [Baum, E.F.] Anekdoten, Beobachtungen, witzige Aussprüche, Briefstellen, moralische und Glaubens-Harlekinaden, die er seit geraumer Zeit bereithielt, über den Roman ausschüttete und an die Masken seines Karnevals wie Süßigkeiten verteilte.«[20] Der Roman sei, so Schlieper, für Peter Baums Gattin »wohnlich hergerichtet« worden: »Für sie wurde als geeignete Sphäre das 18. Jahrhundert ohne jeden magischen Bücherapparat beschworen.«[21] Doch mit dem Rokoko hat *Kammermusik* mit seiner Tendenz zum Einzelteil, zum Unbedeutenden zweifellos noch mehr gemeinsam als mit dem Expressionismus. Dass er innerhalb des letzteren doch überraschend stark rezipiert wurde, kann mit dem aphoristischen Stil, wie ihn Pinthus für seine Generation reklamierte, zu tun haben. Die Sprache jedenfalls, auch wenn sie Else Lasker-Schüler als »geblümte Seidensprache« bezeichnet,[22] ist meist sehr konventionell. Ein expressionistisch anmutender Satz wie »Ein Balkon dämmert in die Nacht hinein«[23] ist die absolute Ausnahme – doch immerhin existiert er.

Die Schauspielerin Resi Langer (geboren 1890) kann als *die* Vortragskünstlerin des literarischen Expressionismus gelten. Immer wieder finden sich in Zeitschriften oder später veröffentlichten Autobiografien, Briefen und Tagebüchern Hinweise auf ihre Lesungen aus Werken expressionistischer Autoren. Die ihr zukommende Aufmerksamkeit hat vor allem persönliche Gründe. Seit 1908 war Resi Langer mit dem Verleger und Schriftsteller Alfred Richard Meyer, der auch unter dem Pseudonym *Munkepunke* publizierte, verheiratet. Nach der Trennung von ihm war sie mit weiteren Autoren des Expressionismus liiert:

Rudolf Leonhard, Ernst Stadler und seit 1916 mit Richard Huelsenbeck. Im Herbst 1912 veranstaltete sie einen Vortragsabend, von dem leider nur Besprechungen sowie eine Anzeige,[24] aber kein Programm erhalten sind. Er stand unter dem Titel *Rokoko* und bot in zwei Teilen Dichtungen von tatsächlichen Rokoko-Autoren (in der Anzeige werden genannt: Günther, Hagedorn, Weiße, Uz, Hölty, Conz, Zachariae, Voss, Gotter, Bellmann und Goethe sowie in einer Besprechung: Jacobi) und Epigonen (Verlaine, Giraud-Hartleben, Holz, Wedekind, A. R. Meyer sowie Bierbaum). Resi Langers späterer Freund Rudolf Leonhard schrieb damals in der *Aktion* über ihren Auftritt:

Das Podium betrat eine Dame im Kostüm des ancien régime (gelb und violett), die Hände, deren eine den glitzernden Fächer hielt, in der duldsamen Art der Bilder aus dieser Zeit auf dem Schosse noch zusammengelegt, und stand, sass, ging auf und ab – und sprach. [...]

Resi Langer las auch als ersten Teil ihres Programms Gedichte nur des deutschen Rokoko, dieser doch – d. h. in ihrem Ausdruck in Dichtern und Dichtungen – mehr häuslichen als höfischen, innerlich mehr gehaltnen und begrenzten Erscheinung einer Zeit, die wir eigentlich, o Seltsamkeit der Betrachtung, nur in einem Lande, nur an einem Stande zu kennen gewohnt sind. Libertinage der guten Gesellschaft, Tändeln und Zerstreuung gelehrter Herrn sind diese Verse der Hagedorn, Uz usw.; und die leichten Schönen und der viele Wein sind nicht immer ganz glaublich. Leicht und elegant bei regelgläubiger Bestimmtheit sind, wie die Lebensformen dieser Zeit, so ihre Verse, die nur Zier des Lebens sein sollen. Manchmal klingt vom Grunde etwas auf, das in späterer Zeit erst wach und laut wurde, saust statt wehenden Zephyrs der Wind, findet eine Angst eine kurze, bebende Frage.

Was in den Gedichten des ersten Teils sich selbst darstellt, war denen des zweiten Stoff. Sie sind Erinnerung an die Zeit des ersten und seine Spiegelung im Heute. So fühlen, in den wenigeren Gestalten der Ueberlieferung, die heutigen Dichter den Stil des Rokoko bestimmter und gedrängter, seine Erscheinungen bildlicher, und in ihren Versen wittert neben der Lust dieses Zeitalters höchster, einziger Lust auch der süsse Geruch seines Verfalls; doch ist es auch in manchen Gedichten mehr als Maske, ist ganzer Traum des damals. [...][25]

Rudolf Leonhard war wohl nicht nur von diesem Abend so hingerissen, dass er Resi Langer auswählte, als ihn Alfred Richard Meyer 1914 um ein lyrisches »Frauenlob« für eine gleichnamige Anthologie bat, die wegen des Krieges erst 1919 erscheinen konnte. Sein Loblied beginnt mit den Versen: »Das Sitzen schon, die Hebung deiner blassen, / Vom weißen Ring beschwerten Hand ist Tanz über Terrassen, / Und schon das lächelnde erste Wort / Hebt uns hoch auf und führt uns fort«.[26] Anselm Ruest gefiel an Resi Langers Lesung das »auch literarisch sehr instruktive Rokokoprogramm« eines »eigentlich recht irdischen und lustbedachten Geistes«. »[V]ielleicht das einzig nicht Stilechte an ihrem Vortrag«, so Ruest, sei ihr »pikante[r], pointierende[r] Lautfall« gewesen: »Ich hörte sie dann doch lieber [...] die jüngeren Rokokoverse der Modernen rezitieren.«[27]

VORTRAGSABEND / RESI LANGER

DIENSTAG, 19. NOVEMBER 1912, ABENDS 8¼ UHR
ARCHITEKTENHAUS, KLEINER SAAL
WILHELMSTRASSE 92/93

R O K O K O

I.

Dichtungen von

Günther / Hagedorn / Weiße / Uz / Hölty / Conz / Zachariae
Voss / Gotter / Bellmann / Goethe

II.

Dichtungen von

Verlaine / Giraud-Hartleben / Holz / Wedekind / A.R. Meyer
u. a.

Anzeige aus: Das Beiblatt der Bücherei Maiandros 1 (1912)

Es war zweifellos die Verbindung zu Alfred Richard Meyer, die Resi Langer zum Rokoko hingeführt hatte und die in ihrem Vortragsprogramm öffentlichen Ausdruck fand. 1913 gab sie dann in der Publikationsreihe *Die lyrischen Flugblätter*, die in Meyers Verlag erschien, ein Heft mit einem Dutzend Gedichten anonymer Autoren des Rokoko heraus. Der Sammlung schickte sie einige Worte voraus, denen die Bedeutung Meyers für ihre Beschäftigung mit dem Rokoko deutlich zu entnehmen war:

Mein Freund,

bei den Streifzügen, die ich durch die Gärten des Rokoko unternahm, um Sprechenswertes für meine Vortragsabende zu sammeln, pflückte ich hie und da, vom Rande eines unbegangenen Weges, eine Blume. Es sind Wildlinge, die dieser Strauß hält, und meines Wissens noch nicht eingeordnet in das Lexikon der Literatur jener Zeit. Ich schenke diese Verse Ihnen, da Sie in mir die Liebe zu der galanten Geste des Rokoko erweckten. Ob ich diese Geste verstanden habe, werde ich wissen, wenn ich Ihr Urteil über diese kleine Arbeit höre. Ich denke: genau so wie man sich ein besonders hübsches Möbelstück aus einer längst vergangenen Zeit ins Zimmer stellt und Freude daran hat, kann es auch keinen Kummer machen, ein paar originelle Verse aus den Tagen der graziösen Galanterie oder galanten Grazie – wie Sie wollen – im Kopfe unterzubringen. Wenn es Ihnen gelänge, mir von dem einen oder anderen Findelkinde den Vater ganz bestimmt namhaft zu machen, würde ich Ihnen dankbar sein. Mutmaßlicherweise habe ich selbst manch einen Verdacht.

Ich bin die Ihre

Resi Langer[28]

Im *Flugblatt* waren vor allem Verse wie diese mit dem Titel *In Doris Stammbuch* zu lesen:

> Dem Himmel widme deine Seele
> Und deinen zarten Leib der Welt.
> Des Tags sei sittsam und bescheiden,
> Des Nachts tu, was dir wohlgefällt.
> So kannst du, meidend bösen Schein,
> Halb weltlich und halb geistlich sein.[29]

Die Publikationsreihe der *Lyrischen Flugblätter* gehört zu den bedeutendsten des literarischen Expressionimus. Hier erschienen Werke von Gottfried Benn (*Söhne*), Ernst Wilhelm Lotz *(Und schöne Raubtierflecken)*, Alfred Lichtenstein (*Die Dämmerung*), F.T. Marinetti (*Futuristische Dichtungen*) und vielen anderen damals noch wenig bekannten Autoren (Else Lasker-Schüler, Paul Zech, Max Herrmann-Neiße, Alfred Döblin u.a.). Resi Langers Heft ging innerhalb der Reihe mit Frank Wedekinds *Felix und Galathea* bereits ein Werk voraus, das ganz dem Rokoko verpflichtet ist (es trägt den bezeichnenden Untertitel *Ein Schäferspiel*). Meyer selbst hatte mit *Nasciturus* 1910 ein *Lyrisches Flugblatt* veröffentlicht, das Rokoko-Verse enthielt ebenso wie schon sein »Sommernachtstraum« *Colombine* von 1904. Und in seinem *Buch Hymen* von 1912 findet sich unter anderen ein Gedicht mit dem Titel *Im Park von Tiefurt*:

> Im Park von Tiefurt tollt ein Paar
> – Hemd und Höschen bunt bebändert –
> mein Mund ist heiß, zersaust dein Haar –
> Wolken abendrot umrändert.
>
> Der Spitzen weißer Tanz und Spott
> wirbelt toller um mich Narren,
> läßt nicht der nackte Liebesgott
> die Guitarrensaiten quarren?
>
> Dir schlingt um Busen, Kleidersaum
> schlangengleich sich güldne Borte;

Jasmin, Holunder, Fliedertraum
flüstern jäh mir wilde Worte.

Wie selig deine Wange glüht!
Schenk mir blonder, schöner Heiland
das gleiche Glück, das heiß geblüht
Günther, Wieland, Goethe weiland!

Des matten Mondes Silberrohr
lauscht in Sehnsucht unsern Küssen,
es kichert leis ein Nymphenchor
hinter Dorn und Haselnüssen.

Das zirpt und zittert wiesenwärts,
dunkler klagt der Ruf der Unken.
Aus roterem Kelchglas hat mein Herz
niemals Glück und Rausch getrunken.[30]

Wenig später hat Meyer im Beiblatt seiner Zeitschrift *Die Bücherei Maiandros* seine Frau ganz als Figur des Rokoko gezeichnet:

Resi Langer

Aus Lancrets Puderquaste Porzellan geworden. Tusch!
Mit Seiden bleu und gelb behangen ganz. Vertugadin.
Aus jedem Hohlweg der Perücke kichert ein Gamin
und spritzt wie Tintenklexe grübchenwärts huschhusch die Mouche.
Frédéric le Grand und Voltaire lauschen auf der Abendronde:
›Chevalier de Boufflers?‹ – ›Eh bien! Bürgers Königin Golkonde.‹
›Und Langbein! Gotter!‹ – ›Hat die deutsche Sprache sich verschönt?‹
›Ist es dies Lippenpaar, das jedes Wort mit Perlen krönt?‹
›War unser Ohr taub? Sanssouçi, du warst mir so noch nie nah!
Orzelska und Formera! Barberina!‹[31]

Insgesamt dürfte das Interesse des Expressionismus am Rokoko vor allem in der Fortführung entsprechender Präferenzen der Literatur der Jahrhundertwende begründet sein. Es ist stark von einzelnen Personen abhängig, die bereits nicht mehr zur jüngsten expressionistischen Generation wie Alfred Richard Meyer (geb. 1882) und Peter Baum (geb. 1869) zählten und noch tiefer in der vorhergehenden Epoche verwurzelt waren (und hier auch bereits veröffentlicht haben) als später Geborene. Andere wie Frank Wedekind, Max Dauthendey, Hermann Kasack und vor allem Franz Blei, der sich praktisch lebenslang mit dem Rokoko beschäftigt hat,[32] gehörten mehr am Rand zur expressionistischen Bewegung bzw. wurden wie Wedekind als Vorbilder angesehen. Aber sie hatten mit ihren

Werken großen Einfluss auf die Literatur des Expressionismus. Blei etwa war Mitarbeiter der *Aktion*. Wieder einmal zeigt sich beim genaueren Hinsehen, dass der Expressionismus viel stärker in seiner Zeit und deren Vorgaben eingebunden war, als es für eine vermeintliche oder tatsächliche »Literatur-Revolution« zu vermuten ist.

Anmerkungen

1 Anger, Alfred: Literarisches Rokoko, Stuttgart, 1962, S. 50.

2 Pinthus, Kurt: Glosse, Aphorismus, Anekdote, in: März 7/7 (1913), S. 213f.

3 Verweyen, Theodor: Emanzipation der Sinnlichkeit im Rokoko? Zur ästhetisch-theoretischen Grundlegung und funktionsgeschichtlichen Rechtfertigung der deutschen Anakreontik, in: Germanisch-Romanische Monatsschrift N.F. 25 (1975), S. 276-306.

4 Vgl. Luther, Gisela: Barocker Expressionismus? Zur Problematik der Beziehung zwischen der Bildlichkeit expressionistischer und barocker Lyrik, The Hague, 1969.

5 Vgl. Anm. 3, S. 301.

6 Baumeister, Ursula Walburga: Die Aktion 1911-1932. Publizistische Opposition und literarischer Aktivismus der Zeitschrift im restriktiven Kontext, Erlangen, 1996, S. 211.

7 Mayer, Paul: Rokokobriefe, in: Die Aktion 4 (1914), Sp. 878-883.

8 Balcke, Ernst: Rokoko, in: Die Aktion 2 (1912), Sp. 334.

9 Balcke, Ernst: Gedichte, Berlin, 1914. Das Gedicht *Rokoko* ist hier auf S. 78 abgedruckt.

10 Baum, Peter: Aus einem neuen Roman, in: Der Sturm 1 (1910), S. 42-44. – Der hier als »erstes Kapitel« bezeichnete Ausschnitt findet sich in der Buchfassung von 1914 erst gegen Ende des Romans.

11 Baum, Peter: Kammermusik. Aus einem Rokokoroman, in: Revolution 1/5 (1913), S. [4f.].

12 Baum, Peter: Kammermusik. Fragmente, in: Die weißen Blätter 3/7 (1916), S. 82-87.

13 S[chickele], R[ené]: Kammermusik, in: Die weißen Blätter 2 (1915), S. 133f., hier: S. 134.

14 Zech, Paul: Peter Baum zum Gedächtnis, in: Die Rheinlande 28 (1918), S. 30-32, hier: S. 31.

15 Ernst Heilborn: Moderne Jugend, in: Das literarische Echo 17/1 (1914), Sp. 23-27, hier: Sp. 25f.

16 Baum, Peter: Kammermusik. Ein Rokokoroman, Berlin, 1914, S. 163.

17 Ebd., S. 165.

18 Schlieper, Hans: Nachwort, in: Peter Baum: Gesammelte Werke, Bd. 2, Berlin, 1920, S. 199-209 (im Folgenden: Schlieper: Nachwort, Seitenzahl), hier: S. 206.

19 Walden, Herwarth: Peter Baum, in: Der Sturm 7 (1916), S. 50.

20 Schlieper: Nachwort, S. 206.

21 Ebd.

22 Lasker-Schüler, Else: Peter Baum, in: Der Sturm 1 (1910), S. 5f., hier: S. 6.

23 Baum, Peter: Kammermusik. Ein Rokokoroman, Berlin, 1914, S. 220.

24 Die Veranstaltung fand am 19. November 1912 im Berliner Architektenhaus in der Wilhelmstraße statt (vgl. die Abbildung auf S. 318). Die ganzseitige Anzeige ist abgedruckt in: Das Beiblatt der Bücherei Maiandros 1 (1912), o.S.

25 Leonhard, Rudolf: Ueber einen Vortragsabend, in: Die Aktion 2 (1912), Sp. 1649f., hier: Sp. 1649.

26 Leonhard, Rudolf: Die Schauspielerin Resi Langer, in: Der neue Frauenlob, Berlin, 1919, S. 16.

27 Ruest, Anselm: Resi Langer, in: Das Beiblatt der Bücherei Maiandros 2 (1912), S. 17.

28 In: Rokoko. Ein lyrisches Flugblatt anonymer Autoren von Resi Langer, Berlin-Wilmersdorf, 1913, o.S.

29 Ebd.

30 Meyer, Alfred Richard: Im Park von Tiefurt, in: Ders.: Das Buch Hymen, [Berlin-Wilmersdorf] 1912, o. S.

31 Munkepunke [= Alfred Richard Meyer]: Resi Langer, in: Das Beiblatt der Bücherei Maiandros, 1.2.1914, S. 10.

32 Vgl. Nörtemann, Regina/Scholvin, Nikolaus: »Die rationalistische Landschaft der Literatur«. Franz Blei und das Rokoko, in: Jahrbuch zur Literatur der Weimarer Republik 4 (1998), S. 101-123.

Rolf Paulus

Das Leichte ist schwer. Rokoko bei Krolow?

Ein Vortrag ohne Publikum

Wer über Krolow sprechen will, sieht sich einem sehr umfangreichen Lebenswerk gegenüber. Dem Lyriker Krolow assistiert der in der Literaturgeschichte und in ästhetischen Fragen bewanderte Essayist Krolow. Einen Überblick[1] über dieses Werk zu versuchen, ist zwar aller Ehren wert, aber der notwendige Deskriptions- und Analyseapparat könnte einen Vortrag vor diesem Gremium doch zu sehr belasten.

Deshalb wähle ich einen anderen Ansatz, beschränke mich auf ein zentrales Element. Indem wir Philologen einen Aspekt vertiefen, fördern wir selbstverständlich, fast tief schürfend, aber keineswegs verbohrt, manch anderes zutage.

Der Lyriker Karl Krolow genießt heute großes Ansehen, er wurde häufig ausgezeichnet, die Resonanz auf neue Bände ist überwiegend positiv. Seine Bedeutung wird gerne mit der griffigen Formel »Klassiker der Moderne« gewürdigt.

Rokoko – ein Schimpfwort?
Schäfer und Rühmkorf – Holthusen und Härtling

Das war nicht immer so. Gerade ein Element, das über lange Zeit seine Modernität mit prägte, die Offenheit und Leichtigkeit von Sprache und imaginierter Welt, wurde auch kritisiert, allerdings erst mit dem gebührenden germanistischen Zeitabstand.

Hans-Dieter Schäfer bezeichnet 1969 Krolows Gedicht *Frühjahr* aus dem Jahr 1948 als »ein Stück unverbindlicher Bukolik«. – 1971 stellt er fest: »Krolow [...] flüchtet sich in zunehmendem Maße in die Ornamente eines neuen Rokoko.«

Im Aufsatz *Die Wandlungen Karl Krolows* von 1975 wird er genauer: »Eher fällt eine Affinität zur Literatur des 18. Jahrhunderts auf, mit der von Krolow wiederholt gerühmten ›Grazie, Rationalität, Helligkeit und Bewusstseinsverfeinerung‹.« Die Neigung des Lyrikers zum Kleinen, Leichten und Antipathetischen und die Dämpfung der surrealistischen Stilbewegung zum Gefälligen und Graziös-Erotischen rückt ihn in eine Wahlverwandtschaft zur galanten Poesie des Rokoko, die sich ebenfalls in der kultivierten »Nachahmung« gefiel und die lediglich »kleine« und »bescheidene« Lieder hervorbringen wollte. Das Sanfte und Muntere steht dabei oft in Beziehung zu einer negativen Welterfahrung, die bewusst ausgeklammert wird. »Von Waffen und von Haß umgeben, / sang ich von Zärtlichkeit und Ruh«, schreibt Weiße.[2]

Schäfer beobachtet aus seiner Perspektive gut und schlüssig. Aber macht er es sich nicht zu leicht? Wir werden später sehen, dass ein anderer Ansatz eine andere, positivere Beurteilung ergibt.

Wesentlich früher, nämlich 1956, hat Peter Rühmkorf in seinem *Lyrik-Schlachthof* das Messer gewetzt. Er greift in Teilen auf Holthusen, auf den ich gleich noch eingehen werde, zurück, polemisiert vor allem gegen die Epigonen der Naturlyrik, nennt den Büchnerpreisträger Krolow einen »Oberparfumeur«, seine Themen stammten »aus dem Leben eines Vorgartenzwerges«, spricht von »Kleinmalerei mit Existentialistenpose, Geworfenheit im Wald und auf der Heide«.[3]

Das Wort Rokoko fällt nicht, wäre aber eine geeignete Folie für die Kritik an Krolows Bekenntnis zu bürgerlichen Wertvorstellungen, aus dem Rühmkorf hämisch zitiert:

Es könnte so aussehen, als ob ich mich lediglich in eine Traumwelt zurückziehen wollte, wenn ich der Phantasie soviel Bedeutung, soviel Glauben einräume. Das wollte ich damit aber nicht sagen. Ich glaube durchaus auch an gewisse Zustände gesellschaftlich-realer Art. Die Ehe gehört hierhin, die Freundschaft, die heitere und gelöste Geselligkeit unter gleichgesinnten Menschen. Ich glaube deshalb daran, weil hier überall eins im Spiel ist: Güte, Gutwilligkeit. Ich glaube, daß diese Güte zu wecken ist.[4]

Freundschaft und Geselligkeit sind bekanntlich beliebte Themen der Anakreontik.

Schon 1953 hatte Hans Egon Holthusen in seiner Anthologie *Ergriffenes Dasein* zwar plakativ Dichter »des Dorfteichs« und »Dichter der City und der Zeitgeschichte« (S.351) einander gegenübergestellt, aber in historischer Parallele der Naturlyrik ihren Platz zugewiesen:

Hier scheint eine Analogie zur Schäferdichtung des 16., 17., 18. Jahrhunderts zu bestehen: wie diese sich gegen die heroische und hochzeremoniöse Welt des großen barocken Stils als eine unerläßliche Neben- und Gegenstimme erhob, so präsentiert sich heute der Naturlyriker als der notwendige Gegenspieler des Dichters der Zeit und des geschichtlichen Bewußtseins.[5]

Was Rühmkorf als Kleinmalerei abqualifiziert, schätzt S. Melchinger 1955 als Leichtigkeit des Ausdrucks sehr hoch ein:

Aber später wird man ihn vielleicht einen lyrischen Boucher oder den Fragonard unserer Zeit nennen. Hat man nicht schon bemerkt, wie das neue Rokoko mit allen Schnörkeln, mit getuschtem Rosa und der Verliebtheit in Preziositäten marschiert?[6]

Solche Parallelführung von Dichtung und Malerei ist selbst ein Motiv des Rokoko. Ein erotisches Gedicht von Maler Müller spielt damit:

> Das schöne Paar lässt sich nach wechselseitgem Ach
> Auf Rosenbüschen nieder,
> Wo bald ein leichter West die Röscher um sie häuft,
> Die sie im ringen abgestreift. –
>
> Glaubst du nicht, *Boucher* habe hier gemahlt
> Und *Wieland* ihm dictirt?
>
> [Am Rand:] und was der dichter und der mahler selbst
> nicht hertz hat uns zu schildren
> vollendet oft ein morgentraum[7]

Von den Autoren, die den Rokoko-Begriff in Bezug auf Krolow verwenden, verweist Peter Härtling am deutlichsten auf die Spannweite seiner Lyrik. Seine Rezension des Bandes *Unsichtbare Hände* (1962) trägt die Überschrift: »Die zwei Krolows. Der eine aus dem Rokoko, der andere aus jüngster Vergangenheit«. Über »Stele für Domenico Scarlatti« schreibt er:

Zierlich? Und ob. Leicht? Kaum zu wiegen. Es gelingt ihm, so zu schreiben, wie Fragonard malte. Aber zwischen dem Rokoko und seinen Versen liegen die furchtbaren Schattenfelder der verflossenen Zeit. Vor denen flieht er nicht.[8]

In einem saloppen fiktiven Einleitungsdialog berührt Härtling eine delikate Frage: »Schreibt mir ein bißchen zuviel und zu leicht. – Kein Wunder, er lebt ja davon.« In der Tat ist Krolow seit 1940 freier Schriftsteller und bietet zahlreichen Zeitungen, wenn es sich ergibt, auch Gedichte zur Jahreszeit und zum Festtag an.[9] Mit erbitterter Boshaftigkeit hat sich Johannes Bobrowski darauf seinen Vers gemacht:

Er hat zu jedem Fest das passendste Angebot Verse,/hier für ein Twen-Magazin, dort für die Imker-Revue./Greift in den Topf, kein Bedürfnis, das euch nicht der Dichter versorgte!/Fehlt es an Festen, er schafft noch die Feste dazu.[10]

Liefert Krolow wirklich nur Gelegenheitsdichtung, darf man hier eine weitere Parallele zur Rokokolyrik sehen?

Aspekte der *Offenheit* –
Freiheit durch Distanz, Spiel und Ironie

Krolow ist den Weg von der Naturlyrik über die Zeitlyrik des Nachkriegs zu seiner eigenen Ausprägung der modernen Lyrik gegangen. Der Begriff der Offenheit bestimmt seine Poetik.[11] Eine Möglichkeit, der Last des Alltags zumindest in einigen Gedichtzeilen zu trotzen, ist die Leichtigkeit und Phantasie:

> Aber was bleibt zu tun
> Vor der trägen Gewalt
> Des Daseins als auszuruhn,
> Listig und mannigfalt:
> Flüchten mit leichten Schuhn
> In die Fabelgestalt [...].[12]

In seinem Bestreben, Freiheit und Distanz zu gewinnen, dem Schweren und Problematischen sein Gewicht zu nehmen, haben auch die bereits erwähnten Rokoko-Elemente ihren Platz. Dem Rokoko, besonders der Anakreontik, genügte die Bilderwelt der Antike und die idealisierte kleine Welt des Glücks. Sie konnte durch Ironie oder Traumfiktion in Distanz gerückt werden.

Die Moderne aber zerbricht diese und andere Traditionen radikaler. Die scheinbar grenzenlose surrealistische Bilderwelt bleibt allerdings an das Unbewusste oder das, was jeweils unter Unbewusstem verstanden wird, gebunden. Poetisch effektvoll und dennoch rational analysierbar ist das Verfahren der Destruktion und Neukonstruktion. Germanistisch wurde das so formuliert:

Wenn man sich noch einmal die aufgezeigten Autorverfahren vergegenwärtigt und auch den Begriff der ›Offenheit‹ aus der Poetik Krolows heranzieht, wird deutlich, daß sich viele Tendenzen unter dem Begriff der Simultaneität fassen lassen. Die Aufhebung von Gesetzlichkeiten, im Bereich der Syntax ebenso wie etwa in der Ordnung von Raum und Zeit, erzeugt Polyvalenz. Dies wird auch durch die Ergebnisse einer ausführlichen Sprachanalyse bestätigt, wie sie Annamaria Rucktäschel vorgenommen hat. Ihr Fazit: Dieser Überblick hat gezeigt, daß die beiden Hauptelemente der Sprache Krolows – die Autonomisierung des Einzelwortes und die Reduzierung der syntagmatischen Relationen – sich wechselseitig organisieren. In einem unvollständigen Satzzusammenhang vergrößert sich das semantische Volumen der Einzelwörter, weil der assoziative potentielle Sprachbestand in umso größerem Umfang beim Aufnehmenden stimuliert wird, je mehr Krolow das einzelne Wort aus den syntagmatischen Relationen herausnimmt.[13]

Das Leichte ist nicht leicht zu analysieren, manchmal muss schweres Geschütz aufgefahren werden. Immerhin wird deutlich, dass es nicht nur um den Autor, sondern auch um den Leser geht, dass Produktion und Rezeption in einem Wechselverhältnis stehen und diese Offenheit gerade nicht der subjektiven Beliebigkeit unterworfen ist.

Der geforderte Leser

In zahlreichen weiteren Vorträgen müsste auf die Faktoren eingegangen werden, die zu diesem Phänomen der Offenheit gehören, den Autor, seine Existenzerfahrung, seine Poetik und seine Produktion auf der einen, den Leser, seine Existenz- und Kunsterfahrung auf der anderen Seite.

Besonders zu achten wäre auf die Signale des Textes. Wagen Sie den Zwischenruf, der manches entzaubert: »Die Gedichte sind doch für den Leser geschrieben!« Kein Zweifel, ihm müssen sich Leichtigkeit und Schwere, Direktheit oder Distanz unmittelbar erschließen. Er hat nicht die Instrumente des allwissenden sezierenden Literaturwissenschaftlers. Dessen Präparierübungen und Selbstzitate bleiben wirkungslos, wenn sie nicht, beispielsweise über Universität und Schule, fruchtbar gemacht werden und dem Leser eine Einübung ins Literarisch-Ästhetische anbieten. Erlernbar und erfahrbar ist beispielsweise der Umgang mit den Rollen, die gespielt werden können, der Begriff »lyrisches Ich« macht auch darauf aufmerksam.

Krolow beschreibt die darin verborgene Dialektik: »Spieler sind scheue Leute. Sie wissen, daß ihnen mitgespielt wird. Deshalb wollen sie anderen etwas vormachen.«[14] Die Rolle, die Aufgabe des Individuums, ist im Rokoko eine frei gewählte Verengung des ästhetischen Spiels; in der Moderne ist das, was man unter Entindividualisierung versteht, eine existenzielle Erfahrung.

Mit etwas Begabung ist auch Ironie zu verstehen. Sie ist ein sehr wichtiges Stilmittel der Distanzierung bei Krolow, das durchaus auch im Rokoko seinen Platz hat.[15]

Am Beispiel Krolows wurden Zusammenhänge sichtbar; zwischen den unterschiedlichen ästhetischen Ausprägungen und verschiedenen Einstellungen, dem jeweils verschiedenartigen Verhältnis von Ich und Welt. Verfolgt man den Gedanken weiter, dass, menschliche und künstlerische Integrität vorausgesetzt, die individuellen Haltungen der Dichter recht unterschiedlich sein können, ohne dass daraus sofort eine Wertung abgeleitet werden kann, so ist man versucht, auch die unterschiedlichen Richtungen gelten zu lassen und allein die Qualität und Ausdruckskraft innerhalb ihrer Grenzen zu beurteilen. Die deutsche Nachkriegslyrik hat ein erstaunliches Spektrum entwickelt, von Celans hermetischen bis zu Frieds politischen und Jandls sprachspielerischen Gedichten. Sie sind, in ihrer Vielfalt, alle Ausdruck ihrer Zeit.[16]

Rückfall ins Rokoko?

Zum Abschluss noch einmal etwas näher an die Texte, zu einem Punkt, dem sich die professionelle Literaturkritik besonders gerne und unterhaltsam nähert.

Was das Thema Erotik betrifft, so blieb die Anakreontik hinter der Antike zurück, das Äußerste waren mythologisch ausstaffierte, poetisch raffinierte Anspielungen wie in dem zitierten Maler Müller-Gedicht. Die moderne Literatur legt sich in dieser Beziehung keine Zurückhaltung auf. Krolow behandelt das Thema lange verhalten:

> Ziemlich viel Glück
> Gehört dazu,
> Daß ein Körper auf der Luft
> Zu schweben beginne
> Mit Brust, Achsel und Knie,
> Und auf dieser Luft
> Einem anderen Körper begegne,
> Wie er
> Unterwegs.[17]

Krolows Weg von der Anspielung bis zur radikalen Direktheit beschreibt die Überschrift einer Rezension seiner *Bürgerlichen Gedichte* (1970) überspitzt: »Karl am Sonntag. Ein Schöngeist wird Pornograph.«[18] Während frühe Gedichte gerne zitiert werden, ist es in einem öffentlichen Vortrag trotz des volkspädagogischen Erfolgs verschiedener Kanäle auch heute nicht selbstverständlich, die aggressive Sexualität der *Bürgerlichen Gedichte* zu Gehör zu bringen. Bei meinem Verzicht auf Gedichte wie *XI Wenn sie sich auf ihn wälzt* oder *XIV Ich will, daß du mich* handelt es sich um »freiwillige Selbstzensur«. Dies lenkt den Blick auf eine im weitesten Sinne vergleichbare Verzichthandlung.

Im Lexikon findet sich folgende Passage über den Anakreontiker Johann Nikolaus Götz (1721 Worms - 1781 Winterburg):

Obwohl durch Miniaturisierung, scherzhaften Stil u. Projektion in die antike Szenerie dreifach gebrochen, blieb der Anspruch auf individuelles ird. Glück, bes. im tabuisierten Bereich der Erotik, für theolog. Erbsünde-Denken eine Provokation. G., ein Pfarrer, der mit dem Feuer spielte, blieb deshalb lebenslang als Autor anonym. Am 20.10.1766 schreibt er aus Winterburg an Gleim: ›Ich habe es mit Vorgesetzten zu thun, die keinen Scherz verstehen, und mich um die zwei unentbehrlichsten Güter des Lebens: *Brot* u. *Frieden* bringen würden, wenn ich als Autor erotischer Gedichte bekannt werden sollte.‹[19]

Darmstadt ist nicht Worms. Ein erfolgreicher freier Schriftsteller wie Krolow hat keine Vorgesetzten. Der Suhrkamp-Verlag betreut sein Werk mit großem Einfallsreichtum. Krolows *Bürgerliche Gedichte* allerdings mussten unter Pseudonym erscheinen und wurden bis heute nicht in die mittlerweile vier Bände umfassenden *Gesammelten Gedichte*[20] Krolows aufgenommen.

Selbstverständlich bleibt das eh schon durchsichtige Pseudonym nicht lange gewahrt, Krolow liest bei der Buchvorstellung, und Georg Hensel gibt in seiner Rezension unmissverständliche Hinweise, nachdem er festgestellt hatte: »Die

Verhüllung des Namens ist das einzig Spielerische an diesem Versband proto-
kollierter Lustabläufe, es ist der einzige Rückfall ins Rokoko.«[21]

Von Krolow bleiben andere Gedichte in Erinnerung, *Schreiben*[22] etwa. Spiel
und Ernst des Gedichts verschmelzen, werden zu

> Girlanden, welkend umgehängt
> der Gegenwart des Todes.

Anmerkungen

1 Paulus, Rolf/Kolter, Gerhard: Der Lyriker Karl Krolow. Biographie, Werkentwicklung,
Gedichtinterpretation, Bibliographie, Bonn, 1983 (Abhandlungen zur Kunst-, Musik- und Literaturwissenschaft, 333).

2 Schäfer, Hans-Dieter: Die Wandlungen Karl Krolows, in: Neue Rundschau 86 (1975), Heft
2, S. 330-334; ders.: Wilhelm Lehmann, Bonn, 1969, S. 257; ders.: Zur Spätphase des hermetischen Gedichts, in: Durzak, Manfred (Hg.): Deutsche Gegenwartsliteratur, Stuttgart, 1971, S.
148-169, hier: S. 148.

3 Rühmkorf, Peter: Leslie Meiers Lyrik-Schlachthof, in: Studenten-Kurier (1956, später:
Konkret) Nr. 8, S. 5.

4 Krolow, Karl: Daran glaube ich, in: Kristall 11 (1956), Nr. 21, S. 56-57 (S. 1080-1081 der
Gesamtzählung des Jahrgangs).

5 Holthusen, Hans Egon/Kemp, Friedhelm (Hg.): Ergriffenes Dasein, Ebenhausen, 1953, S.
351-352.

6 Melchinger, Siegfried: Vom Zustand des deutschen Gedichts, in: Wort und Wahrheit 10
(1955), S. 127-135, hier: S. 135.

7 Maler Müller: Eine Schilderung, in: Weinhold, Karl: Beiträge zu Maler Müllers Leben und
Schriften, in: Archiv für Litteraturgeschichte, Leipzig, 1874, 3. Band, S. 495-523. Eine Schilde-
rung: S. 515-517, hier: S. 516-517. – Handschrift: Staatsbibliothek Preußischer Kulturbesitz
Berlin, NL Tieck.

8 Härtling, Peter: Die zwei Krolows. Der eine aus dem Rokoko, der andere aus jüngster
Vergangenheit, in: Die Zeit, Nr. 41 (12.10.1962), S. 23.

9 Paulus/Kolter (wie Anm. 1), S. 22.

10 Festsänger Krolow, in: Bobrowski, Johannes: Literarisches Klima. Ganz neue Xenien,
doppelte Ausführung, Stuttgart, 1978, S. 46.

11 Ausführliche Darstellung und Analyse bei: Paulus, Rolf: Lyrik und Poetik Karl Krolows
1940-1970, Bonn, 1980. – Lyrik und Poetik Krolows entwickelten sich seither immer mehr zu
direkter Gesellschaftskritik.

12 Ode 1950. Zuerst in: NWDR Hannover, 26. 1. 1951. – Erstdruck in: Die Zeichen der
Welt. Neue Gedichte, Stuttgart, 1952, S. 88-89, hier: S. 88.

13 Paulus/Kolter (wie Anm. 1), S. 73-74.

14 Krolow, Karl: Schattengefecht, Frankfurt/Main, 1964, S. 123.

15 Gerhard Sauder widmet der Ironie im Rokoko ein umfangreiches Kapitel seines Buches über M.A. v. Thümmel. (Der reisende Epikureer, Heidelberg, 1968, S. 15-27).

16 Vielen Anthologien stellt sich das Problem, das so verschiedenartige Gleichzeitige zu gruppieren und zu erklären.

17 Ziemlich viel Glück, in: Tage und Nächte, Düsseldorf, 1956, S. 43.

18 Kröpcke, Karol: Bürgerliche Gedichte, Hamburg, 1970. – Die zitierte Rezension: Offenbach, Jürgen: Karl am Sonntag. Ein Schöngeist wird Pornograph, in: Stuttgarter Nachrichten, Nr. 262 (5.11.1970), S. 13.

19 Paulus, Rolf: Götz, (Johann) Nikolaus, in: Killy, Walther (Hg.): Literatur Lexikon, Bd. 4, Gütersloh, 1989, S. 258-260, hier: S. 260.

20 Krolow, Karl: Gesammelte Gedichte, 4 Bände, Frankfurt/Main, 1965, 1975, 1985, 1997.

21 Hensel, Georg: Aretino 1970 oder: wer heißt schon Kröpcke?, in: Süddeutsche Zeitung, Nr. 228 (23.9.1970), S. 12.

22 Krolow, Karl: Gedichte und poetologische Texte. Auswahl und Nachwort von Rolf Paulus, Stuttgart, 1985 (Universal-Bibliothek, 8074), S. 28.